Kommunikation als subjektiver Erfolgsfaktor

Europäische Hochschulschriften
Publications Universitaires Européennes
European University Studies

Reihe VI
Psychologie

Série VI Series VI
Psychologie
Psychology

Bd./Vol. 737

PETER LANG
Frankfurt am Main · Berlin · Bern · Bruxelles · New York · Oxford · Wien

Klaus Lassert

Kommunikation als subjektiver Erfolgsfaktor

Zur Messung von teaminterner Kommunikation im organisationalen Kontext

PETER LANG
Europäischer Verlag der Wissenschaften

Bibliografische Information Der Deutschen Bibliothek
Die Deutsche Bibliothek verzeichnet diese Publikation in der Deutschen Nationalbibliografie; detaillierte bibliografische Daten sind im Internet über <http://dnb.ddb.de> abrufbar.

Zugl.: Bochum, Univ., Diss., 2004

D 294
ISSN 0531-7347
ISBN 3-631-54321-2

www.peterlang.de

Danksagung

Mein außerordentlicher Dank gilt Frau PD Dr. Gaby Elke und Herrn Prof. Dr. Bernhard Zimolong. Ich danke ihnen beiden für die Offenheit, mit der sie meinen Ideen begegneten und für ihr großes Interesse am Erfolg meiner Promotion.

Außerdem gilt mein Dank Herrn Dipl.-Psych. Björn Krämer für seinen aufopferungsvollen Einsatz bei der Programmierung einer Online-Version des MIO, welche zur Gewinnung des hier verwendeten Datensatzes eingesetzt wurde.

Für ihre vielfältige Unterstützung danke ich Adam, Anke, Alex, Christian, Christoph, Claudia, Dirk, Edith, Frederik, Gundula, Herbert, Julian, Martha, Matthias, Oliver, Patrick, Steffi, Stefan, Stephan, Susanne, Thorsten, Tom und Ulla, denen ich diese Arbeit widme.

Zusammenfassung und Vorausschau

(I) Ausblick auf Fragestellung und Struktur der Arbeit

In der vorliegenden Arbeit wird argumentiert, dass die innerorganisationale Kommunikation aufgrund ihrer Relevanz als Instrument zur kooperativen Aufgabenbewältigung ein wesentlicher Erfolgsfaktor in Organisationen ist. Dabei wird - basierend auf der Beobachtung, dass die Arbeit in Teams eine zunehmend verbreitete und für innovatives Arbeiten besonders geeignete Arbeitsorganisationsform darstellt – der Fokus auf die Kommunikation innerhalb von Teams gerichtet.

Empirische Basis der Studie sind die Ergebnisse einer Mitarbeiterbefragung bei einem international operierenden Soft- und HardwareEntwickler im Juni 2001, dessen Mitarbeiter ihre Tätigkeiten innerhalb dauerhaft eingerichteter Ausführungsgruppen ausführten.

Die theoretische Basis der Untersuchung (Abschnitt A: **„Theoretischer Hintergrund“**) teilt sich auf in die Betrachtung von Phänomenen innerorganisationaler Kommunikation (Kapitel 1) sowie relevanter Qualitätsaspekte von Teamarbeit (Kapitel 2) einerseits, und in die Vorstellung von organisationsdiagnostischen Strategien zur Datenanalyse von komplex strukturierten Stichproben andererseits (Kapitel 3).

Kapitel 4 gibt eine kurze Übersicht über zentrale Aussagen der Kapitel 1-3, auf deren Basis anschließend das Konzept und die Fragestellungen der geplanten Untersuchung abgeleitet werden (Abschnitt B: **„Herleitung der Untersuchungsmodelle“**).

In Kapitel 5 wird auf Basis verschiedener zuvor dargestellter Ansätze der Theorie ein Konzept zur fragebogengestützten Erfassung von Teamkommunikation entwickelt, in welchem Kommunikation als Emergenz aus der Interpunktion verschiedener Kommunikationsakte und der Interaktion von Struktur und Aktion verstanden wird. Die Messung setzt dabei an den individuellen Beurteilungen der Teamkommunikation durch die an ihr Beteiligten an. Diese individuellen Beurteilungen werden ihrerseits als Ausdruck von über verschiedene Erfahrungssituationen emergierten individuellen Wahrnehmungen angesehen (vgl. Abb.7).

Kommunikation wird hier mit Blick auf ihre Funktionalität für die Zielerreichung der Organisation bzw. des Arbeitsteams betrachtet. Als einer der wesentlichen Aspekte für die Verknüpfung von Kommunikationshandeln mit den Organisationszielen wird dabei die Effizienz der Kommunikation angesehen. Auch diese soll innerhalb des Rahmens einer subjektiven Beurteilung durch die Befragten gemessen werden. In Kapitel 6 werden Konstrukte zur subjektiven Wirksamkeit auf Teamebene vorgestellt, namentlich die so genannte Collective-Efficacy (vgl. Bandura, 1997), welche vereinfacht als Übertragung des Konzeptes der Self-Efficacy auf die Ebene kollektiver Leistung verstanden werden kann. Hier wird unterschieden zwischen der Überzeugung der Teammitglieder von genereller Wirksamkeit, d. h. Leistungsfähigkeit des Teams – der so genannten Team-Potency (Guzzo, Yost, Campbell et al., 1993) - und aufgabenspezifischer Wirksamkeit, so genannter Collective-Efficacy oder Team-Efficacy. Als im Rahmen der vorliegenden Untersuchung anvisierte spezifische Teilaufgabe für das Team wird das effiziente teaminterne Kommunizieren verstanden. In Kapitel 6 wird für eine auf diese spezifische Aufgabe bezogene Team-Efficacy daher verkürzt als *Kom-Efficacy* bezeichnet. Dieses Konstrukt wird im späteren Verlauf der Untersuchung an verschiedenen Stellen als abhängige Variable eingesetzt.

Aus dem Spannungsfeld von Organisationszielen und Kommunikation werden in den Kapiteln 7 und 8 zwei der zentralen Fragekomplexe dieser Arbeit entwickelt:

- Es werden Konstrukte zur Beschreibung der Qualität der teaminternen Kommunikation hinsichtlich verschiedener Aspekte entwickelt, welche in besonderem Maße zu einer hohen Kom-Efficacy des Teams beitragen sollen. Es handelt sich um die Aspekte Vertrauen, Formalqualität, Zugang zur Kommunikation und Konfliktfreude (Kapitel 7). Ein Modell zur Vorhersage von Kom-Efficacy durch diese Qualitätsaspekte wird im Rahmen der Untersuchung als ***Qualitätsmodell*** bezeichnet.
- Anschließend wird der Fokus erweitert. Es werden Anwendungsbereiche wie die Kooperation im Team und der Informationsfluss innerhalb und außerhalb des Teams in die Betrachtung

einbezogen und der Einfluss der Führungsleistung des direkten Vorgesetzten auf das Kommunikationsgeschehen innerhalb des Teams berücksichtigt. (Kapitel 8). Ein Modell wird aufgestellt, in welchem diese verschiedenen Konstrukte miteinander verknüpft und schließlich zur Vorhersage von Team-Potency eingesetzt werden, also zur Vorhersage der Überzeugung der Mitarbeiter von der allgemeinen Leistungsfähigkeit ihres Teams. Dieses Modell wird im Rahmen der Untersuchung als ***Kontextmodell*** bezeichnet.

Nachdem Untersuchungsmodelle konzipiert wurden, für deren Prüfung auf die subjektiven Urteile der Untersuchungsteilnehmer zurückgegriffen wird, soll der Fokus der Untersuchung ein weiteres Mal erweitert werden – und zwar auf die erhobenen Beobachtungen selbst.

Die Messung von organisationsinterner Kommunikation mit Hilfe von Fragebogenerhebungen ist sowohl aus Gründen der höheren Durchführungsökonomie als auch aus messtheoretischen Überlegungen eine häufig gewählte Vorgehensweise (vgl. Miller, K., 2001) in Kommunikationsanalysen.

In der vorliegenden Arbeit wird argumentiert, dass die Beobachterrolle auf diese Weise an die Befragten, also die Organisationsmitglieder, delegiert wird. Diese sind ihrerseits an den Kommunikationsprozessen in ihrem Team beteiligt.

Es erscheint daher sinnvoll, die erhobenen Daten mit Blick auf Phänomene wie die Beobachterübereinstimmung zu untersuchen. Darüber hinaus wird gefragt, welche Schlussfolgerungen die Struktur der Wahrnehmungen, die sich in der Struktur der Datenmatrix widerspiegelt, bezogen auf das Phänomen Team-Kommunikation zulässt (Kapitel 9).

Im dritten Fragekomplex dieser Untersuchung wird daher nach der Homogenität bzw. Heterogenität der Erlebensmöglichkeiten von Team-Kommunikation gefragt. Dies wirft die Frage auf, ob sich Team-Kommunikation zutreffender aus Gruppenperspektive oder aus der Intragruppenperspektive jedes einzelnen Mitglieds beschreiben lässt. Zur Erörterung und späteren Prüfung dieser Fragen wird auf Verfahren aus dem Bereich des Multi-Level-Ansatzes zurückgegriffen. In Kapitel 9 und vertiefend in Kapitel 13 wird eine Strategie entwickelt, um die ursprünglich ermittelten Skalenwerte in verschiedene Komponenten zu zerlegen, welche die Beschreibung der Teamkommunikation aus verschiedenen Perspektiven erlauben (vgl. Abb. 12). Folgende Komponenten werden extrahiert:

- Die **Gruppenkomponente** beschreibt die Teamkommunikation als teamintern homogenes Phänomen, in welchem Unterschiede zwischen den Teams auftreten.
- Die **Individualkomponente** beinhaltet die individuelle, relative Position jedes Teammitglieds mit Blick auf die teaminterne Kommunikation und beschreibt diese als heterogenes, individuell erlebtes Phänomen.
- Die **Konsenskomponente** quantifiziert die Übereinstimmung der Urteile innerhalb jedes einzelnen Teams.

Kapitel 10 dient der Zusammenfassung der bisherigen Modellbildung: Die vorliegende Studie beinhaltet drei Fragekomplexe.

Fragekomplex 1 bezieht sich auf die Zusammenhänge zwischen den Konstrukten des Qualitätsmodells.

Es wird danach gefragt, welche Qualitätsaspekte der Teamkommunikation in der Wahrnehmung der Teammitglieder mit Effizienz der Kommunikation, das heißt hier mit einer hohen Kom-Efficacy, verknüpft sind und welche Interaktionen zwischen den Wirkungen bestimmter Aspekte bestehen. (vgl. Kapitel 7 und 16)

Fragekomplex 2 bezieht sich auf die Zusammenhänge zwischen den Konstrukten des Kontextmodells.

Es wird untersucht, über welche Verknüpfungen ein möglicher Zusammenhang zwischen Kommunikationsqualität und Team-Potency besteht und welche Rolle verschiedene Anwendungsbereiche sowie die Führung spielen. (vgl. Kapitel 8 und 17)

Fragekomplex 3 beinhaltet Fragen zur Struktur der Beobachtungen und der dahinter liegenden Struktur der teaminternen Kommunikation.

Eine ausführliche Darstellung der Leitfragen aus diesem Bereich findet sich in Kapitel 10. (vgl. außerdem Kapitel 9 und 18)

Die wesentlichen Leitfragen zu jedem dieser drei Komplexe werden in Kapitel 10 dargestellt. Kapitel 11 spezifiziert unter gezieltem Rückgriff auf zahlreiche empirische Studien detaillierte Hypothesen für jeden dieser drei Fragekomplexe.

Im Verlauf der weiteren Darstellung spiegelt der Text die Einnahme der drei Untersuchungsfokusse unter den Oberbegriffen *Qualitätsmodell*, *Kontextmodell* und *Multiperspektivische Beobachtungen* wider.

Dies macht sich in Abschnitt C (**„Methodisches Vorgehen“**) innerhalb von Kapitel 11 bemerkbar: Wie bereits dargestellt, werden dort - getrennt nach diesen Bereichen - Hypothesen entwickelt. In Kapitel 12 wird die Dreiteilung ignoriert, da hier Stichprobe und Untersuchung beschrieben werden. In Kapitel 13 wird das Fragebogeninstrument samt Dimensionierung der Items und Skalenreliabilitäten, die ebenfalls an der oben beschriebenen Stichprobe ermittelt wurden, dargestellt. Anschließend wird das oben skizzierte Zerlegungsverfahren zur Operationalisierung von level-spezifischen Teilkonstrukten verwandt, welche in Analysen im Rahmen von Fragekomplex 3 benötigt werden.

In Kapitel 14 werden alle eingesetzten statistischen Verfahren dargestellt.

Kapitel 15 beinhaltet einen Analyseplan, welcher – ebenfalls aufgeteilt in die 3 Fragekomplexe - die Hypothesen bestimmten Verfahren und Analysestrategien zuordnet. Die Auswertung der Daten sowie ihre Darstellung in Abschnitt D (**„Ergebnisse“**) orientiert sich streng an den Vorgaben dieses Analyseplans.

Die Darstellung der Ergebnisse findet ebenfalls getrennt nach den 3 Hauptfragekomplexen statt (siehe Kapitel 16 („Qualitätsmodell“), 17 („Kontextmodell“) und 18 „Multiperspektivische Beobachtungen“).

Innerhalb jedes dieser Kapitel werden *Beschreibung der Ergebnisse* und *Einordnung der Ergebnisse* getrennt. Letztere leitet aus den beschriebenen Ergebnissen formale Schlussfolgerungen auf die Bestätigung von Hypothesen und Annahmen ab.

Eine inhaltliche Interpretation findet im anschließenden Abschnitt E („**Diskussion**") in Kapitel 19 statt. Wiederum getrennt nach den drei Fragekomplexen werden die Ergebnisse hier kurz zusammengefasst und inhaltlich interpretiert. An verschiedenen Stellen werden Schlussfolgerungen für die Praxis von Organisationsanalyse und Intervention gezogen.

In Kapitel 20 werden die Ergebnisse zu jedem Fragekomplex einer kritischen Diskussion unterzogen und Implikationen für weiteren Forschungsbedarf und die Messung von Kommunikation in Unternehmen abgeleitet.

(II) Inhaltsverzeichnis

(III) Abbildungsverzeichnis

(IV) Tabellenverzeichnis

A Theoretischer Hintergrund

1 Kommunikation in Organisationen

1.1 Definitionen von Kommunikation

Bei dem Versuch, eine allgemein gültige Definition des Begriffes ‚Kommunikation' zu finden, wird schnell deutlich, wie vielfältig das Verständnis von Kommunikation bei verschiedenen Autoren ist und wie schwer eine punktgenaue Eingrenzung der Aktivität ‚Kommunizieren' innerhalb des Feldes verschiedener Interaktionsarten ist.

Im Folgenden seien einige repräsentative Definitionsversuche im Rahmen einer Übersicht dargestellt, die sich teilweise an eine umfassende Analyse von Definitionen der Kommunikation durch Sperka (1996, S. 16 ff.) anlehnt.

Eine frühe und sehr generelle Definition von Kommunikation liefert Stevens (1950, S. 689), der Kommunikation als erkennbare Reaktion eines Organismus auf einen äußeren Stimulus („...the discriminatory response of an organism to a stimulus") beschreibt.

Park (1996, S. 170) kritisiert jedoch an dieser Definition, dass darin nicht von einem intentionalen Ausdruck in den erwähnten organismischen Reaktionen ausgegangen wird und ihre Interpretierbarkeit somit fragwürdig sei.

Watzlawick, Beavin & Jackson (1969, S. 50–53) knüpfen an diesen Gedanken teilweise an, nehmen aber eine andere Haltung ein als Park (1996). Für sie ist es schon allein durch die grundsätzliche Interpretierbarkeit einer Handlung durch eine wahrnehmende zweite Person angebracht, eine Handlung als Akt der Kommunikation anzusehen – unabhängig davon, ob sie vom Handelnden selbst bewusst als solche erlebt wird oder nicht. Ähnlich wie bei Stevens (1950) kann für Watzlawick et al. (1969, S. 50 ff.) jede Handlung als Kommunikation bezeichnet werden, die im sozialen Kontext stattfindet, da diese grundsätzlich als

Signal interpretiert werden könne. Aus diesem Grund sei es faktisch unmöglich, nicht zu kommunizieren. (Auf diesen und andere Aspekte im Modell von Watzlawick et al. (1969) zur menschlichen Kommunikation wird an späterer Stelle genauer eingegangen.)

Dass Kommunikation nicht nur den sozialen Kontext benötigt, um stattfinden zu können, sondern in diesem auch zahlreiche Funktionen erfüllt, kommt u. a. in der Definition von Maturana & Varela (1987) zum Ausdruck:

> „Unter Kommunikation verstehen wir dabei das gegenseitige Auslösen von koordinierten Verhaltensweisen unter den Mitgliedern einer sozialen Einheit. Der besondere Zug der Kommunikation ist also nicht, dass sie aus einem Mechanismus heraus entsteht, der sich von anderem Verhalten unterscheiden lässt, sondern dass sie im Bereich sozialen Verhaltens auftritt." Maturana & Varela (1987, S. 219 f.)

Während in dieser Definition die Koordination von Verhaltensweisen als eine zentrale Funktion von Kommunikation beschrieben wird, welche zugleich die Notwendigkeit von Kommunikation innerhalb koordinierten Handelns deutlich macht, steht bei den folgenden Standpunkten eine davon leicht verschiedene Funktion im Vordergrund.

So führt Newcomb (1953, S. 393) an, dass die Kommunikation dem Ziel diene, eine gemeinsame Orientierung der beteiligten Personen aufeinander und auf gemeinsam betrachtete Objekte zu erzeugen. Rogers & Kincaid (1981) definieren:

> „Communication is defined as a process in which the participants create and share information with one another in order to reach a mutual understanding" (Rogers & Kincaid (1981, S. 63))

Nach dieser Definition dient Kommunikation dem Herstellen eines beidseitigen Verständnisses von gemeinsam hergestellten und geteilten Informationen.

Aus Sichtweise mancher Autoren (vgl. Stevens, 1950, Watzlawick et al., 1969, vgl. hierzu auch Gordon, 1969, S. IX) findet Kommunikation potenziell immer und potenziell unwillkürlich statt, sobald Individuen sich in den sozialen Kontext begeben. Andere Autoren hingegen sehen Kommunikation (vgl. Maturana & Varela, 1987, Newcomb, 1953 und Rogers

& Kincaid, 1981) als funktional und potenziell intentional an. Sie sei dabei ausgerichtet auf Ziele im Bereich der Handlungskoordination und des Erlangens übereinstimmender Kognitionen.

Eine ganz andere Sichtweise auf Kommunikation spiegelt sich in den folgenden Definitionen wider. In diesen wird Kommunikation wie in einigen der bisher genannten Definitionen als zielgerichtetes Verhalten angesehen, jedoch mit einem starken Fokus auf den Austausch von Information an sich.

So definiert Cranach (1973, S. 323): „Kommunikation ist der Austausch von Nachrichten". Maderthaner (1986, S. 488) definiert Kommunikation in ähnlichem Sinne als „Interaktion", bei der – zwischen Menschen oder technischen Systemen – „eine Kodierung, Übertragung und Dekodierung von Informationen" stattfindet. Klaus & Liebscher (1976, S. 312) definieren Kommunikation als „wechselseitigen Informationsaustausch zwischen mindestens zwei informationellen [...] Systemen".

Die zuletzt genannten Definitionen erweitern also den Fokus von der Kommunikation zwischen Lebewesen auf systemverarbeitende Einheiten und schränken im gleichen Zug die Betrachtung des Kommunikationsprozesses auf den Transfer von Informationen und den damit verknüpften Verarbeitungsprozessen innerhalb der Systeme ein.

Die unterschiedlichen Perspektiven, die aus den hier aufgeführten Definitionen von Kommunikation erkennbar werden, spiegeln sich auch in den unterschiedlichen Perspektiven wider, die im Rahmen der Kommunikationsforschung ausgemacht werden können. Ein entsprechender Überblick soll im folgenden Abschnitt gegeben werden.

1.2 Verschiedene Forschungsperspektiven zur Kommunikation

1.2.1 Die Mechanistische Perspektive

Die mechanistische Perspektive auf die Kommunikation wurde grundlegend beeinflusst durch das aus der mathematischen Informationstheorie stammende Modell der Informationsübermittlung von Shannon & Weaver

(1949). Nachdem sie anfänglich nur für Vermittlungsprozesse auf der technischen Ebene entwickelt wurde, postulierte Weaver sie nach einer Erweiterung um semantische Aspekte sogar als universelle Kommunikationstheorie (vgl. Hrubi, 1988).

Abbildung 1 zeigt die wesentlichen Elemente des sehr häufig zitierten und angewandten allgemeinen Modells der Kommunikation nach Shannon & Weaver (1949, S. 34).

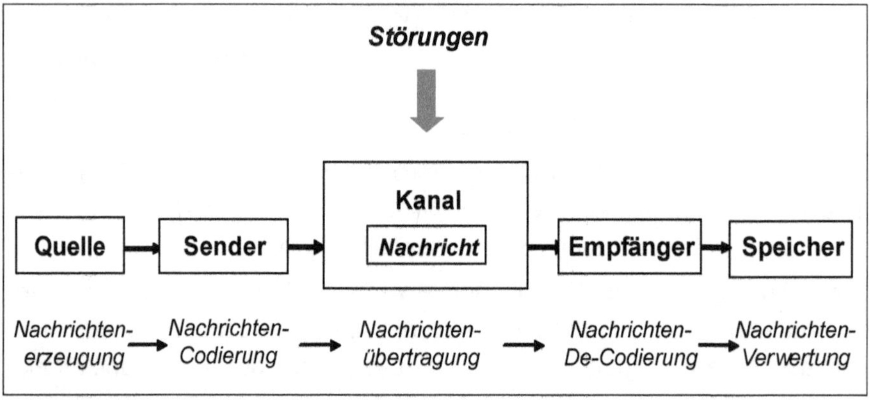

Abb. 1.: Das Modell der Kommunikation nach Shannon & Weaver (1949, S. 34; Ausschnitt)

Neuburger (1968) ergänzt das Modell um den Aspekt der Gegenseitigkeit von Sendung und Empfang: Die Rollen von Sender und Empfänger, bzw. Quelle und Speicher, sind nicht statisch. Vielmehr erfüllen die Kommunikatoren gleichzeitig oder sequenziell beide Rollen.

In der mechanistischen Perspektive wird Kommunikation also primär als Übertragungsprozess interpretiert. Zentrale Elemente in diesem Prozess sind (vgl. hierzu auch Klaus & Liebscher, 1976):

- Ein System (‚Quelle'), welches eine Nachricht hervorbringt.
- Ein System (‚Sender'), welches die Nachricht in einen Code versendbarer Signale überträgt und diese versendet. Dieses System kann mit dem ersten identisch sein.
- Ein System (‚Empfänger'), welches die Nachricht empfangen kann und diese wieder decodieren und somit die ursprüngliche Information seinerseits herstellen kann.

- Ein System (‚Senke' oder ‚Speicher'), welches die decodierte Nachricht speichert und weiterverarbeitet. Dieses System kann mit dem Empfänger-System identisch sein.
- Ein Kanal, der die Nachrichten unter dem Einfluss verschiedener Störeinflüsse mit mehr oder weniger großem Informationsverlust überträgt.

Letzterer steht nach Frey, Bente & Frenz (1995) im Fokus typischer Untersuchungsfragestellungen innerhalb der mechanistischen Forschungsperspektive. So gingen aus dieser Sichtweise Erklärungen des Interaktionsprozesses von den räumlichen Anordnungen von Sender- und Empfängereinheiten aus, d. h. von den „Distanzen, vorgegebenen Verbindungswegen, Transportmitteln, Schaltstellen und Filterfunktionen" Frey et al. (1995, S. 363).

Krone, Jablin & Putnam (1987) sehen folgende Aspekte als Gegenstände typischer Fragestellungen in diesem Kontext:

1. Den Nachrichtenkanal
2. Eine lineare, kausale und kettenartige Beziehung zwischen den Prozessteilen
3. Die Auswirkungen der Nachrichtenquelle auf den Empfänger
4. Die physikalische Natur von Nachrichten
5. Den Einfluss von Störeinflüssen auf die Datenübertragung

Eine frühere Studie, deren Konzeption der Perspektive des Modells von Shannon & Weaver (1949) entspricht, stammt von Davis (1953). Er untersuchte den Fluss von Informationen innerhalb von Organisationsnetzen, indem er an verschiedenen Stellen gezielt Informationen in die Organisation eingab und dann nachvollzog, zu welchem Zeitpunkt sie an welcher Stelle in der Organisation empfangen, wo und von wem sie gespeichert wurden. Davis kam zu dem Ergebnis, dass die Face-to-Face-Kommunikation den schnellsten und am häufigsten gewählten Kommunikationskanal darstellt und dass die stärksten Übertragungsstörungen jeweils an den Übergängen zwischen den Hierarchie-Ebenen entstanden.

Neuere Untersuchungen, die ebenfalls den Informationsfluss im Unternehmen nachzuhalten, ja zu kartographieren suchen, finden im Rahmen der so genannten Netzwerkanalysen (vgl. Monge, 1987) statt. Gegenstand von Netzwerkanalysen ist nach Frey, Bente & Frenz (1995) nicht selten der Abgleich des empirisch beobachteten Informationsflusses in einem System gegenüber den in der Organisation formell vorgesehenen Fließstrukturen. In diesem Kontext wurden verschiedene grundlegende Strukturen von Kommunikationsnetzwerken identifiziert. Fuller & Gunter (1993) stellen diese umfassend dar – Abbildung 2 gibt die Systematisierung nach Fuller & Gunter (1993) wieder. So können kommunizierende Einheiten in Ketten, Kreisen oder anderen Formen angeordnet sein. Innerhalb einer Gruppe kommunizierender Einheiten können viele oder wenige Verbindungen bestehen.

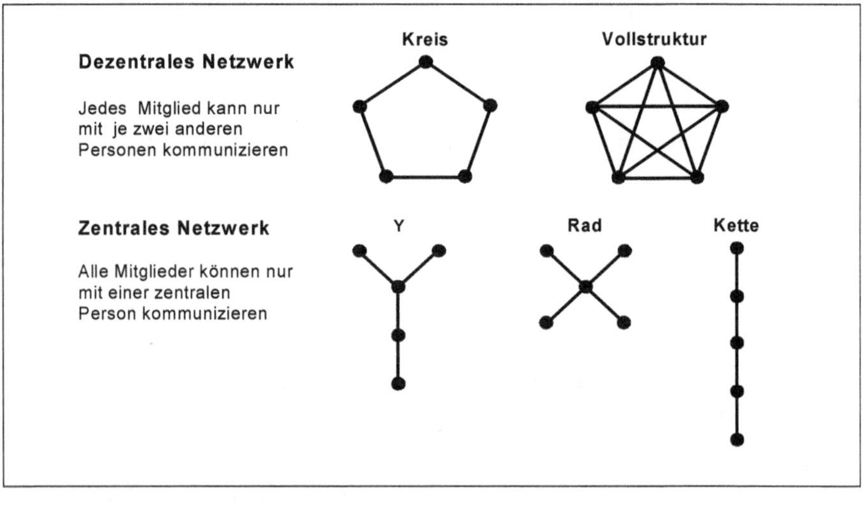

Abb. 2.: Grundtypen von Kommunikationsnetzwerken nach Fuller & Gunter (1993, S. 168) und Theis (1994, S. 233)

1.2.2 Die individuumszentrierte, psychologische Perspektive

Unter dem Oberbegriff „individuumszentriert“ (Frey et al., 1995, S. 364 f.) bzw. „psychologisch“ (Theis, 1994, S. 34 ff.) bezeichnen verschiedene Autoren Forschungskonzepte, in denen ähnlich wie in der mechanistischen Perspektive die Kommunikation als Prozess der Übertragung von Information zwischen zwei Einheiten betrachtet wird; anders als in den bisher dargestellten Ansätzen stehen hier jedoch nicht die Kanäle bzw. die Struktur der Verknüpfungen im Mittelpunkt, sondern vielmehr Sender und Empfänger selbst.

Im Rahmen dieser Forschungslinie spielt u. a. das Verständnis eine Rolle, dass von Seiten der Sender, die sich in der Umwelt eines potenziellen Empfängers befinden, generell mehr Signale ausgehen, als dieser verarbeiten kann. Zentrales Regulativ der Informationsvermittlung wird somit der Empfänger, genauer der „konzeptionelle Filter“, mit dessen Hilfe der Empfänger ein „potenziell chaotisches Stimulusfeld“ strukturiert (vgl. Krone et al., 1987, S. 21). Als konzeptionelle Filter gelten alle „Einstellungen, Meinungen, Motive, Vorstellungen, Kognitionen [...]“ (Theis, 1994, S. 34 f.; vgl. hierzu Fisher, 1978), welche zu einer für das Individuum sinnvollen Selektion von Informationen führen können.

Krone et al. (1987) definieren ein wichtiges Ziel von Untersuchungen auf dieser konzeptionellen Basis daher wie folgt:

> „Die Identifikation der Wahrnehmungsdifferenzen (als ein Typus konzeptioneller Filter), die über Organisationsebenen hinweg bestehen, und die Bestimmung der daraus resultierenden Probleme. “ (Krone et al., 1987, S. 26)

Webber (1970) untersuchte in diesem Sinne die Unterschiede in der Wahrnehmung der Kommunikation selbst durch die an ihr Beteiligten. Durch halb-standardisierte Interviews fand er heraus, dass sich die Wahrnehmungen bezüglich der Häufigkeit von Kontakten, Anlässen zur Kommunikation und anderen Aspekten zwischen den Hierarchie-Ebenen unterschied. Das gefundene Muster entsprach im Wesentlichen dem Muster, dass der jeweils eigene Beitrag zur Kommunikation durch die Beteiligten positiver beurteilt wurde als der der anderen Seite. So empfanden die Mitarbeiter die Kommunikation des Vorgesetzten als unzulänglich, während die jeweiligen Vorgesetzten – mit der eigenen Kommunikation zufrieden – das Kommunikationsverhalten ihrer Mitarbeiter bemängelten.

Ergebnisse dieser Art werden von verschiedenen Autoren jedoch nicht nur durch unterschiedliche Wahrnehmungsfilter erklärt. So ist ein weiterer Untersuchungsgegenstand die Übereinstimmung der Codierungsregeln des Senders und der Decodierungsregeln durch den Empfänger.

Ein wesentliches Konzept in diesem Zusammenhang ist daher das der „semantischen Differenzen“ (vgl. Jablin, 1979, S. 1201 ff.), dass Kommunikatoren, insbesondere, wenn sie aus verschiedenen Einheiten oder Hierarchie-Ebenen einer Organisation stammen, verschiedene Sprachcodes verwenden – ohne sich der Verschiedenheit ihrer sprachlichen Codes bewusst zu sein.

Winterstein (1998, S. 82 ff.) gibt eine Übersicht über Studien zu Phänomenen semantischer Differenzen:

> „So bedienen sich [...] Manager [...] eher einer ‚Steuerungssprache', Systementwickler einer ‚informationstechnischen Sprache' und die Benutzer einer tätigkeitsbezogenen ‚Arbeitssprache'.“ Winterstein (1998, S. 82 ff; vgl. hierzu auch Martens, 1989)

Eine Folge solcher Differenzen ist unter anderen, dass der Sender ein falsches Bild vom Informationsstand des Inhalt-Empfängers hat (vgl. Pardey, 1985, S. 84).

Jablin (1979, S. 1201 ff.) entnimmt der Literatur zusammenfassend, dass bedeutsame semantische Differenzen zwischen Vorgesetzten und Mitarbeitern bei fast zwei Dritteln aller Interaktionen auftreten und zwar selbst dann, wenn der Vorgesetzte zuvor die gleiche Position wie der jetzige Mitarbeiter innehatte. Außerdem bestehe ein Zusammenhang zur Arbeitsmotivation des Mitarbeiters in dem Sinne, dass diese umso geringer sei, je größer die semantische Differenz zwischen Vorgesetztem und Mitarbeiter sei.

1.2.3 Die Systemtheoretisch-Pragmatische Perspektive

Es gibt unterschiedliche systemtheoretische Ansätze zur Beschreibung von Kommunikation, von denen hier einige vorgestellt werden sollen.

Ein sehr bekanntes Konzept zur Kommunikation entwickelten Watzlawick et al. (1969), deren Arbeiten der so genannten pragmatischen Perspektive zugerechnet werden.

Die Bezeichnung „pragmatisch“ (Watzlawick et al., 1969, S. 13) bringt dabei den gewählten Fokus auf Verhaltensaspekte zum Ausdruck. Diese sollen mit hohem Praxisbezug beobachtet werden. Der Gegenstand der pragmatischen Perspektive ist somit der Interaktionsprozess zwischen kommunizierenden Personen. Dies entspricht der bereits oben dargestellten Sichtweise von Watzlawick et al. (1969), nach der alles Verhalten grundsätzlich als Kommunikation erlebt werden kann und somit als solche funktioniert.

Im Unterschied zu den bisher vorgestellten Konzepten wird Kommunikation hier nicht in Form einzelner Transmissionsakte beobachtet. Vielmehr wird die Kommunikation als ein Gesamtphänomen angesehen, das aus der Aufeinanderfolge aufeinander bezogener Handlungen besteht.

Theis (1994) formuliert:

> „Die pragmatische Kommunikationsperspektive macht Interaktionsprozesse zu ihrem Gegenstand und zwar dergestalt, dass Interaktion, also die Abfolge mehrerer kommunikativer Akte, als System betrachtet wird. [...] Die Abfolge mehrerer kommunikativer Akte als System zu verstehen, bedeutet, Interaktionen als organisierte, strukturierte Gebilde zu beschreiben.“ (Theis, 1994, S. 65 f.)

1.2.3.1 Die fünf metakommunikativen Axiome von Watzlawick et al. (1969)

Watzlawick et al. (1969) definieren die von Theis (1994) erwähnte Struktur dieses Gebildes anhand von fünf Axiomen, auf die im Folgenden näher eingegangen werden soll. (Alle Seitenangaben in den nun folgenden Unterpunkten 1.2.3.1.1 bis 1.2.3.1.5 beziehen sich, wenn nicht anders gekennzeichnet, auf Watzlawick et al., 1969. Dort werden die Axiome auf den Seiten 50–71 dargestellt).

1.2.3.1.1 Erstes metakommunikatives Axiom:

„Man kann nicht nicht kommunizieren“

(Watzlawick et al., 1969, S. 53)

Dieses Axiom bildet das Grundaxiom der Kommunikationstheorie von Watzlawick et al. (1969). Diesem Axiom liegt die Annahme zugrunde, dass man erstens keine Möglichkeit hat, kein Verhalten zu zeigen und zweitens jedes Verhalten als Kommunikation deutbar ist, denn: Kommunikation besteht laut Watzlawick et al. (1969) keineswegs nur aus Worten, sondern sie umfasst auch alle paralinguistischen Phänomene (z. B. Tonfall, Sprachgeschwindigkeit etc.), Körperhaltung, Ausdrucksbewegungen u.s.w. innerhalb eines bestimmten Kontextes, das bedeutet, Verhalten jeder Art (Watzlawick et al., 1969). Aus der Kombination dieser beiden Grundannahmen ergibt sich das Axiom, dass man nicht nicht kommunizieren kann.

1.2.3.1.2 Zweites metakommunikatives Axiom:

„Jede Kommunikation hat einen Inhalts- und einen Beziehungsaspekt, derart, dass letzterer den ersteren bestimmt und daher eine Metakommunikation ist“ (S. 56)

In den Augen von Watzlawick et al. (1969) beinhaltet der Beziehungsaspekt der Kommunikation einen Hinweis darauf, wie ihr Sender die im Inhaltsaspekt versendeten inhaltlichen Informationen vom Empfänger verstanden haben möchte. Der Beziehungsaspekt definiert, wie der Sender die Beziehung zwischen sich und dem Empfänger sieht. Der Inhaltsaspekt vermittelt die „Daten“, der Beziehungsaspekt weist an, wie diese Daten aufzufassen sind. Nach Watzlawick et al. (1969) bedeutet der Beziehungsaspekt eine Kommunikation über die Kommunikation und ist somit Metakommunikation.

Inhalts- und Beziehungsaspekt drücken aus, was gesagt wird, und wie etwas gesagt wird, d. h. wie etwas gemeint ist. Der Beziehungsaspekt bestimmt also den Inhaltsaspekt (vgl. auch Hrubi, 1988). Beide können als Bestandteile jeder einzelnen Nachricht wie auch der Gesamtkommunikation angesehen werden.

1.2.3.1.3 Drittes metakommunikatives Axiom:

> *„Die Natur einer Beziehung ist durch die Interpunktion der Kommunikationsabläufe seitens der Partner bedingt." (S. 61)*

Dieses Axiom beschreibt die Organisation der Kommunikation, die aus aufeinander in komplexer Art und Weise bezogener Transmissionsakte unter Einbezug beider im zweiten Axiom beschriebenen Aspekte besteht. Die hoch komplexe Struktur der fortlaufend stattfindenden Interaktionsakte bildet einen wesentlichen Bestandteil menschlicher Beziehungen und geht aus diesen hervor. Das aus der Interpunktion der Kommunikationsakte hervorgehende Gesamtgeschehen wird im Rahmen des systemisch-pragmatischen Ansatzes als „Kommunikationssystem" bezeichnet (vgl. u. a. Theis, 1994, S. 64 f.). Aufgrund der Komplexität der Interpunktion ist auch das Kommunikationssystem selbst komplex. Watzlawick et al. (1969) argumentieren:

> „Der Reiz-Reaktions-Psychologe beschränkt seine Aufmerksamkeit gewöhnlich auf wechselseitige Verhaltensketten, die so kurz sind, dass er ein Ereignis als Reiz, ein anderes als Verstärkung und das, was das Versuchstier zwischen diesen beiden Ereignissen tut, als Reaktion bezeichnen kann. [...] Im Gegensatz dazu sind die Abläufe, mit denen wir es zu tun haben, viel länger und unterscheiden sich durch die Tatsache, dass in ihnen jedes Ereignis gleichzeitig Reiz, Reaktion und Verstärkung ist." (S. 57)

1.2.3.1.4 Viertes metakommunikatives Axiom:

> *„Menschliche Kommunikation bedient sich digitaler und analoger Modalitäten. Digitale Kommunikationen haben eine komplexe und vielseitige logische Syntax, aber eine auf dem Gebiet der Beziehungen unzulängliche Semantik. Analoge Kommunikationen dagegen besitzen dieses semantische Potenzial, ihnen fehlt aber die für eindeutige Kommunikation erforderliche logische Syntax." (S. 68)*

Watzlawick et al. (1969) identifizieren zwei grundsätzliche Möglichkeiten, in denen Objekte dargestellt werden können: anhand einer Analogie (z. B. eine Zeichnung oder eine Geste) oder durch einen Namen. Analoge Zeichen stehen in einer Ähnlichkeitsbeziehung zu dem von ihnen Bezeichneten, digitale Zeichen nicht (vgl. auch Hrubi, 1988). Watzlawick et al. (1969) vermuten, dass der Inhaltsaspekt digital übermittelt wird, der Beziehungsaspekt vorwiegend mit analogen Mitteln. In dem Ausmaß, in welchem die Beziehung zum zentralen Thema der Kommunikation wird, verliert die digitale Kommunikation an Bedeutung. Dabei wird davon ausgegangen, dass Übersetzungsprozesse vom Analogen ins Digitale, ebenso wie der umgekehrte Weg vom Digitalen ins Analoge, erhebliche Informationsverluste bedeuten.

Hier kann also eine Übereinstimmung zu Sichtweisen aus eher mechanistischen Ansätzen hergestellt werden: Ein Wechsel von Code und Kanal kann zu einer Störung der Nachrichtenübertragung führen.

1.2.3.1.5 Fünftes metakommunikatives Axiom:

> *„Zwischenmenschliche Kommunikationsabläufe sind entweder symmetrisch oder komplementär, je nachdem, ob die Beziehung zwischen den Partnern auf Gleichheit oder Unterschiedlichkeit beruht. “ (S. 70)*

Beziehungen können auf Gleichheit (symmetrische Interaktion) oder Unterschiedlichkeit (komplementäre Interaktion) beruhen. Bei der symmetrischen Interaktion verhalten sich Individuen spiegelbildlich, d. h., sie verhalten sich gleich. Dabei können die Verhaltensweisen der Kommunikatoren sich einander gegenseitig steigern oder abschwächen. Beim komplementären Handeln ergänzt sich das Verhalten der Akteure. Auch hier kann sich eine Dynamik herausbilden, welche die Unterschiedlichkeiten des Verhaltens beider Partner verändert.

Symmetrische Beziehungen zeichnen sich nach Watzlawick et al. (1969) durch Streben nach Gleichheit und Verminderung von Unterschieden zwischen den Partnern aus; komplementäre Interaktionen basieren auf sich gegenseitig ergänzenden Unterschiedlichkeiten. Eine komplementäre Beziehung kann beispielsweise dadurch gekennzeichnet sein, dass ein Interaktionspartner eine superiore Stellung einnimmt, während der andere die entsprechende inferiore Rolle innehat. Diese komplementäre Rolleneinnahme kann durch den gesellschaftlichen oder kulturellen Kontexten (z. B. Mutter und Kind, Vorgesetzter und Mitarbeiter) definiert sein.

1.2.3.2 Forschung innerhalb des pragmatischen Ansatzes

Sollen in einem Forschungsvorhaben die Grundannahmen des pragmatischen Ansatzes berücksichtigt werden, so werden die Untersucher insbesondere durch die Axiome 3 und 4 von Watzlawick et al. (1969) vor forschungstechnische Schwierigkeiten gestellt: Die Erfassung sequenzieller Bezüge einzelner Interaktionen (siehe Axiom 3) erfordert eine chronologische Erfassung der Handlungen aller an der Kommunikation Beteiligten.

Die Beobachtungen können dann beispielsweise in Form multipler Zeitreihen ausgewertet werden. Darüber hinaus erfordert das gleichzeitige Erfassen digitaler wie analoger Kommunikationsmittel eine große Zahl von Kodierungsdimensionen. Nach Frey (1984) ist für die adäquate Erfassung non-verbaler Ausdrücke eine Gesamtzahl von 104 Beobachtungsdimensionen nötig (vgl. Frey, 1984, S. 30 ff).

Als Beispiel für eine Studie, die sich diesen Schwierigkeiten stellt, dabei aber mit einem deutlich einfacheren Beobachtungssystem als dem von Frey (1984) skizzierten operiert, sei die Studie von Putnam & Jones (1982) genannt.

1.2.4 Die symbolisch-interpretative Perspektive

Die symbolisch-interpretative Perspektive rückt einen anderen Aspekt in den Vordergrund, wie er eher in den eingangs genannten Definitionen der Kommunikation durch Newcomb (1953) und Rogers & Kincaid, (1981) anklingt: Aus symbolisch-interpretativer Perspektive hat Kommunikation erst dann stattgefunden, wenn mit den durch sie übermittelten Symbolen ähnliche, wenn nicht identische Assoziationen bei allen Beteiligten hervorgerufen werden. Kommunikation selbst ist laut dieser Perspektive nicht ein Prozess der Bedeutungsvermittlung, sondern eher ein Prozess der (verbalen oder nonverbalen) Symbolvermittlung. Ein psychologisches Modell, das sich innerhalb der Axiome dieses Ansatzes bewegt, ist das A-B-X-Modell von Newcomb (1953), welches eine durch Kommunikation erzeugte Gemeinsamkeit der Orientierung zweier Personen auf einen Gegenstand hin beschreibt (für eine Darstellung des Modells siehe Newcomb, 1953, S. 394 ff.).

Gegenseitiges Verstehen im Sinne gleicher oder ähnlicher Bedeutungszuweisung kann demnach nicht als gegeben vorausgesetzt werden. Vielmehr ist die Erzeugung eines übereinstimmenden Verständnisses zentrale Funktion der Kommunikation und entsteht erst durch diese. Carbaugh (1985, S. 37) beschreibt Kommunikation auch als intersubjektiv symbolische Aktivität, „constituting a degree of shared meanings and a sense of community“.

Ein elaboriertes Konzept liefern in diesem Kontext Rogers & Kincaid (1981) im Rahmen ihres Konvergenzmodells (Rogers & Kincaid, 1981, S. 55 ff.). Abbildung 3 illustriert den Grundgedanken dieses Modells: In gemeinsamer Betrachtung einer physikalischen Realität nähern sich die psychologischen Realitäten zweier Betrachter einander an. Die Kommunikation stellt dabei ein kollektives Handeln zur symbolischen Abbildung des betreffenden Gegenstandes dar sowie zur Herstellung eines gemeinsamen Verständnisses der verwendeten Symbole.

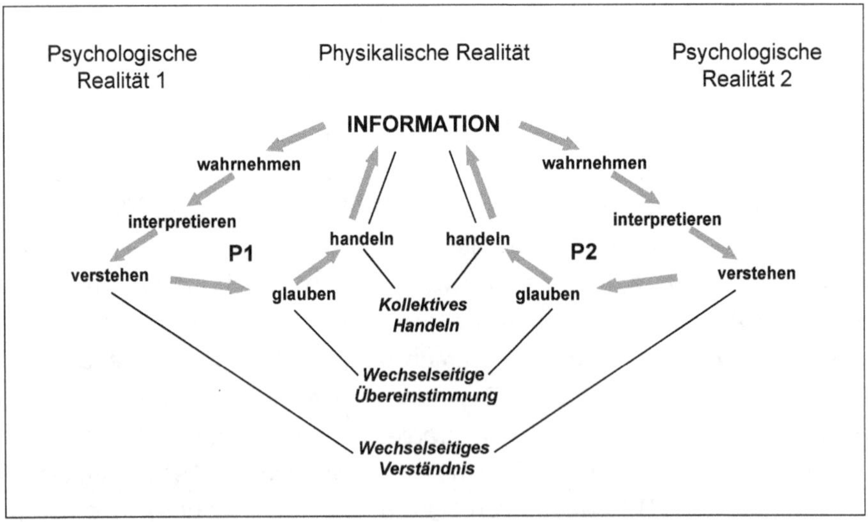

Abb. 3.: Grundgedanken des Konvergenzmodells (Rogers & Kincaid, 1981)

Auch in der organisationalen Kommunikationsforschung spielt der interpretativ-symbolische Ansatz eine Rolle - so unter anderem im Zusammenhang mit dem Konzept der Unternehmenskultur, zumal bei Autoren, die diese im Sinne von Barnett definieren, die Kultur als „Konsens der Mitglieder einer Gemeinschaft hinsichtlich der Bedeutung sowohl verbaler als auch nicht-verbaler Symbole“ (Barnett, 1988, S. 103) verstehen. Monge & Eisenberg (1987) argumentieren ähnlich. Sie sehen das Ausmaß an Bedeutungskonvergenz grundsätzlich als eine Möglichkeit an, die kulturelle Homogenität oder Heterogenität einer Organisation zu erfassen (vgl. hierzu auch Monge & Contractor, 2001)

Bedeutungszuweisungen in Unternehmen sind tendenziell nicht stabil, sondern dynamisch. Bezogen auf Veränderungen in den individuellen Wahrnehmungen kann dies in naheliegender Weise im Zusammenhang mit Veränderungen der individuellen Position im Unternehmen verändert werden. Sussman (1975) stellt fest:

> „Organizational roles not only structure perceptions, but the changing of one's role will result in concomitant changes in his perception “ (Sussman, 1975, S. 195)

Auf organisationaler Ebene ergibt sich daraus unter anderem die Frage, ob Inkongruenzen der individuellen Wahrnehmungen verschiedener Organisationsmitglieder als Problem für die Funktionsfähigkeit der Organisation anzusehen sind. Im Sinne der zuvor beschriebenen Forschung zu Phänomenen wie so genannten semantischen Differenzen und den daraus erwachsenden Verständigungsdefiziten (vgl. Jablin, 1979, S. 1201 ff, s. o.) sollte dies ebenso zu erwarten sein wie aus dem Verständnis von Kommunikation als Instrument zur Herstellung von Bedeutungsübereinstimmung (vgl. Carbaugh, 1985). Sussman (1975) argumentiert jedoch, dass Interpretationsdifferenzen nicht zwangsläufig als problematisch zu betrachten seien. Theis (1994) merkt an, dass die Beantwortung dieser Frage vom jeweils zugrunde gelegten Organisationskonzept abhinge: Vor dem Hintergrund eines „konsensorientierten“ Organisationskonzeptes (S. 34) werden perzeptive Differenzen als bedrohlich, in einem „konfliktorientierten“ Organisationskonzept (S. 34) als bereichernd interpretiert.

1.2.5 Geschlossene vs offene Systemperspektive

Die beiden zuletzt vorgestellten Perspektiven beziehen bei der Betrachtung der Kommunikation die überindividuale Ebene ein, nehmen dabei aber dennoch verschiedene Blickwinkel ein. In der Sprache der pragmatischen Perspektive entsteht Kommunikation als – durch die interpunktuale Verschränktheit von Interaktionen – gemeinsam hergestelltes Gebilde bzw. System. Im Rahmen der symbolisch-interpretativen Perspektive ist der zentrale Beobachtungsgegenstand die durch Kommunikation gemeinsam erzeugte interpretative Kongruenz.

Innerhalb der systemtheoretischen Ansätze zur Kommunikation lassen sich zwei perspektivische Pole identifizieren: die „geschlossene" und die „offene Systemperspektive" (vgl. u. a. Sperka, 1996, S. 103–143 ff.).

Letztere wird auch von Watzlawick et al. (1969) im Rahmen der Vorstellung der fünf metakommunikativen Axiome diskutiert (vgl. Watzlawick et al., 1969, S. 145.), da dieses Verständnis von Systemen der pragmatischen Perspektive zugrunde liegt. Die geschlossene Systemperspektive schlägt sich in den Ansätzen von Newcomb (1953) und Rogers & Kincaid (1981) nieder, welche das Erzeugen von Bedeutungskonvergenz in den Mittelpunkt stellen.

Im Folgenden sollen die grundlegenden Konzepte eines geschlossenen oder offenen Systemverständnisses bezüglich der Kommunikation einander gegenübergestellt werden (siehe Tabelle 1).

Die geschlossene Systemperspektive ist auf das kommunizierende System als Einheit gerichtet, wobei dieser makroperspektivische Zugang ein Verständnis von Kommunikation impliziert, nach welchem diese eine einheitliche Entität darstellt. Aus systemtheoretischer Sicht stellt dies einen Wechsel auf die nächsthöhere Systemebene dar (vgl. Luhmann, 1984).

Anders gestaltet sich die Betrachtung aus der offenen Systemperspektive. Der Blick auf die innere Struktur innerhalb der kommunizierenden Gruppe bleibt erhalten. Da das Nachverfolgen aller Interaktionen jedoch bereits auf Ebene der Dyade eine erhebliche Herausforderung darstellt (vgl. Frey, 1984), wird die Betrachtung entweder auf dyadische Kommunikation beschränkt oder auf die Makroebene transferiert.

Tab. 1.: Gegenüberstellung geschlossener und offener Systemperspektive nach Sperka (1996, S. 103–143 ff.)

	Geschlossene Systemperspektive	**Offene Systemperspektive**
Verständnis des Kommunikationssystems	Einheitliche Entität	Struktur entsteht durch wechselseitige Interaktionen
Perspektive auf die Gruppe	Sichtweise ist auf die Gruppe als Ganzes gerichtet (Makroperspektive)	Innere Struktur bleibt Gegenstand der Betrachtung (Mikro- und Makroperspektive)
Systemebene	Perspektivischer Wechsel auf die nächsthöhere Ebene	Ebene der systeminternen Elemente bleibt im Fokus
Funktion von Kommunikation	Herstellung von Kongruenz der Bedeutungen, Kommunikation ist der Prozess des Konvergierens von Einstellungen, Kognitionen etc.	Funktion unterschiedlich je nach Entwicklungsstadium der Gruppe
Kognitionen der Kommunikationsteilnehmer	Homogen	Mehr oder weniger heterogen
Verständnis vom Individuum	Nimmt eine Rolle im Sinne eines systembezogenen Selbstverständnisses an	Gestaltet Struktur der Organisation durch aktive Beteiligung an Interaktionen
Beispielhafte Autoren	Carbaugh, 1985 Rogers & Kincaid, 1981	Watzlawick et al., 1969

Die Beobachtung der Kommunikation geht jedoch auch dann nicht davon aus, dass eine einheitliche Entität erfasst wird, sondern ein komplexes Gebilde, an dem Eigenschaften wie Symmetrie zwischen den Kommunikationsteilnehmern beobachtet werden können.

Im Sinne des Konvergenzmodells von Rogers & Kincaid (1981, S. 55 ff.) ist die Funktion der Kommunikation, ein Konvergieren von Kognitionen zu erzeugen. Eine Betrachtung aus geschlossener Systemperspektive impliziert daher die Homogenität der Kognitionen der Beteiligten.

Anders aus Sicht der offenen Systemperspektive: hier wird davon ausgegangen, dass Wahrnehmungen und Kognitionen der Beteiligten mehr oder weniger heterogen sind, da nicht von einer Konvergenz des Symbolverständnisses der Beteiligten ausgegangen wird und da die Interpunktion der Ereignisse aus der jeweils individuellen Perspektive der einzelnen Kommunikationsteilnehmer unterschiedlich erlebt wird.

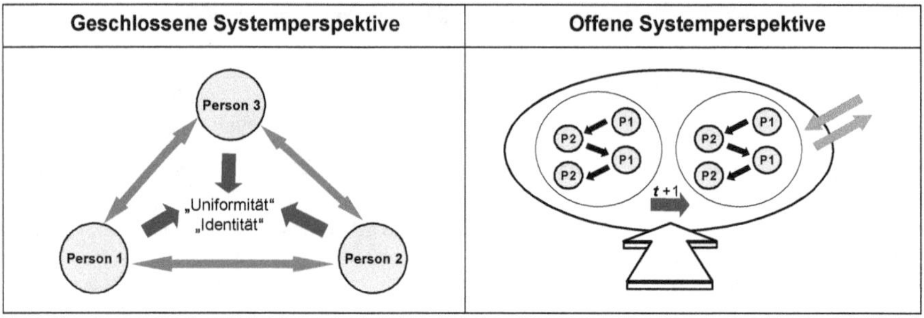

Abb. 4.: Grundmodelle zur geschlossenen und offenen Systemperspektive nach Sperka (1996, S. 110 & S. 128)

1.2.6 Zur Dialektik von Struktur und Aktion

An den zuletzt vorgestellten Ansätzen, insbesondere am symbolisch-interpretativen Ansatz, wird von verschiedenen Autoren Kritik geübt. So merkt Turner (1991) an, dass im Rahmen symbolisch-interpretativer Konzepte der organisationale Symbolismus „romantisiert“ werde (vgl. Turner, 1991, S. 61): Die strukturellen Gegebenheiten, welche die Kommunikation umgeben, würden ignoriert. Auch andere Autoren sehen die Gefahr des Abgleitens in eine einseitig subjektivistische Sichtweise auf Kommunikation, welche das willkürliche Handeln der Akteure zur einzig relevanten Größe im Rahmen von Kommunikationsprozessen macht (vgl. Deetz, 1995, Burke, 1991).

Conrad & Haynes (2001) sehen diese Gefahr sowohl beim symbolisch-interpretativen Ansatz (geschlossene Systemperspektive) als auch beim pragmatischen Ansatz (offene Systemperspektive) gegeben. Sie ordnen beide den aktionsorientierten Ansätzen zu, die sie den strukturorientierten Ansätzen der Kommunikation gegenüberstellen.

In ihrer Diskussion zur „Dialektik zwischen Aktion und Struktur“ bezeichnen sie das Verhältnis von Struktur und Aktion als „zentrales Spannungsmoment“ der Kommunikationsforschung (Conrad & Haynes, 2001, S. 49).

Dabei steht laut Dawe, der bereits 1978 in ähnlicher Weise argumentiert, eine „Doktrin der sozialen Systeme“ einer „Doktrin sozialen Handelns“ (Dawe, 1978, S. 208) gegenüber: Erstere richte den Fokus auf strukturale Konfigurationen in und hinter Kommunikationsprozessen, letztere auf das subjektive Erleben von Kommunikation durch die Beteiligten sowie deren willensgesteuerte Handlungen.

Conrad & Haynes (2001) sehen hinter diesen beiden Konzepten ein zweipoliges Kontinuum zwischen den beiden Extremen des „Determinismus“ und des „Voluntarismus“ (Conrad & Haynes, 2001, S. 50) in der innerorganisationalen Kommunikation. Sie kommen nach einer Literaturübersicht zu dem Schluss, dass in den theoretischen Konzepten zu den meisten Forschungsarbeiten zur Kommunikation in Organisationen eine implizite Hinwendung zu einem dieser beiden Extreme zu beobachten ist.

So vernachlässigten die mechanistisch orientierten Forschungsarbeiten die Fähigkeit und Bereitschaft menschlicher Kommunikationsteilnehmer, anders als etwa technische kommunzierende Einheiten, kreativ und gestalterisch in den Kommunikationsprozess einzugreifen.

Die verhaltensorientierten Autoren, wie beispielsweise Watzlawick et al. (1969), hingegen unterlägen der Versuchung, Kommunikationsprozesse als von äußeren Umständen gänzlich unbeeinflusste Kreationen der Akteure anzusehen, deren einzige strukturale Elemente in den jeweils willentlich beigesteuerten Kommunikationshandlungen und ihrer Aufeinanderfolge liege (vgl. Conrad & Haynes, 2001, S. 49 ff.).

An dieser Stelle ergibt sich die Frage nach Art und Ausmaß einer möglichen Beeinflussung des Kommunikationsprozesses durch strukturale Bedingungen in Organisationen. Dieser Frage soll im Folgenden nachgegangen werden.

1.2.6.1 Die strukturalen Aspekte der Kommunikation in Unternehmen

Zwei Strukturaspekte, die Gelingen und Mängel von Kommunikation entscheidend prägen und daher seit Jahrhunderten im Zentrum menschlicher Optimierungsbemühungen in Bezug auf Kommunikationsmöglichkeiten stehen, sind laut Reichwald, Möslein, Sachenbacher et al. (1998, S.1-10) die Phänomene Raum und Zeit.

Ziel derartiger Bemühungen sei dabei die Überwindung oder „Auflösung" von Raum und Zeit (Reichwald et al., 1998, S. 1). Dies impliziert, dass räumliche wie zeitliche Distanz als wesentliche Störgröße der Kommunikation angesehen werden, was zumindest mit Blick auf die gänzlich ohne Einsatz von Technologie vermittelte zwischenmenschliche „Face-to-Face-Kommunikation" (Reichwald et al., 1998, S. 57) offensichtlich ist.

Während die Überwindung von Raum und Zeit vormals nur durch tatsächliche Herstellung physikalischer Nähe der Kommunikationspartner möglich war, ist der gegenwärtigen Literatur der Organsationsforschung zu entnehmen, dass Unternehmen vor dem Hintergrund rasanter technischer Entwicklungen die Aufgabe der Zeit- und Raumüberbrückung primär durch den Einsatz von Informations- und Kommunikationstechnologie zu lösen suchen. An Stelle der ehemals notwendigen Suche nach dem „one-best-place" tritt somit das Prinzip „anytime – anyplace" (Reichwald et al., 1998, S. 3 f.): Standortentscheidungen werden gemäß diesem Prinzip nicht mehr unter dem Gesichtspunkt gefällt, dass hohe räumliche Nähe der kooperierenden Personen von Relevanz sei. Mohrman (1999) beschreibt:

> „In dieser Zeit globaler Integration, elektronischer Vernetztheit und Netzwerkstrukturen [...] wird Arbeit mit zunehmender Häufigkeit durch geographisch verstreute Teams geleistet [...].Das sind Gruppen von Individuen, [die sich] an unterschiedlichen Orten und in unterschiedlichen Abteilungen und Unternehmen [befinden]." (Mohrman, 1999, S. 64)

Die hier von Mohrman (1999) skizzierte Entwicklung wird in der Literatur allgemein dem Phänomen der zunehmenden Virtualisierung von Unternehmen zugerechnet (vgl. u. a. Picot, Reichwald & Wigand, 1998). Ihren Ausführungen ist zugleich zu entnehmen, dass die beschriebenen Veränderungen konkrete Konsequenzen für die Arbeits- und Kooperationsbedingungen im Unternehmensalltag haben. Während die Arbeit in Teams als Organisationsform gleichzeitig an Bedeutung gewinnt (vgl. Dutton, 1999), verändert sich deren Gestalt von einer räumlich definierbaren Einheit zu einer von räumlicher Trennung geprägten, nur noch virtuell und funktional verknüpften Einheit. Als Folge dieser strukturalen Veränderungen müssen Teammitglieder solche Kommunikationsgewohnheiten aufgeben, die auf einer kontinuierlich vorhandenen Möglichkeit von gegenseitiger Kontaktaufnahme und auf Face-to-face-Kommunikation beruhen (vgl. Mohrman, 1999, S. 63 ff.).

Frei von einer normativen Bewertung derartiger Veränderungen kann an dieser Stelle festgestellt werden, dass im beschriebenen Kontext eine zumindest teilweise Determination des Kommunikationsverhaltens durch strukturale Veränderungen stattfindet.

Auch unabhängig von räumlichen Dispersionsprozessen wird in der Literatur darüber hinaus von strukturalen Veränderungen auf der Zeitdimension berichtet. So berichten De Sanctis, Staudenmayer & Wong (1999), dass parallel zu wachsender räumlicher Distribution eine zunehmende Verengung der zeitlichen Spielräume stattfindet. Reichwald et al. (1998) führen an:

> „Zeit ist ein Wettbewerbsfaktor und wird es in Zukunft in noch stärkerem Maße werden. Besonders in Branchen mit hoher Innovationsdynamik, wie z. B. der Informatikbranche, konzentriert sich der Wettbewerb auf ‚economies of speed.“

Kommunikationsgewohnheiten, die auf der beiläufigen Nutzung von zeitlichen Freiräumen oder auf spontaner Kontaktaufnahme ohne vorherige Absprache basieren, können vor dem Hintergrund zunehmender systematischer Entfernung zeitlicher Spielräume aus Prozessen dysfunktional werden und müssen verändert werden (Vgl. Mohrman, 1999, S. 63 ff.). Auch hier gilt, dass – unabhängig von der Frage, ob eine entsprechende Anpassung des Kommunikationsverhaltens wünschenswert wäre oder nicht – sich auch mit Blick auf diese Entwicklungen ableiten lässt, dass die kommunikativen Handlungsmöglichkeiten der Akteure durch strukturale Bedingungen beeinflusst werden. Kommunikationshandlungen sind daher, wie auch andere menschliche Handlungen, nicht allein von der willentlichen Steuerung durch den Akteur selbst, sondern zugleich von Kontextbedingungen determiniert, welche der Akteur nicht beeinflussen kann (vgl. in diesem Kontext auch Lewin, 1951; Lantermann, 1980; Rheinberg, 2002)

Wie bereits dargestellt, werden organisationsstrukturale Veränderungen dieser Art nicht zuletzt basierend auf der Annahme durchgeführt, dass etwaig auftretende Beeinträchtigungen in den Kommunikations- und Informationsmöglichkeiten der Beteiligten durch einen geschickten Einsatz von Kommunikationstechnologie kompensiert werden können (vgl. Klein, 1997). Jedoch sind die Handlungsspielräume bei der Nutzung von Medien durch die gleichen strukturalen Gegebenheiten eingeschränkt, deren Konsequenzen durch den gezielten Medieneinsatz kompensiert werden sollen. So zeigen Reichwald et al. (1998), dass die in Organisationen im Allgemeinen zur Verfügung stehenden Kommunikationsmittel ihrerseits jeweils für eine bestimmte Konfiguration optimal geeignet sind (vgl. Übersicht von Reichwald et al., 1998, S. 33). So sind beispielsweise unterschiedliche Kommunikationssysteme häufig entweder für die zeitlich asynchrone Kommunikation geeignet (beispielsweise E-Mail-Systeme), während andere Medien, wie Video-Konferenz-Systeme eine exakte zeitliche Koordination erfordern, was wiederum bei räumlicher Dislokation zusätzlicher Koordinationsaktivitäten mit Hilfe zusätzlicher Medien bedarf. Auch bedeutet es eine erhöhte Schwierigkeit, wenn zeitliche Koordination dieser Art unter Teammitgliedern stattfinden muss, die – wie weiter oben von Mohrman (1999) beschrieben – sich in verschiedenen Niederlassungen oder gar Unternehmen aufhalten.

Unterschiede in Kultur und Struktur dieser Unternehmen oder Niederlassungen können zeitliche Koordinationen über die Organisationsgrenzen hinweg deutlich erschweren (vgl. Cohen & Mankin, 1999, S. 113 ff.). Die Möglichkeiten zu Medien- bzw. Kanalwahl sowie deren Nutzung sind also von den strukturalen Bedingungen, deren Konsequenzen sie mehr oder weniger erfolgreich (Picot et al. 1998, S. 146 ff.) kompensieren, ihrerseits nicht unabhängig.

1.2.6.2 Integration von Struktur und Aktion

Die Ausführungen des vorangehenden Unterabschnittes können durch zwei Aussagen zusammengefasst werden. Erstens hat sich gezeigt:

- Die Handlungsmöglichkeiten der Akteure innerorganisationaler Kommunikation werden durch grundlegende strukturale Bedingungen wie der Gestaltung von Zeit und Raum beeinflusst. Die Kommunikations-Handlungen werden nicht ausschließlich vom Willen der Akteure bestimmt.

Gleichzeitig erschien diese Beeinflussung jedoch in keinem der genannten Beispiele als vollständige Determination, die den Handlungsspielraum auf eine einzige Verhaltensoption einschränkt. Die hier referierten Autoren implizieren also zweitens durch ihre Darstellungen:

- Die Kommunikations-Handlungen der Akteure werden nicht vollständig durch strukturale Gegebenheiten determiniert.

Conrad & Haynes (2001), die in gleicher Weise argumentieren, schlagen den Begriff ‚constraints' (Conrad & Haynes, 2001, S. 49) – im Folgenden: ‚Beschränkungen' – vor, um die Beziehung zwischen Struktur und Aktion der Kommunikation zu qualifizieren: Es bestehe eine unleugbare Beschränkung der Handlungsfreiräume durch die gegebenen strukturalen Bedingungen. Diese komme jedoch nicht einer vollständigen Determination gleich und bestehe bis zu einem gewissen Ausmaß gegenseitig. So kann durch die Akteure in begrenztem Ausmaß Einfluss auf Strukturen genommen werden - zumal, wenn es sich bei den Strukturen selbst um von den Akteuren geschaffene Phänomene handelt, wie sie Giddens im Rahmen seiner Theorie der Strukturierung beschreibt (vgl. Giddens, 1988, insbesondere S. 34 f.).

Wie Conrad & Haynes (2001) ausführen und aus den oben aufgeführten Beispielen hervorgeht, gilt dies jedoch nicht für alle Strukturelemente.

Daher sind die Möglichkeiten der Akteure zur Gestaltung der Kommunikations-Umwelt prinzipiell begrenzt. Diese Tatsache sollte umso mehr im Kontext von innerorganisationaler Kommunikation gelten als die Handlungsmöglichkeiten von Individuen in Organisationen erstens durch die von außen auf die Organisation einwirkenden Prozesse und Bedingungen des Marktes und zweitens durch die innerorganisationale Hierarchie beeinflusst werden.

1.3 Positionen zur Funktion von innerorganisationaler Kommunikation

Innerorganisationale Kommunikation ist eine Form der Kommunikation, die innerhalb eines bestimmten strukturellen Kontextes stattfindet und eingebunden ist in zweckorientierte Handlungen. Aus diesem Grunde sollte sie nicht nur unter allgemeinen Gesichtspunkten zwischenmenschlicher Kommunikation, sondern darüber hinaus mit Blick auf ihre funktionale Einbindung betrachtet werden.

Zur Einordnung der zahlreichen möglichen Funktionen[1] kommunikativen Handelns innerhalb von Organisationen werden in der Literatur verschiedene Kategorien vorgeschlagen.

Stohl und Redding (1987, S. 462 f.) wählen einen zwei-kategorialen Ansatz und unterscheiden zwischen **„aufgabenbezogenen"** und **„sozialen"** Funktionen der Kommunikation. Eine damit verwandte und ebenfalls zweikategoriale Einteilung steuert Winterstein (1998, S. 21 ff.) bei. Er unterscheidet die Ziele von Information und Kommunikation innerhalb von Unternehmen in **„funktionale"** und **„additionale"** Ziele. Zunächst wird auf die jeweils zuerst genannten Kategorien – funktionale, bzw. aufgabenbezogene Ziele - eingegangen.

Grundlegender Zweck hinter den funktionalen Zielen der Kommunikation sei die „Ermöglichung, Koordination und Kontrolle sowie die Verbesserung des Arbeitsprozesses" (Winterstein, 1998, S. 21). Jablin, Cude, House et al. (1994) bestätigen, dass organisationsinterne Kommunikation einige wesentliche Funktionen zur Durchführung des Arbeitsprozesses ermöglicht, indem sie die kommunizierenden Personen in die Lage versetzt, koordiniert auf ihre „Informationsumwelt" (Jablin et al., 1994, S. 130) zu reagieren. Gehm (1996) spricht in diesem Kontext von „ko-

[1] Der Begriff ‚Funktion' bezieht sich hier auf den Verwendungszweck der Kommunikation als solcher im innerorganisationalen Kontext. Diese Verwendung ist in der organisationspsychologischen Literatur gängig und ist nicht identisch mit dem Verständnis der Funktion der Kommunikation als „natürliche und unvermeidbare Konsequenz kommunikativen Verhaltens" (vgl. Wiemann & Giles, 1997, S. 336, sowie Argyle & Dean, 1995). Gleichwohl können die oben beschriebenen Effekte der Kommunikation auch ohne die Annahme bewusster Intention seitens der Handelnden als tatsächliche Folgen von Kommunikation angenommen werden.

operativer Informationsverarbeitung“ (S. 77 ff.) durch Organisationsmitglieder, deren Aktivitäten miteinander verknüpft sind.

An dieser Stelle wird deutlich, dass Kommunikation insbesondere dann wesentlich zum Erfolg bzw. Misserfolg des Arbeitsprozesses beiträgt, wenn die vorliegenden Aufgaben hohe Interdependenz und hohen interpersonellen Koordinationsaufwand erfordern (vgl. De Sanctis et al., 1999) – und das insbesondere, wie Willke hervorhebt, im Rahmen kooperativer geistiger Arbeit (vgl. Willke,1998, S. 19 ff.). Doch auch andere für die gemeinsame Aufgabenerfüllung generell bedeutsame Aktivitäten, wie die gemeinsame Zielvereinbarung und gegenseitiges Feedback, sowie koordinierte Entscheidungsfindung, werden mit Hilfe von Kommunikation geleistet. Sie sind insofern direkte Funktionen der internen Kommunikation, als dass auch ihre erfolgreiche Bewältigung von einer adäquaten Kommunikation abhängt (vgl. hierzu u. a. Health & Sias, 1999; Hirokawa, 1988; Hirokawa & Rost, 1992).

Zusammenfassend kann festgestellt werden, dass Kommunikation im Kontext all jener Aufgaben oder Bestandteile von Aufgaben erfolgsrelevant ist, deren erfolgreiche Bewältigung durch die Interaktion mehrerer Personen zustande kommt (vgl. Gehm, 1996). Durch diese erfolgsrelevante Funktion für die Erledigung zahlreicher Aufgaben und koordinatorischer Teilaufgaben liefert eine erfolgreiche interne Kommunikation zugleich einen Beitrag zur Erreichung der wesentlichen Ziele der Organisation, namentlich dem erfolgreichen Ablauf der jeweiligen Arbeitsprozesse (vgl. De Sanctis et al., 1999). Die bisher aufgeführten Aspekte von Kommunikation entsprechen den aufgabenbezogenen bzw. funktionalen Zielen, die in den oben genannten zweikategorialen Taxonomien (von Stohl & Redding, 1987, sowie von Winterstein, 1998) an erster Stelle genannt werden.

Aus Sicht des Individuums innerhalb der Organisation dient die Kommunikation jedoch neben der unmittelbaren Bewältigung der Arbeitsaufgaben – welche ihrerseits von den Zielen der Organisation abgeleitet sind – auch der Verwirklichung anderer Ziele – welche stärker von den Bedürfnissen des Individuums abgeleitet sind (vgl. u. a. Szyperski, 1980; Frese, 1988; Stohl & Redding, 1987)

Letztere fallen in die oben genannten Kategorien der additionalen bzw. sozialen Ziele von Information und Kommunikation, die im Folgenden näher erörtert werden sollen. Die Verfolgung bzw. Erreichung dieser Ziele kann mit den Zielen des Unternehmens im Sinne einer optimalen Aufgabenerledigung unvereinbar sein. Sie kann jedoch auch einen indirekten Beitrag zum Leistungsniveau des Unternehmens liefern – diese Option spiegelt sich auch in dem von Winterstein (1998) aufgeführten Begriff der **„sekundär funktionalen"** (S. 21) Aspekte von Information und Kommunikation wider.

Beispiele für individuelle Ziele, die mittels Kommunikation erreicht werden können und deren Verfolgung nur schwerlich mit einer optimalen Aufgabenerledigung vereinbar sein dürfte, nennen u. a. Neuberger (1995) unter dem Stichwort ‚Mikropolitik' und Henning & Six (1977) unter dem Stichwort „Machiavellismus", (Henning & Six, 1977, S. 185 ff.): Letztere weisen auf die Möglichkeit eines strategischen Umganges mit Information (z. B. in Form bewusster Zurückhaltung von Information) und einer gezielt manipulativen Kommunikation (z. B. durch das Vortäuschen von Zustimmung) hin und gehen davon aus, dass Mitglieder von Organisationen diese Möglichkeiten der Kommunikation zum persönlichen mikropolitischen Machtgewinn nutzen – mitunter auf Kosten der Qualität des kollektiven Arbeitsergebnisses (Vgl. hierzu auch O'Hair & Cody, 1994)

Die Tatsache der Individualität von Zielen bedeutet jedoch in den Augen verschiedener Autoren noch keine Unvereinbarkeit mit der Aufgabenerledigung oder den Unternehmenszielen.

So dient Kommunikation in Organisationen unter anderem der individuellen Befriedigung des Anschluss- oder Neugier-Motivs (vgl. Franke, 1980). Letzteres kann beispielsweise zu einem erhöhten Austausch von Wissen, beispielsweise durch beiläufige Explikation von implizitem Wissen und Erfahrungswissen führen. Bei hoher Frequenz eines solchen Austauschs kommt es zu einer Erhöhung des durchschnittlichen aufgabenbezogenen Wissens der Organisationsmitglieder (vgl. Reinhardt, 1993).

Auch die bereits erwähnte Erfüllung des Anschluss-Motivs kann in Zusammenhang mit einem gegenseitig unterstützenden Kommunikationsstil die psychische Stabilität der einzelnen Organisationsmitglieder und damit auch deren Leistungsfähigkeit erhöhen (vgl. Cohen & Hoberman, 1983). Bezogen auf Gruppen und Teams stellt die formelle wie auch informelle Kommunikation ein wichtiges Instrument zur Identifizierung von Bewertungs- und Beurteilungskonflikten dar sowie für einen konstruktiven Umgang mit diesen (vgl. Crisand, 1999[2]). Auf diese Weise kann Kommunikation die generelle Leistungsfähigkeit eines Teams erhöhen.

Zusammenfassend kann bezüglich der innerorganisationalen Kommunikation abgeleitet werden:

- Innerorganisationale Kommunikation ist ein wichtiges Instrument in der Erfüllung von Koordinations- und Interaktionsaufgaben.
- Sie ist darüber hinaus ein Instrument zur Stabilisierung der Handlungsfähigkeit von Individuen und Teams.

Dabei kann Kommunikation als Mittel zur Verfolgung individueller wie auch organisationaler Ziele eingesetzt werden. Zu einem Zielkonflikt zwischen Individuum und Organisation kann es im Zusammenhang mit Kommunikation dann kommen, wenn entweder die verfolgten Ziele selbst mit denen der Organisation unvereinbar sind, oder wenn zeitliche Ressourcen in großem Umfang für die Kommunikation ohne direkten Nutzen für die Organisation beansprucht werden.

Parks (1994) greift die Problematik zuwiderlaufender Ziele von Kommunikationskompetenz auf: Da Kommunikation ein Instrument zur Erreichung vielfältiger Ziele ist, für den Einsatz dieses Instrumentes jedoch nicht unbegrenzte zeitliche Ressourcen zur Verfügung stehen, wird laut Parks (1994) die Effizienz der Kommunikation im jeweils gegebenen Kontext zum entscheidenden Kompetenzbestandteil. Gelungene Kommunikation zeichne sich daher durch die Fähigkeit des Kommunikators aus, bestimmte Ziele „in einem gegebenen sozialen Kontext zu erreichen, ohne sich dabei der [...] Gelegenheit zur Verfolgung anderer, [...]

---

[2] Zu verschiedenen Arten von Konflikten in Teams, die in unterschiedlichem Ausmaß mit der Teamkommunikation in Verbindung stehen, siehe auch Adolph (2000) sowie Windel, Kronz, Adolph et al. (1999)

wichtigerer Ziele zu berauben“ (Parks, 1994, S. 506). Geht man wie Neuberger (1995) davon aus, dass Mitglieder von Organisationen bei allen Tätigkeiten auch persönliche Ziele verfolgen, so kann abgeleitet werden: Innerorganisationale Kommunikation muss mit hinreichender Effizienz – im Sinne möglichst hoher Wirksamkeit bei möglichst geringem Aufwand – geführt werden, damit ihre Funktionalität in Bezug auf die Unternehmensziele erhalten bleibt.

2 Teams in Organisationen

2.1 Einleitung

Im Rahmen der Organisationspsychologie stehen Teams, ähnlich wie die Kommunikation, bereits seit langem im Interesse der Forschung (vgl. Mayo, 1933) und haben ihre prominente Rolle in Studien und Fachveröffentlichungen bis heute nicht eingebüßt, (vgl. u. a. die Übersichtsartikel von Paris, Salas & Cannon-Bowers, 2000; sowie Guzzo & Dickson, 1996).

Der Umgang mit Teams ist jedoch nicht nur Gegenstand der Forschung, vielmehr stellt die Arbeit in Teams ein häufiges und bedeutsames Praxisinstrument der Arbeits- und Organisationsgestaltung dar (vgl. De Sanctis et al., 1999). Sie hilft nach Wiendieck (1992) bei der Handhabung wachsender Aufgabenkomplexität und hohen Innovationsdruckes und entspricht den Implikationen eines gesellschaftlichen Wertewandels, welche die Forderung nach Demokratisierung organisationaler Strukturen beinhaltet. Auch Högl (1998) kommt nach der Analyse empirischer Studien zu dem Schluss, dass der Einsatz von Teams in der Praxis von hoher Erfolgsrelevanz insbesondere mit Blick auf Innovationsfähigkeit ist und daher auch in entsprechenden Bereichen besonders intensiv genutzt wird. So sei unter anderem der Effekt der Bündelung verschiedener Kompetenzen, welcher durch Teams möglich ist, besonders wesentlich für die zeitökonomische Entwicklung tragfähiger neuer Konzepte.

Was jedoch ist Teamarbeit? Dieser Frage unterliegt eine weitere, grundsätzlichere: Was ist ein Team?

In der Literatur wird der Begriff des Teams in der Regel gleichbedeutend mit dem der Gruppe verwandt (vgl. Gemünden & Högl, 1998), wobei im Falle einer Differenzierung dem Team ein per Definition höheres Maß an Kooperation und Interaktion zugeschrieben wird als es im Begriff der Gruppe zwingend impliziert ist (vgl. Cook & Goff, 2002). Eine derartige Unterscheidung wird jedoch nur in wenigen Studien gezogen. Generell lässt sich aus der Literatur unter Einbeziehung der Konzepte von Windel (1995), Staehle (1994) und Guzzo & Shea (1992) eine Gruppe bzw. ein Team in einem Unternehmen definieren als eine Einheit von mehr als einer Person, deren Mitglieder von außen als solche erkannt werden und sich selbst ebenfalls als Mitglieder dieser Einheit erleben und die darüber hinaus eine gemeinsame Aufgabe durch unmittelbare Zusammenarbeit erledigen.

Die Arbeit in Gruppen wiederum kann basierend auf Esser (1992) in fünf Typen eingeteilt werden (vgl. Windel, 1995, S. 13)

1. Führungsgruppen (Mehrere Vorgesetzte arbeiten zusammen)
2. Beratungsgruppen (Mehrere Personen bereiten eine Entscheidung vor)
3. Projektgruppen (Mitarbeiter werden vorübergehend mit der gemeinsamen Abwicklung eines bestimmten Projekts beauftragt)
4. Lern- und Problemlösegruppen (Gruppen von Mitarbeitern bearbeiten neben der Arbeitszeit ausgewählte Probleme)
5. Ausführungsgruppen (Gruppen werden dauerhaft zu einer effizienteren Aufgabenerledigung eingerichet)

Der zuletzt genannte Typ gehört zu den am weitesten verbreiteten Gruppenarbeitsformen (vgl. Zimolong & Saurwein, 1995; Windel & Zimolong, 1997; Zimolong, 1996). Gerade in diesem Typ der Gruppenarbeit ist der Einsatz von Teams an die Erwartung gekoppelt, dass die Effizienz der Aufgabenerledigung durch Teamarbeit größer ist als ohne sie. Der Einsatz von Teamarbeit alleine ist jedoch noch kein Garant für diesen Effekt. Vielmehr stellt sich die Frage, wie sich Teammitglieder verhalten müssen, um die Arbeitsform ‚Team' tatsächlich zu besonders effizienter Arbeit nutzen zu können.

Im nächsten Unterabschnitt sollen einige relevante Faktoren für den Erfolg von Teamarbeit beleuchtet werden, welche in der aktuellen Forschung eine Rolle spielen.

2.2 Relevante Faktoren der Teamforschung

2.2.1 Relevante Kompetenzen von und in Teams

Verknüpft mit der Frage nach den erfolgsrelevanten Verhaltensstrategien von Teammitgliedern zur Ermöglichung einer erfolgreichen Arbeit des Gesamtteams ist die Frage nach der Zusammenstellung. Im Folgenden soll ein Ansatz vorgestellt werden, der aus dem Blickwinkel der Teamzusammenstellung verschiedene aus der Forschung gewonnene Kompetenzen für die Teamarbeit identifiziert.

2.2.1.1 KSA

Der Einsatz von Teams als ein Element Human-Ressource-geleiteter Arbeitsorganisation bedingt neue, auf Teamarbeit abgestimmte Bewertungskriterien, die es ermöglichen, die Erfolgskriterien zielorientierter Teamarbeit a priori bestimmen zu können. Stevens & Campion (1994, 1999) haben in diesem Zusammenhang einen Kriterienkatalog entwikkelt, der den besonderen Anforderungen und Problemstellungen von Teameinheiten gerecht zu werden versucht. Dabei verlassen sie die im Hinblick auf Einzelarbeitsplätze häufig angewendete Ebene der individuellen Persönlichkeitseigenschaften, die als (Erfolgs-) Prädiktoren für die Bewältigung (einzelner) arbeitsplatzrelevanter Erfordernisse betrachtet werden. Vielmehr formulierten die Autoren einen Kanon von teamarbeitsspezifischen Variablen, der insbesondere den besonderen Rahmenbedingungen von Gruppenprozessen gerecht werden soll. Stevens & Campion (1994, 1999) haben die zur Erfassung der teambezogenen Wissens-, Fähigkeits- und Fertigkeitsmerkmale („teamwork knowledge, skills, and abilities; teamwork KSAs“) notwendigen Variablen in einer Übersicht zusammengefasst (vgl. Tabelle 2),

Offensichtlich fanden fachliche Kompentenzen keinen Eingang in den Fähigkeitskanon von Stevens & Campion (1994, 1999). Dies ist jedoch nach Aussage der Autoren kein Ausdruck der Überzeugung, dass diese keine Rolle spielten. So argumentieren Stevens & Campion (1994, S. 504), dass hohe Anforderungen an fachlich-technisches Know-How

Tab. 2.: Wissens-, Fähigkeits- und Fertigkeitserfordernisse für Teamarbeit (nach Stevens & Campion, 1994, S. 505)

I. Interpersonale KSA`s („teamwork knowledge, skills, and abilities")		
a) KSAs zur Konfliktlösung	**1.**	Fähigkeit, für das Team erwünschte Klärungs- bzw. Konfliktprozesse von unerwünschten zu unterscheiden und entsprechend zu fördern.
	2.	Fähigkeit, potenzielle Konfliktherde im Team zu erkennen und daran anknüpfend Konfliktlösungsstrategien zu entwickeln.
	3.	Fähigkeit, im Team Verhandlungsprozesse zu etablieren, die auf win-win-Situationen zulaufen.
b) KSAs zu kooperativem Problemlösen	**4.**	Fähigkeit, Situationen im Team zu erkennen, die partizipative Problemlösungsstrategien erforderlich machen.
	5.	Fähigkeit, Faktoren zu erkennen, die eine kooperative Zusammenarbeit im Team behindern.
c) KSAs zur Kommunikation	**6.**	Fähigkeit, dezentrale Kommunikation und Kommunikationsnetzwerke gezielt einzusetzen, um dadurch Kommunikationsprozesse im Team in Gang zu setzen.
	7.	Fähigkeit, offen und unterstützend zu kommunizieren und Botschaften abzusetzen, die 1) verhaltens- oder sachorientiert, 2) kongruent, 3) gültig und aufrichtig, 4) verbindend und 5) als Ich-Botschaft formuliert sind.
	8.	Fähigkeit, nichtbewertend und aktiv zuhören zu können.
	9.	Fähigkeit, die Konvergenz von verbalem und nonverbalem Verhalten zu maximieren.
	10.	Fähigkeit, Gruppenrituale und teambezogenen „Small-Talk" zu fördern und ihre Wichtigkeit für die Gruppe erkennen zu können.

II. Selbstmanagement-KSA`s („teamwork knowledge, skills, and abilities")		
d) KSAs zu Zielsetzung und Leistungsmanagement	**11.**	Fähigkeit, spezifische, herausfordernde und von allen getragene Gruppenziele zu etablieren.
	12.	Fähigkeit, sowohl individuelle als auch teambezogene Leistungen zusammenzufassen, zu bewerten und adäquat zurückzumelden.
e) KSAs zur Planung und Aufgabenkoordination	**13.**	Fähigkeit, Aktivitäten, Informationen und Arbeitsaufgaben sowie ihre Verbindungen teambezogen zu koordinieren und zu synchronisieren.
	14.	Fähigkeit, Rollen- und Aufgabenerwartungen einzelner Teammitglieder aufzunehmen und innerhalb des Teamprozesses auszubalancieren.

und Können unabhängig von der jeweiligen Arbeitsorganisationsform von großer Bedeutung sind. Die hier aufgeführten ‚KSAs' hingegen, seien von aufgabenübergreifender Bedeutung für die spezielle Arbeitsorganisationsform der Teamarbeit.

Mit Blick auf die Teamarbeit erweist sich in den Augen von Stevens & Campion (1994; 1999) die Planungs- und Koordinationsfähigkeit vor allem im Hinblick auf die Dynamik von Teamprozessen als eine zentrale Voraussetzung effektiver Kooperation. In Verbindung mit der übergeordneten Kategorie „Problemlösefähigkeit“ akzentuieren Stevens & Campion (1994) insbesondere Fertigkeiten, die sich auf die Identifikation von Problemen bei der Projektarbeit beziehen bzw. die gewährleisten, dass ein angemessenes Maß an lösungsorientierter Zusammenarbeit gefördert werden kann.

Zur Konfliktlösefähigkeit gehört nach Stevens & Campion (1994, 1999) das Erkennen und Unterstützen von erwünschten, sowie das Unterbinden von unerwünschten Gruppenkonflikten; darüber hinaus die Bereitschaft zur Konfrontation der Gruppe und Implementierung einer Konfliktlösungs-Strategie.

Zur Kommunikationsfähigkeit zählen unter anderem offenes und unterstützendes Kommunizieren sowie wertneutrales Zuhören.

In den Bereich der Selbstmanagement-Kompetenz fallen nach Stevens & Campion (1994, 1999) die Fähigkeit zur Selbsteinschätzung, die Fähigkeit zur Setzung eigener Ziele, der Wunsch nach Rückmeldung und die Aufrechterhaltung aufgabenangemessenen Verhaltens.

2.2.1.2 Weitere Ansätze und Kontextabhängigkeit teambezogener Erfolgsfaktoren

Sind in die Konzeption der oben dargestellten KSAs von Stevens & Campion (1994) zahlreiche Ergebnisse aus den Jahren vor 1994 eingeflossen, bedient sich die gegenwärtige Teamforschung einerseits der KSAs (vgl. Miller, D. L., 2001), identifiziert jedoch auch neue Variablen. Högl & Gemünden (1999) beschäftigen sich in einer Studie an 145 Softwareentwicklungsteams mit der Frage, „welche spezifischen Merkmale eine qualitativ hochwertige Teamarbeit auszeichnet“ (Högl & Gemünden, 1999, S. V) und wie diese den Erfolg der Teamarbeit beeinflussen. Als wesentliche Qualitätsmerkmale der Teamarbeit identifizieren sie gelungene teaminterne Kommunikation und Information, Koordination, Unterstützung und Kohäsion. Diese Qualitätsmerkmale werden nach Högl & Gemünden (1999) wiederum durch das Teamdesign bestimmt, zu welchem die Besetzung des Teams und der Einfluss der Führung gehören.

Auffallend an diesem Ansatz ist die Einteilung in Faktoren, welche die Teamarbeit selbst beschreiben und solche, welche den kontextuellen Hintergrund erfassen, vor dem die Teamarbeit stattfindet.

Einen ähnlichen Standpunkt entfalten Zimolong, Uhle, Kolominski et al. (2003). Sie kamen auf Basis einer Studie an Teams aus fünf verschiedenen Softwareentwicklungs-Unternehmen zu dem Ergebnis, dass die Teamfaktoren Kommunikation und Kohäsion in der Wahrnehmung von Teammitgliedern und Pojektleitern eine wesentliche erfolgsvermittelnde Rolle spielen. Auch sie kommen dabei zu dem Schluss, dass das Ausmaß der Relevanz dieser und anderer Faktoren jedoch kontextbedingten Schwankungen ausgesetzt ist.

2.2.2 Leistungsbezogene Kognitionen auf Teamebene

Neben den Handlungen von Teammitgliedern und der Koordination und Interdependenz dieser Handlungen, sind in den letzten Jahren zunehmend die Kognitionen in den Fokus der Teamforschung gerückt: So wurden unter anderem Aspekte der Gemeinsamkeit bestimmter teambezogener Kognitionen unter den Teammitgliedern und ihre Auswirkungen auf die Teamleistung untersucht.

Ein zentrales Konzept im Kontext teambezogener Kognitionen, welches im Folgenden erläutert werden soll, ist das der Collective Efficacy (vgl. Bandura, 1997; Guzzo, Yost, Campbell et al., 1993; Gully, Incalcaterra, Joshi et al., 2002).

Das Konzept der Collective Efficacy ist aus der Übertragung des Konzepts der Self-Efficacy (vgl. Bandura, 1971, 1982) von Individual- auf Gruppenebene entstanden.

Unter Self-Efficacy wird die Überzeugung eines Individuums verstanden, zur Erfüllung einer bestimmten Aufgabe motivational, kognitiv und aktional in der Lage zu sein (vgl. Bandura, 1986, 1997). Diese Selbstwirksamkeitsüberzeugung beeinflusst wiederum die Erfüllung dieser Aufgabe (Bandura, 1989). Die Überzeugung ist individuums- und aufgabenspezifisch (Bandura, 1982, 1986).

Beim Konzept der Collective-Efficacy handelt es sich um die geteilte Überzeugung einer Gruppe, dass sie eine Aufgabe erfolgreich bewältigen kann (Bandura, 1997). Wie bei der Self-Efficacy beeinflusst diese Überzeugung die erfolgreiche Ausführung der Aufgabe.

Lindsley, Brass & Thomas (1995) und Bandura (1982) gehen auch bei dem Konzept der Collective-Efficacy von einer Aufgabenspezifität aus.

In Texten verschiedener Autoren wird wahlweise von Collective-Efficacy und Team-Efficacy gesprochen. Bei Team-Efficacy ist der Fokus auf das Team als spezielle Form einer Gruppe gerichtet, während Collective-Efficacy auf alle Gruppen anwendbar ist. Grundsätzlich sind die beiden Konzepte jedoch die gleichen.

Ein inhaltlich leicht von dem der Team-Efficacy differenziertes Konzept hingegen ist das der Team-Potency (Guzzo et al., 1993), das sich auf die Überzeugtheit von Teammitgliedern bzgl. der *nicht* aufgabenspezifischen, d. h. der allgemeinen Leistungsfähigkeit des Teams bezieht.

2.2.2.1 Zum Verhältnis von Self-Efficacy und Collective Efficacy

Collective-Efficacy ist nicht als die Summe der Selbstwirksamkeitsurteile der Gruppenmitglieder anzusehen (Bandura, 2000; Chan, 1998). Mischel & Northcraft (1997) argumentieren, dass geteilte Selbstwirksamkeitsüberzeugungen komplexer als individuelle Überzeugungen und somit von diesen zu unterscheiden sind.

Daraus ergibt sich für die Praxis der Organisationsdiagnostik unter anderem die Frage, wie und ob Collective Efficacy auf Basis individueller Werte messbar ist.

Sowohl Self-Efficacy, als auch Team-Efficacy sind nach Guzzo et al. (1993) auf Individuallevel zu messen. Guzzo et al. (1993) nehmen an, dass die Selbstwirksamkeitsüberzeugung bezüglich des Teams nicht von der ganzen Gruppe geteilt werden muss.

Gully et al. (2002) hingegen zeigen im Rahmen einer Meta-Analyse über 67 Studien zur Wirkung von Team-Efficacy, dass es sich bei dem Konzept der Team-Efficacy (Gully et al., 2002, S. 827) um von der Gruppe geteilte Überzeugungen (shared perceptions) handelt.

Je nachdem, auf welchem Level die Konzepte gemessen werden, sind ihre Beziehungen zur tatsächlichen Leistung stärker oder schwächer. Gully et al. (2002) weisen darauf hin, dass Konzepte, die auf Gruppenlevel angesiedelt sind, daher auch auf diesem gemessen werden müssen.

Die hier angerissenen Fragen bezüglich Messebenen werden im nachfolgenden Abschnitt ausführlich erörtert. Zunächst soll jedoch der Zusammenhang zwischen Collective Efficacy und tatsächlicher Leistung beleuchtet werden.

2.2.2.2 Zusammenhänge zwischen subjektiver und objektiver Leistungsfähigkeit auf Teamebene

Bei Erhebung subjektiver Maße stellt sich generell die Frage nach ihrer Verwendbarkeit als Indikatoren für die jeweiligen objektiven Gegebenheiten. Als Beispiel für einen solchen Diskurs kann die Diskussion um die Konstruktvalidität der aufgaben- und tätigkeitsbezogenen Maße des Job-Diagnostic-Survey (Hackman & Oldham, 1974) gesehen werden. Schmidt & Kleinbeck (1999) kommen nach einer Übersicht über zahlreiche diesbezügliche Studien zu dem Schluss, dass die Interpretierbarkeit der im JDS verwendeten subjektiven Maße als Indikatoren für objektive Bedingungen höher sei „als viele kritische Stimmen anfangs vermuteten" (Schmidt & Kleinbeck, 1999, S.21; siehe hierzu auch Taber & Taylor, 1990)

Im Kontext kollektiver Wirksamkeitsüberzeugungen deuten die vorliegenden Forschungsergebnisse ebenfalls auf einen deutlichen Zusammenhang zwischen subjektiven und objektiven Phänomenen hin, weniger jedoch im Sinne einer verlässlich unverzerrten Wahrnehmung der Mitarbeiter bezüglich ihrer eigenen Leistungsfähigkeit, als vielmehr im Sinne einer kausalen Verknüpfung zwischen Wirksamkeitsüberzeugtheit und der in Folge gezeigten Leistung.

So haben sowohl aufgabenspezifische kollektive Wirksamkeitsüberzeugungen (Team-Efficacy), als auch generelle kollektive Wirksamkeitsüberzeugungen (Team-Potency) nach Ergebnissen zahlreicher Autoren Einfluss auf die reale Leistung von Gruppen.

Duffy & Shaw (2000) fanden deutliche Zusammenhänge zwischen Team-Potency und tatsächlicher Effektivität von Teams. Guzzo et al. (1993), Campion, Medsker & Higgs (1993), sowie Campion, Papper & Medsker (1996) ermittelten signifikante Vorhersagen der Teamproduktivität durch Team-Potency. Auch Gully et al. (2002) fanden in ihrer Meta-Analyse einen starken Zusammenhang zwischen Team-Potency, Team-Efficacy und objektiv gemessener Leistung. Dieser Zusammenhang war auf Individuallevel (mittlere Effektgröße = .20) deutlich schwächer als auf Gruppenlevel (mittlere Effektgröße = .39) – (vgl. Gully et al. 2002, S. 826). (Zum Phänomen der Ebenenspezifität von Effekten siehe weiter unten.)

Sie kommen zu dem Schluss, dass diese Korrelationen einerseits durch den Zusammenhang von Team-Potency mit positiven Erfahrungen der Teammitglieder mit bisherigen Leistungsergebnissen des Teams zustande kommen, andererseits durch eine motivierende Wirkung hoch eingeschätzter Team-Leistungsfähigkeit für die Zusammenarbeit. Letzteres finden auch Prussia & Kinicki (1996).

Andere wichtige Prädiktoren der Team-Potency sind die Führungsqualität und die Qualität der Kooperation und der Kommunikation. Durch hohe Führungsqualität ist die Gruppe in der Lage, ihre Aufgaben besser zu koordinieren und Hindernisse zu beseitigen (House, 1971). Die Qualität der Führungsleistung des Vorgesetzten beeinflusst die Entwicklung von Team-Efficacy und Team-Potency durch ihren Einfluss auf die Selbstwirksamkeitswahrnehmungen der Teammitglieder (Kozlowski, Gully, Salas et al., 1996; Zaccaro, Blair, Peterson et al., 1995).

Durch die Qualität der Kooperation und Kommunikation werden die Beziehungen zwischen den Gruppenmitgliedern gefördert (Gladstein, 1984). Zusätzlich werden der Kommunikationsfluss und die Koordination der Teamaufgaben erleichtert (Gladstein, 1984). Beide Prädiktoren haben einen positiven Einfluss auf Team-Potency (Lester, Meglino & Korsgaard, 2002).

Ähnliche Ergebnisse zeigen sich bei Pearce, Gallagher & Ensley, (2002). Sowohl der zuvor genannte Einfluss der Team-Potency auf die Team-Effizienz als auch der Einfluss der Effektivität von Teams ihrerseits auf Team-Potency werden bestätigt. Team-Potency ist sowohl Prädiktor als auch Ergebnis der Team-Leistung (Lester et al., 2002; Guzzo et al., 1993).

Effekte der Team-Efficacy auf die tatsächliche Leistung wurden von Durham, Locke, Edwin et al. (2000) und Gibson (1999) gefunden. Durham spricht allerdings von einem indirekten Zusammenhang zwischen Team-Efficacy und Leistung, welche durch andere Faktoren (Gruppenziele und Informationssuchstrategien) mediiert wird.

Lindsley et al. (1995) sprechen von aufwärts oder abwärts steigenden Efficacy-Leistungsspiralen, welche ähnlich wie beim Konzept der self-fulfilling-prophecy nach oben oder unten getrieben werden. Es reichen sehr geringe Veränderungen in Efficacy oder Leistung, um eine Spirale in Gang zu setzen. Je größer die Veränderung in einem von beiden, desto größer die Wahrscheinlichkeit der Veränderung im anderem. Diese Efficacy-Leistungsspiralen sind auf alle Efficacy-Konzepte anwendbar und auf allen Levels zu untersuchen (Lindsley et al., 1995, S. 648 ff.).

Zusammenfassend ist festzustellen, dass sich das Konzept der Team-Potency in verschiedenen Studien als guter Prädiktor für die objektive Leistung erwiesen hat (Gully et al., 2002; Pearce et al., 2002; Lester et al., 2002). Team-Efficacy als Prädiktor für objektive Leistung wird in den Untersuchungen von Gully et al. (2002), Durham et al. (2000) und Gibson (1999) bestätigt. Vor diesem Hintergrund ist das hohe Interesse der Forschung an der Vorhersage teambezogener Wirksamkeitsüberzeugungen mit der Frage nach der Vorhersage objektiver Leistung verknüpft.

2.3 Ausblick

Die in den Kapiteln 1 und 2 zusammengefassten theoretischen Aspekte zur Kommunikation und zur Teamarbeit werden in Abschnitt B zur Herleitung verschiedener Untersuchungsmodelle kombiniert. Um eine solide Modellbildung zu gewährleisten, sollen jedoch im folgenden Kapitel einige wesentliche Ansätze zur Messung innerorganisationaler Phänomene dargestellt und bei der späteren Modellbildung in den Kapiteln 7 bis 9 mit einbezogen werden.

3 Aspekte der Diagnostik von Organisationen

3.1 Verschiedene Methoden zur Messung innerorganisationaler Kommunikation

Am Forschungsgegenstand der internen Kommunikation zeigt sich die ganze Bandbreite organisationsdiagnostischer Untersuchungsmethoden. So werden und wurden zur Untersuchung unternehmensinterner Kommunikation diskursanalytische Verfahren wie die Konversationsanalyse (vgl. u. a. Pomerantz & Fehr, 1997) oder so genanntes Cognitive Mapping (vgl. Weick, 1979; zur Übersicht vgl. Putnam & Fairhurst, 2001), ebenso wie zahlreiche andere qualitative Verfahren eingesetzt (zur Übersicht vgl. Taylor & Trujillo, 2001). Eine noch größere Rolle spielen in der organisationalen Kommunikationsforschung jedoch die diversen quantitativen Forschungsmethoden (vgl. Miller, K., 2001). Dazu zählen unter anderem experimentelle und quasi-experimentelle Untersuchungen (vgl. beispielhaft Ellis, 1992) sowie Untersuchungen mit Hilfe systematischer Beobachtungsverfahren (vgl. u. a. Poole & McPhee, 1995; zu einer kritischen Diskussion vgl. Frey et al., 1995).

Innerhalb der quantitativen Verfahren und auch im Verhältnis zum Gesamtspektrum der Untersuchungsmethoden zur Erforschung organisationaler Kommunikation nehmen jedoch Studien auf der Basis von fragebogengestützten Mitarbeiterbefragungen den vordersten Platz ein, wie Miller, K. (2001) aus einer Literaturübersicht schließt. Dies dürfte nicht zuletzt an der verhältnismäßig ökonomischen Durchführbarkeit von Fragebogenuntersuchungen im Rahmen von Mitarbeiterbefragungen liegen, welche von Unternehmen beispielsweise zur Ermittlung der Zufriedenheit der Mitarbeiter oder zur Evaluation von Veränderungsprozessen in Auftrag gegeben werden. (Als Beispiele für Studien mit entsprechendem Vorgehen seien stellvertretend Smidts, Pruyn & van Riel, 2001, Barker & Tompkins, 1994, sowie Kramer, 1993, genannt. Zu diesem Thema siehe außerdem Bungard, 1997)

Miller, K. (2001, S. 141) nennt als wesentliche Charakteristika kommunikationsbezogener Fragebogenerhebungen:

- Die Verwendung von Selbstbeobachtungsdaten der Befragten zur Schlussfolgerung auf organisationale Kommunikationsprozesse
- Die zugrunde liegende Annahme, dass die Wahrnehmung der Kommunikation durch die an ihr Beteiligten für deren Einstellungen und Verhalten von Bedeutung ist

Verschiedene Implikationen dieser wesentlichen Eigenschaften fragebogengestützter Kommunikationsmessung werden an späterer Stelle behandelt. Im Folgenden sollen zunächst aktuelle Strategien im Umgang mit Fragebogendaten mit Blick auf ihre Herkunft als Einzelbeobachtungsdaten aus einem komplex und hierarchisch strukturierten organisationalen Kontext vorgestellt werden.

3.2 Die Multi-Level-Perspektive

„Organisationen sind Multi-Level-Systeme" (Kozlowski & Klein, 2000, S. 3). Mit diesem Axiom leiten Kozlowski & Klein (2000) ihren Überblicksartikel zu Multi-Level-Ansätzen in der Organisationsforschung ein und stellen zugleich fest, dass diese Aussage zwar weitgehend akzeptiert zu sein scheint, sich aber nur kaum in der Praxis der Organisationsforschung widerspiegelt. So kommen sie zu dem Schluss, dass die komplexe Ebenen-Struktur von Phänomenen in Organisationen in den Datenmodellen der Organisationsforschung nur unzureichend abgebildet wird.

Im Rahmen des so genannten Multi-Level-Ansatzes wird versucht, den aus diesem Defizit erwachsenden Herausforderungen durch die Entwicklung angemessener Modelle für Konstruktbildung und Messung zu begegnen.

Multi-Level-Theorien beschreiben die Phänomenologie eines Konstrukts sowie die Zusammenhänge verschiedener Konstrukte auf unterschiedlichen Analysestufen (Chan, 1998; House, Rousseau & Thomas-Hunt, 1995; Klein, Dansereau & Hall, 1994; Kozlowski & Klein, 2000; Moritz & Watson, 1998; Rousseau, 1985). Der Ausdruck Level beinhaltet dabei ursprünglich nicht zwingend eine hierarchische Deutung, sondern beschreibt lediglich qualitativ unterscheidbare Entitäten (vgl. House et al., 1995).

Speziell für hierarchisch organisierte Levels führt Miller (1978) den Ausdruck der Ebene (echelon) ein. Da dieser für die hier untersuchten Zusammenhänge am ehesten geeignet erscheint, wird er nachfolgend gleichbedeutend mit dem Begriff Level benutzt. Gegenüber den Ein-Level oder Single-Level-Modellen werden in Multi-Level-Ansätzen reziproke Beziehungen zwischen Individuen, Dyaden, Gruppen, Untereinheiten von Organisationen, Abteilungen oder Departments, Organisationen, Clustern von Organisationen sowie weiteren Umweltkategorien angenommen[3] (House et al., 1995). Zusammenhänge über mehrere Ebenen hinweg werden dabei als Cross-Level Phänomene bezeichnet (s. u.).

Die Problematik, die zu der Entwicklung von Multi-Level-Ansätzen geführt hat, liegt dabei nicht in der prinzipiellen Untauglichkeit von Single-Level-Untersuchungen. Es gibt durchaus eine Reihe von Zusammenhängen, die auf nur einer Ebene hinreichend beschrieben werden können – Single-Level-Modelle werden daher explizit in den Katalog möglicher Modellvarianten mit aufgenommen (s. u.). Eine Vielzahl empirischer Arbeiten beinhaltet allerdings Modelle, die entweder die Frage nach der Ebene in Bezug auf die Gültigkeit der postulierten Zusammenhänge gänzlich unberücksichtigt lassen oder aber Kontextfaktoren auf anderen Ebenen ebenso vollständig wie unbegründet ausblenden (House et al., 1995; Kozlowski & Klein, 2000).

Viele Untersuchungen weisen noch immer diese Art von Ein-Ebenen Modelle auf und können grob in Mikro- und Makro-Theorien unterteilt werden (vgl. House et al., 1995).

Vertreter einer Mikro-Theorie befassen sich dabei mit Eigenschaften und Verhalten von Individuen oder kleinen Gruppen. Weiterhin untersuchen sie Gruppenbeziehungen und Organisations-Aspekte, die direkte Auswirkungen auf individuelle Gruppenleistung haben (vgl. zusammenfassend House et al., 1995). Individuelles Verhalten wird als weitgehend

[3] Im Verlauf dieser Arbeit werden die drei Ebenen Individuum, Gruppe und Organisation in die Untersuchung einbezogen.

kontext-unabhängig betrachtet – sowohl in Ursache als auch in Wirkung. Merkmale der Organisation werden nicht mit in die Modelle einbezogen, sondern ausgemittelt.

Mittels einer Mikro-Perspektive soll durch die Erfassung interindividueller Unterschiede ein Gesamtbild der Organisation kreiert werden. Dabei entsteht jedoch das Problem, dass individuelle Ausprägungen und Variablenzusammenhänge nicht zwingend analog auf aggregierter Ebene auftauchen müssen. Diese so genannten atomistic fallacies sind z. B. bei der Personalauswahl anzutreffen. So müssen intelligente Bewerber auf allen zu besetzenden Positionen nicht unbedingt den erwarteten aggregierten positiven Effekt auf die Arbeitsergebnisse haben, der aus Studien auf Individuallevel zum Zusammenhang zwischen Intellligenz und beruflicher Leistung angenommen werden könnte.

Makro-Theorien befassen sich mit personen-unabhängigen Aspekten der Organisation. Untersucht wird das Verhalten von Organisationen als Entität sowie die Art der Effekte ihrer formellen und kollektiven Teil-Systeme. Typische Untersuchungsgegenstände dabei sind organisationales Wachstum, Wandel oder Performanz von Organisationen. Makroperspektiven versuchen durch Analyse der Systemeinheiten Rückschlüsse auf die Funktionsweise des Gesamtsystems zu ziehen.

Individuelle Unterschiede und Beiträge werden bei dieser (vornehmlich betriebswirtschaftlich-soziologisch geprägten) Forschungsweise häufig vernachlässigt (House et al., 1995). Allerdings sind Beziehungen zwischen aggregierten Daten stärker als Beziehungen zwischen individuellen Daten. Aus aggregierten Daten lassen sich also keine Schlüsse auf individuelle Ausprägungen ziehen. Diese Problematik wird mit dem Begriff der ecological inference umschrieben.

Rousseau & House (1994) beschreiben verallgemeinernd drei nachteilige Tendenzen der Single-Level Forschung. Erstens kommt es häufig zu einer Übergeneralisierung bezüglich der Zusammenhänge von – scheinbar ähnlichen – Konzepten auf verschiedenen Ebenen. Zweitens werden Cross-Level Effekte vernachlässigt, also beispielsweise der Effekt einer Gruppe auf individuelles Verhalten oder der Einfluss einzelner Mitarbeiter auf eine Abteilung bzw. Organisation. Drittens schließlich kann es bei

Single-Level Untersuchungen auf Gruppenebene zu einer Verdinglichung (reification) von Gruppenstrukturen kommen.

Als Reaktion auf die genannten Probleme wird von House et al. (1995) das Konzept einer Meso-Ebene der Betrachtung vorgeschlagen. Sie definieren diese durch die gleichzeitige Untersuchung von zwei oder mehr Ebenen, wobei (a) ein oder mehrere Levels individuelle oder gruppenbezogene Prozesse und Variablen beinhalten, (b) ein oder mehrere Levels organisationale Prozesse und Variablen beinhalten und (c) Prozesse beinhaltet sind, mit denen die Analyseebenen verbunden sind. Die besondere Kompetenz von Forschern im Bereich des organizational behavior liegt, so die Autoren, in der Fähigkeit, Verhalten in und von Organisationen innerhalb ihres Kontextes zu studieren (House et al., 1995).

Durch den Einbezug interaktionistischer Ansätze in die Organisationsforschung (z. B. James & Jones, 1974) wurde die Notwendigkeit der Berücksichtigung von sowohl Top-Down als auch Bottom-Up Prozessen betont. Am Beispiel des organisationalen Klimas wurde verdeutlicht, wie z. B. Organisationsstrukturen Einfluss auf individuelle Einstellungen haben (z. B. James & Jones, 1976), wie sich aber gleichzeitig auch Interaktionsprozesse auf Gruppenebene in organisationalen Variablen, wie dem organisationalen Klima, manifestieren (z. B. James, 1982).

Ziel der Multi-Level-Theorie ist es nun, Prinzipien zu beschreiben, die eine integrierte Sichtweise von Phänomenen erlauben, welche verschiedene Ebenen einer Organisation betreffen. (Kozlowski & Klein, 2000). Die Frage nach der Ebene von Variablen und Zusammenhängen wird dabei expliziert und an den Anfang der Forschungsbemühungen gestellt. Bereits in der Frage der Theorieentwicklung kann die Problematik der Bezugspunkte in der Organisation geklärt werden. Des Weiteren entsteht die Möglichkeit, bereits durchgeführte empirische Arbeiten in ein Raster von Modellklassen einzuordnen (vgl. Chan, 1998).

3.2.1 Merkmale emergenter Phänomene

Bevor nun weiter auf die Methoden und Anwendungsmöglichkeiten der Multi-Level-Theorie eingegangen wird, soll an dieser Stelle zunächst der

Emergenzbegriff näher erläutert werden. Emergenz ist ein zentrales Phänomen aller systemisch orientierten Mehrebenenansätze. Sie beschreibt „eine Ordnung oder eine Eigenschaft, die aus der bloßen Aggregation von Teilen oder aus den summierten Eigenschaften der Teile nicht mehr erklärbar ist“ (Willke, 2000, S. 136).

Ein Phänomen ist also emergent, wenn es aus den Wahrnehmungen, Affekten, Verhaltensweisen oder anderen Charakteristika von Individuen entspringt, von deren Interaktionen verstärkt wird und sich in einem auf höherer Ebene angesiedelten, kollektiven Phänomen manifestiert (Kozlowski & Klein, 2000; vgl. auch Allport, 1954). So werden qualitativ neue Ebenen der Integration bei komplexen biologischen oder sozialen Systemen beschreibbar.

Es können verschiedene Systemebenen beobachtet und definiert werden, bei denen die höhere jeweils eine Ansammlung der Elemente der niedrigeren ist. Die Eigenschaften lassen sich aber eben nicht mehr nur durch die Ansammlung erklären, es kommen neue Strukturmuster und Prozesse hinzu, die nur auf der Analyseebene des Ganzen verstanden werden können.

Emergenz kann sowohl als Prozess als auch als Struktur beschrieben werden. Bei älteren Ansätzen der General Systems Theory (*GST*; Boulding, 1956; Miller, 1978) wird sie als Struktur aufgefasst. Z. B. kreieren Atome molekulare Strukturen. Laut anderer Ansätze beinhalten Emergenzen sowohl strukturale als auch prozessuale Aspekte. Ziel ist es, dann zu verstehen, wie über die Zeit aus Phänomenen niedrigerer Ordnung eine Struktur höherer Ordnung werden kann.

Emergente Phänomene können nach Kozlowski & Klein (2000) in einen Zwischenraum von Zusammensetzung (composition) und Zusammenstellung (compilation) angesiedelt werden. Mit Composition wird dabei die isomorphe Vereinigung von Charakteristika niedrigerer Ebene auf höherer Ebene verstanden. Dabei ist das fokale Phänomen über die Ebenen hinweg das gleiche. Kozlowski & Klein (2000) geben als Beispiel organisationales Klima, das aus der Zusammensetzung der beteiligten Individuen und dem von ihnen beschriebenen Klima besteht.

Kompilation oder Zusammenstellung bezeichnet hingegen eine diskontinuierliche Ausbildung von Merkmalen auf höherer Ebene, also Phänomene die eine gemeinsame Domäne beschreiben, aber über die Ebenen hinweg unterschiedlich konzipiert sind. Die Phänomene auf höherer Ebene weisen unterschiedliche Eigenschaften zu den sie konstituierenden Bestandteilen auf niedrigerer Ebene auf.

Das Phänomen auf höherer Ebene ist eine komplexe Kombination diverser Beiträge niedrigerer Ebene. Kozlowski & Klein (2000) geben hierzu als Beispiel individuelle Leistung und Gruppenleistung: Hier hängt es vom Aufgabentyp ab, ob es sich um Komposition (bei additiven Aufgaben) oder Kompilation (bei disjunktiven Aufgaben) handelt (zu den verschiedenen Aufgabentypen vgl. Steiner, 1972). Kollektive Phänomene, die durch Zusammensetzung entstehen, werden konfigurierte Eigenschaften (configural properties) genannt.

Komposition zeichnet sich also zusammenfassend durch strukturelle und funktionale Äquivalenz der Phänomene auf verschiedenen Ebenen aus. Phänomene, die durch Kompilation entstehen, sind nicht strukturell sondern nur funktional äquivalent. Eine differenzierte Typologie von Modellen zur Darstellung emergenter Phänomene unterschiedlicher Art liefert Chan (1998).

3.2.2 Das Kompositionsmodell von Chan

Chan (1998) verfolgt das Ziel, die funktionalen Beziehungen zwischen Phänomenen oder Konstrukten auf unterschiedlichen Ebenen spezifizieren zu können (Chan, 1998, S. 234). Er unterscheidet fünf verschiedene Modelle:

In additiven Modellen wird der Mittelwert der erhobenen individuellen Bewertungen abgebildet. Die Varianz auf der Ebene der Datenerhebung wird dabei nicht berücksichtigt. Ein Beispiel hierfür ist die Berechnung der Gruppenleistung aus der Summation der Einzelleistungen.

Direct-Consensus-Modelle benutzen den within-group Konsens (z. B. r_{wg}), um zu entscheiden, ob ein lower-level Konstrukt isomorph zu einem higher-level Konstrukt ist. Erhoben wird dabei die gemittelte individuelle Wahrnehmung. Die Konstrukte (z. B. Einschätzung der Atmosphäre) ändern sich nicht gegenüber der individuellen Ebene, sie werden lediglich durch die geteilten Wahrnehmungen beschrieben (Gruppen-Atmosphäre).

Zur Erstellung von Referent-Shift-Consensus-Modellen wird ebenfalls der within-group Konsens erhoben, um aus einem Konstrukt niedrigerer Ebene ein Konstrukt höherer Ebene zu schaffen. Der Unterschied besteht hier allerdings darin, dass die Attribute, welche auf niedrigerer E-bene erhoben werden, um den Konsens festzustellen, gegenüber dem „direkten Konsens" konzeptuell verschieden sind, obwohl sie von dem ursprünglichen Individuen-Level-Konstrukt abgeleitet sind (vgl. Chan, 1998). Der Ebenen-Sprung (shift) wird also bereits vor der Konsensprüfung vorgenommen, indem bereits bei der Datenerhebung der Referenzpunkt des ursprünglichen Konstrukts nach oben verschoben wird und es erst dann zur Aggregation kommt. So wird beispielsweise danach gefragt, wie eine Person die Wahrnehmung der anderen Gruppenmitglieder in Bezug auf das organisationale Klima einschätzt (psychologisch-kollektives Klima). Durch die Aggregation entsteht dann das organisational-kollektive Klima (Chan, 1998, S. 238). Ein weiteres Beispiel wäre die Einschätzung der Gruppenleistung durch die Mitglieder der Gruppe im Gegensatz zu der Aggregation der eingeschätzten eigenen Leistungen bei „direktem Konsens".

In Dispersions-Modellen (dispersion models) wird die Gruppenvarianz als Operationalisierung eines fokalen Konstrukts benutzt. Hierbei ist jedoch zu beachten, dass Varianz durch wahre Unterschiede, Fehler oder eine Kombination aus beidem entstehen kann. Bereits auf theoretischer Ebene muss so erklärt werden, wie ein Konstrukt höherer Ebene durch die Streuung einer Variablen niedrigerer Ebene zustande kommt. (Beispiel: Zielklarheit in einer Gruppe).

Voraussetzung für die Anwendung ist das Nicht-Vorhandensein von Multimodalität der Verteilung, welche auf die Existenz von Subgruppen schließen lässt. Darüber hinaus ist zu bedenken, dass geringe Übereinstimmung auf Gruppenebene nicht dasselbe wie hohe Nicht-Übereinstimmung bedeutet. Eventuell kann einfach die Analyseebene falsch sein und es können Subgruppen existieren, welche einen höheren Einfluss auf das Konstrukt haben als die analysierte Gruppe.

Prozess-Modelle beschreiben den Mechanismus, mit dem aus Variablen niedrigerer Ebene ein Phänomen höherer Ebene wird. Eine entsprechende Operationalisierung ist allerdings nur selten anzutreffen und es gibt keine geeigneten Algorhythmen zur Abbildung dieser Prozesse (Chan, 1998). Kozlowski & Klein (2000) merken hierzu andererseits an, dass die dynamische Entwicklung von Zusammenhängen auf verschiedenen Ebenen Bestandteil jedes Modells sein sollte.

3.2.3 Modellbildung in der Multi-Level-Theorie

Bei der Modellbildung zu Beginn eines Forschungsvorhabens müssen nach Kozlowski & Klein (2000) sowie nach House et al. (1995) mit Blick auf die Analyse-Ebenen der zu untersuchenden Phänomene unter anderen folgende Aspekte berücksichtigt werden:

3.2.3.1 Definition und Einordnung der Phänomene

Die Theoriebildung sollte mit der Bezeichnung und Definition der interessierenden theoretischen Phänomene und endogenen Konstrukte beginnen. Dabei ist zunächst eindeutig zu spezifizieren, auf welcher Ebene die in Frage stehenden Aspekte und Zusammenhänge untersucht werden. Klein et al. (1994, S. 4) merken hierzu an: "No construct is level (of analysis) free." Die Wahl des Levels muss definiert, gerechtfertigt und erklärt werden.

Dabei ist die Ebene eines relevanten Konstrukts zu Beginn der Theoriebildung häufig unklar. Hier sollte nach Kozlowski & Klein (2000) zunächst eine „Minitheorie“ des in Frage stehenden Phänomens gebildet werden, durch die geklärt werden kann, welcher Ebene es entstammt und auf welcher Ebene es sich manifestiert. Die Art des emergenten Prozesses (s. o.) muss hier ebenfalls spezifiziert werden.

Im Lichte der dargestellten Unterscheidung lassen sich drei Typen von Unit-Level Konstrukten ableiten. Es sind globale (global level) Eigenschaften, geteilte (shared unit) Eigenschaften und konfigurierte schaften, geteilte (shared unit) Eigenschaften und konfigurierte (configural unit) Eigenschaften (Kozlowski & Klein, 2000).

Globale Eigenschaften sind Ein-Ebenen-Phänomene, sie entstehen und manifestieren sich auf dem Gruppen-Level, also nicht aus individuellen Wahrnehmungen, Erfahrungen, Einstellungen usw. Beispiele sind Gruppengröße und Abteilungsfunktion.

Sowohl geteilte als auch konfigurierte Eigenschaften entstehen aus Gruppenelementen und manifestieren sich auf dem Gruppen-Level. Shared-Unit Konstrukte sind isomorphe Zusammenstellungen (composition). Sie beschreiben Merkmale, die den Mitgliedern einer Gruppe gemeinsam sind (Beispiel: Organisationales Klima). Diese Eigenschaften lassen sich mit den Modellen „direct consensus“ und „referent shift consensus“ von Chan (1998) darstellen.

Configural-Unit Konstrukte sind diskontinuierliche Zusammensetzungen (compilation). Sie erfassen die Aufstellung, das Muster oder die Konfiguration von individuellen Charakteristika in einer Einheit. Im Gegensatz zu geteilten Gruppeneigenschaften fügen sie individuelle Eigenschaften nicht linear zusammen, sondern erfassen die komplexe nicht-lineare Verarbeitung der individuell unterschiedlichen Eigenschaften auf Unit-Ebene. Sie sind selten in Organisations-Literatur, aber nicht selten in Organisationen (Kozlowski & Klein, 2000). Unterschieden werden deskriptive Charakteristika (z. B. Heterogenität) und latente Charakteristika. (z. B. Einstellungen und Werte). Diese Art von Eigenschaften lassen sich mit dem additiven Modell und dem Dispersionsmodell von Chan (1998) darstellen.

Theoretiker sollten bestimmen, welcher Art ihre Gruppen-Level-Konstrukte sind und davon die Art der Messung und der Repräsentation für die Analyse abhängig machen (Kozlowski & Klein, 2000).

3.2.3.2 Zusammenhang der Konstrukte einer Theorie

Im nächsten Schritt sollte spezifiziert werden, wie die Phänomene auf verschiedenen Ebenen verknüpft sind. Dabei ist zu beachten, dass nahezu alle Prozesse in Organisationen in einem Kontext höherer Ebene eingebettet sind, der einen direkten oder moderierenden Effekt in Bezug auf Prozesse und Ergebnisse niedrigerer Ebene hat. Organisationen oder Gruppen können also direkten oder moderierenden Einfluss auf Gruppen oder Individuen haben.

Weiterhin existieren in Organisationen eine Reihe emergenter Phänomene, die nicht durch eine Aggregation auf Element-Ebene dargestellt werden können. Dabei ist zu überprüfen, auf welcher Ebene diese Bottom-Up-Prozesse zustande kommen, wo also die für die Theoriekonstruktion relevanten fokalen Entitäten anzusiedeln sind (Ursprungslevel).

3.2.3.3 Isomorphie vs Diskontinuität der Zusammenhänge

House et al. (1995, S. 97 f.) weisen darauf hin, dass nicht nur einzelne Variablen, sondern auch Zusammenhänge zwischen bestimmten Variablen level-spezifisch sein können. So mag eine bestimmte Variable, wie z. B. die Intelligenz, auf Individualebene mit Berufserfolg verknüpft sein, auf Gruppenebene jedoch mag zwischen der durchschnittlichen Intelligenz und dem gemeinsamen Erfolg ein geringerer Zusammenhang bestehen. Ähnliche Effekte fanden Gully et al. (2002), die zwischen Team-Potency und Leistung auf Individuallevel einen anderen – in diesem Fall - geringeren Zusammenhang als auf Team-Level fanden.

House et al. (1995, S. 97 f.) stellen variierende Zusammenhänge oder Zusammenhangsstärken zwischen Variablenpaaren oder – gruppen als eine der wesentlichen Diskontinuitätseffekte heraus, welche im Rahmen von organisationsdiagnostischen Analysen aufgespürt werden sollten. Finden sich auf allen Ebenen die gleichen, also homologe Effekte, kann von Isomorphie der Effekte über verschiedene Levels gesprochen werden.

3.2.4 Verschiedene Arten von Single- und Cross-Level-Modellen

In Multi-Level-Modellen muss, wie oben beschrieben, die Anordnung von Konstrukten, Maßen, Modellen, Designs und Analysen spezifiziert und gegebenenfalls durch eine entsprechende Analyse des Datenmaterials (s. u.) gerechtfertigt werden. Geschieht das nicht hinreichend, wird die Konstruktvalidität ebenso wie die Generalisierbarkeit geschwächt (Chan,

1998; Kozlowski & Klein, 2000). Kozlowski & Klein (2000) geben zur Beschreibung von Zusammenhängen zwischen Konstrukten ein Schema an, anhand dessen verschiedene Ein-Ebenen- und Mehr-Ebenen- Modelle (single- und cross-level) unterschieden werden können (Vgl. Abbildung 5 / Kozlowski & Klein, 2000, S. 39).

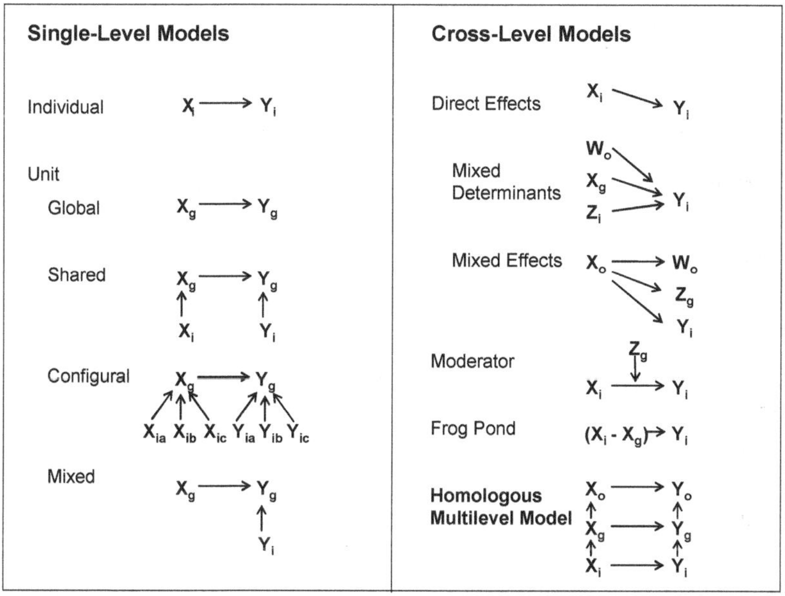

Abb. 5.: Kozlowski & Klein, 2000, S. 39

1. Single-Level-Modelle

Ein-Ebenen- oder Single-Level-Modelle bilden die Beziehung zwischen Konstrukten auf gleicher Ebene ab.

- Individual-Level-Modelle sind die klassischen Modelle psychologischer (Grundlagen-) Forschung. Sie ignorieren definitionsgemäß den Kontext individueller Wahrnehmungen, Einstellungen und Verhaltensweisen, was insbesondere im organisationalen Kontext zu Verzerrungen in der Beziehungsstärke führen kann.

In Unit-Level-Modellen werden die verschiedenen oben beschriebenen Typen von Unit-Level-Konstrukten kombiniert. Möglich sind also

Global – Global-Kombinationen (z. B. Auswirkung des Prozesses der Gruppenzusammenstellung auf die Gruppenleistung)

a. *Geteilte (shared) Konstrukte*. Hier muss vor der Untersuchung von Konstrukten zunächst, wie beschrieben, die Natur des emergenten Konstrukts untersucht werden. Die Datenerhebung ist hier ebenfalls nicht trivial, da Daten auf der Ursprungsebene des Phänomens erhoben werden müssen (Beispiel: Einfluss des Gruppenklimas auf die Gruppenmoral)
b. *Konfigurierte (configural) Konstrukte:* Einfluss der Persönlichkeitsstruktur einer Gruppe auf deren Kreativität (wenn Kreativität als konfiguriert angesehen wird)
c. *Gemischte Modelle* (*global-shared; shared-configural, configural-global*). (z. B. Einfluss von Personalentscheidungen auf Organizational Citizenship Behavior, Einfluss der Kreativität einer Gruppe auf die Leistung)

2. Cross-Level-Modelle

Mit Cross-Level-Modellen können entweder Bottom-up oder Top-down Zusammenhänge dargestellt werden. Bottom-up-Modelle, mit denen z. B. der Einfluss von Neulingen auf die Kohäsion einer Gruppe untersucht werden kann, sind dabei seltener in der Literatur zu finden als Top-down-Modelle. Eine der häufigsten Fragestellungen hier ist der Einfluss von Personalentwicklungsmaßnahmen auf individuelle Leistung (Kozlowski & Klein, 2000). Zu unterscheiden sind hier:

- *Modelle direkter Effekte* (*direct effect models*).

  Eine Variable höherer Ebene (Gruppe, Organisation) wird bezüglich ihrer Auswirkungen auf eine Variable niedrigerer Ebene (Individuum, Gruppe) untersucht.

  Test, inwiefern eine Variable niedrigerer Ebene durch mehrere Variablen unterschiedlicher Ebenen beeinflusst wird (*mixed determinants*).

Auswirkungen einer Variablen auf mehrere andere Variable auf unterschiedlichen Ebenen (*mixed effects*). Kombinationen von (a) bis (c) zu komplexen Ursache-Wirkung Beziehungen sind dabei möglich.

- Mit *Cross-Level-Moderator-Modellen* kann überprüft werden, inwieweit die Beziehung zwischen zwei Konstrukten auf niedrigerer Ebene durch Konstrukt auf höherer Ebene moderiert wird, wie sich also z. B. die Änderung einer Technologie auf die Verbindungsstärke zwischen kognitiver Leistungsfähigkeit und Arbeitsergebnissen auswirkt.
- *Frog-Pond*-(Froschteig)-Modelle (auch: individual-within-the-group Model) bilden den verhältnismäßigen Effekt einer Entität niedriger Ebene in einer Entität höherer Ebene ab. So kann zum Beispiel untersucht werden, inwiefern der Einfluss des Bildungsgrads einer Person auf ihren Diskussionsanteil in einer Gruppe in Abhängigkeit des Bildungsgrads der übrigen Gruppenteilnehmer variiert. Frog Pond wird manchmal auch als separate Analyseebene neben global, configural und shared definiert.
- *Homologe Multi-Level-Modelle*:

  Homologe Multi-Level-Modelle stellen isomorphe Beziehungen zwischen Konstrukten auf allen organisationalen Ebenen dar. Eines der seltenen Beispiele für ein weitgehend überprüftes Modell dieser Art ist das Konzept der Selbstwirksamkeits-Leistungs-Spiralen (vgl. Lindsley et al., 1995). House et al. (1995) machen verschiedene Vorschläge, unter welchen Bedingungen homologe Beziehungen über mehreren Ebenen bzw. Einheiten hinweg entstehen können. Dazu zählen der Grad der Eingeschlossenheit einer Einheit in die darüber liegende, das Ausmaß notwendiger Arbeitsabstimmung, Selektionseffekte, kollektives Sensemaking und anderes.

4 Zwischenfazit und Ausblick

Es wurden verschiedene Ansätze zur Definition und Beschreibung von Kommunikation dargestellt (Kapitel 1). So wurde Kommunikation aus mechanistischer, psychologischer und systemisch-pragmatischer Systemperspektive betrachtet. Weiterhin wurden offene und geschlossene Systemperspektive auf Kommunikation gegenübergestellt und die Dialektik aus Struktur und Aktion im Rahmen des Phänomens Kommunikation behandelt.

Im Zusammenhang mit Teams (Kapitel 2) wurden verschiedene Faktoren für eine erfolgreiche gemeinsame Aufgabenbewältigung durch Teams genannt, so unter anderem die Faktoren Kommunikation und Kooperation. Dabei wurde dargestellt, dass die Relevanz einzelner Faktoren von Kontextbedingungen wie der Teamzusammenstellung sowie Führung und Unterstützung des Teams abhängt.

Mit Blick auf die Methodik der Diagnostik in Organisationen wurde die prominente Rolle von Fragebogenuntersuchungen im Rahmen von Mitarbeiterbefragungen hingewiesen. Darüber hinaus wurden zentrale Argumente und Modelle des Multi-Level-Ansatzes vorgestellt, in dessen Rahmen das problematische Verhältnis von individuellen und kollektiven Daten behandelt wird.

Als mit der Rahmenbedingung subjektiver Messung vereinbare Strategie der Erfassung von Teamleistung wurden die Konzepte *Team-Efficacy* und *Team-Potency* aufgegriffen. Hierbei handelt es sich um subjektive Wirksamkeitseinschätzungen mit Bezug auf die Gruppe als Akteur.

Im folgenden Abschnitt B („Herleitung der Untersuchungsmodelle") soll auf der Grundlage der hier vorgestellten Konzepte und unter gezielter Hinzuziehung weiterer Literatur relevante Konstrukte abgeleitet und Fragen im Zusammenhang mit teaminterner Kommunikation aufgeworfen werden.

B Herleitung der Untersuchungsmodelle

Im folgenden Abschnitt soll das der hier durchgeführten Untersuchung zugrunde liegende Modell expliziert und aus den zuvor referierten theoretischen Konzepten abgeleitet werden.

5 Grundlagen für die Beschreibung von Kommunikation durch Mitarbeiterbefragungen

Anders als in der Laborsituation kann das Kommunikationsgeschehen in Organisationen nicht zum Zwecke der besseren Beobachtbarkeit vom Untersucher vorstrukturiert werden. So sind die einzelnen Kommunikatoren innerhalb einer Organisation an unterschiedlichen Kommunikationssystemen (Theis, 1994, S. 64 f.), d. h. im Sinne des pragmatischen Ansatzes an der Kommunikation in unterschiedlichen, begrenzt stabilen Konstellationen von Personen beteiligt (vgl. Abbildung 6)

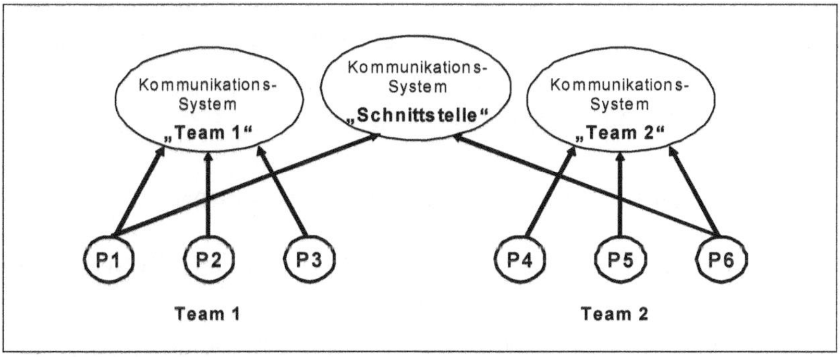

Abb. 6.: Akteure in Organisationen nehmen an unterschiedlich strukturierten Kommunikationssystemen teil

Kommunikation findet also nicht nur in Dyaden oder Triaden, sondern in vielfältigen, unterschiedlich großen Polyaden statt, wobei das strukturelle

Setting (räumliche und zeitliche Nähe, verfügbare Medien etc.) jeweils verschieden sein kann. Wenngleich der Fokus der Messung in der hier konzipierten Untersuchung auf die teaminterne Kommunikation beschränkt sein soll, so gilt für die Perspektive auf Gesamtorganisation auch hier, dass die Größe der Teams und die in ihnen herrschenden strukturellen Bedingungen sehr heterogen sein dürften und für den Untersucher im Vorfeld nicht absehbar.

An die Messung von Kommunikation sind im organisationalen Kontext, zumal unter Einsatz des Instrumentes der Mitarbeiterbefragung, daher besondere Anforderungen gestellt.

So ist ein Nachvollzug einzelner Kommunikationssequenzen, wie beispielsweise Frey (1984) sie im Rahmen umfangreicher Verhaltensbeobachtungen konzipiert hat, nicht durchführbar, da erstens die Anzahl der am Kommunikationssystem beteiligten Personen mitunter sehr groß sein kann und da zweitens keine zeitlichen Verläufe berücksichtigt werden können. Selbst bei Messwiederholung könnte dies nicht in der notwendigen Feingliedrigkeit geleistet werden, wie sie zu einer Abbildung der Interpunktion der Kommunikationsakte im Sinne von Watzlawick et al. (1969) notwendig wäre.

Das Kommunikationsgeschehen innerhalb von Teams muss also in einer Weise beschrieben werden, welche gegenüber der Gruppengröße und dem strukturellen Setting invariant ist. Eine theoretische Basis dafür soll nun in zwei Schritten hergeleitet werden:

5.1 Kommunikation als emergentes Phänomen

Die Vertreter des pragmatischen Ansatzes beschreiben Kommunikation im Rahmen ihres dritten metakommunikativen Axioms als ein Phänomen, das aus der spezifischen, komplexen Interpunktion zahlreicher kommunikativer Einzelakte hervorgeht. Dies entspricht der Einordnung im Sinne des Verständnisses von Emergenzen als Phänomene, die u. a. aus den Verhaltensweisen mehrerer Individuen hervorgeht (vgl. Kozlowski & Klein, 2000; Chan, 1998), wobei die Emergenz nicht „aus der bloßen Aggregation von Teilen oder aus den summierten Eigenschaften der

Teile nicht mehr erklärbar ist" (Willke, 2000, S. 136). (Siehe hierzu auch in dieser Arbeit die ausführliche Darstellung in Kapitel 3).

Für die vorliegende Untersuchung wird daher ein Verständnis von Kommunikation abgeleitet, in dem diese als Emergenz aus der Interpunktion von Kommunikationsakten (vgl. Watzlawick et al., 1969) sowie aus den ineinander verschränkten Wirkungen von Aktion und Struktur (vgl. u. a. Conrad & Haynes, 2001) begriffen wird (vgl. Abbildung 7).

5.2 Die Wahrnehmung von Kommunikation als individuelle Emergenz über Situationen

Nach der Typologie von Kozlowski & Klein (2000, S. 66) muss Kommunikation aufgrund der Komplexität der sie konstituierenden Interpunktion von Kommunikationsakten zu den hoch diskontinuierlich kompilierten Emergenzen gezählt werden.

Da das Instrumentarium einer Mitarbeiterbefragung (MAB) jedoch, wie oben ausgeführt, keine sequenzielle Beschreibung von Phänomenen erlaubt, könnte aus diesem Blickwinkel Kommunikation nicht per Fragebogen gemessen werden.

Veranschaulicht man sich jedoch, dass der Fokus der Messung in subjektiven Befragungen nicht auf die Kommunikation selbst gerichtet ist, sondern auf deren Wahrnehmung durch die an ihr beteiligten Akteure, eröffnet sich eine andere Perspektive.

Bittet man die Akteure, die Kommunikation als Ganzes oder zumindest die Gesamtheit der in ihr versandten Nachrichten zu beschreiben, so kann davon ausgegangen werden, dass das Urteil der so Befragten einen aktuell zutreffenden Gesamteindruck widerspiegelt, mit anderen Worten, bei der subjektiven Einschätzung der Kommunikation handelt es sich um eine innerpsychisch gebildete Emergenz über all jene Einzelsituationen, welche sich auf die gegenwärtige Wahrnehmung der Kommunikation durch den Befragten auswirken.

So kann eine Einschätzung durch die Befragten hinsichtlich strukturaler Aspekte der Kommunikation als das zum Messzeitpunkt wahrgenommene Endprodukt aller strukturellen Bedingungen und Veränderungen angesehen werden.

Eine Einschätzung bezogen auf Beziehungsaspekte der Kommunikation stellt dementsprechend das zum Messzeitpunkt wahrgenommene Endprodukt aller die Beziehung zwischen den Kommunikationspartnern beeinflussenden Kommunikationsakte und ihrer Interpunktion dar. Ein ähnliches Prinzip kann auch für die Beschreibung der Kommunikation auf Inhaltsebene angenommen werden.

Problematisch ist jedoch nach wie vor die Zusammenfassung dieser Eigenschaften zu einer Beschreibung der Gesamtkommunikation, da kein rechnerisches Modell zur Kompilation der Kommunikation aus Struktur, Inhalt und Beziehung existiert.

5.3 Fazit

Abb. 7 zeigt Kommunikation als emergentes Phänomen, d. h. als Produkt des kollektiven, interpunktierten Handelns der Akteure sowie als Produkt der Interaktion aus Struktur und Aktion. Kommunikation soll im Rahmen der vorliegenden Untersuchung daher anhand der – über Zeit und Situationen emergierten - Wahrnehmungen beschrieben werden (vgl. Abbildung 7). Diese Beschreibungen sollen sich auf verschiedene, potenziell relevante Aspekte der Kommunikation beziehen, welche im Folgenden einzeln abgeleitet werden (Kapitel 7).

Darüber hinaus sollen Konstrukte abgeleitet werden, mit deren Hilfe teaminterne Kommunikation mit Leistungsaspekten (Kapitel 6) verknüpft sowie in einen erweiterten organisationalen Handlungskontext eingeordnet werden kann (Kapitel 8). In Kapitel 9 werden einige der hier ausgeführten Überlegungen erneut aufgegriffen und hinsichtlich der Wahrnehmungen in Mehrpersonensystemen vertieft.

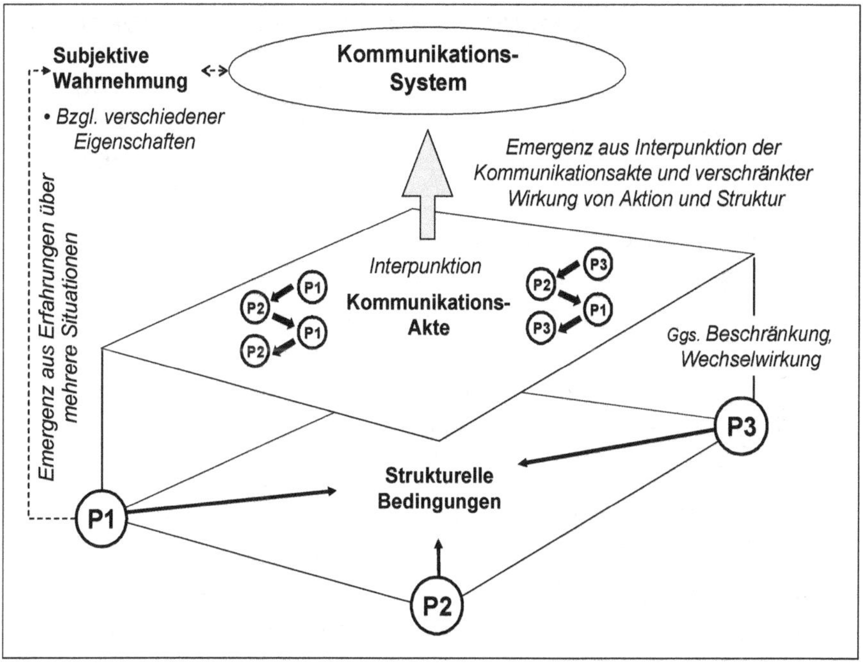

Abb. 7.: Kommunikation und ihre Wahrnehmung als Emergenzen

6 Konstrukte subjektiver Wirksamkeit auf Teamebene

Im Rahmen rein subjektiver Messungen stellt die Erfassung von Leistungsaspekten eine besondere Herausforderung dar. Es wurden jedoch eingangs subjektive Wahrnehmungsmaße zur Leistungsfähigkeit von Teams vorgestellt, die als valide Prädiktoren für objektive Leistung angesehen werden können. Dazu zählen:

1. Die Einschätzung der Teammitglieder zur generellen Leistungsfähigkeit des Teams, *Team-Potency* (vgl. Guzzo et al., 1993; Gully et al., 2002)
2. Die Einschätzung der Teammitglieder zur spezifischen Leistungsfähigkeit des Teams in genau umgrenzten Aufgaben, *Team-Efficacy* (vgl. Bandura, 1997, Lindsley et al., 1995)

Um das Kommunikationserleben mit dem Aspekt gemeinsamer Leistung in der hier konzipierten Untersuchung zu verknüpfen, erscheint die Verwendung beider Konstrukte sinnvoll.

Während das Konstrukt *Team-Potency* als Einschätzung der generellen Leistung übernommen werden kann, muss für das Konstrukt *Team-Efficacy* eine spezifische Aufgabe definiert werden, hinsichtlich derer die Befragten die Leistungsfähigkeit ihres Teams einschätzen können. Team-Efficacy soll im vorliegenden Kontext auf die Fähigkeit des Teams im Aufgabenfeld ‚Kommunikation' spezifiziert werden. Mit Blick auf die Funktionalität der Kommunikation wurde zuvor insbesondere der Aspekt der Effizienz – im Sinne einer Zielerreichung bei maximaler Ökonomie der kommunikativen Mittel – als relevant identifiziert.

Es wird daher abgeleitet, dass das Konstrukt der *Team-Efficacy* im vorliegenden Kontext auf die Teilaufgabe ‚Effizientes Kommunizieren' spezifiziert werden soll. Im Folgenden soll das in dieser Weise spezifizierte Konstrukt vereinfachend als ‚Kom-Efficacy' bezeichnet werden.

Im weiteren Verlauf werden Aspekte des Kommunikationshandelns also auf zwei verschiedene Outcome-Variablen bezogen:

1. „Team-Potency“
2. „Kom-Efficacy“

Beide bringen die durch die Teammitglieder subjektiv eingeschätzte Leistungsfähigkeit des Teams zum Ausdruck, im ersten Fall als generelle Leistungsfähigkeit, im zweiten Fall bezüglich der Aufgabe, effizient zu kommunizieren.

7 Konstrukte zur subjektiven Kommunikationsqualität

Ausgehend von den soeben ausgeführten Überlegungen ist das Ziel nun zunächst die Suche nach adäquaten Wahrnehmungs- bzw. Beschreibungsdimensionen für das Phänomen Teamkommunikation. Dabei soll mit Blick auf eine spätere Anknüpfung an Qualitäts- und Leistungsaspekte nach solchen Beschreibungsdimensionen gesucht werden, die auch mit Blick auf eine leistungsbezogene Betrachtung der teaminternen Kommunikation aussagekräftig sind. Ziel ist an dieser Stelle daher die Identifizierung von zentralen Qualitätsaspekten der Kommunikation, welche durch die Mitarbeiter wahrnehmbar und somit beschreibbar sind und die zugleich unter funktionalen Gesichtspunkten im Rahmen der organisationalen Prozesse von Bedeutung sind.

Welche Literatur kommt als Basis für die Ableitung hierfür relevanter Konstrukte in Frage?

Jablin & Sias (2001) betonen in ihrem Übersichtsartikel, dass der überwiegende Teil der Studien zur Kommunikation in Gruppen Ergebnisse auf Individuallevel liefert. Andererseits sind viele der auf Individuallevel ermittelten Aspekte von Qualität oder Kompetenz in der Kommunikation als Konstrukte ihrerseits theoretisch aus den Aufgaben abgeleitet, welche von der intern kommunizierenden Gruppe als ganzer bewältigt werden müssen, oder konzipiert als individuelle Voraussetzungen, mit deren Hilfe die Gruppenmitglieder zur Bewältigung der gemeinsamen Kommunikationsherausforderungen durch die Gruppe beitragen sollen. Dies ist nicht zuletzt in einigen der KSAs von Stevens & Campion (1994, 1999) und ihrer Herleitung erkennbar, so zum Beispiel bei den KSAs der Gruppen B („Kooperative Problemlösung“) und D („Kommunikation“). Andere Qualitätsaspekte der Kommunikation werden in Studien zur Kommunikationskompetenz, insbesondere auf Gruppenlevel, erforscht und diskutiert (vgl. wiederum Jablin & Sias, 2001). Schließlich lassen sich aus den bereits in Kapitel 1 dargestellten theoretischen Konzeptionen zur Kommunikation konstituierende Qualitätsaspekte der Kommunikation ableiten, die auch auf den speziellen Bereich teaminterner Kommunikation in Unternehmen anwendbar sind.

7.1 Gestaltungsaspekte der Kommunikation

Zur Beschreibung des emergenten Phänomens ‚Teamkommunikation' kann das 2. Axiom von Watzlawick et al. (1969) einen ersten Hinweis liefern: So erscheint es wahrscheinlich, dass die Wahrnehmung der Kommunikation als Gesamtphänomen sowohl auf einer Beziehungs- als auch einer Inhaltsebene verschiedene wahrnehmbare Qualitätsphänomene aufweisen kann.

Die Literatur liefert zu beiden Ebenen relevante Qualitätseigenschaften, wobei – wie im Folgenden zu erkennen sein wird – insgesamt eine deutlich größere Anzahl von Skalen zur Messung von Beziehungsebene entwickelt wurden. Dabei werden von Autoren häufig normative inhaltliche Vorgaben für qualitätsförderliche Nachrichten auf Beziehungsebene gemacht (vgl. u. a. Haas & Arnold, 1995; sowie verschiedene im Folgenden aufgeführte Autoren). Der überwiegende Teil der Autoren schlägt dabei Skalen für professionelle Team-Kommunikation im Allgemeinen vor. (Nur Scudder & Guinan (1989) entwickelten zwei der vier Skalen ihres Modells explizit für Teams von Systemadministratoren).

7.1.1 Relevante Variablen für die Gestaltung der Beziehungsebene

Im Folgenden sollen verschiedene Ergebnisse und Positionen bezüglich relevanter Variablen für die Gestaltung der Beziehungsebene der Kommunikation im Telegrammstil aufgeführt werden.

- Dirks & Ferrin (2002) sowie Winterstein (1998) identifizieren in einer Meta-Analyse das Vertrauen zwischen verschiedenen Konstellationen innerorganisationaler Kommunikationspartner.
- Wheeles & Berryman-Fink (1985) liefern die Variablen *Unterstützung* und *Empathie* als Qualitätsaspekte der Kommunikation auf Beziehungsebene.
- Ähnliche Befunde liefern Snavely & Walters (1983), die außerdem noch *Selbstoffenbarung* als Bereitschaft zur offenen Kommunikation anführen.

- Scudder & Guinan (1989) steuern darüber hinaus - in diesem Fall nicht nur auf Systemadministratoren bezogen – *Sensibilität* und *Aufmerksamkeit* bei.
- Stevens & Campion (1994) schlagen im Rahmen ihrer KSAs u. a. vor (siehe zum KSA-Ansatz Kapitel 2.2):

Offenheit und Unterstützung sowie die Kongruenz, Offenheit von Botschaften (KSA 7)

Eine abwertungsfreie Haltung gegenüber den Gesprächspartnern (KSA 8)

Die aktive und geübte Nutzung ritueller Verhaltensweisen zur Erzeugung einer freundlichen Atmosphäre (KSA 10)

Die Bereitschaft, Konflikte aktiv anzugehen und zu bearbeiten (KSA 1)

Für die Beschreibung der teaminternen Kommunikation durch die Teammitglieder sollten Konstrukte verwendet werden, welche die oben beschriebenen Aspekte berücksichtigen.

Für die hier konzipierte Untersuchung wird daher abgeleitet, dass die Beziehungsebene der Kommunikation anhand zweier grundlegender Aspekte, denen des Vertrauens und der Konfliktbereitschaft, gemessen werden soll. Dabei sollen diese als integrierende Konstrukte verstanden werden, welche basierend auf den oben genannten Quellen folgende Teilaspekte beinhalten sollen:

1. Vertrauen:
   - Vertrauen (vgl. Dirks & Ferrin, 2002; Winterstein, 1998)
   - Unterstützung (vgl. Wheeles & Berryman-Fink, 1985; KSA 7)
   - Respekt, Verständnis (vgl. KSA 8; Scudder & Guinan, 1989)
   - Offenheit, Ehrlichkeit (vgl. KSA 7; Snavely & Walters, 1983)
   - Freundlichkeit (vgl. Stevens & Campion, 1994: KSA 10)
   - Souveränität, Unkompliziertheit (vgl. Stevens & Campion, 1994: KSA 10)

2. Konfliktbereitschaft
    - Konfliktfreude
    - Die Bereitschaft, konfliktträchtige Themen direkt anzusprechen (vgl. Steven & Campion, 1994: KSA1)

7.1.2 Relevante Variablen zur formalen Qualität der Kommunikation

Die Inhaltsebene wird in der Kommunikationsliteratur weniger intensiv behandelt als die Beziehungsebene. Einige Beachtung findet jedoch der Aspekt der formalen Qualität der expliziten Nachrichten, also der offen verhandelten Inhalte der Kommunikation. In der Regel beziehen sich die Forschungen auf die ausgetauschten Nachrichten selbst, so dass normative Vorgaben für den Sender abgeleitet werden. Übertragen auf die Kommunikation lassen sich daraus Schlussfolgerungen ableiten, auf welchen Dimensionen sich die insgesamt ausgetauschten Nachrichten, aus deren Gesamtheit sich das emergente Phänomen Kommunikation konfigural zusammensetzt, beschreiben und unterscheiden lassen.

- Scudder & Guinan (1989) führen in diesem Zusammenhang die Qualitätsmerkmale *„getting-to-the-point"* und *„clarity of expression"* (S. 222) ein.
- Schulz von Thun (1981) stellt die Verständlichkeit in den Vordergrund. Er schlägt die Merkmale Einfachheit, Gliederung/Ordnung, Prägnanz und Stimulanz vor.
- Stevens & Campion (1994) heben mit KSA 9 auf Eindeutigkeit der Nachricht ab, indem sie ein Maximum an Konsonanz zwischen nonverbalen und verbalen Botschaften als Qualitätseigenschaft von Kommunikation identifizieren.

Für die hier konzipierte Untersuchung wird abgeleitet, dass die formale Qualität der im Rahmen der Kommunikation ausgetauschten Nachrichten – im Folgenden bezeichnet als ‚Formalqualität' – als wesentlicher Qualitätsaspekt der Kommunikation berücksichtigt und anhand folgender Merkmale gemessen werden soll:

- Sprachliche Klarheit, Strukturiertheit (vgl. Scudder & Guinan, 1989)
- Eindeutigkeit, Verständlichkeit, Verbindlichkeit und klärende versus verwirrende Qualität (vgl. KSA 9; Schulz von Thun, 1981)

7.2 Strukturale Aspekte der Kommunikation: Das Zustandekommen von Kommunikationskontakt

Bestandteile des Kommunikationsprozesses sind zahlreiche strukturelle Elemente. Informationskanäle bzw. -medien, welche Informationen mit unterschiedlicher Qualität transportieren (vgl. Reichwald et al., 1998), die räumliche Anordnung der Akteure, Distanzen und Standortgrenzen, welche es möglicherweise zu überwinden gilt (vgl. Reichwald & Nippa, 1991), sowie soziale Strukturen innerhalb des Systems kommunizierender Personen (vgl. Gehm, 1996; Giddens, 1988).

Einen sehr grundlegenden Aspekt der zielführenden Gestaltung von Strukturbedingungen stellt die Möglichkeit eines Akteurs zur Herstellung von Kommunikation mit einem anderen Akteur dar (vgl. Kapitel 1). Dieser Aspekt kann gerade in großen und komplex strukturierten Organisationen einen erheblichen Einfluss auf den Erfolg der Kommunikation - im Sinne von Conrad & Haynes (2001) ausüben. Selbst wenn - unter Annahme der Gültigkeit des 1. Axioms von Watzlawick et al. (1969) - Kommunikation automatisch stattfindet, sobald mindestens zwei Personen vorhanden sind, so muss doch mindestens eine die andere wahrnehmen können, damit Kommunikation stattfindet. D. h., ohne die Fähigkeit, die Aufmerksamkeit des gewünschten Kommunikationspartners zu erlangen, ist der Akteur in seiner Kommunikationsfähigkeit stark eingeschränkt.

Stellvertretend für alle anzunehmenden strukturellen Einfluss- und Gestaltungsgebiete erscheint es daher sinnvoll, Kommunikation hinsichtlich der grundlegenden Möglichkeit des Akteurs zur Herstellung von Kommunikation mit einem oder mehreren anderen Akteuren abzubilden, unabhängig von Art und Zahl der verschiedenen daran beteiligten einzelnen Strukturelemente. Der strukturelle Kommunikationsaspekt der Zugänglichkeit des Kommunikationssystems bzw. der Akteure für jeden einzelnen Akteur soll unter dem Begriff „Zugang“ ebenfalls in das hier entwickelte Konzept zur Kommunikationsqualität aufgenommen werden.

7.3 Zwischenfazit

Abgeleitet aus den Ergebnissen zahlreicher Autoren soll das emergente Phänomen Team-Kommunikation anhand dreier Aspekte beschrieben werden:

Zwei dieser Aspekte beschreiben die Gestaltung und Nutzung des Kommunikationskontaktes selbst. Gemeint ist damit der eigentliche Austausch von Nachrichten, aus deren Interpunktion das Gesamtphänomen Kommunikation emergiert. Diese Interaktion ist erst möglich, wenn Kommunikationskontakt hergestellt wurde.

Die zwei fokussierten Aspekte sind:

- Gestaltung der Beziehungsebene: Insbesondere die Konstrukte Vertrauen und Konfliktfreude
- Gewährleistung einer bestimmten formalen Qualität der Nachrichten (Konstruktname im Folgenden: Formalqualität)

Das Zustandekommen von Kommunikationskontakt selbst entsteht einerseits aus einem Zusammenspiel von Strukturbedingungen, wie beispielsweise zeitlicher und räumlicher Versetztheit oder Nähe und der ‚Richness' der verfügbaren Kanäle, andererseits aus der Bereitschaft und Fähigkeit der Akteure, diese zum Zustandekommen von Kommunikation zu nutzen oder - soweit möglich - zu gestalten.

Der Strukturaspekt wird hier nicht als gänzlich unbeeinflussbare externale Determinante verstanden, obgleich er solche beinhaltet, sondern als begrenzt gestaltbare Bedingung für die Ausführung zentraler Bestandteile der beabsichtigten Aktion (vgl. Banks & Riley, 1992). Er ist somit wesentliches Charakteristikum des Kommunikationsgeschehens und ebenso im „Endprodukt“ Teamkommunikation enthalten wie die anderen stärker aktionsbezogenen Dimensionen.

Das hier verwendete Konstrukt heißt:

- Zustandekommen von **Kommunikationszugang,** im Folgenden kurz: Zugang

Diese vier Konstrukte werden im Rahmen der hier konzipierten Untersuchung als konstituierend für die Qualität der teaminternen Kommunikation, im Folgenden **‚Kommunikationsqualität'** angesehen.

Es ist beabsichtigt, jedes dieser vier Konstrukte durch eine Skala in der Untersuchung zu repräsentieren und diese darüber hinaus durch eine Gesamtskala ‚Kommunikationsqualität' (Kurzform: **‚Kom-Qualität'**) abzubilden. Dabei ist mit Blick auf die vorherigen Ausführungen anzumerken, dass diese Skala lediglich als eine Zusammenfassung der Urteile bezüglich der oben aufgeführten Aspekte von Kommunikationsqualität zu verstehen ist, nicht als Versuch, die komplexe Emergenz einer Gesamtqualität oder gar des Gesamtphänomens Kommunikation zu operationalisieren.

Die vier aufgeführten Einzelskalen werden im weiteren Verlauf vereinfachend als ‚Kommunikationsskalen' oder ‚Kom-Qualitäts-Skalen' bezeichnet.

7.4 Konstrukte für die Messung von Constraints innerhalb der Kommunikation

Zwischen der Gestaltung des Kommunikationskontaktes und dessen Zustandekommen besteht eine Beschränkung („constraint", Conrad & Haynes, 2001, S. 49) in dem Sinne, dass die Gestaltung des Kommunikationskontaktes nicht unabhängig von dessen Zustandekommen ist.

Diese Abhängigkeit kann sich einerseits so ausdrücken, dass das Ausmaß des Zustandekommens von Kommunikation die Ausprägung eines anderen Konstrukts, wie z. B. der Formalqualität, beeinflusst (vgl. Zmud, 1990).

Andererseits kann der Fokus auf die Gestaltungsmöglichkeiten der Akteure mit Blick auf den Kommunikationserfolg gerichtet sein. So kann das Ausmaß, in dem Kommunikationskontakt hergestellt wird, es den

Akteuren unterschiedlich leicht oder schwer machen, mit Hilfe ihres selbstgesteuerten Handelns Einfluss auf den Erfolg zu nehmen (vgl. Sambamurthy & Poole, 1993).

Der letzte Gesichtspunkt führt zu der Frage, in welchem Ausmaß sich ein Defizit in den Strukturbedingungen durch die Ausprägung anderer Faktoren, wie der Gestaltung der Beziehungsebene, mit Blick auf den Kommunikationserfolg kompensieren lässt, hier der Möglichkeit zur Herstellung von Kommunikationskontakt.

Wird beispielsweise die Wahrnehmung der oben aufgeführten Kommunikationsaspekte mit der subjektiven Wahrnehmung des Kommunikationserfolges in Verbindung gebracht, könnte gefragt werden: Kann ein bestimmtes Ausmaß an wahrgenommenem Kommunikationserfolg im Erleben der Mitarbeiter auch dann erzielt werden, wenn die Strukturbedingungen schlecht sind, d. h. wenn Kommunikationskontakt für den Mitarbeiter nur schwer herzustellen ist?

→ Dieser Gesichtspunkt sollte gemeinsam mit den bisher vorgestellten Skalen erhoben werden.

(Das darin enthaltene zusätzliche Konstrukt, das hier als *Constraint* bezeichnet werden soll, lässt sich jedoch nicht in Form einer Fragebogen-Skala erheben. Es besteht vielmehr in einer auf ein bestimmtes Kommunikationsziel bezogenen Wechselwirkung zwischen dem Aspekt Zugang und einem der Gestaltungsaspekte und sollte daher auch in Form einer Wechselwirkung operationalisiert werden.)

7.5 Ausblick

Im Rahmen der vorliegenden Untersuchung soll die Wahrnehmung der hier abgeleiteten Qualitätsaspekte der teaminternen Kommunikation mit der subjektiven Einschätzung zur Kommunikationsleistung, Kom-Efficacy, in Verbindung gebracht werden.

Unter Einbeziehung des Konstrukts zur Struktur-Akteur-Interaktion lässt sich daraus folgendes Grundmodell entwickeln (vgl. Abbildung 8):

Die darin implizierten detaillierten Hypothesen werden in Kapitel 11 dargestellt und begründet.

Die Operationalisierung der oben aufgeführten Konstrukte und die Güte ihre Messung werden in Kapitel 13 beschrieben.

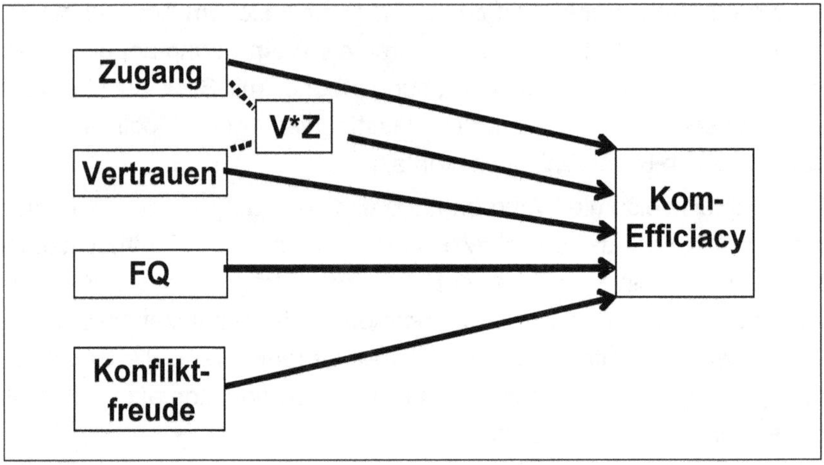

Abb. 8.: Qualitätsmodell: Kommunikationsqualität erklärt Kom-Efficacy

8 Konstrukte zur Kommunikationsqualität im erweiterten Handlungskontext

8.1 Konstrukte für ein erweitertes Modell

8.1.1 Konstrukte zur angewandten Kommunikation im Unternehmen

Im Folgenden soll versucht werden, die Messung der Kommunikationsqualität an sich mit der Messung anderer Handlungsaspekte zu verknüpfen, um die funktionale Einbindung von Kommunikation im Arbeitsprozess nachzuvollziehen.

Wenn nach Parks (1994) die individuelle Fähigkeit zu kommunizieren darin besteht, die eigenen Ziele unter gegebenen Bedingungen zu erreichen, ohne andere - wichtigere - subjektive Ziele zurückstellen zu müssen, dann kann für das Handeln eines kollektiven Akteurs in einer Organisation gelten: die Kommunikation des Akteurs „Team“ ist dann als kompetent im Sinne der Organisation zu bezeichnen, wenn sie der Erreichung der im Rahmen der Organisation vorgegebenen Ziele dient oder in anderen Worten, wenn sie als Mittel zur Bewältigung professioneller Aufgaben so eingesetzt wird, dass diese erfolgreich sind. Im Folgenden sollen dem bisherigen Modell daher Aspekte der Anwendung von Kommunikation im Unternehmenskontext hinzugefügt werden.

Zwei Bereiche der Anwendung werden identifiziert:

1. Die Koordination der eigenen Arbeitsprozesse durch das Team
2. Der Austausch von Informationen mit bestimmten Inhalten, die für das Funktionieren einer Organisation von Bedeutung sind

8.1.1.1 Erster Anwendungsaspekt: Eigenkoordination des Teams

Jablin, Cude, House et al. (1994) stellen fest, dass der zentrale Aspekt der Güte der Kommunikation in einer Gruppe darin bestünde, dass es jener auch und tatsächlich ermöglicht wird, auf die Kommunikations-Anforderungen zu reagieren, die von den jeweiligen aktuellen Prozessen in der in sich selbst ständig kommunizierenden Organisation vorgegeben werden. Daher zählen Jablin & Sias (2001) Aktivitäten wie gruppeninternes Feedback, Absprachen und Kommunikationsgepflogenheiten, welche eine erfolgreiche Kooperation („collaboration“, Jablin & Sias, 2001, S. 824) ermöglichen, zu den zentralen Aspekten der gruppeneigenen Kommunikationsressourcen.

Es soll daher auch in der hier entwickelten Untersuchung eine Skala zur Kooperation & Eigenkoordination von Teams als Beispiel für eine stark kommunikationsbasierte und für den professionellen Zielerreichungserfolg in allen Organisationen zentrale Variable erhoben werden.

Die Anwendung von Kommunikation zur Selbstkoordination eines Teams wird von verschiedenen Autoren beschrieben und untersucht:

- Propp & Nelson (1986) identifizieren als zentralen Prozess der Kommunikation in Gruppen die gemeinsame Analyse von Problemen mittels Kommunikation & Absprache von Lösungswegen.
- Jablin et al. (1994) kommen in einer Literaturübersicht zu der Schlussfolgerung, dass die Fähigkeit eines Teams zur Sammlung, Verteilung und gemeinsamen Interpretation von Informationen zu den wesentlichen Faktoren der internen Kommunikations- und Kooperationsfähigkeiten von Gruppen gehört.
- Jablin & Sias (2001) sowie Health & Sias (1999) beschreiben gruppeninterne Überprüfung der Zielerreichung und Feedback als eine entscheidende Voraussetzung für erfolgreiche Zusammenarbeit in der Gruppe.
- Auf der Basis individueller Beiträge für erfolgreiches Verhalten der Gesamtgruppe identifizieren Stevens & Campion (1994, 1999) die in Gruppe B zusammengefassten KSAs zum gemeinsamen Problemlösen, wie gemeinschaftliches Erkennen von Erfolgshindernissen. Zur Eigenkoordination auf Individual- wie Gruppenebene, siehe hierzu auch Miller, K. (2001), fassen die KSAs der Gruppe D das Festlegen von Zielen an erster Stelle.

Für die hier konzipierte Untersuchung wird daher abgeleitet, dass die Fähigkeit des Teams zur gegenseitigen Handlungskoordination, zur gemeinsamen Planung und Zielkontrolle unter dem Oberbegriff *Kooperation* als kommunikationsnahe Aufgabe in die Messung integriert werden soll.

Die Messung von Kooperation soll folgende Teilaspekte umfassen:

- Gemeinsame Zielfindung (vgl. Miller, K., 2001)
- Gemeinsames Betrachten von Problemen und Entwickeln von Lösungsstrategien (vgl. Propp & Nelson, 1986; Stevens & Campion, 1994)
- Gegenseitiger Informationsaustausch (vgl. Jablin et al., 1994)
- Gemeinsame Zielüberprüfung (vgl. Jablin & Sias, 2001)
- Gegenseitiges Ergebnisfeedback & Konsequenzen bei Nichterreichung (vgl. Jablin & Sias, 2001)

8.1.1.2 Zweiter Anwendungsbereich: Informationsversorgung

Die bislang vernachlässigte Sachebene der Kommunikation ist laut Watzlawick et al. (1969) die Ebene des Austauschs expliziter Information: Die Ebene also, die in der Alltagswahrnehmung den eigentlichen Inhalt und Zweck von Kommunikation ausmacht (vgl. Satir, 1973) und die in den Modellen mit informationstechnologischem Schwerpunkt wie dem von Shannon & Weaver (1949) im Fokus des Interesses steht. Vor diesem Hintergrund sollte die Beobachtung der Handhabung, des Flusses von Empfang und Versendung von informationstragenden Nachrichten Bestandteil einer Kommunikations-Analyse sein.

Zur Vereinfachung lässt sich der Umgang mit Informationen in die beiden von Shannon & Weaver (1949) vorgeschlagenen Rollen bzw. Funktionen des „Sendens“ und „Empfangens“ von Informationen unterteilen. Nicht selten ist in Untersuchungen zur Kommunikation der Fokus auf die Empfänger-Funktion gerichtet (vgl. Winterstein, 1998), da von dieser Seite her das Informations- und Kommunikationsgeschehen ideal zu beobachten ist[4].

---

[4] Problematisch kann es jedoch sein, die Möglichkeiten einer aktiven Teilhabe an Informations- und Kommunikationsprozessen dabei ganz aus der Untersuchung auszuschließen. Eine detaillierte Mes-

Eine wesentliche Qualitätsvariable des Informationsmanagements, die am Erleben des Empfängers festgemacht werden kann, ist die Versorgung von Personen mit den von ihnen benötigten Informationen, und dies zur richtigen Zeit in ausreichender Menge und Qualität.

Die Versorgung kann als finale abhängige Variable des Prozesses der Informationsweitergabe aus Empfänger-Perspektive gesehen werden, da sie allen anderen am Prozess der Informationsweiterleitung beteiligten Prozessabschnitten und allen dafür notwendigen technischen oder organisatorischen Strukturen nachgeschaltet ist. Ihre Ausprägung ist daher Funktion aller zwischengeschalteten Elemente und erlaubt somit den Rückschluss auf deren Qualität: So muss beispielsweise die Verkettung aller zwischengelagerten Prozessabschnitte dysfunktional sein, damit die Versorgung als Resultat bei null liegt. Umgekehrt bedeutet eine maximale Ausprägung der Versorgungsvariablen, dass der davor liegende Gesamtprozess zu einem nicht weiter optimierbaren Ergebnis führt.

Winterstein (1998) schlägt vor, zur Messung der Informationsversorgung auf eine subjektive Einschätzung zurückzugreifen, da die Bestimmung der richtigen Menge von Information für jeden Mitarbeiter und deren Messung eine nicht zu bewältigende Aufgabe sei. Messbar hingegen ist das subjektive Empfinden von Versorgung, d. h. die subjektiv empfundene Bedarfsdeckung.

i) Messung der Informationsversorgung

Basierend auf diesen Überlegungen sollen in der hier konzipierten Untersuchung folgende Aspekte des Informationsaustauschs abgeleitet werden:

1. In Anlehnung an diese Argumentation wird in der vorliegenden Untersuchung die ***Informationsversorgung*** in Relation zum individuellen, auf die jeweilige Arbeitsaufgabe bezogenen Bedarf gemessen, indem

sung aller an Erwerb, Dokumentation, Verteilung und Nutzung von Informationen in Unternehmen beteiligten Teilprozesse, wie sie gegenwärtig in der Wissensmanagement-Forschung üblich ist (vgl. Roehl, 2000), kann jedoch in das hiesige Untersuchungsdesign nicht oder nur ansatzweise integriert werden. Eine entsprechende Untersuchung mit dem Schwerpunkt ‚Individuelles Wissensmanagement' ist bei Franz & Trepmann (2002) dokumentiert.

der Befragte den prozentualen Anteil der Deckung des eigenen Informationsbedarfs einschätzt.

2. Eine solche Messung ist nicht nur Funktion der tatsächlich erhaltenen Menge von Informationen, sondern ebenso eine Funktion des individuellen Anspruchsniveaus, wobei folglich beide Effekte miteinander konfundieren. Daher wird darüber hinaus eine Variable zur Einschätzung der ***subjektiven Wichtigkeit*** der Information abgefragt. Dies wird auch dem von verschiedenen Autoren angeführten Einwand gerecht, dass die organisationale Kommunikationsforschung das Interesse der Mitarbeiter an allen Arten von Information und Kommunikation als prinzipiell hoch einschätzt, anders ausgedrückt, zumindest die Möglichkeit von geringem oder fehlendem Interesse im Allgemeinen in ihren Messungen unberücksichtigt lässt. (vgl. Güldenberg, 1997 sowie Sperka, 1997, der im Instrument *Kommino* eine messtechnische Berücksichtigung dieser Problematik vorstellt.)

3. Eine weitere und damit noch nicht behobene Problematik ist die Tatsache, dass dem soeben vorgestellten Konstrukt *Versorgung mit Informationen* ein rein quantitatives Verständnis von Informationsversorgung innewohnt. Besteht auch der Vorteil dieser Operationalisierung darin, dass die Messung somit ohne Hypothesen seitens des Untersuchers bzgl. des Zustandekommens von Versorgung ankommt, so entsteht dadurch aber auch gleichzeitig der Nachteil, dass die Messung dieser Variablen keinerlei Hinweis darauf liefert, welches qualitative Defizit beispielsweise hinter einer suboptimalen Versorgung steckt. Es sollten daher zusätzlich Qualitätsaspekte der eingehenden Informationen erhoben werden. Dabei sollten mit Bezug auf Shannon & Weaver (1949) sowie Rice (1992) unter anderem Aspekte wie Pünktlichkeit, Vollständigkeit und Fehlerfreiheit erfasst werden. Der Aspekt der Qualität der empfangenen Nachrichten wird im Folgenden als ***Informationsqualität*** bezeichnet.

Es sollen also folgende drei Aspekte des Informationsaustauschs aus der Perspektive der Empfänger erhoben werden:

1. Informations-Versorgung als subjektive Relation von erhaltener zu benötigter Informationsmenge
2. Subjektive Wichtigkeit der Informationen
3. Qualität der erhaltenen Informationen (qualitatives Konzept von Versorgung)

Da die Versorgungsvariable am Ende des Prozesses der Informationsweitergabe steht, können die Konstrukte 1 und 3 als Maß für den Erfolg aller Aktivitäten zum Ziel der Informationsweitergabe - unter den gegebenen strukturellen Möglichkeiten und Einschränkungen - gesehen werden. In diesem Sinne ist die Versorgungsvariable ein Maß für aktives Kommunikationsverhalten im Umgang mit expliziten Nachrichten, also auf der Sachebene der Kommunikation. Ob und in welchem Ausmaß jedoch die Teammitglieder an diesen Aktivitäten beteiligt sind oder durch ihre Kommunikation zur Weitergabe von Information beitragen, wird im Folgenden noch diskutiert und soll teilweise mit Hilfe des zu konstruierenden Modells geprüft werden[5].

ii) Differenzierung

In der bisherigen Konzeption zur Messung von Informationsversorgung des Teams wurde ein Aspekt vernachlässigt: Die Informationsversorgung dürfte sich nicht nur zwischen Personen (oder Gruppen von Personen) unterscheiden, vielmehr sind auch intraindividuelle Unterschiede in Abhängigkeit der verschiedenen Arten, mit anderen Worten, der verschiedenen Inhalte von Informationen hoch wahrscheinlich.

Um diesem Umstand gerecht zu werden, ist es notwendig, alle Zusammenhänge zwischen und mit den oben aufgeführten drei Konstrukten jeweils getrennt für verschiedene Inhalte von Informationen zu erheben.

Für die vorliegende Untersuchung sollen exemplarisch zwei Kategorien zur inhaltlichen Einteilung von Informationen verwendet werden:

---

[5] Offen bleibt bei dieser Form der Messung der spezifische Beitrag verschiedener Elemente zum Resultat der Versorgung, wie beispielsweise die Auswirkung der Qualität verschiedener Medien und ihres Einsatzes. Die Implikationen von Medieneigenschaften auf sinnvolles Mediennutzungsverhalten und die Qualität der über sie vermittelten Informationen, wie sie von Reichwald et al. (1998), Rice (1992) und anderen beschrieben wird, wird u. a. bei Ruppel (2001) kritisch im Kontext des aktuellen Standes der informationstechnologischen Entwicklung diskutiert.

1. *Operative Informationen*: Unter dieser Bezeichnung wurde die Versorgung mit all denjenigen Informationen abgefragt, die im Rahmen der alltäglichen Arbeit und zur fehlerfreien Ausführung dieser benötigt werden. (Es ist auch an dieser Stelle nicht der Versuch unternommen worden, die von jedem einzelnen Befragungsmitglied für die Aufgabenerfüllung benötigten Informationen arbeitsanalytisch zu ermitteln oder theoretisch abzuleiten.)
2. *Unternehmensbezogene Information*: Unter dieser Bezeichnung wurde die Versorgung mit denjenigen Informationen abgefragt, die sich auf aktuelle Strategien oder übergeordnete Ziele des Unternehmens beziehen.

Eine Messung der zuvor entwickelten Konstrukte im Zusammenhang mit der Informationsversorgung sollte daher spezifisch für jede inhaltliche Kategorie durchgeführt werden.

Auch die Frage, in wessen Aufgabenbereich die Versorgung von Personen mit Informationen fällt, hängt vom Inhalt der Informationen ab. Dies wird im Rahmen der genauen Darstellung der angenommenen Verknüpfungen im weiter unten konzipierten Modell dargestellt. In diesem Zusammenhang stellt sich jedoch die Frage nach der Bedeutung anderer Akteure für die Teamkommunikation. Dies soll im Folgenden berücksichtigt werden.

8.1.2 Konstrukte zur Einbeziehung von Führungseinfluss auf die Kommunikation

Obgleich der Fokus der geplanten Modellbildung eng auf das Kommunikationsverhalten im Team ausgerichtet ist, kann das Team nicht als von seiner Umwelt unbeeinflusstes System gesehen werden. Ein nahe liegender und zugleich für die interne Kommunikation des Teams relevanter Einflussfaktor (vgl. De Cremer & van Knippenberg, 2002) ist das Führungsverhalten des direkten Vorgesetzten. Im Kontext des Themas Kommunikation ist der Aspekt der Führung nicht zuletzt aufgrund der Tatsache zu berücksichtigen, dass Führungsverhalten selbst zu einem wesentlichen Anteil aus Kommunikationsverhalten besteht (vgl. Schirmer, 1992, sowie Mintzberg, 1975). Dabei dient die Kommunikation insofern als Medium der Führung selbst, dass Arbeitsanweisungen und Zielvorgaben in der Regel durch explizite sprachliche Nachrichten vermittelt werden (vgl. Neuberger, 2002, S. 623), und andere wesentliche Aspekte von Führung, wie die Vermittlung von Werten, sowohl durch explizit-digitale, wie auch durch analog-symbolische Kommunikation stattfinden (vgl. Bass, 1986; sowie Neuberger, 2002, S. 642–679 zur symbolischen Führung). In jedem Fall kann davon ausgegangen werden, dass gelungene Führung zu einem hohen Anteil durch gelungene Kommunikation zustande kommt (vgl. auch Daft, Lengel & Trevino, 1987). Hochwertige Kommunikation durch den Vorgesetzten wiederum sollte, beispielsweise vermittelt über Effekte des Modelllernens, auf den Kommunikationsstil unter den Mitarbeitern wirken (vgl. u. a. Högl & Gemünden, 1999, sowie Berman & Hellweg, 1989)

Nachdem der Fokus der Untersuchung zuvor um die Betrachtung zweier Anwendungsbereiche der Kommunikation erweitert wurde, sollte daher in einem weiteren Schritt der Einfluss von Steuerung durch den direkten Vorgesetzten berücksichtigt werden. Um diesen Einfluss in ein Modell zur Teamkommunikation integrieren zu können, müssen entsprechende Konstrukte in die Messung aufgenommen werden.

1. Um die Qualität des Führungsverhaltens in all ihren Aspekten zu erfassen, sollten sowohl Bestandteile der transaktionalen, d. h. der systematisch ziel- und ergebnisorientierten Führung wie auch der transformationalen, d. h. der auf positive Wertveränderung ausgerichteten Führung berücksichtigt werden (vgl. Bass, 1986, Bass & Steyrer, 1995). Beide Komponenten des Führungsverhaltens üben einen Einfluss auf die Verhaltenskompetenz der Mitarbeiter aus (vgl. u. a. die Meta-Analyse von Lowe, Kroeck, Sivasubramaniam et al., 1996; sowie neuerlich die Meta-Analyse von Eagly, Johannesen-Schmidt, van Engen, 2003). Im Folgenden soll integrierend vom Konstrukt ***Führungsqualität*** gesprochen werden.

2. Ergänzt werden sollte diese Einschätzung des Vorgesetztenverhaltens durch eine spezifische Bezugnahme auf das Informations- und Kommunikationsverhalten des Vorgesetzten gegenüber seinen Mitarbeitern. Bezüglich ausgewählter Kategorien von Informationen, bei denen eine

wesentliche Rolle des Vorgesetzten als Informationsagent angezeigt erscheint, sollte daher erhoben werden, ob der Vorgesetzte im Erleben der Teammitglieder diese Rolle ausfüllt. Im Folgenden soll vom Konstrukt ***Vorgesetzter als Quelle*** gesprochen werden.

8.2 Konzeption eines Kontext-Modells der teaminternen Kommunikation

Es soll nun versucht werden, die in diesem Abschnitt hergeleiteten Konstrukte im Rahmen eines zusammenhängenden Modells zu integrieren. In diesem Modell soll das ursprünglich entworfene Konstrukt zur Kommunikationsqualität im Team, *Kom-Qualität*, über seinen Effekt auf *Kom-Efficacy* hinaus in seinen potenziellen Auswirkungen verfolgt werden.

Die zentrale abhängige Variable eines solchen erweiterten Modells sei das Konstrukt *Team-Potency*. Dadurch werden alle im Modell befindlichen Variablen in Bezug zur subjektiv wahrgenommenen Gesamtleistungsfähigkeit des Teams gesetzt.

8.2.1 Integration von Kommunikation und kommunikationsnahen Aufgaben

Die Kommunikationsqualität im Team stellt einen der zentralen Prädiktoren des Modells dar. Sollte es einen Zusammenhang zwischen der Kommunikationsqualität und der Team-Potency geben, so wird dieser möglicherweise über die Wahrnehmung bestimmter Aktivitäten eines Teams vermittelt, die ...

- einerseits stark durch Kommunikation geprägt sind, bzw. in ihrem Erfolg von der Qualität der Kommunikation abhängig sind, und
- andererseits wesentliche Bestandteile des erfolgreichen Gesamthandelns ausmachen, in dem sie der Aufgabenbewältigung eines Teams dienen. Dadurch sollten sie entscheidende Voraussetzungen für eine hohe Team-Potency schaffen.

Aktivitäten, welche dieser Beschreibung entsprechen, wurden zuvor i-dentifiziert. So zählen die zuvor unter der Kategorie *Kooperation im Team* zusammengefassten gemeinsamen Koordinationsprozesse ebenso dazu wie die gegenseitige Versorgung mit Informationen, die relevant sind für eine erfolgreiche Bewältigung des aktuellen operativen Geschehens.

Im Rahmen eines integrierten Modells sollten diese Konstrukte daher dem erweiterten Anwendungsbereich von Kommunikation zugerechnet werden. Von Interesse sind dabei die Fragen, ...

- ob und in welcher Weise der wahrgenommene Erfolg in diesen Aktivitäten durch die wahrgenommene Kommunikationsqualität vorhersagbar ist und
- ob und in welcher Weise der wahrgenommene Erfolg in diesen Aktivitäten einen Effekt auf *Team-Potency* hat.

Sollte ein Effekt im letzteren Sinne gegeben sein, könnte darüber hinaus quantifiziert werden, ...

- ob und in welchem Ausmaß ein eventueller Effekt von *Kom-Qualität* auf *Team-Potency* durch über die beiden bisher beschriebenen Effekte mediiert wird, bzw. in welchem Ausmaß die Kommunikationsqualität unvermittelt auf *Team-Potency* wirkt.

Auf diese Weise können Hypothesen über das Gefüge der Wirkung von Kommunikationsqualität auf andere Phänomene im Team geprüft und neue Erkenntnisse zu dieser Frage gewonnen werden.

Im unteren Abschnitt von Abbildung 9 sind die soeben beschriebenen Verknüpfungen schematisch dargestellt: *Kom-Qualität* (hier repräsentiert als Gesamtkonstrukt) kann direkt oder über andere Variablen auf *Team-Potency* wirken. Mögliche vermittelnde Variablen sind:

- *Kom-Efficacy*
- der Anwendungsbereich *Kooperation* - repräsentiert als einheitliches Konstrukt

- der Anwendungsbereich *Austausch operativer Information* (siehe das unterlegte Feld in Abb.9 hinter der Schrift *„Operative Information"*) – repräsentiert durch verschiedene Skalen

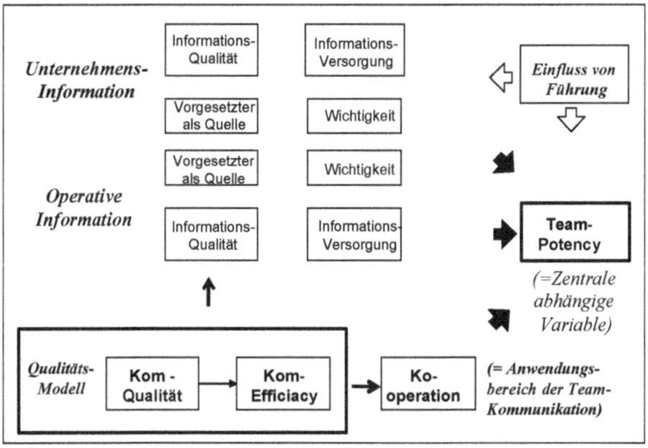

Abb. 9.: Aufbau eines erweiterten Modells zur Wirkung von Kommunikationsaspekten auf *Team-Potency*

Zentrale Variable im Zusammenhang mit dem Austausch operativer Information ist die individuell eingeschätzte Versorgung mit operativer Information. Wie weiter oben ausgeführt, erscheint es sinnvoll, diese Variable in Kombination mit der subjektiv eingeschätzten Wichtigkeit dieser Art von Informationen zu verwenden sowie in Kombination mit einem Maß für die Qualität der Nachrichten, die in diesem Zusammenhang abrufbar sind.

8.2.2 Aufteilung nach Informationsarten

Wie oben ausgeführt, soll die Messung der Informationsversorgung und ihrer Determinanten für zwei verschiedene Arten von Information getrennt durchgeführt werden. Auf diese Weise kann ermittelt werden, ob und in welchem Ausmaß die Zusammenhänge zwischen der Informationsversorgung und ihren hier vorgeschlagenen Determinanten bzw. abhängigen Variablen zwischen verschiedenen Arten von Informationen variieren.

Im hier konzipierten Modell sollen die in Zusammenhang mit Informationsversorgung erhobenen Variablen je zweimal gemessen werden. Erstens, wie bereits dargestellt, bezogen auf den Austausch operativer Information und zweitens auf den Austausch von unternehmensbezogener Information, hier als „Unternehmens-Information" bezeichnet. Diese Einteilung entspricht der Einführung eines zweikategorialen Moderators „Informations-Art" (vgl. Abbildung 9).

Es wird angenommen, dass die Herstellung von Nachrichten (vgl. Shannon & Weaver, 1949) und ihre Weiterleitung innerhalb der Organisation je nach Inhalt der Information unter anderen kontextuellen Bedingungen stattfinden. D. h., sie werden von unterschiedlichen Quellen über unterschiedliche Sender verteilt und werden daher möglicherweise von unterschiedlichen Erfolgsdeterminanten beeinflusst.

8.2.3 Integration des Einflusses von Führung

Zuvor wurde argumentiert, dass bei der Untersuchung von interaktionalen und leistungsbezogenen Phänomenen im Kontext einer Organisation der Einfluss von Steuerung berücksichtigt werden sollte. Zur Berücksichtigung einer möglichen Determiniertheit des im Modell abgebildeten Gesamtprozesses soll die Rolle des jeweiligen direkten Vorgesetzten in zweifacher Weise ins Modell integriert werden (siehe Abbildung 9, den Kasten „Einfluss von Führung" sowie die beiden Kästen „Vorgesetzter als Quelle")

Erstens soll die durch die Mitarbeiter wahrgenommene Führungsleistung im weiter oben skizzierten Sinne aufgenommen werden. Diese kommt potenziell als alternativer Prädiktor für teaminterne Phänomene gegenüber dem Einfluss der Kommunikationsqualität in Frage. Um die Gefahr einer Überschätzung des Einflusses von Kommunikationsqualität zu vermeiden, sollte daher der Einfluss des Vorgesetztenverhaltens auf verschiedene Skalen angenommen werden.

Zweitens soll, wie weiter oben vorgeschlagen, für jede Informationsart gemessen werden, ob der Vorgesetzte eine prominente Rolle bei der Weitergabe dieser speziellen Information einnimmt und welchen Einfluss dies auf die Qualität der jeweiligen Informationsversorgung hat.

8.2.4 Fazit & Ausblick

Mit Hilfe eines so konzipierten Modells kann das Wirkgefüge verschiedener Variablen aus dem Bereich Kommunikation und Information mit Bezug auf *Team-Potency* erforscht werden.

Es können Aufschlüsse über die Mediation der Wirkung von Kommunikationsqualität über verschiedene Anwendungsaspekte der Kommunikation gewonnen werden. Darüber hinaus kann überprüft werden, ob die Effekte von und auf Informationsversorgung in der oben vermuteten Weise spezifisch für die verwendeten Informationsarten sind.

Zusätzlich kann der Einfluss von Führung auf Phänomene von Information & Kommunikation abgebildet werden und Aufschlüsse über das funktionale Verhältnis von *Kom-Efficacy* und *Team-Potency* gewonnen werden.

Welche konkreten Annahmen gemacht und geprüft werden sollen, wie also das Modell auf Detailebene aussieht, wird in Kapitel 11 dargestellt und begründet.

(Die Operationalisierung der oben aufgeführten Konstrukte und die Güte ihre Messung werden in Kapitel 13 beschrieben.)

9 Betrachtung von Kommunikation als Mehr-Ebenen-Phänomen

Wie bereits erläutert soll das Phänomen der teaminternen Kommunikation mit Hilfe subjektiver Einschätzungen der an ihr beteiligten Teammitglieder gemessen werden.

Es wurde dabei jedoch nicht thematisiert, ob und wie die Beschreibungen der einzelnen Kommunikationsmitglieder zu einer einheitlichen Beschreibung der Kommunikation und der sie betreffenden Phänomene zusammengefasst werden können. Diese Frage soll an dieser Stelle aufgegriffen und im Folgenden behandelt werden.

9.1 Die Messung von Kommunikation per MAB ist selbst Kommunikation

Betrachtet man den Prozess einer Mitarbeiterbefragung vor dem Hintergrund der zuvor dargestellten Elemente von Kommunikation, so wird schnell deutlich, dass er eine Vielzahl von Kommunikationsakten zwischen verschiedenen Personen-Konstellationen umfasst. Einen der zentralen Kommunikationsakte stellt dabei die Transmission der Urteile der Befragten an die Untersucher. Betrachtet man diesen Transmissionsakt im Sinne des Modells von Shannon & Weaver (1949), so lassen sich verschiedene Elemente eindeutig zuordnen (vgl. Abbildung 10)

1. Nachricht:
    a. Die Nachricht jedes einzelnen Teilnehmers besteht aus einer Kette von Einzelsignalen. In ihr sind digital codierte Anteile (Höhe der Werte) sowie analog codierte Anteile (Werteverhältnisse, ipsative Verteilung) enthalten.
    b. Das Gesamtprodukt der Transmission ist eine aus individuellen Nachrichten zusammengesetzte kollektive Nachricht, die in Form der Datenmatrix der Fragebogenantworten vorliegt. Auch diese beinhaltet digital wie analog codierte Anteile (vgl. Watzlawik et al., 1969),

2. Decodierung: Die Decodierung der Nachricht findet mit Hilfe statistischer Verfahren statt. Dabei können je nach Verfahren analoge wie digitale Nachrichtenteile entschlüsselt werden. In der Regel wird dabei die kollektive Nachricht zusammengesetzt.
3. Störungen: Störungen können alle Arten von Objektivitätsbedrohungen sein, auch semantische Sender/Empfänger-Differenzen etwa durch unverständlich definierte Items oder irreführende Anweisungen zur Skalennutzung.

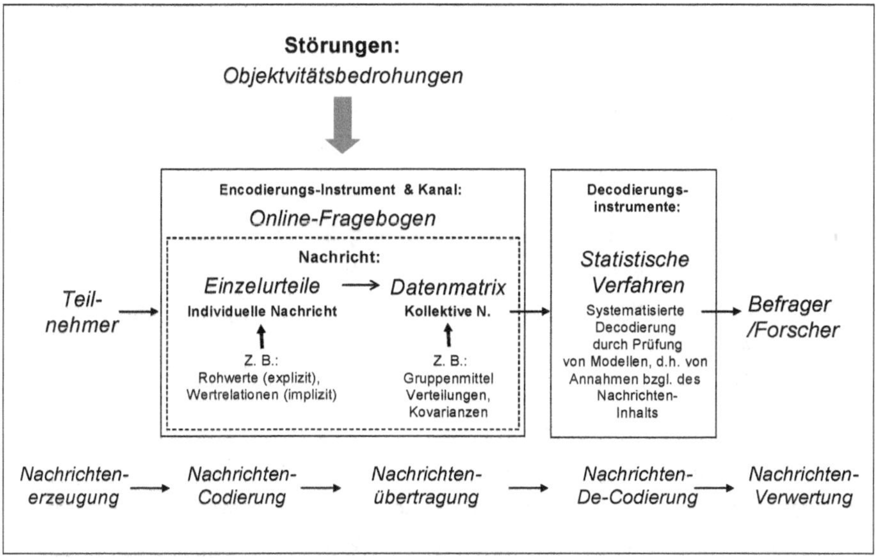

Abb. 10: Der Prozess der MAB als Transmission einer komplexen Nachricht

Die Datenmatrix erscheint also als zentrale Nachricht im Rahmen einer MAB, welche Beschreibungen der in Frage stehenden Gegenstände und der Beziehungen zwischen ihnen beinhaltet – und zwar auf einer individuellen und einer kollektiven Beschreibungsebene.

Im Folgenden soll näher auf den Umgang mit diesen Beschreibungsebenen eingegangen werden. Weiterhin sollen Möglichkeiten für Untersucher aufgezeigt werden, die fokussierten Gegenstände, wie etwa die teaminterne Kommunikation, aus verschiedenen Beobachtungsperspektiven zu betrachten.

9.2 Zur Struktur der Nachricht

Die Datenmatrix lässt sich in vielfältiger Weise strukturieren. Für die vorliegenden Fragestellungen ist eine Strukturierung der Gesamtheit der individuellen Nachrichten (= Personenvektoren) anhand des Bezugs zum gleichen Kommunikationssystem von Interesse. Da der Fokus hier speziell auf die teaminterne Kommunikation gerichtet ist, entspricht dies im hiesigen Kontext einer Aufteilung der Stichprobe nach der Teamzugehörigkeit der Befragten.

Die Urteile in den Kommunikationsskalen beziehen sich auf die Kommunikation innerhalb des Teams des jeweiligen Teilnehmers, d. h. dass stets eine Gruppe von Urteilen den gleichen Referenzgegenstand besitzt.

Dies wirft unter anderem die Fragestellung auf, ob die Urteile, die sich auf das gleiche Referenzobjekt beziehen, miteinander übereinstimmen.

Streuungen ließen sich dabei entweder auf Beobachtungsfehler zurückführen oder darauf, dass das Referenzobjekt „Teaminterne Kommunikation“ den an ihr beteiligten Individuen unterschiedliche Perspektiven und Erlebnisqualitäten ermöglicht.

Kann eine Konvergenz der Urteile bezüglich der Kommunikation beobachtet werden, deren Funktion ja nach Rogers & Kincaid (1981) in der Erzeugung von Urteilskonvergenz besteht? Wenn ja, kann gefragt werden, ob es sich bei allen oder einigen der hier vorgestellten Aspekte von Kommunikation um so genannte „shared properties“ (Kozlowski & Klein, 2000, S. 33) handelt.

Um Fragen dieser Art vertieft bearbeiten zu können, müssen aus der Datenmatrix entsprechende Informationen der Teams über ihre eigene Wahrnehmungsstruktur extrahiert werden.

Im Folgenden wird ein Konzept zur Extraktion solcher Komponenten aus der Datenmatrix entwickelt, mit deren Hilfe die Beschreibungsebenen von Team und Individuum voneinander getrennt beobachtet und außerdem die Übereinstimmung der Urteile pro Team beschrieben werden können.

Die dafür notwendige Zerlegung der ursprünglich erhobenen Skalen in verschiedene Komponenten, die sich am von Chan (1998) entwickelten Modell zur Komposion von Konstrukten auf verschiedenen Levels orientiert, soll nun anküpfend an die bisherigen Überlegungen hergeleitet werden:

1. Die Werte jeder Skala des Fragebogens wurden als kollektiv versandte Nachricht interpretiert.

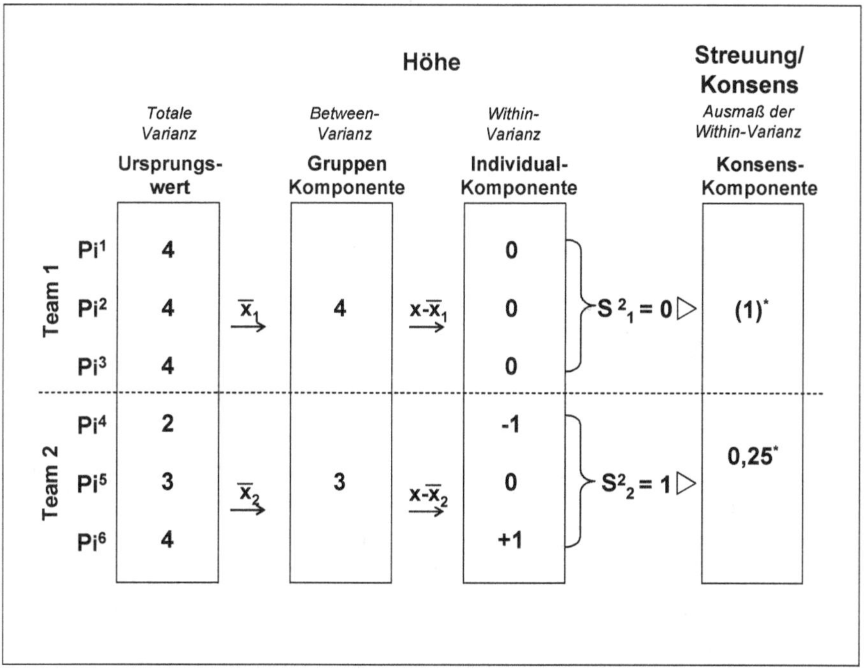

Abb. 11.: Zerlegung der individuellen Nachrichten und Extraktion von Nachrichten auf Gruppenlevel

- Die Mittelwerte der Teams gehen in die Gruppenkomponenten ein, die Abweichungswerte bilden die Individualkomponente. Die Varianz wird zu einem Maß für den Konsens transformiert. Ein entsprechender Wert für den Konsens pro Team wird in der Konsenskomponente angeordnet.
- Die Transformation der Intra-Team-Varianz in ein Konsensmaß wird in Kapitel 14 erläutert.

2. Diese Nachricht setzt sich zusammen aus den Beobachtungen von Individuen, z. B. zu einem bestimmten Aspekt der Team-Kommunikation.
3. Dabei richten die Mitglieder je eines Teams ihre Beobachtungen auf den gleichen, gemeinsamen Beobachtungsgegenstand: die Kommunikation innerhalb ihres Teams.
4. Vor diesem Hintergrund können die Beobachtungen der Mitglieder eines Teams zusammengefasst werden. So entsteht pro Team ein Wert, welcher die teaminterne Kommunikation des Teams (in einem bestimmten Aspekt) beschreibt. Dieser Wert entspricht jeweils der mittleren Wahrnehmung der teaminternen Kommunikation durch die Teammitglieder.

   → Eine Skala, welche statt der ursprünglichen Werte ausschließlich die Gruppenwerte beinhaltet, sei hier als **Gruppenkomponente** bezeichnet.

   → Die Gruppenkomponente besteht aus den jeweiligen mittleren Werten eines Teams, ihre Werte werden daher im Folgenden mitunter als **Gruppenwerte** bezeichnet.

   → Die Gruppenkomponente beinhaltet die Zwischen-Team-Varianz (**Between-Varianz**) der ursprünglichen Skala. Alternativ kann man sie daher auch als „Between-Komponente“ und ihre Werte als „Between-Werte“ bezeichnen (vgl. Snijders & Bosker, 1999, S. 28).

   → Sie ermöglicht die Beschreibung der teaminternen Kommunikation eines Teams **aus Gruppenperspektive**: Die teaminterne Kommunikation wird dabei pro Team als ein einheitliches Phänomen beschrieben. Wahrnehmungsunterschiede innerhalb des Teams werden nicht abgebildet.
5. Die Mitglieder jedes Teams nehmen jeweils gemeinsam an der Kommunikation innerhalb ihres Teams teil, welche für das jeweilige Team spezifische Eigenschaften aufweist.
6. Diese Tatsache bedeutet jedoch nicht, dass die Beobachtungen der Mitglieder eines Teams generell nicht deutlich voneinander abweichen können. In dem Ausmaß, in welchem die Teamkommunikation – etwa durch heterogene soziale Rollenverteilung innerhalb des Teams – unterschiedliche Perspektiven für

jedes Teammitglied ermöglicht, werden die individuellen Urteile voneinander abweichen.

7. Es erscheint daher sinnvoll, neben der Gruppen- auch die **Individualperspektive** auf die Teamkommunikation nachvollziehbar zu machen.

   → Hierzu bedürfte es einer Skala, deren Werte ausschließlich individuelle Positionen - im Sinne von individuellen Abweichungen vom jeweiligen Gruppenurteil – beinhalten.

   → Eine solche Skala kann ebenfalls aus den ursprünglichen Werten einer Skala extrahiert werden. Sie sei hier als **Individualkomponente** bezeichnet.

   → Die Werte der Individualkomponente seien als **Individualwerte** bezeichnet. Sie quantifizieren die Abweichung des Urteils einer Person vom Mittelwert ihres jeweiligen Teams an. So wird die jeweilige individuelle Perspektive einer Person innerhalb ihres Teams abgebildet – unabhängig von der absoluten Höhe der ursprünglichen Werte der Person bzw. der Gruppe.

   → Die Individualkomponente beinhaltet die Intragruppenvarianz (**Within-Varianz**) jeder Skala. Alternativ kann man sie daher auch als „Within-Komponente" und ihre Werte als *„Within-Werte"* bezeichnen (vgl. Snijders & Bosker, 1999, S. 28). Andere Autoren sprechen von einer *„Frog-Pond-Variable"* vgl. Kozlowski & Klein (2000, S. 39).

8. Teams mögen sich dahingehend unterscheiden, wie sehr die Perspektiven ihrer Mitglieder auf die teaminterne Kommunikation übereinstimmen oder voneinander abweichen. **Homogenität der Perspektiven** sollte sich in einer hohen Beobachterübereinstimmung pro Team ausdrücken. Die Übereinstimmung der Beobachtungen in einem Team, oder anders ausgedrückt, der **Konsens der Teammitglieder** bezüglich ihrer internen Kommunikation, sollte daher ebenfalls als Variable erhoben werden.

   → Der Rechenweg zur Gewinnung von teamspezifischen Konsenswerten wird in Kapitel 14 beschrieben.

→ Eine Skala, welche anstelle ihrer ursprünglichen Werte pro Team einen Übereinstimmungswert der internen Urteile angibt, sei hier als **Konsens-Komponente** bezeichnet.

→ Eine solche quantifiziert den Konsens der Mitglieder eines Teams bezüglich eines bestimmten Aspektes der teaminternen Kommunikation.

9. Die Beobachtungsebene der Individualkomponente ist das Individuallevel, die Gruppenkomponente liegt auf Gruppenlevel. Die Konsenskomponente kann formell dem Gruppenlevel zugeordnet werden, da sie jeder Gruppe nur einen Wert zuordnet, inhaltlich bezieht sie sich jedoch auf die teaminterne Varianz (vgl. Chan, 1998).

9.3 Abschließende Überlegungen und Variablenbenennungen

Es sei noch einmal darauf hingewiesen, dass das Ziel der hier vorgeschlagenen Transformationen nicht darin liegt, die Kommunikation zwischen verschiedenen Gruppen messbar zu machen. Dies wäre auf einem solchen Wege nicht möglich. Der Gegenstand ist die Kommunikation innerhalb des Teams – unabhängig vom Beobachtungslevel. Die Verwendung einer Skala, die jedem Team nur einen Wert zuordnet, erlaubt also nicht den Blick auf die Kommunikation zwischen verschiedenen Teams, sondern den Blick auf die jeweils teaminterne Kommunikation aus Gruppenperspektive. Dem gegenüber ermöglicht die Individualkomponente einer Skala die Abbildung der teaminternen Kommunikation aus Individualperspektive, also gleichsam der individuellen Innenansicht der Kommunikation im Team.

Im Zusammenhang mit der Konsenskomponente wurde schon weiter oben die Problematik aufgeworfen, dass Beobachterunterschiede sowohl auf Beobachtungsfehler zurückgehen können als auch auf den Facettenreichtum des Beobachtungsgegenstandes. Auf diesen Punkt weist auch Chan (1998) hin. Dahinter verbirgt sich die unter anderem vom James, Demaree & Wolf (1984) nach der Unterscheidung zwischen „wahrer Varianz“ und „systematischer Fehlervarianz“ in der Verteilung von Beobachterurteilen. Es sollte daher ein Maß für den Urteilskonsens verwendet werden, welches mit hoher Wahrscheinlichkeit auf der wahren Varianz beruht. Falls ein solches Maß gefunden wird, kann der beobachtete Konsens in den Urteilen nicht nur auf die Konvergenz der Urteile, die auch durch einen gemeinsamen Bias entstehen kann, sondern auch auf die Homogenität der dahinter stehenden realen Erfahrungen zurückgeführt werden. In Kapitel 14 wird mit dem r_{wg} von James et al. (1984) eine entsprechende Kennzahl zur Operationalisierung vorgeschlagen.

Abb. 12 erweitert das bereits vorgestellte Modell zur Messung von Kommunikation als emergentem Phänomen (vgl. Abb. 7) um eine differenziertere Sicht auf die Wahrnehmungen der Mitarbeiter. Diese können konvergiert (vgl. Rogers & Kincaid, 1981, bzw. Kapitel 1.2 in dieser Arbeit) oder heterogen sein, je nach Homogenität oder Heterogenität der individuellen Erfahrungen innerhalb des Kommunikationssystems Team. Die drei oben abgeleiteten Skalenkomponenten erlauben, wie in Abb. 12 veranschaulicht, die Einnahme verschiedener Perspektiven zur Betrachtung des Kommunikationsgeschehens: Einerseits aus Team-Perspektive (mit Hilfe der Gruppenkomponenten), andererseits aus individueller, d. h. aus Intra-Team-Perspektive (mit Hilfe der Individualkomponenten). Darüber hinaus kann das Ausmaß des Urteilskonsens mit Hilfe der Konsenskomponente für jedes Team quantifiziert werden.

Mit Hilfe der hier konzipierten Vorgehensweise sollen die Skalen des Qualitätsmodells im Rahmen der Untersuchung in levelspezifische Komponenten zerlegt werden. Eine genaue Definition der Komponenten jeder Variablen findet sich in Kapitel 13.2.

Bereits hier wird jedoch anhand des Beispiels der Skala *Zugang* ein einfaches, generelles Schema zur Bezeichnung der einzelnen Komponenten eingeführt, welches im Falle jeder der Skalen angewandt werden kann.

So kann die Ursprungsskala *Zugang* in eine Gruppenkomponente und eine Individualkomponente zerlegt werden. Die Gruppenkomponente beinhaltet die Teammittelwerte der Skala *Zugang*, sie wird im Folgenden *Zugang*$_{GRUPPE}$ genannt.

Die Individualkomponente hingegen beinhaltet die individuellen Abweichungen jedes einzelnen Teilnehmers vom Mittelwert seines jeweiligen Teams. Sie wird im Folgenden $Zugang_{INDIV}$ genannt. Während die Gruppenkomponente $Zugang_{GRUPPE}$ den durchschnittlichen interpersonellen Zugang unter den Teammitgliedern pro Team quantifiziert, drückt ein Wert auf der Individualkomponente $Zugang_{INDIV}$ die relativen Zugangsmöglichkeiten eines Individuums zu seinen jeweiligen potenziellen Gesprächspartnern und Teamkollegen aus.

Die Konsenskomponente wiederum quantifiziert die Homogenität der erlebten Zugangsmöglichkeiten innerhalb jedes Teams, sie wird im Folgenden als $Zugang_{KONS}$ bezeichnet.

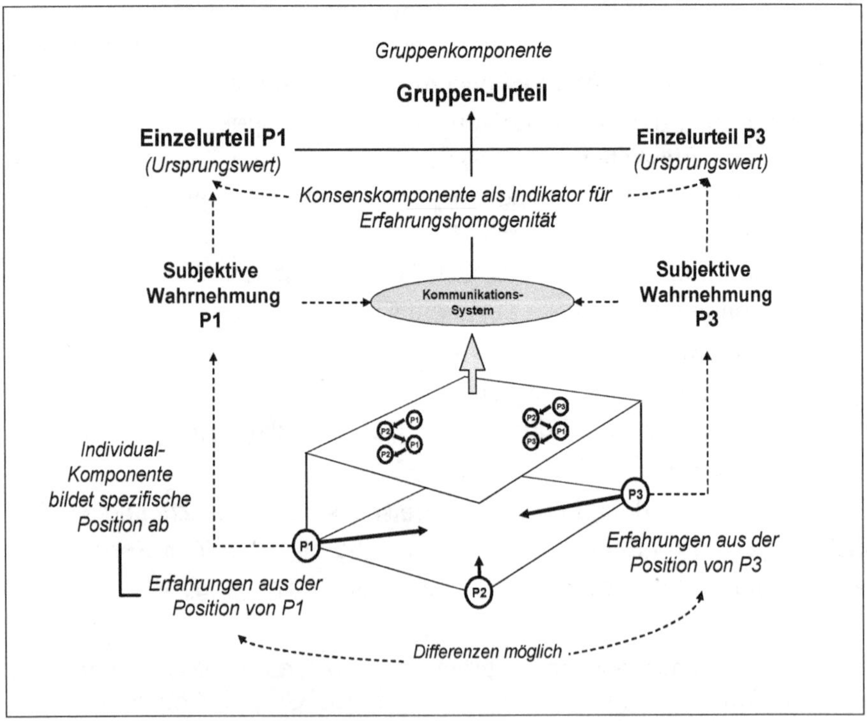

Abb. 12.: Das gemeinsame Referenzobjekt ‚Teamkommunikation' kann homogene oder heterogene Erfahrungen & Wahrnehmungen ermöglichen

In gleicher Weise können entsprechende Teilkomponenten auch zu jeder anderen Skala des Untersuchungsdesigns gebildet und durch das Anhängen der hier verwendeten Index-Bezeichnungen klar benannt werden.

Eine ausführliche Darstellung zu Herleitung und inhaltlicher Bedeutung jeder solchen Komponente findet sich in Kapitel 13.2.

10 Zwischenübersicht: Fragestellungen

In den Kapiteln 7 bis 9 wurden die Grundlagen für drei verschiedene, einander jedoch ergänzende Fragekomplexe entwickelt.

- Der erste Fragekomplex (vgl. Kapitel 7) fokussiert die Frage nach relevanten Qualitätsaspekten der Kommunikation und fokussiert deren Einfluss auf *Kom-Efficacy*. Fragestellung und Annahmen zu diesem Fragekomplex lassen sich in Form des *Qualitätsmodells* (vgl. Abb. 8) abbilden.
- Der zweite Fragekomplex (vgl. Kapitel 8) erweitert den Fokus von der Kommunikationsqualität auf den unmittelbaren Handlungskontext der Teamkommunikation, u. a. in Form des Aspektes der Teamkooperation sowie der Führung. Fragestellung und Annahmen zu diesem Fragekomplex lassen sich in Form des *Kontextmodells* (vgl. Abb. 9) abbilden.
- Der dritte Fragekomplex (vgl. Kapitel 9) macht die Beobachtungen der Kommunikation selbst zum Gegenstand der Beobachtungen.

Zwischenübersicht 1: Bisher abgeleitete Konstrukte

Skalen für das Qualitätsmodell (Fragekomplex 1):	**Kurzbezeichnung:**
Qualität der teaminternen Kommunikation:	
Vertrauen	Vertrauen
Formalqualität	Formalqu
Zugang zur Teamkommunikation	Zugang
Konfliktfreude	Konflikt
Interaktion Vertrauen*Zugang	V*Z
Team-Efficacy bezüglich der Kommunikation	Kom-Efficacy

Weitere Skalen für das Kontextmodell (Fragekomplex 2)	**Kurzbezeichnung:**
Gesamtskala zur Qualität der teaminternen Kommunikation	*Kom-Qualität*
Team-Potency	Team-Potency
Kooperation im Team	Kooperation
Führungsqualität des direkten Vorgesetzten	Führungs-Qualität

Skalen zu operativer Information	
Versorgung mit operativer Information	Info-Versorgung-O
Qualität der operativen Information	Info-Qualität-O
Wichtigkeit der operativen Information	Info-Wichtigkeit-O
Vorgesetzter als Quelle für operative Information	VG-Quelle-O
Skalen zur Unternehmensinformation	
Versorgung mit Unternehmensinformation	Info-Versorgung-U
Qualität der Unternehmensinformation	Info-Qualität U
Wichtigkeit der Unternehmensinformation	Info-Wichtigkeit-U
Vorgesetzter als Quelle für Unternehmensinformation	VG-Quelle-U
Komponenten	

Komponenten für Fragekomplex 3	**Kurzbezeichnung:**
Gruppenkomponente	$[Name]_{GRUPPE}$
Individualkomponente	$[Name]_{NDIV}$
Konsenskomponente	$[Name]_{KONS}$

Bezüglich jedes dieser Fragekomplexe wurden in den zurückliegenden Kapiteln verschiene Konstrukte abgeleitet, die in Zwischenübersicht 1 im Überblick aufgeführt werden.

Bislang wurden zwar relevante Konstrukte abgeleitet, jedoch noch keine detaillierten Aussagen über deren vermutete Zusammenhänge gemacht. Dies soll in Kapitel 11 unter gezieltem Rückgriff auf verschiedene empirische Studien geschehen. Anhand übergeordneter Fragen werden diverse Einzelhypothesen abgeleitet. In den Kapiteln 13 und 14 folgen weitere Informationen zu Operationalisierungen und statistischen Methoden. Kapitel 15 beinhaltet einen Analyseplan.

In diesem wird für jeden der drei Fragekomplexe eine Analysestrategie festgelegt. Diese besteht jeweils in einer Folge von aufeinander aufbauenden Analyseverfahren. So wird für jede der Hypothesen und Annahmen ein genaues Prüfungsprocedere vorgeschrieben. Die Durchführung der Untersuchung sowie die Darstellung der Ergebnisse in Abschnitt D richtet sich nach dem Analyseplan aus Kapitel 15.

Zwischenübersicht 2: Fragekomplexe, Leitfragen, Hypothesen und Methoden

Fragekomplex 1: Qualitätsmodell (Abhängige Variable: Kom-Efficacy)	
Leit-fragen	*Welche Qualitätsaspekte von Kommunikation leisten einen eigenen Beitrag zur Erklärung von Kom-Efficacy?* o Zentrale Methode: Multiple Regression o Hypothesen: Kom-1 bis Kom-5
	Auf welche Weise interagieren bestimmte strukturale und aktionale Aspekte? o Zentrale Methode: Moderierte Regression o Hypothesen: Kom-6
Fragekomplex 2: Kontextmodell (Abhängige Variable: Team-Potency)	
Leit-fragen	*Wie hoch ist der totale Effekt der Kommunikationsqualität auf Team-Potency?* *Über welche Anwendungsaspekte und in welchem Ausmaß wird dieser Einfluss mediiert?* *Wie kann die Versorgung mit verschiedenen Arten von Information erklärt werden?* *Welchen Einfluss übt die Führungsleistung des direkten Vorgesetzten auf Kommunikation und Information im Team aus?* o Zentrale Methode: Pfadanalyse o Hypothesen: Pfadhypothese (1) bis Pfadhypothese (18)
Fragekomplex 3: Multiperspektivische Beobachtungen (Abh. Variable: Kom-Efficacy)	
Leit-fragen	*Welche Beobachtungsperspektive überwiegt in den Nachrichten der Befragten zur Kommunikation?* o Zentrale Methode: Untersuchung der Varianzebenen der Skalen o Hypothesen: ML-1 bis ML-3 *(ML = Multi-Levell)*
	Welche Beobachtungsperspektive –Individual- oder Gruppenlevel- liefert die bessere Vorhersage für Kom-Efficacy? o Zentrale Methode: Mixed-Determinants-Modell o Hypothesen: ML-4 bis ML-8
	Erlaubt der Konsens bezüglich der Kommunikationsqualität eine Vorhersage der Höhe von Kom-Efficacy? o Zentrale Methode: Cross-Level-Modell o Hypothesen: ML-9 bis ML-13
	Werden Wahrnehmungen auf Individualebene durch den Konsens auf Gruppenebene moderiert? o Zentrale Methode: Cross-Level-Modell o Hypothesen: ML-14
	Kann auch der Konsens in Kom-Efficacy durch die Kommunikationsqualität vorhergesagt werden? *Wenn ja, unterscheidet sich das optimale Vorhersagemodell von dem für die Höhe von Kom-Efficacy?* o Zentrale Methode: 2 Single-Level-Modelle o Hypothesen: ML-6 bis ML-8

In Zwischenübersicht 2 werden, dem Text vorgreifend, jedem Fragekomplex folgende Angaben zugeordnet:

- Übergeordnete Fragen, wie sie bereits gestellt wurden oder im folgenden Kapitel 11 abgeleitet werden;
- Eine Zuordnung von Gruppen von Hypothesen, die in Kapitel 11 näher benannt und begründet werden;
- Die zentralen Überprüfungsmethoden, die teilweise bereits in Kapitel 3 vorgestellt wurden und in den Kapiteln 14 und 15 vertiefend erläutert werden.

11 Herleitung konkreter Hypothesen

11.1 Spezifizierung von Fragen zur Qualität teaminterner Kommunikation

Zuvor wurden vier Konstrukte zur Kommunikationsqualität – Vertrauen, Konfliktfreude, Formalqualität und Zugang - identifiziert und grundsätzlich angenommen, dass diese mit Kom-Efficacy verknüpft sind, wie in Abbildung 13 schematisch dargestellt.

Ebenso wird in Abbildung 13 die Annahme einer Wechselwirkung zwischen Zugang und Vertrauen visualisiert.

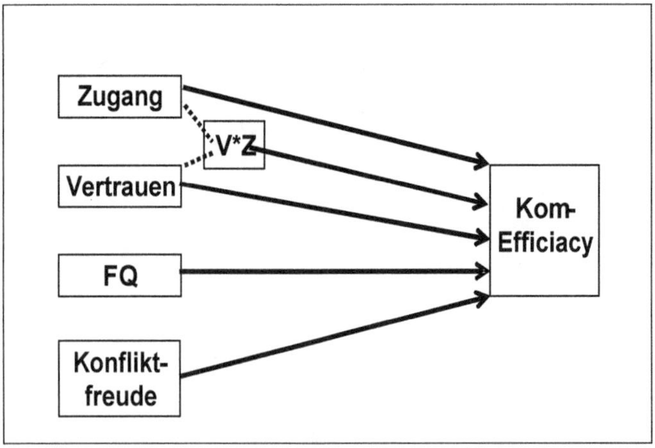

Abb. 13.: Qualitätsmodell: Kommunikationsqualität erklärt Kom-Efficacy

Im Folgenden sollen konkrete Hypothesen zum Zusammenhang von einzelnen Aspekten der Kommunikationsqualität und Kom-Efficacy aufgestellt werden.

11.1.1 Einzelhypothesen

Nicht alle Autoren halten es für Erfolg versprechend, die Beziehungsebene der Kommunikation im Sinne einer hohen Ausprägung des oben vorgestellten Konstrukts zum *Vertrauen* zu gestalten.

So hält Fittkau (1990) beispielsweise eine kongruente Selbstoffenbarung im Sinne des Modells von Schulz von Thun (1981), wie sie von Gehm (1994) und anderen Autoren wie unter anderem Gordon (1990), in dem von Konkurrenz geprägten Kommunikationssystem eines Unternehmens für „äußerst problematisch“ (Fittkau, 1990, S. 302).

Cohn (1981) hält hingegen zumindest eine „selektive Authentizität“ für möglich. Neuere Untersuchungen weisen darauf hin, dass eine Kommunikation, in der zumindest einige Aspekte positiver Beziehungsgestaltung aktiv gefördert werden, auch im Arbeitskontext eine wichtige Rolle spielt.

So zeigen Dirks & Ferrin (2002) die große Bedeutung des Vertrauens unter innerorganisationalen Kommunikationspartnern als eine Dimension, die auf theoretischer Basis häufig als wesentlicher Aspekt der Kommunikationsqualität auf Beziehungsebene aufgeführt wird (vgl. Winterstein, 1998; Anders, 1986).

Andere empirische Studien zur Relevanz von Vertrauen liefern Costigan, Ilter & Berman (1998) sowie Brockner, Siegel, Daly et al. (1997). Auch andere in der Skala *Vertrauen* enthaltene Variablen wie Unterstützung und Offenheit werden von verschiedenen Autoren als Voraussetzung einer im professionellen Sinne erfolgreichen Kommunikation angesehen (vgl. Gopinath & Becker, 2000).

Auf Basis dieser Beobachtungen wird angenommen, dass die Qualität der Kommunikation auf der Beziehungsebene die *Kom-Efficacy* der Mitarbeiter erhöht. Die vorliegenden Forschungsergebnisse lassen erkennen, dass sowohl der Faktor *Vertrauen* als Teilaspekt der Beziehungsgestaltung wie auch die Bereitschaft zum Austragen von Konflikten mit hoher Wahrscheinlichkeit zum Erfolg von Kommunikation mit Blick auf professionelle Zielerreichung beitragen. Es wird daher erwartet, dass auch das subjektive Erleben der Kommunikationsleistung des Teams in Form von *Kom-Efficacy* positiv mit der Wahrnehmung der Faktoren *Vertrauen* und *Konfliktfreude* zusammenhängt.

→ **Hypothese Kom 1:** Das *Vertrauen* unter den Kommunikationspartnern erklärt *Kom-Efficacy.*

→ **Hypothese Kom 2:** Die *Konfliktfreude* unter den Kommunikationspartnern erklärt *Kom-Efficacy.*

Neben den oben genannten Autoren erforschten unter anderem Davis & Newstrom (1985) die Notwendigkeit zu hoher formaler Qualität von Botschaften zur Überwindung semantischer Barrieren, die nach Gebert (1993) ein erhebliches Problem des inhaltlichen Kommunikationsaspektes in Organisationen darstellen.

Verantwortlich dafür sei das von Jablin (1979) so bezeichnete Problem des „semantic-information-distance“ (Jablin 1979, S. 1202 f.). Dieser Begriff referiert auf die Beobachtung, dass selbst dann, wenn zwei Gesprächspartner organisational in nur leicht verschiedene Kontexte eingebunden sind - z. B. auf zwei verschiedenen, aber direkt übereinander angeordneten Hierarchieebenen oder bei zwei verschiedenen Aufgabenschwerpunkten innerhalb derselben Arbeitseinheit - diese Gesprächspartner „den gleichen Sachinhalten unterschiedliche Begriffe und den gleichen Begriffen unterschiedliche Sachverhalte“ zuordnen (Martens, 1989, S. 141).

Das Herstellen von Eindeutigkeit hinsichtlich des semantischen Verständnisses gehört somit neben der strukturellen Klarheit zu den wesentlichen Voraussetzungen für eine gelungene Kommunikation im organisationalen Arbeitskontext, wie es auch Mohr (1997) und früher Friedrich (1979) postulieren. Diese größtenteils auf theoretische Betrachtungen rekurrierenden Ableitungen legen die Vermutung nahe, dass im Rahmen einer Befragung innerorganisationaler Kommunikatoren die Wahrnehmung hoher formaler Qualität der kommunizierten Nachrichten mit der Wahrnehmung einer funktionierenden, also effizienten Kommunikation durch das Team einhergehen.

→ **Hypothese Kom 3:** Die *Formalqualität* der Kommunikation auf Inhaltsebene erklärt *Kom-Efficacy*.

Auf den Zusammenhang zwischen dem Ausmaß des Kommunikationszugangs der Kommunikationspartner und dem Erfolg von Kommunikation weisen auch Harris (1993) und Winterstein (1998) hin. Vor dem Hintergrund zunehmender Virtualisierung von Unternehmen (vgl. Mohrmann, 1999; Cohen & Mankin, 1999) und damit einem stets größer werdenden Anteil dislozierter Kommunikation (vgl. Reichwald, 1993), erscheint es daher durchaus nahe liegend, dass der Kommunikationszugang zur Aufklärung von *Kom-Efficacy* beiträgt.

→ **Hypothese Kom 4:** Der *Kommunikationszugang* der Kommunikationspartner erklärt *Kom-Efficacy.*

11.1.2 Gleichzeitige Überprüfung der Einflüsse

Um eine Überschätzung der Einflussgrößen zu vermeiden und um zu ermitteln, welche inkrementellen Validitäten die einzelnen Skalen zur Aufklärung von *Kom-Efficacy* beisteuern, sollen die vier bisher überprüften Zusammenhänge gleichzeitig in einem gemeinsamen Regressionsmodell überprüft werden. Es wird jedoch erwartet, dass alle Zusammenhänge stabil bleiben.

→ **Hypothese Kom 5:** Jeder der bisher überprüften Faktoren beeinflusst einen eigenen, von den anderen Faktoren unabhängigen Anteil von *Kom-Efficacy.*

11.1.3 Hypothese zum Constraint-Konstrukt

Zieht man die von verschiedenen Autoren (vgl. Giarini & Liedtke, 1998; Picot et al. 1998) aufgezeigte Entwicklung zur Virtualisierung von Kooperationsstrukturen in Betracht, muss die Frage nach der Bedeutung von ‚weichen' Faktoren wie dem Beziehungsaspekt der Information erneut und unter anderen Vorzeichen gestellt werden.

Die durch Dislozierung (und bei starker Dislozierung entstehende A-synchronität aufgrund von Zeitzonenverschiebungen) evozierte zunehmende Verwendung so genannter armer Medien wie E-Mail – vgl. hierzu Cramton (2001) – legt die Vermutung nahe, dass Kommunikation sich zunehmend auf das Zur-Verfügung-Stellen digital versandter Informationen reduziert.

Denkbare Argumente dafür wären eine reduzierte Notwendigkeit zur Beziehungsregulation aufgrund räumlicher Disloziertheit sowie den mit der Technisierung einhergehenden Verlust analoger Kommunikationsmöglichkeiten (vgl. Reichwald et al., 1998), welche nach Watzlawick et al. (1969) zur Entschlüsselung von Beziehungsbotschaften wesentlich sind.

Dem gegenüber stehen die Ergebnisse von Kasper-Fuehrer & Ashkanasy (2001). Sie weisen auf Wege für den Aufbau von Vertrauen und gegenseitig unterstellter Glaubwürdigkeit in virtuellen Teams und die Wichtigkeit eines derartigen Prozesses für den Arbeitserfolg von Teams hin. Durst & Kabel (1999) argumentieren, dass beziehungsbezogener und von Vertrauen geprägter Kommunikation gar eine herausragende Bedeutung zur Überbrückung räumlicher und organisationskultureller Distanz zukommt.

Ungeachtet einer möglichen Erschwernis von Beziehungsgestaltung durch eventuelle Verringerung des Kommunikationszugangs wird daher abgeleitet, dass die Qualität der Beziehungsebene gerade dort für den Erfolg der Kommunikation wichtig ist, wo der Kommunikationszugang eingeschränkt wird.

→ **Hypothese Kom-6:** Es besteht eine signifikante negative Wechselwirkung zwischen dem *Vertrauen* in der Teamkommunikation und dem *Kommunikationszugang* der Kommunikationspartner. (Methode: Multiple Regression und Kausalmodell).

(Eine negative Wechselwirkung bedeutet in diesem Fall, dass der Einfluss von Vertrauen auf das Kriterium sinkt, je höher der Kommunikationszugang ist und umgekehrt.)

11.2 Spezifizierung eines Kontextmodells der Kommunikation

Zuvor wurde ein Pfadmodell zur Vorhersage von *Team-Potency* durch die Kommunikationsqualität im Spannungsfeld *Kooperation, Informationsaustausch und Führung* vorgestellt.

Dieses Modell soll nun detailliert beschrieben und dabei aus der Theorie begründet werden.

Zuvor müssen jedoch die bislang benutzten Konstruktbezeichnungen in Kurzformen übertragen werden, die eine leichtere Handhabung im Modell ermöglichen und die zugleich als Namen der Skalen verwendet werden, welche die entsprechenden Konstrukte im Modell repräsentieren.

Tab. 3.: Zuordnung der Konstruktbezeichnungen zu den Variablenname

Skalen aus dem Qualitätsmodell:	**Kürzel**
Qualität der teaminternen Kommunikation (Gesamtskala)	Kom-Qualität
Team-Efficacy bezüglich der Kommunikation	Kom-Efficacy
Zusätzliche Skalen:	
Team-Potency	Team-Potency
Kooperation im Team	Kooperation
Führungsqualität des direkten Vorgesetzten	Führungs-Qualität
Skalen zu operativer Information:	
Versorgung mit operativer Information	Info-Versorgung-O
Qualität der operativen Information	Info-Qualität-O
Wichtigkeit der operativen Information	Info-Wichtigkeit-O
Vorgesetzter als Quelle für operative Information	VG-Quelle-O
Skalen zur Unternehmensinformation:	
Versorgung mit Unternehmensinformation	Info-Versorgung-U
Qualität der Unternehmensinformation	Info-Qualität U
Wichtigkeit der Unternehmensinformation	Info-Wichtigkeit-U
Vorgesetzter als Quelle für Unternehmensinformation	VG-Quelle-U

11.2.1 Spezifiziertes Modell

Abbildung 14 zeigt das oben konzipierte Modell mit spezifizierten Pfadverknüpfungen. Ein Pfad (Pfeil) bedeutet die Annahme eines direkten Effektes in Pfeilrichtung.

11.2.2 Direkte Effekte

Im Folgenden werden die modellkonstituierenden hypothetischen direkten Effekte genannt und kurz begründet. [Beachte: Die Nummerierung der Pfadhypothesen entspricht den Nummern der Pfade, d. h. der Modellparameter. In der folgenden Darstellung werden die Hypothesen jedoch nach inhaltlichen Überlegungen vorgestellt, die Chronologie der

Hypothesennummerierung ist daher im folgenden Text nicht an jeder Stelle gewährleistet.]

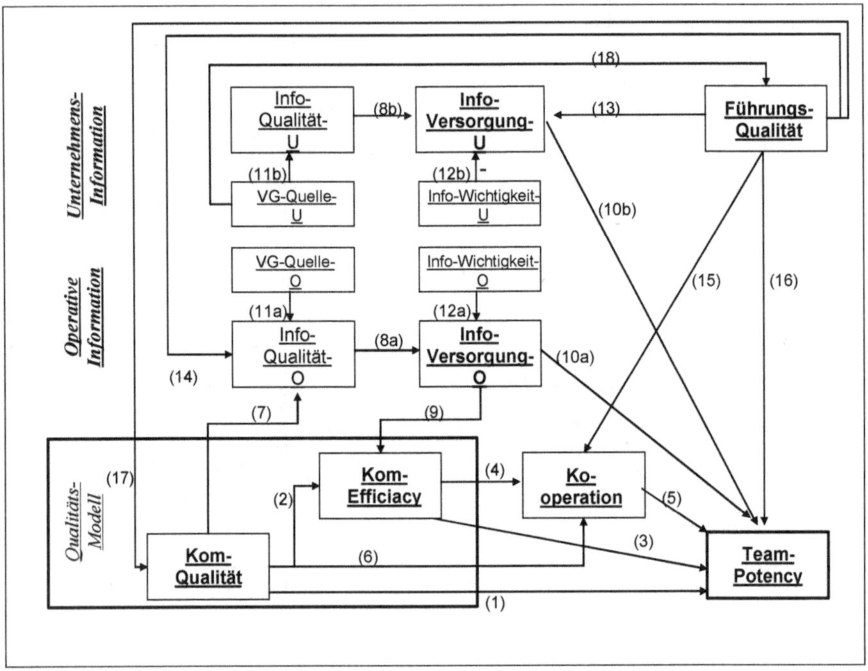

Abb. 14.: Hypothetisches Kontextmodell

11.2.2.1 Direkte Effekte zwischen Kommunikationsqualität, Kom-Efficacy, Team-Potency und Kooperation im Team

Basierend auf den im vorherigen Abschnitt aufgestellten Hypothesen zum Zusammenhang zwischen Kommunikationsqualität und *Kom-Efficacy* darf angenommen werden, dass die Gesamtskala zur Qualität der teaminternen Kommunikation (*Kom-Qualität*) ebenfalls in der Lage ist, Kom-Efficacy aufzuklären. Es wird daher ein direkter Effekt im Modell angenommen.

→ Pfadhypothese (2) *Kom-Qualität* → *Kom-Efficacy*: Direkter Effekt der Qualität der Kommunikation im Team auf Kom-Efficacy

Zumal Kom-Efficacy als auf die Aufgabe der Teamkommunikation bezogene Team-Efficacy einen Bestandteil der Gesamtleistungsfähigkeit darstellt, wird vor dem Hintergrund der Annahme, dass Kommunikation eine wesentliche Teilaufgabe in jedem von einem Team geleisteten Arbeitsprozess darstellt (vgl. Gehm, 1996; Bruhn, 1995), angenommen, dass TKE einen direkten Effekt auf ‚Team-Potency' (TP) ausübt.

→ Pfadhypothese (3) *Kom-Efficacy* → *Team-Potency*: Direkter Effekt von Kom-Efficacy auf Team-Potency

Im gleichen Sinne kann abgeleitet werden, dass auch die *Qualität der Kommunikation im Team* selbst (*Kom-Qualität*) einen direkten Einfluss auf *Team-Potency* ausübt, da ein Einfluss auf *Kom-Efficacy* bereits angenommen wurde.

→ Pfadhypothese (1) *Kom-Qualität* → *Team-Potency*: Direkter Effekt der Qualität der Kommunikation im Team auf Team-Potency

11.2.2.2 Direkte Effekte auf und von der Kooperation im Team

In die Skala Kooperation im Team fließen Prozesse gemeinsamer Zielvereinbarung, Ressourcenallokation, gegenseitiger Unterstützung und gegenseitigen Feedbacks ein. Da jede dieser Aufgaben – sowohl auf der Ebene inhaltlicher Informationsvermittlung, als auch auf der Ebene beziehungsrelevanter Austausche - einen hohen Anteil kommunikativer Aktivitäten enthält, sollte hohe Kommunikationsqualität in einem Team für eine erfolgreiche Bewerkstelligung dieser Team-Aufgaben förderlich sein.

→ Pfadhypothese (6) *Kom-Qualität* → *Kooperation*: Direkter Effekt der Qualität der Kommunikation im Team auf die Kooperation im Team

Ebenso ist anzunehmen, dass die erlebte *Kom-Efficacy* bezogen auf Kommunikation die Kooperationsleistung im Team erhöht, da die kommunikativen Aufgaben wesentliche Teilaufgaben der in der Skala Kooperation zusammengefassten Aktivitäten sind. So fanden beispielsweise Prussia & Kinicki (1996) einen Einfluss von Collective Efficacy auf das

Zielvereinbarungsverhalten von Teams (siehe hierzu auch Gully et al., 2002, S. 820, sowie Gully, Devine & Whitney, 1995).

→ Pfadhypothese (4) *Kom-Efficacy* → *Kooperation*: Direkter Effekt von Kom-Efficacy auf die Kooperation im Team

Es ist jedoch auch eine Wirkung erfolgreicher Kooperation auf die generell erlebte Gruppenwirksamkeit zu erwarten. So wird die Fähigkeit einer Gruppe zur Kooperation und Koordination von Moritz und Watson (1998) explizit als wesentliche Voraussetzung für hohe kollektive Wirksamkeit genannt. Sollten Gruppenmitglieder erleben, dass ihr Team Aufgaben wie gruppeninterne Koordination und Kooperation erfolgreich bewältigen, dürfte dies so wie alle anderen Erlebnisse von erfolgreichem Verhalten auf Gruppenebene zu einer erhöhten kollektiven Wirksamkeit führen (vgl. u. a. Riggs & Knight, 1994). Im Rahmen der vorliegenden Modellentwicklung wird daher angenommen, dass hohe *Kooperation* zu einer erhöhten *Team-Potency* führt.

→ Pfadhypothese (5) *Kooperation* → *Team-Potency*: Direkter Effekt der Kooperation im Team auf Team-Potency

11.2.2.3 Direkte Effekte auf Qualität der Informationen

Die Qualität der Kommunikation im Team (*Kom-Qualität*) beinhaltet in ihrer hier verwendeten Operationalisierung nicht zuletzt die inhaltlich-formale Qualität der im Team ausgetauschten Nachrichten. Es ist daher ein entsprechender Zusammenhang zwischen *Kom-Qualität* und der Qualität der empfangenen Nachrichten mit operativer Information zu erwarten, falls diese Art von Information im Team ausgetauscht wird.

Dies sollte zumindest dann der Fall sein, wenn die Mitglieder eines Teams interaktiv an einem gemeinsamen operativen Prozess beteiligt sind. Die auf einen solchen Prozess bezogenen oder aus ihm hervorgehenden Informationen sind - weil prozessspezifisch - tendenziell teamspezifisch. Außenquellen kommen daher nur begrenzt als Quellen für Informationen dieser Art in Frage, im Gruppeninneren ist ihr Austausch zugleich erfolgsrelevant.

Wegner (1987) geht davon aus, dass der Austausch derartiger gruppenspezifischer und mit dem Gruppenerfolg verknüpfter Informationen wesentlicher Bestandteil der Kommunikation in Gruppen sei. So stellen nach Lave (1991) Teams oder Gruppen die Zugehörigkeit jedes Mitglieds gerade durch seine Anknüpfung an den Informationsaustauschprozess her.

Schlegloff (1991) kommt in seiner Analyse zur Verankerung von Gruppenkognitionen in der Konversation zu folgendem Schluss: Die Qualität der Kommunikation in der Gruppe ist eine wichtige Voraussetzung sowohl für kollektive als auch für individuelle Informationsverarbeitungsprozesse, insbesondere mit Blick auf die inhaltliche Optimierung der Information, also die Vermeidung von Fehlern. (Zum Thema kollektiver Informationsvereinbarung siehe auch Thompson, Levin & Messick, 1999, sowie Gehm, 1996).

→ Pfadhypothese (7) *Kom-Qualität* → *Info-Qualität-O*: Direkter Effekt der Qualität der Kommunikation im Team auf die Qualität der operativen Information

Der in Modellparameter (7) angenommene Zusammenhang wird in seiner Größe determiniert von der Ausschließlichkeit, in dem die entsprechenden Informationen über den Kanal ‚Team' kommuniziert werden, bzw. im subjektiven Erleben des Teammitglieds der Quelle ‚Team' entstammen. Je mehr andere Quellen eine Rolle spielen, desto mehr hängt die Qualität der Teamkommunikation von den Kommunikationsmöglichkeiten dieser anderen Quellen ab. Zur weiteren Aufklärung von Info-Qualität wird daher die Variable VG-Quelle ins Modell aufgenommen und ihr direkter Effekt auf die Info-Qualität überprüft.

→ Pfadhypothese (11a) *VG-Quelle-O* → *Info-Qualität-O*: Direkter Effekt des Vorgesetzten als Quelle für operative Information auf die Qualität der operativen Information

→ Pfadhypothese (11b) *VG-Quelle-U* → *Info-Qualität-U*: Direkter Effekt des Vorgesetzten als Quelle für Unternehmensinformation auf die Qualität der Unternehmensinformation

11.2.2.4 Direkte Effekte auf und von Versorgung mit Informationen

Als Maß der Erfüllung eines individuellen Bedarfs wird *Info-Versorgung* nicht direkt durch eine wie auch immer objektiv quantifizierte Informationseingangs-„Menge“ determiniert. Vielmehr ergibt sich *Info-Versorgung* aus der Differenz zwischen der jeweils tatsächlichen und der individuell erwünschten Informationseingangs-„Menge“. Diese jeweils erwünschte „Menge“, mit anderen Worten der individuelle Bedarf, ist personenspezifisch.

Die Verwendung dieses individuenbezogenen Maßes ermöglicht eine Messung der Informationsversorgung ohne den Versuch einer objektiven Quantifizierung von bei jedem einzelnen Befragten eingehenden Informationseinheiten. Um das Ausmaß zu quantifizieren, in dem die Kennzahl *Info-Versorgung* von Unterschieden in persönlichen Maßstäben beeinflusst wird, wird daher das Konstrukt *Info-Wichtigkeit* – die subjektive Wichtigkeit einer bestimmten Art von Information – in das Modell einbezogen und ein direkter negativer Effekt auf *Info-Versorgung* angenommen.

→ Pfadhypothese (12a) *Info-Wichtigkeit-O* → *Info-Versorgung-O*: Direkter negativer Effekt der Wichtigkeit der Information auf die Versorgung mit Information (beides bezogen auf operative Information)

→ Pfadhypothese (12b) *Info-Wichtigkeit-U* → *Info-Versorgung-U*: Direkter negativer Effekt der Wichtigkeit der Information auf Versorgung mit Information (beides bezogen auf Unternehmensinformation)

Demgegenüber wird zur weiteren Erklärung von *Info-Versorgung* die erlebte Qualität der Informationen *Info-Qualität* bzw. ihr direkter Effekt auf die Versorgung ins Modell aufgenommen. Dieses Konstrukt misst die auf die eintreffenden Informationen, also auf die Beschaffenheit eines extrapersonalen Faktors, bezogene Qualitätswahrnehmung der Befragten. Die Qualität der Information determiniert die reale Informationseingangs-„Menge“ insofern, als qualitative Mängel der Information zu einer Reduktion oder Verzerrung der eingehenden Informationen und somit zu einem weniger befriedigenden Ergebnis in der Versorgung führen.

Davis & Newstrom (1985) ebenso wie Mohr (1997) beschreiben die Wirkung eingeschränkter Nachrichtenqualität durch technische, semantische oder andere Mängel. Reichwald et al. (1998) sowie Hippel (1994) beschreiben Qualitätsverluste durch falsche Medienwahlen und die daraus resultierenden Einschränkungen beim Empfänger.

→ Pfadhypothese (8a) *Info-Qualität-O* → *Info-Versorgung-O*: Direkter Effekt der Qualität der operativen Information auf die Versorgung mit operativer Information

→ Pfadhypothese (8b) *Info-Qualität-U* → *Info-Versorgung-U*: Direkter Effekt der Qualität der Unternehmensinformation auf die Versorgung mit Unternehmensinformation

Der Austausch aufgabenbezogener Information ist, wie aus der vorangehenden Argumentation hervorgeht, ein wesentlicher Bestandteil der Teamkommunikation insgesamt und der aufgabenbezogenen Teamkommunikation insbesondere. Das Erleben hoher Versorgung mit dieser Art von Information seitens eines Teammitglieds sollte daher dessen Einschätzung erhöhen, dass das Team in der Lage ist, die arbeitsbezogenen Kommunikationsaufgaben zu erfüllen. Im Modell wird daher ein direkter Effekt von der erlebten Versorgung mit operativer Information auf *Kom-Efficacy* angenommen (siehe oben: *Kom-Efficacy* als ein Beispiel für Team-Efficacy).

→ Pfadhypothese (9) *Info-Versorgung-O* → *Kom-Efficacy*: Direkter Effekt der Versorgung mit operativer Information auf *Kom-Efficacy*

In dem Ausmaß, in welchem in einem Team der richtige Umgang mit operativer Information ausschlaggebend für die Erfüllung der Gesamtaufgabe des Teams ist, kann ebenfalls von einem direkten Einfluss von *Info-Versorgung-O* auf *Team-Potency* ausgegangen werden. Das Ausmaß dieses Zusammenhangs dürfte jedoch aufgabenspezifisch sein, was in der vorliegenden Untersuchung mangels einer Abfrage der Teamaufgaben nicht kontrolliert werden konnte. Mit dem Ziel seiner Quantifizierung wird daher ein direkter Effekt zwischen *Info-Versorgung* und *Team-Potency* ins hypothetische Modell aufgenommen.

→ Pfadhypothese (10a) *Info-Versorgung-O → Team-Potency*: Direkter Effekt der Versorgung mit operativer Information auf die Team-Potency

→ Pfadhypothese (10b) *Info-Versorgung-U → Team-Potency*: Direkter Effekt der Versorgung mit Unternehmensinformation auf die Team-Potency

11.2.2.5 Direkte Effekte auf und von Führungsqualität des direkten Vorgesetzten

In zahlreichen Untersuchungen, wie der von De Cremer & van Knippenberg (2002), fanden sich deutliche Hinweise darauf, dass qualitativ hochwertige Führung die Motivation und Leistung der geführten Gruppen positiv beeinflusst. Diese Beobachtung wird auch Lowe et al. (1996) mit Hilfe einer Meta-Analyse zur Effektivität von transformationaler und transaktionaler Führung ermittelt (vgl. auch die Meta-Analyse von Gerstner & Day, 1997).

Chen & Bliese (2002) fanden deutliche positive Zusammenhänge zwischen der Führungsleistung auf verschiedenen Ebenen und der Collective Efficacy (siehe oben), also der von den Teammitgliedern erlebten Leistungsfähigkeit des Teams. Chen & Bliese (2002) grenzen diesen Effekt jedoch nicht auf eine aufgabenspezifische Wirksamkeitsüberzeugung, wie beim Konzept der Team-Efficacy, ein, sondern sehen eine Wirkung auf das Erleben genereller kollektiver Leistungsfähigkeit, was dem Konzept der Team-Potency von Guzzo et al (1993) entspricht. Auch Feltz & Lirgg (1998) fanden sowohl für transaktionales Führungshandeln wie auch für Führung im transformationalen Stil Zusammenhänge zwischen der Qualität der Führung durch den direkten Vorgesetzten und der generellen kollektiven Wirksamkeitsüberzeugung im Team.

Vor diesem Hintergrund wird im Rahmen des Modells ein direkter Effekt der erlebten Qualität des Führungsverhaltens auf die erlebte *Team-Potency* angenommen.

→ Pfadhypothese (16) *Führungs-Qualität → Team-Potency*: Direkter Effekt der Führungsqualität des direkten Vorgesetzten auf die Team-Potency

Shamir, House & Arthur (1993) fanden außerdem Hinweise für eine durch transformationales Führungsverhalten ausgelöste Verschiebung der verhaltensmotivierenden Interessen der Teammitglieder von individuellen hin zu kollektiven Interessen. Ein derartiger Effekt müsste sich in der Bereitschaft von Teammitgliedern niederschlagen, einander mit arbeitsrelevanter Information zu versorgen und somit den gemeinsamen Arbeitserfolg voranzutreiben. Diese Bemühungen wiederum sollten an gleich zwei Stellen im Modell sichtbar werden. So ist eine Verbesserung der Qualität der ausgetauschten operativen Information zu erwarten und in Zusammenhang mit diesen Aktivitäten eine Erhöhung erlebter Qualität der Teamkommunikation insgesamt.

→ Pfadhypothese (14) *Führungs-Qualität* → *Info-Qualität-O*: Direkter Effekt der Führungsqualität des direkten Vorgesetzten auf die Qualität der operativen Information

→ Pfadhypothese (17) *Führungs-Qualität* → *Kom-Qualität*: Direkter Effekt der Führungsqualität des direkten Vorgesetzten auf die Qualität der Kommunikation im Team

De Cremer & van Knippenberg (2002) fanden – und dies unterstützt die zuletzt genannten Hypothesen noch weiter – positive Zusammenhänge zwischen Aspekten der Führungsqualität und verstärktem Bemühen der geführten Teammitglieder um die Beziehungsqualität innerhalb des Teams.

Diese beiden abhängigen Variablen sind ihrerseits Voraussetzungen für das Gelingen umfassender Kooperation innerhalb von Teams, nicht zuletzt im Rahmen gemeinsamer Zielplanung und Prozesse gegenseitiger Unterstützung, wie sie in der vorliegenden Untersuchung in die Skala *Kooperation* eingehen. So kann es über die bereits beschriebenen Modellparameter (6), (2) und (4) zu einer indirekten Beeinflussung von *Kooperation* durch *Führungs-Qualität* kommen. De Cremer & van Knippenberg (2002) fanden jedoch auch über andere Mediatoren vermittelte deutliche Zusammenhänge zwischen *Führungs-Qualität* und *Kooperation*. Es liegt daher nahe, zusätzlich einen direkten Effekt der wahrgenommenen Führungsqualität auf die erlebte Kooperation im Team anzunehmen.

→ Pfadhypothese (15) *Führungs-Qualität* → *Kooperation*: Direkter Effekt der Führungsqualität des direkten Vorgesetzten auf die Kooperation im Team

Bislang blieb jeder potentielle Zusammenhang zwischen Führung und dem Austausch von unternehmensbezogener Information unerwähnt. Gerade Informationen, die sich auf das gesamte Unternehmen beziehen oder auf oberster Ebene im Unternehmen entstanden sind, werden aber typischerweise von der Führungskraft an die Mitarbeiter weitergegeben (vgl. Winterstein, 1998). Shamir, House & Arthur (1993) beschreiben das Kommunizieren von Informationen zum gemeinsamen Ziel als wesentliche Kommunikationsaufgabe einer Führungskraft – die insbesondere von transformational führenden Vorgesetzten umgesetzt werden.

Bei hoher Qualität des Führungsverhaltens sollte also eine besonders hohe Versorgung der Mitglieder des jeweiligen Teams durch Information zu übergeordneten Zielen des Unternehmens beobachtbar sein.

→ Pfadhypothese (13) *Führungs-Qualität* → *Info-Versorgung-U*: Direkter Effekt der Führungsqualität des direkten Vorgesetzten auf die Versorgung mit Unternehmensinformation

Umgekehrt sollte die Bereitschaft der Führungskraft, eine wesentliche Rolle in der Weitergabe von Informationen zu übergeordneten Zielen an ihre Mitarbeiter einzunehmen, die Einschätzung ihrer Führungsqualität durch die Mitarbeiter erhöhen. Darüber hinaus fanden Berman & Hellweg (1989), dass die Teilnahme von Vorgesetzten an Qualitätszirkeln zu verbesserten Einschätzungen von deren Kommunikations- und Führungsqualitäten durch Mitarbeiter führt.

Eine aktive Beteiligung des Vorgesetzten an Prozessen des Informationsaustausches scheint also generell förderlich für die Bewertung seines Führungsverhaltens zu sein. Es wird daher angenommen, dass dort, wo der Vorgesetzte die primäre Quelle für Unternehmens-Informationen ist, eine höhere Einschätzung der Führungsqualität gemessen werden kann als dort, wo der Vorgesetzte diese Rolle nicht einnimmt. Es wird daher ein direkter Effekt des Vorgesetzten als Quelle für Unternehmensinformation (*VG-Quelle-U*) auf *Führungs-Qualität* angenommen.

→ Pfadhypothese (18) *VG-Quelle* → *Führungs-Qualität*: Direkter Effekt des Vorgesetzten als Quelle für Informationen auf die Führungsqualität des direkten Vorgesetzten

11.3 Spezifizierung von Fragen zu verschiedenen Beobachtungsperspektiven auf Kommunikation

In Kapitel 9 wurde ein Konzept für Konstrukte entwickelt, die Aspekte der Kommunikation auf verschiedenen Analyse-Levels messen (siehe für eine detailliertere und variablenspezifische Darstellung jedoch Kapitel 12.2). Bislang ungeklärt ist die Frage, inwiefern das Phänomen Kommunikation in Organisationen von Einflüssen verschiedener Levels betroffen ist bzw. inwiefern das Verständnis von Kommunikation durch das Einnehmen verschiedener Beobachtungsperspektiven verbessert werden kann.

Eine der ersten Fragen, die sich in diesem Kontext ergeben, ist daher die, auf welchem Varianzlevel die Befragten bestimmte Aspekte der Kommunikation beschrieben haben.

Miller, K. (2001, S. 145 f.) kommt nach einer Analyse des Forschungsstandes bezüglich organisationaler Kommunikation zu dem Schluss, dass Aspekte der Kommunikation in Organisationen aufgrund der hohen Verknüpftheit organisationsinterner Kommunikationsprozesse in der Regel als Produkte von levelübergreifenden Einflüssen zu sehen seien, selbst dann, wenn sie auf den ersten Blick wie Single-Level-Phänomene erscheinen mögen. Kommunikation in Unternehmen emigriere aus individuellen, dyadischen und Gruppen-Interaktionsprozessen (vgl. hierzu auch Jablin & Sias, 2001, S. 832 f.).

Mit Blick auf die vorliegenden Skalen zur Beschreibung von Kommunikation stellt sich daher die Frage, auf welchem bzw. auf wie vielen Levels Teamkommunikation in der Wahrnehmung der an ihr Beteiligten angesetzt wird. Welche Aspekte der Kommunikation variieren in ihrer Repräsentation durch die im Fragebogen abgefragten Urteile der Befragten auf welchem Level?

Entsteht das Bild eines sich über verschiedene Varianzebenen, d. h. über das Individual-, Gruppen- und Organisationslevel erstreckenden Phänomens, wie in den Ausführungen von Miller, K. (2001) impliziert?

Aus der Perspektive der Kommunikation als ein Prozess zur Herstellung „geteilter Bedeutungen eines sozialen Kollektivs“ (Conrad & Haynes, 2001, S. 55), wie sie von Autoren wie Cheney & Vibbert (1987) oder Smircich & Callas (1987) vertreten werden, erscheint es plausibler, dass die Wahrnehmungen der Kommunikation ihrerseits durch das gemeinsame Kommunikationshandeln geprägt sind und somit auf Gruppenlevel ein hoher Konsens zu beobachten sein dürfte. Selbst unter Annahme einer entsprechenden Funktion der Kommunikation könnte jedoch nicht davon ausgegangen werden, dass eine entsprechende Geteiltheit der Wahrnehmungen im Falle jedes Kommunikationsaspektes und im Falle jedes Teams zu erwarten ist.

Die Frage nach dem primären Beschreibungslevel der Kommunikationsskalen in den Urteilen der Mitarbeiter – Individuallevel, Gruppenlevel oder Organisationslevel – soll daher im Rahmen der hier vorliegenden Untersuchung explorativ erforscht werden.

→ Frage: Auf welchen Levels können die Ursprungsvariablen von *Kom-Efficacy* und der Kommunikationsskalen eingeordnet werden?

Dabei wird auf der Basis der Argumentation von Miller, K. (2001) erwartet, dass sich die zur Gesamtskala *Kom-Qualität* gehörenden Skalen auf verschiedenen Varianz-Ebenen verteilen.

→ Hypothese ML-1: Die Kommunikationsskalen sind unterschiedlichen Levels zuzuordnen.

Darüber hinaus wird gefordert, dass die gewählten Skalen zur Kommunikation in ihrer Gesamtheit, d. h. in Form der Gesamtskala *Kom-Qualität,* in der Lage sind, zwischen verschiedenen Teams zu differenzieren und die Kommunikation eines einzelnen Teams einheitlich abzubilden. Die Erfüllung dieser Forderung ist Voraussetzung für die Validität der Skala *Kom-Qualität* zur Messung, d. h. Differenzierung, von Kommunikation als emergentes Phänomen in voneinander abgrenzbaren Gruppen, in diesem Falle von Teams.

→ Hypothese ML-2: Die Gesamtskala *Kommunikationsqualität* variiert primär auf Gruppenlevel.

Ähnlich wie für die Gesamtskala *Kom-Qualität* wird für die Skala *Kom-Efficacy* angenommen, dass auf ihr hohe *Gruppenkonsens-Werte* und deutliche Zwischen-Team-Unterschiede zu beobachten sind. Diese Eigenschaft entspräche dem in der Literatur zu *Kom-Efficacy* vorherrschenden theoretisch begründeten Verständnis, dass es sich hierbei primär um ein Konstrukt Gruppen-Level handele (vgl. u. a. Gully et al., 2002; Lindsley et al., 1995)

→ Hypothese ML-3: Die Ursprungsvariable von *Kom-Efficacy* variiert primär auf Gruppenlevel.

Es gibt hiervon jedoch auch vorsichtig abweichende Positionen (vgl. Moritz & Watson, 1998) wie weiter oben dargestellt wurde, woraus sich jedoch umso mehr die Notwendigkeit zur Erforschung der Varianzebene von *Kom-Efficacy* ergibt.

11.3.1 Verteilung der Zusammenhänge auf Individual- und Gruppenlevel

Neben der Untersuchung von einzelnen Skalen und ihrer Zuordnung zu bestimmten Varianzebenen ist bei einer Betrachtung des Phänomens Kommunikation aus einer Multi-Level-Perspektive insbesondere zu fragen, über welche Level Zusammenhänge zwischen verschiedenen Variablen vermittelt werden. Hängen beispielsweise die mit Hilfe der Kommunikationsskalen erhobenen Aspekte der Kommunikation mit der

Kom-Efficacy auf Level individueller Wahrnehmungen innerhalb von Teams in gleicher Weise miteinander zusammen wie auf Gruppenlevel?

Mit anderen Worten: Basieren die in Kapitel 11.1 vorhergesagten Zusammenhänge zwischen Kommunikation und *Kom-Efficacy*, sollten sie empirisch bestätigt werden, zu gleichen Teilen auf Phänomenen innerhalb von Teams und auf Level des gesamten Teams (Gruppenlevel), oder lassen sich die beobachteten Zusammenhänge auf nur eine der beiden Ebenen zurückführen?

Es ist, wie bereits in Kapitel 3.2 dargestellt, keineswegs grundsätzlich davon auszugehen, dass Variablenzusammenhänge, die auf einer bestimmten Varianz-Ebene, z. B. dem Individuallevel, beobachtet werden können, auf einer anderen in gleicher Weise bestehen, wie es der Annahme von Isomorphie über alle Levels entspräche, oder ob zwischen den gleichen Variablen je nach Varianz-Ebene unterschiedliche Zusammenhänge bestehen.

Letzteres entspräche der Annahme von Diskontinuitäten zwischen Levels. (Für eine umfassende Übersicht zur theoretischen Konzeption von Isomorphie und Diskontinuität von Phänomenen in Organisationen siehe House et al., 1995.) Verschiedene Autoren wie beispielsweise Moritz & Watson (1998, S. 289) halten in Zusammenhang mit der Vorhersage von *Kom-Efficacy* die Annahmen von Diskontinuitäten für angebracht (vgl. zur grundsätzlichen Annahme von Diskontinuität auch Gully et al., 1995, S. 500 f.; sowie Klein et al., 1994)

Smidts et al. (2001) fanden für Zusammenhänge zwischen organisationalem Kommunikationsklima und anderen Variablen wie organisationaler Identifikation substanzielle Effekte sowohl auf Gruppen- als auch auf Individuallevel.

Für die im vorliegenden Kontext interessierenden Zusammenhänge zwischen Aspekten der Teamkommunikation und *Kom-Efficacy* liegen bislang keine Ergebnisse zur Frage nach der Verteilung auf Varianzebenen vor (vgl. hierzu auch Jablin & Sias, 2001, S. 832 f.). Vor dem Hintergrund der Ergebnisse von Smidts et al. (2001) wird jedoch angenommen, dass Zusammenhänge zwischen der Team-Kommunikation und *Kom-Efficacy* sowohl auf Intra-Team als auch auf Zwischen-Team-

Ebene bestehen. Das hieße, dass einerseits von den mittleren Kommunikationseinschätzungen in einem Team auf die *Kom-Efficacy* des Teams geschlossen werden kann sowie andererseits von der individuellen Position eines Teammitglieds bezüglich der Kommunikation im Team auf dessen individuelle Position zur *Kom-Efficacy*.

Angesichts des Hinweises von Moritz & Watson (1998) wird jedoch nicht erwartet, dass Ausmaß und Form des Zusammenhanges auf beiden Levels exakt identisch ist. Es wird vielmehr erwartet, dass die Vorhersagegüte des Gesamtmodells sowie der einzelnen Skalen auf den verschiedenen Levels nicht von gleicher Höhe ist.

Es werden daher folgende Hypothesen und Annahmen aufgestellt:

→ Hypothese ML-4: Die Individualkomponenten der Kommunikationsskalen erklären *Kom-Efficacy*.

→ Hypothese ML-5: Die Gruppenkomponenten der Kommunikationsskalen erklären *Kom-Efficacy*.

→ Annahme zu Hypothese ML-4 und Hypothese ML-5: Zwischen den beiden Prädiktorgruppen wird eine begrenzte Diskontinuität der Effekte in folgendem Sinne erwartet: Zwischen den Levels bestehen Unterschiede im Grad der Aufklärung durch (a) das gesamte Prädiktorenmodell sowie durch (b) die einzelnen Prädiktoren.

11.3.2 Hypothesen unter Berücksichtung des Konsens zwischen den Teammitgliedern

In den bisherigen Überlegungen wurden Intra-Team- und Zwischen-Team-Phänomene getrennt betrachtet. Wie weiter oben ausgeführt, können jedoch auch bestimmte Eigenschaften der teaminternen Phänomene in einem Team als spezifische Eigenschaft dieses Teams auf Gruppenebene festgehalten werden. Dazu zählt beispielsweise der Konsens der Teammitglieder bzgl. einer bestimmten Variablen.

11.3.2.1 Determinanten des Gruppen-Konsens in Kom-Efficacy

Das Ausmaß an Übereinstimmung in der Wahrnehmung der *Kom-Efficacy* spielt nach Ansicht verschiedener Autoren eine Rolle mit Blick auf die durch *Kom-Efficacy* erzielbare Leistungssteigerung. So schreiben Moritz & Watson (1998, S. 296) bzgl. *Collective-Efficacy*, dass ein hoher Konsens – zumal in Verbindung mit einem hohen mittleren Gruppenwert - umso mehr die Leistung fördert und dass der Konsens selbst daher einen lohnenden Gegenstand für weitere Forschung darstellt. Den umgekehrten Fall, d. h. geringer Konsens einer Gruppe bzgl. ihrer Überzeugtheit von kollektiver Leistungsfähigkeit, greifen Guzzo et al. (1993) auf.

Sie erklären in Zusammenhang mit *Team-Potency*:

> „Low agreement might indicate that the group is not a consequential entity to its members [...] or that the unity of the group is doubtful [...]" (Guzzo et al., 1993, S. 96)

Auch sie leiten ab, dass Konsens bezüglich kollektiver Efficacy bzw. Potency somit für die Leistung eine Rolle spielen kann und daher Wege zur Vorhersage gefunden werden sollten. Sie schlussfolgern daher:

> „The detection of substantial agreement can be the start of a process of diagnosing the sources of disagreement, a process that would require additional information from a group or from other sources. " (Guzzo et al., 1993, S. 96)

Aus diesen Einlassungen können mit Blick auf die vorliegende Untersuchung zur Teamkommunikation folgende Annahmen abgeleitet werden:

1. Die durchschnittliche Wahrnehmung der Teammitglieder bezüglich *Kom-Efficacy* (*Kom-Efficacy*$_{GRUPPE}$) und der Konsens innerhalb der diesbezüglichen Wahrnehmungen *(Kom-Efficacy*$_{KONS}$*)* können und sollten unabhängig voneinander betrachtet werden.
2. Auch das Ausmaß des Konsens, also *Kom-Efficacy*$_{KONS}$, sollte als abhängige Variable vorhergesagt werden.

In dem Ausmaß, in welchem ein niedriger Konsens bezüglich *Kom-Efficacy* wie im obigen Zitat von Guzzo et al. (1993) der Ausdruck des Umstandes ist, dass die Mitglieder ihr Team nicht hinreichend als Einheit erleben, rückt wiederum die Team-Kommunikation in den Fokus als eine in diesem Kontext plausible Einflussgröße: Sie sollte nach Jablin & Sias (2001, S. 824 f.) dazu beitragen, dass eine Gruppe erstens internen Kontakt herstellen und zweitens diesen zum Informationsaustausch und zur Herstellung gemeinsamer Interpretationen dieser Informationen nutzen kann.

Hieraus sollte laut Jablin & Sias (2001, S. 824 f.) die Wahrnehmung der Gruppe durch ihre Mitglieder als eine funktionierende und kooperierende Einheit erwachsen. Dieser Effekt sollte mit Blick auf die Argumentation von Guzzo et al. (1993, s. o.) eher mit hohem als mit niedrigem Konsens in der *Kom-Efficacy* einhergehen. Deshalb ist zu erwarten, dass Kommunikation einen förderlichen Effekt auf *Kom-Efficacy*$_{KONS}$ haben sollte. Es wird daher folgende globale Hypothese abgeleitet:

→ Hypothese ML-6: Die *Kommunikationsqualität* aus Gruppenperspektive erklärt den Gruppen-Konsens in der *Kom-Efficacy.*

Führt man die Überlegung weiter, dass der Konsens in *Kom-Efficacy* Ausdruck der grundlegenden Verfassung eines Teams ist, ergibt sich der Schluss, dass auch der Konsens bezüglich Aspekten der Team-Kommunikation selbst mit diesen grundlegenden Eigenschaften eines Teams zusammenhängen könnte. Anders formuliert erscheint es nahe liegend, dass eine hohe Übereinstimmung der kommunikationsbezogenen Wahrnehmungen ein geeigneter Indikator zur Vorhersage von Konsens bezüglich solcher Variablen sein könnte, die ihrerseits von der Kommunikation beeinflusst werden.

Es wird daher folgende globale Hypothese abgeleitet:

→ Hypothese ML-7: Der Gruppen-Konsens in den Kommunikationsskalen erklärt die Höhe des Gruppen-Konsens in *Kom-Efficacy.*

In den globalen Hypothesen ML-6 und ML-7 werden zwei Gruppen von Variablen als Prädiktor für von *Kom-Efficacy*$_{KONS}$ angenommen. Damit beide Hypothesen nebeneinander aufrechterhalten werden können, sollten sie voneinander unabhängige Anteile von Kom-Efficacy aufklären.

Es wird daher ergänzend folgende Hypothese aufgestellt:

→ Hypothese ML-8: Die Prädiktoren aus den Hypothesen ML-6 und ML-7 erklären voneinander unabhängige Teile von *Kom-Efficacy*$_{KONS}$.

11.3.2.2 Gruppenkonsens als Prädiktor für die Höhe der Kom-Efficacy

Die Überlegungen zur Auswirkung von Homogenität, bzw. Heterogenität des Erlebens der Teamkommunikation sollen bezüglich bestimmter Aspekte vertieft werden.

So erscheint ein hoher Konsens bezüglich des Vertrauens in der Teamkommunikation als wesentlicher Indikator für das real im Team vorhandene Vertrauen. Ein geringer Konsens ließe sich nur so erklären, dass die von den Teammitgliedern, welche die Beziehungsqualität in den von ihnen empfangenen Nachrichten selbst überdurchschnittlich bewerten, von ihnen selbst nicht durch Nachrichten in ähnlicher Qualität erwidert werden.

Das hieße, dass bestimmte Teammitglieder zwar erleben, dass ihnen Vertrauen und Unterstützung entgegengebracht werden, sie selbst solche aber im Gegenzug entweder gar nicht oder nur ausgewählten Kollegen entgegenbringen. In einer solchen Gruppe kann das reale Vertrauen jedoch insgesamt nicht hoch ausgeprägt sein und nur begrenzt zu einer insgesamt hohen *Kom-Efficacy* führen (vgl. hierzu die Ausführungen zur „symmetrischen“ Kommunikation von Watzlawick et al., 1969, S. 67 ff. sowie zur Vermeidung von Über- und Unterordnung von Zittlau, 1993, S. 39 ff.)

Es wird daher angenommen, dass der Konsens eines Teams bezüglich des Vertrauens in der Team-Kommunikation ($Vertrauen_{KONS}$) sowohl mit der durchschnittlich eingeschätzten Höhe des Vertrauens ($Vertrauen_{GRUPPE}$) als auch mit der durchschnittlich eingeschätzten *Kom-Efficacy* (Kom-Efficacy$_{GRUPPE}$) korreliert.

→ Hypothese ML-9: Der Gruppen-Konsens in *Vertrauen* ($Vertrauen_{KONS}$) korreliert mit der Höhe des *Vertrauens* aus Gruppenperspektive ($Vertrauen_{GRUPPE}$).

→ Hypothese ML-10: Der Gruppen-Konsens in *Vertrauen* ($Vertrauen_{KONS}$) erklärt die Höhe von *Kom-Efficacy* aus Gruppenperspektive ($Kom\text{-}Efficacy_{GRUPPE}$).

Ähnlich wie beim Kommunikations-Aspekt des Vertrauens erscheint die Gleich- oder Ungleichverteilung der Zugangsmöglichkeiten zur Kommunikation, die sich in einem hohen bzw. niedrigen Wert von $Zugang_{KONS}$ widerspiegeln sollte, als eine wesentliche Eigenschaft der Kommunikation auf Gruppenlevel.

Die eben beschriebenen kommunikationsbezogenen Fähigkeiten einer Gruppe, Kontakt herzustellen und Informationen auszutauschen und gemeinsam zu interpretieren, wären in einer Gruppe mit heterogener Zugangsstruktur nur manchen Mitgliedern gegeben. Das Stattfinden dieser Prozesse könnte durch manche Gruppenmitglieder stärker als durch andere gesteuert werden. Dies dürfte zu einer Verzerrung des Informationsflusses führen. In diesem Sinne argumentiert unter anderem Seers (1989), der die Wichtigkeit einer Ausgewogenheit der Kommunikationsbeiträge aller Teammitglieder betont.

Obgleich die Forderung gleichen Zugangs aller zu allen Informationen und Kommunikationsgelegenheiten bezogen auf das gesamte Unternehmen (vgl. Ulrich, 1991, S. 68) von verschiedenen Autoren als Utopie bezeichnet wird (vgl. beispielhaft Hartmann, 1988, S. 113) muss mit Blick auf die Leistungsfähigkeit eines Mitarbeiter-Teams, welches in sich nicht weiter hierarchisch strukturiert ist, festgestellt werden: Ein Team ist bei stark heterogenen wechselseitigen Zugangsmöglichkeiten in seiner Gesamtheit nur noch eingeschränkt in der Lage, die aus Jablin & Sias (2001, S. 824) zitierten Funktionen von Kommunikation auszuführen. Bei heterogener Zugangsstruktur wäre aufgrund dieser Überlegungen daher eine geringere durchschnittlich wahrgenommene *Kom-Efficacy* zu erwarten als bei homogener Zugangsstruktur. Als Hypothese wird daher abgeleitet:

→ Hypothese ML-11: Der Gruppen-Konsens in *Zugang zur Kommunikation* ($Zugang_{KONS}$) erklärt die Höhe in *Kom-Efficacy* aus Gruppenperspektive.

Nimmt man die Gültigkeit der Hypothesen ML-10 und ML-11 an, so ergibt sich folgende globale Hypothese:

→ Hypothese ML-12: Der Gruppen-Konsens eines Teams bezüglich der *Kommunikation* erklärt die Höhe in *Kom-Efficacy* aus Gruppenperspektive.

Mit den Hypothesen ML-12 und ML-5 werden in zwei globalen Hypothesen zur Vorhersage von *Kom-Efficacy*$_{GRUPPE}$ zwei verschiedene Prädiktorengruppen für dieses Kriterium vorhergesagt. Um beide Hypothesen nebeneinander aufrechterhalten zu können, wird darüber hinaus folgende Hypothese aufgestellt:

→ Hypothese ML-13: Die Gruppen- und Konsenskomponenten der Kommunikationsskalen erklären voneinander unabhängige Anteile von *Kom-Efficacy*$_{GRUPPE}$

11.3.2.3 Levelübergreifende Interaktionen zwischen den Kommunikationsskalen

Eine weitere interessante Frage in diesem Zusammenhang ist die, ob der Gruppenkonsens bezüglich des Zugangs die zwischen *Vertrauen* und *Zugang* vorhersagte Wechselwirkung auf Individuallevel beeinflusst. Mit anderen Worten: Moderiert *Zugang*$_{INDIV}$ den Effekt von *Vertrauen*$_{INDIV}$ auf *Kom-Efficacy*$_{INDIV}$ in zugangs-heterogenen Teams ebenso stark wie in zugangs-homogenen Teams?

Dagegen spricht Folgendes: Die Operationalisierung der Individualkomponente *Zugang*$_{INDIV}$ basiert auf den Relationen individueller Werte zum Gruppenmittel, d. h. auf den absoluten Abweichungen der Individuen vom Mittelwert ihres jeweiligen Teams. Die gleiche absolute Abweichung bedeutet daher eine umso größere Außenseiterposition des Einzelnen, je enger die Gruppenwerte insgesamt zusammenliegen.

Daher kann die zuvor gemachte Annahme, dass die Bedeutung des Vertrauens für die individuell eingeschätzte *Kom-Efficacy* wächst, je geringer der eigene Zugang zu den anderen Kommunikationspartnern ist, durch Einbeziehung des Gruppen-Konsens wie folgt erweitert werden: Je ähnlicher die individuellen Zugangsmöglichkeiten der Mitglieder eines Teams, desto stärker wirkt sich eine individuelle Abweichung in *Zugang* auf die subjektive Verknüpfung von *Vertrauen* und *Kom-Efficacy* aus.

Als Hypothese wird daher formuliert:

→ Hypothese ML-14: In Teams mit hohem Gruppen-Konsens in *Zugang zur Kommunikation* ist der Interaktionseffekt *Vertrauen *Zugang* auf dem Individuallevel stärker als in Teams mit geringem Konsens.

Diese Hypothese ist gleich bedeutend mit der Vorhersage einer Cross-Level-Interaktion zwischen $Zugang_{KONS}$ und der Level-1-Interaktion $Vertrauen_{INDIV}$ * $Zugang_{INDIV}$. $Zugang_{KONS}$ moderiert laut dieser Hypothese den Einfluss der Interaktion auf das Kriterium.

11.3.2.4 Annahme von Diskontinuität zwischen den Vorhersagemodellen von Konsenskomponente und Gruppenkomponente der Kom-Efficacy

Es wurden verschiedene Hypothesen zur Vorhersage von $Kom\text{-}Efficacy_{GRUPPE}$ und $Kom\text{-}Efficacy_{KONS}$ gemacht. Aus diesen lassen sich zwei parallele Vorhersagemodelle aufstellen:

1. Konsens- und Gruppenwerte der Kommunikationsskalen erklären $Kom\text{-}Efficacy_{KONS}$ *(vgl. Hypothesen ML-6 und ML-7).*
2. Konsens- und Gruppenwerte der Kommunikationsskalen erklären $Kom\text{-}Efficacy_{GRUPPE}$ *(vgl. Hypothesen ML-5 und ML-12).*

Dabei wird wie schon zuvor in anderem Kontext (vgl. Hypothesen ML-4 und ML-5) von einer begrenzten Diskontinuität ausgegangen: Es wird angenommen, dass zwar beide Prädiktorengruppen in beiden Fällen in signifikantem Ausmaß Varianz aufklären, dass sich das genaue Ausmaß der jeweils aufgeklärten Varianz und die Auswahl der jeweils signifikanten Einzelskalen je nach Prädiktorengruppe unterscheiden.

> → **Annahme:** Zwischen den beiden parallelen Modellen wird eine begrenzte Diskontinuität der Effekte in folgendem Sinne erwartet:
>
> a. Sowohl Konsens- als auch Gruppenwerte erklären beide Komponenten von *Kom-Efficacy* signifikant.
>
> b. Dabei sind je nach Kriterium deutliche Unterschiede im Ausmaß der jeweiligen Aufklärung zu beobachten.
>
> c. Je nach Kriterium wird eine unterschiedliche Auswahl von Einzelvariablen signifikant.

11.3.3 Ergänzende Hypothesen bzw. Forderungen zu Kontrollvariablen

11.3.3.1 Komponenten von *Kom-Efficacy* als Drittvariable

Die Vorhersagen der beiden Gruppenlevel-Komponenten *Kom-Efficacy*$_{GRUPPE}$ und *Kom-Efficacy*$_{KONS}$ durch Komponenten der Kommunikationsskalen basieren auf inhaltlichen Annahmen zum Zusammenhang zwischen bestimmten Aspekten Team-Kommunikation und den entsprechenden Komponenten der *Kom-Efficacy*.

Damit unvereinbar wäre die Beobachtung, dass jede Gruppenlevel-Komponente von *Kom-Efficacy* sich durch die jeweils andere Gruppenlevel-Komponente von *Kom-Efficacy* genau so gut oder besser vorhersagen ließe, wenn *Kom-Efficacy*$_{GRUPPE}$ sich also gegenüber den anderen Prädiktoren als optimaler Indiktator für *Kom-Efficacy*$_{KONS}$ erwiese und umgekehrt.

Es werden daher folgende weitere Hypothesen aufgestellt:

→ Hypothese ML-15: Die Gruppenwerte der Kommunikationsskalen klären einen substanziellen Anteil von Kom-Efficacy$_{KONS}$ auf, der nicht durch Kom-Efficacy$_{GRUPPE}$ aufgeklärt werden kann.

→ Hypothese ML-16: Die Konsenskomponenten der Kommunikationsskalen klären einen substanziellen Anteil von Kom-Efficacy$_{GRUPPE}$ auf, der nicht durch Kom-Efficacy$_{KONS}$ aufgeklärt werden kann.

11.3.3.2 Die Gruppengröße als Drittvariable

Die Effekte in Zusammenhang mit Wahrnehmungsübereinstimmungen können – im Falle einer Korrelation zwischen Übereinstimmung und Gruppengröße – mit der Größe der beobachteten Teams als alternativem Erklärungsfaktor konfundiert sein. Dies würde bedeuten, dass Zusammenhänge zwischen der Wahrnehmungsübereinstimmung in den abhängigen und der unabhängigen Variablen lediglich auf eine gemeinsame Korrelation mit der Größe der Gruppen basierte. Ein derartiges Ergebnis hätte artifiziellen Charakter, da eine Korrelation der Konsenskomponente mit der Gruppengröße darauf zurückzuführen sein dürfte, dass die Messung von Gruppenwerten in kleinen Gruppen naturgemäß eine ungenauere Schätzung bedeutet als in großen Gruppen.

Die oben aufgestellten Hypothesen basieren auf inhaltlichen Zusammenhängen zwischen Konstrukten, die aus der Theorie abgeleitet wurden, und sollten daher unabhängig von gemeinsamen Korrelationen mit der Drittvariablen Gruppengröße gültig sein.

→ **Forderung:** Es wird daher gefordert, dass die in den Hypothesen ML-6 bis ML-14 vorhergesagten Effekte unabhängig vom Einfluss des Faktors Gruppengröße seien.

C Methodisches Vorgehen

12 Durchführung und Stichprobe

12.1 Durchführung der Untersuchung

Die Datenerhebung fand im Rahmen einer Online-Befragung an 15 nacheinander folgenden Tagen im Juni 2001 statt. Der Fragebogen wurde den Angestellten über das Internet als Onlineversion dargeboten. Eine Aufklärung der Mitarbeiter fand vor der Untersuchungsdurchführung per E-Mail statt. Zusätzlich befand sich in dieser E-Mail die Internetadresse unter welcher der Fragebogen zu finden war. Die Instruktion der Mitarbeiterbefragung und die Onlineversion der Skalen befinden sich im Anhang I.

Vorteile der computergestützten Version gegenüber einer traditionellen sind die Vermeidung von Fehlern beim Übertragen der Daten und eine vollständige Beantwortung der Fragebögen. Weiterhin wurden die Teilnehmer in der Instruktion auf die zu verwendenden Browser hingewiesen, um eine einheitliche Testdurchführung zu gewährleisten.

Ein nicht zu kontrollierender Faktor war aufgrund der Anonymität der Befragten die Gefahr einer Mehrfachbeantwortung des Fragebogens. In der Instruktion wurde daher explizit zur Einfachbearbeitung des Fragebogens aufgefordert.

Die Fragebögen wurden entweder am Arbeitsplatz - alle Arbeitsplätze boten Zugang zum Internet - oder in der Freizeit bearbeitet. Es gab keine Interaktion zwischen Befrager und Befragten. Insgesamt dauerte die Bearbeitung des Fragebogens ca. 40 Minuten. Es kann daher angenommen werden, dass die Befragungssituation unter den Teilnehmern vergleichbar war.

Die Kriterien für die Durchführungs- wie auch für die Auswertungsobjektivität sind erfüllt - die Kriterien der Durchführungsobjektivität aufgrund vergleichbarer Befragungssituation, Standardisierung des Fragebogens und einheitlicher Darbietung der Instruktion, die der Auswertungsobjektivität, wegen eines festgelegten Antwortformats der Items und durch die eindeutige Zuordnung der Punktwerte zu den jeweiligen Antworten. Von einer Interpretationsobjektivität kann wegen fehlender normativer Regeln nicht ausgegangen werden.

12.2 Stichprobe und Unternehmen

Zum Zeitpunkt der Untersuchung im Juni 2001 war das untersuchte Unternehmen ein Anbieter umfassender Soft- und Hardware-Lösungen auf dem internationalen Markt für Informations-, Dokumentations- und Archivmanagement. Um rapide wachsenden Aufträgen nachkommen zu können, hatte das Unternehmen während der Jahre 1999 – 2001 seine Mitarbeiterzahl jährlich verdoppelt. Diese lag zum Zeitpunkt der Untersuchung bei weltweit 750 Mitarbeitern. Davon waren 460 in Deutschland tätig, wobei 250 Personen am Hauptsitz angesiedelt und alle weiteren auf verschiedene Niederlassungen und Tochterfirmen in Deutschland verteilt waren, deren Mitarbeiterzahl zwischen 7 und 86 variierte.

An der Befragung nahmen insgesamt 280 Personen teil, von denen 54 Führungs-Verantwortung trugen. Innerhalb der 226-köpfigen Mitarbeiterschaft arbeiteten 174 primär im Team. Diese 174 in insgesamt 29 Teams organisierten Mitarbeiter stellten die Stichprobe der vorliegenden Untersuchung dar.

Teamarbeit wurde zum Zeitpunkt der Untersuchung vom Unternehmen im Rahmen der Soft- und Hardwareentwicklung sowie der Kundenberatung, in den Bereichen HR, Vertrieb und Business Administration eingesetzt. Es handelte sich dabei um dauerhaft eingerichtete Arbeitsgruppen, welche die jeweils anfallenden Arbeitsaufgaben in Zusammenarbeit ausführten. Die Teams ließen sich somit am ehesten dem Typen der Ausführungsgruppen (vgl. Windel, 1995, sowie Esser, 1992) zuordnen.

Die Teams verteilten sich auf insgesamt vier Standorte, wobei 18 Teams am Hauptstandort angesiedelt und die restlichen 11 an drei weiteren Niederlassungen angesiedelt waren. Die Mitglieder jedes Teams arbeiteten jedoch jeweils am gleichen Standort, sodass relative räumliche Nähe zwischen den Teammitgliedern gegeben war. Eine Besonderheit bestand in der teilweise geringen Größe der Teams von nur zwei Personen. Die Größe der Teams variierte zwischen 2 und 13 Mitgliedern (vgl. Anhang II).

Innerhalb der Stichprobe der in Teams arbeitenden Mitarbeiter (N = 174) gehörten 24,7% dem Unternehmen seit weniger als einem Jahr an, 54 % blickten auf eine Betriebszugehörigkeit von 2-4 Jahren zurück und 21,3% gehörten seit über 4 Jahren zum Unternehmen.

Zur Wahrung der Anonymität wurden in Vereinbarung mit der Unternehmensleitung in der Befragung keine weiteren demographischen Daten wie etwa Alter oder Geschlecht erhoben.

Nach Angaben der Personalabteilung lag das Durchschnittsalter im gesamten Konzern zum Zeitpunkt der Untersuchung bei 35 Jahren, bei den verschiedenen Töchtern und Niederlassungen zwischen 32 und 42 Jahren. 37,3% der Mitarbeiter waren weiblich, 62,7% männlich. Die Belegschaft in den deutschen Niederlassungen bestand zu 92,4% aus Mitarbeitern deutscher Staatsangehörigkeit, 7,6% hatten eine andere Nationalität.

13 Operationalisierungen

13.1 Messinstrument

13.1.1 Dimensionierung der Items des MIO

Die Messung der zuvor abgeleiteten Konstrukte (vgl. Kapitel 7 bis 8) wurde in der vorliegenden Studie mit Hilfe der ersten Version des *Modularen Inventars zur Organisationsdiagnose*, *MIO*, durchgeführt, welches mittlerweile in einer überarbeiteten und erweiterten Version vorliegt (Elke & Zimolong, 2003). Für den Einsatz in der vorliegenden Untersuchung wurden die Dimensionierung der Skalen sowie die Analyse von Reliabilität und Konstruktvalidität anhand der Untersuchungsstichrobe durchgeführt. Bei der Vorstellung der Skalen soll daher an dieser Stelle auch auf ihre faktorenanalytische Grundlage eingegangen werden.

13.1.1.1 Ermittlung der Skalen

i) Kommunikation im Team

Die Skala „Kommunikation im Team" besteht aus drei fünfstufigen Items und 22 Adjektivpaaren. Die fünfstufigen Items dienen der Beschreibung der Effizienz der Kommunikation (Item 1) und zeitlichem Kommunikationszugang der Kollegen (Items 2 und 3). Anhand der 22 Adjektivpaare wird die Qualität der Kommunikation genauer erfragt.

Zur Bestimmung der Dimensionalität dieser Skala wurde eine Faktorenanalyse mit Faktorenextraktion nach Kaiser-Guttman-Kriterium und anschließender Varimaxrotation durchgeführt. Diese bezieht sich allerdings nicht auf das erste Item zur Effizienz der Kommunikation, da dieses im Kontext von Kom-Efficacy verwendet wird.

Die Analyse der 21 einbezogenen Items ergibt insgesamt vier Faktoren, durch die gut 70% der Gesamtvarianz erklärt wird. Die Faktoren unterscheiden sich untereinander allerdings deutlich voneinander, was die Anzahl der enthaltenen Items und die Größe der aufgeklärten Varianz angeht.

Der erste Faktor enthält mit 12 bereits mehr als die Hälfte der 21 Items und klärt 52 % der Varianz auf. Die Items mit den dazugehörigen Faktorladungen können Tabelle 4 entnommen werden. Inhaltlich lässt sich dieser Faktor als „Vertrauen“ umschreiben, was zum Beispiel durch Adjektivpaare wie „Von Vertrauen geprägt – Von Misstrauen geprägt“, „Verständnisvoll – Vorwurfsvoll“ oder auch „Unterstützend – Abweisend“ zum Ausdruck kommt.

Der zweite Faktor bekommt die Beschreibung „Formale Qualität“, enthält sieben Items mit Faktorladungen über 0.5 (wobei Item 22, „rational – irrational“ im ersten und im zweiten Faktor enthalten ist) und klärt 7 % der Gesamtvarianz auf. Wie die Beschreibung schon andeutet, sind in diesem Faktor Items enthalten, die Aufschluss über die Eindeutigkeit, Klarheit und Verständlichkeit der Kommunikation im Team geben.

Obwohl diese beiden Faktoren bereits 18 der insgesamt 21 Items enthalten und knapp 60 % der Gesamtvarianz aufklären, ist es zur differenzierten Messung dennoch sinnvoll, auch die weiteren extrahierten Faktoren mit hinreichendem Eigenwert zu nutzen. Die beiden übriggebliebenen Items fügen der bisherigen Betrachtung zwar noch einmal zwei Faktoren hinzu, erhöhen aber auch den Anteil der erklärten Varianz auf über 70 %.

Der dritte Faktor, der die beiden fünfstufigen Items 2 und 3 enthält (s. Tabelle 5), besitzt einen Varianzanteil von 5,8 % und kann – nach Umcodierung der Items - als „Kommunikationszugang“ bezeichnet werden. Der vierte Faktor enthält die Umschreibung „Konflikt“ und besteht nur aus einem Item (19: „Konfliktfreudig - Harmoniebedürftig“). Da aber mit diesem Item noch einmal 4,8 % der Gesamtvarianz erklärt werden können, scheint es wenig sinnvoll, in der Interpretation auf diesen Faktor völlig zu verzichten. Es liegt sogar im Gegenteil der Schluss nahe, dass auch die Konfliktträchtigkeit (wenn auch nur durch ein Item abgefragt) eine bedeutende Komponente der Teamkommunikation darstellt.

Auch die Berechnung der internen Konsistenz der Subskalen spricht für die beschriebene Lösung. Die so berechneten Reliabilitätskoeffizienten liegen mit r = 0,82 (Kommunikationszugang), r = 0,88 (Formale Qualität) und r = 0,95 (Vertrauen) alle durchweg über dem geforderten Grenzwert

Tab. 4.: Faktorladungen der Adjektivpaare auf den Faktoren 1 („Vertrauen") und 2 („Kommunikationszugang").

Adjektivpaar	Faktor „Vertrauen"	Faktor „Formal Qualität"
Von Vertrauen geprägt – Von Misstrauen geprägt	0,850	
Freundlich – Unfreundlich	0,808	
Ehrlich – Unehrlich	0,800	
Unkompliziert – Kompliziert	0,785	
Offen – Verdeckt	0,780	
Verständnisvoll – Vorwurfsvoll	0,725	
Inspirierend – Hemmend	0,721	
Souverän – Unsouverän	0,716	
Respektvoll – Herablassend	0,697	
Unterstützend – Abweisend	0,683	
Rational – Irrational	0,586	0,521
Heikle Themen benennen wir direkt - nennen wir meist nicht beim Namen	0,573	
Strukturiert – Unstrukturiert		0,781
Sprachlich klar – Sprachlich kompliziert		0,757
Eindeutig – Mehrdeutig		0,746
Klärend – Verwirrend		0,642
Verbindlich – Unverbindlich		0,629
Verständlich – Unverständlich		0,606

Tab. 5.: Items der Faktoren „Kommunikationszugang" und „Konflikt" mit entsprechenden Ladungen

Item	Faktor „Zugang"	Faktor „Konflikt"
„Es kommt vor, dass ich einen Kollegen aus dem Team nicht erreiche, wenn ich eine wichtige Information benötige." (fünfstufig)	0,889	
„Es kommt vor, dass meine Kollegen keine Zeit für einen konzentrierten Informationsaustausch haben" (fünfstufig)	0,883	
Konfliktfreudig – Harmoniebedürftig		0,93

von 0,7 für eine reliable Skala (Nunnally, 1978, S. 245). Da der vierte Faktor nur aus einem einzigen Item besteht, beträgt die Konsistenz hier sogar eins, ist aber wenig aussagekräftig.

Gesamtskala Kommunikation:

Die vier Skalen „Vertrauen", „Formale Qualität", „Zugang" und „Konfliktfreude" wurden zur Gesamtskala „Kommunikationsqualität im Team, KQT", zusammengefasst, in dem ein Gesamtwert über alle auf die Faktoren ladenden Items berechnet wurde.

Die Reliabilität (interne Konsistenz) der Gesamtskala „KQT" liegt bei r = 0,95.

ii) Information (= Informationsqualität)

Die ursprüngliche Skala Informationsqualität besteht aus einem Satz von Items zum Bereich „Unternehmensinformation - Informationen über allgemeine Entwicklungen und Ziele des Unternehmens" und den gleichen Satz von Items zum Bereich „Operative Information - Informationen zur Erledigung der täglichen Arbeit".

In allen Skalen enthalten ist ein Item zur Informationsquelle bestehend aus zwei Fragen mit jeweils sechs Antwortmöglichkeiten. Die ersten drei der genannten vier Bereiche enthalten zwei Items mit fünfstufiger Antwortskala bezüglich Wichtigkeit und Bedarf an Informationen. In den ersten beiden Bereichen sind darüber hinaus noch zwei Items enthalten, die die Qualität Kommunikation anhand von acht Adjektivpaaren erfragen.

Mit den Ergebnissen dieser zuletzt genannten Adjektivpaare wurden eine Faktorenanalyse mit Faktorenextraktion nach Kaiser-Guttman-Kriterium und Varimaxrotation durchgeführt. Die Ergebnisse sollen im Folgenden zusammengefasst werden (siehe auch Tabelle 6).

Die Faktorenanalyse des Datensatzes aus dem ersten Bereich (Entwicklungen und Ziele des Unternehmens) ergibt zwei Faktoren. Der größte Faktor umfasst sechs der insgesamt acht Variablen und erklärt 47 % der Gesamtvarianz. Die beiden übrigen Variablen (die Adjektivpaare „Pünktlich – Verspätet" und „Ökonomisch – Zu ausführlich") machen den zweiten Faktor mit nur noch 13 % Varianzaufklärung aus, so dass auch eine eindimensionale Darstellung der Skala in Erwägung zu ziehen ist.

Tab. 6.: Faktorladungen der verwendeten Adjektivpaare bei verschiedenen Informationsarten.

Adjektivpaar	„Operative Information“	„Unternehmens-Information“	
	Faktor 1	**Faktor 1**	**Faktor 2**
Pünktlich – Verspätet	0,751		-0,643
Verständlich – Unverständlich	0,837	0,683	
Vollständig – Unvollständig	0,794	0,764	
Fehlerfrei – Fehlerhaft	0,777	0,751	
Verbindlich – Unverbindlich	0,736	0,713	
Strukturiert – Unstrukturiert	0,818	0,801	
Eindeutig – Widersprüchlich	0,815	0,831	
Ökonomisch – Zu ausführlich	0,542		0,658

In der Tat ergibt sich bei der Durchführung der Faktorenanalyse mit dem Datensatz aus dem zweiten Informationsbereich auch nur ein Faktor, in dem alle Variablen enthalten sind und der 58 % der Gesamtvarianz aufklärt. Nur der erste Faktor lässt sich also in beiden Datensätzen finden, so dass es sich in der Gesamtschau (also bei der Berücksichtigung verschiedener Informationstypen) anbietet, die Skala „Informationsqualität“ als eindimensional zu bezeichnen. Diese Vermutung wird auch von den Reliabilitätsberechnungen gestützt: Cronbach´s Alpha ergibt für den Bereich „Unternehmensinformation“ r = 0.83 und für den Bereich „Operative Information“ r = 0.90.

iii) Kooperation im Team

Die Skala „Kooperation im Team“ enthält in der ursprünglichen Version 15 Items. Die Items bestehen aus Aussagen über mögliche Kooperationsformen im Team (wie z. B. sich Feedback zu geben, gemeinsam Ziele festzulegen oder sich Unterstützung zu geben). Gemessen wird auf einer fünfstufigen Skala, inwieweit die Aussagen aus Sicht der Teilnehmer auf ihr Team zutrifft, mit den Abstufungsmöglichkeiten „nicht zutreffend“, „wenig zutreffend“, „teils-teils“, „weitgehend zutreffend“ und „voll zutreffend“.

Um die Dimensionierung dieser Skala zu überprüfen, wurde auch hier eine Faktorenanalyse mit Faktorextraktion nach Kaiser-Guttman-Kriterium und anschließender Varimaxrotation durchgeführt.

Insgesamt wurden drei Faktoren extrahiert, die 62 % der Varianz aufklären. Da aber der dritte Faktor nur aus einem einzigen Item besteht (Item 11: „In unserem Team herrscht ein großer Leistungsdruck“), bietet es sich an, auf diesen dritten Faktor als Dimension zu verzichten. Die beiden verbleibenden Faktoren machen nahezu 55 % der Varianz aus und werden im Folgenden kurz umrissen (s.a. Tabelle 7).

Allein der erste Faktor umfasst neun Items (davon acht mit Faktorladungen über 0.7) und klärt 46 % der Gesamtvarianz auf. Dieser Faktor ist inhaltlich relativ breit gefächert und umfasst die wichtigsten Komponenten der Kooperation bei der Arbeit, wie z. B. gegenseitige Unterstützung (Item 8), gemeinsame Zielfestlegung und -erreichung (Items 3 und 4), Beseitigung von Problemen (Items 2 und 9) und Gruppenkommunikation (Items 7, 1, 10 und 5). Dieser Faktor soll mit dem Ausdruck „Gemeinsame Planung“ umschrieben werden. Trotz seines inhaltlichen Facettenreichtums ist diese Skala aber mit einem Cronbach´s Alpha von r = 0.92 als intern sehr konsistent zu bezeichnen.

Der zweite Faktor ist wesentlich enger gefasst, enthält fünf Items und klärt knapp 9 % Prozent der Varianz auf. Dieser Faktor lässt sich mit dem Begriff „Zielkontrolle“ umschreiben, da die enthaltenen Items (4, 15, 12, 14 und 13), von denen allerdings nur zwei Ladungen von über 0.7 aufweisen, alle auf diesen Aspekt, also das Erreichen und die selbständige Überprüfung der gesetzten Ziele, gerichtet sind. Auch diese Skala besitzt mit einem Cronbach´s Alpha von r = 0.72 eine ausreichende Reliabilität.

Gesamtskala Kooperation:

Die zwei Skalen „Gemeinsame Planung“ und „Zielkontrolle“ wurden zur Gesamtskala „Kooperation“, KQT, zusammengefasst, indem ein Gesamtwert über alle auf die Faktoren ladenden Items berechnet wurde.Die

Reliabilität (interne Konsistenz) der Gesamtskala „Kooperation“ liegt bei r = 0,92.

Tab. 7.: Faktorladungen der Items aus der Skala Teamkooperation

Item	Faktor„gemeinsame Planung“	Faktor „Zielkontrolle“
2. Wenn eine komplizierte Aufgabe auszuführen ist, sprechen wir über die Probleme und Schwierigkeiten bei dieser Arbeitstätigkeit.	0,834	
8: Wir unterstützen uns im Team.	0,798	
7: Wir geben uns gegenseitig Rückmeldung im Team.	0,768	
9: Zur Behebung von Problemen bei Arbeitsvorgängen planen wir im Team gemeinsam Maßnahmen und legen die einzelnen Schritte fest.	0,766	
1: Wir tauschen uns regelmäßig und ausreichend aus.	0,752	
3: Wir legen gemeinsam fest, welche Ziele wie und wann umzusetzen sind.	0,729	
10: Die Gespräche mit dem Team sind für meine Arbeit sehr anregend.	0,719	
5: In unserem Team wird anschaulich vermittelt, wie die Arbeit durchzuführen ist.	0,718	
4: Wir sprechen in unserem Team regelmäßig Ziele ab.	0,638	0,503
15: Wir überprüfen die Zielerreichung im Team.		0,793
12: Wir haben Kennzahlen, an denen wir den Stand der Arbeit ablesen können.		0,708
14: Wenn Absprachen nicht eingehalten werden, wird darüber geredet und, wenn nötig, werden Konsequenzen gezogen.		0,641
13: Wir sehen selbst am Ergebnis, ob unsere Arbeit qualitativ gut ist oder nicht.		0,582

iv) Kultur

Das verwendete Testinventar beinhaltet eine heterogene Skala zum Aspekt „Kultur“, bestehend aus den drei Subskalen „Team-Orientierung“, „Pro-Aktive-Orientierung“ und „Fairness“. Diese Skala musste, zur Gewährleistung einer einwandfreien Analyse der Diskriminanzvalidität, in die Qualitätsuntersuchung einbezogen werden, deren Ergebnisse im Anschluss dargestellt werden. Da die Skala „Kultur“ jedoch in keinem der Vorhersagemodelle der vorliegenden Untersuchung verwendet wurde, soll an dieser Stelle nicht inhaltlich auf das Thema Kultur eingegangen werden.

13.1.1.2 Validität der Skalierung

Wie bereits in Kapitel 14 beschrieben, lässt sich die Diskriminanzvalidität einer Reihe von Indikatoren für verschiedene Konstrukte bestimmen, indem man nachweist, dass die Ähnlichkeit von Items, die dem gleichen Konstrukt zugeordnet sind, größer ist als die Ähnlichkeit der Items verschiedener Konstrukte. Ein geeignetes Verfahren, um dies zu überprüfen, ist eine Faktorenanalyse, die alle in den vorherigen Abschnitten beschriebenen Items auf ihre Dimensionalität überprüft. Vollständig valide sind die Skalen in diesem Sinne dann, wenn durch die Analyse genauso viele Faktoren gefunden werden, wie Skalen und Subskalen im Instrument unterschieden werden, und wenn alle getesteten Items aus einer Skala gemeinsam einen Faktor bilden.

Zur Prüfung dieser Überlegungen wurde eine exploratorische Faktorenanalyse mit allen bisher erwähnten Items durchgeführt. Als Extraktionskriterium wurde wie zuvor ein Eigenwert größer eins festgelegt, die nachfolgende Rotation ist dem Varimax-Verfahren zuzurechnen.Bei der so berechneten Faktorenanalyse wurden insgesamt 14 Faktoren mit einer Gesamtvarianzaufklärung von 70 % extrahiert. Die wichtigsten Ergebnisse und Faktoren sollen im Folgenden kurz dargestellt werden (vgl Anhang III-A.):

Der erste Faktor (Eigenwert 18,1; Varianzaufklärung 25,9%) spiegelt im Wesentlichen die Skala „Kommunikation im Team“ wider. Insgesamt 24 Items besitzen Ladungen von 0,4 oder mehr auf diesem Faktor. Von diesen stammen allein 19 aus der Skala „Kommunikation im Team“ und weitere fünf aus „Kooperation im Team“. Diese fünf Items, zusammen mit weiteren fünf Items aus der Skala „Kooperation im Team“, die nicht im ersten Faktor enthalten waren, bilden den zweiten Faktor (Eigenwert 7,4; Varianzaufklärung 10,5 %).

Der zweite Faktor liefert demnach eine (ziemlich reine) Darstellung der Skala „Kooperation im Team", da auf diesen Faktor ausschließlich Items dieser Skala hoch laden. Als Zwischenergebnis kann man festhalten, dass die Skalen „Kommunikation im Team" und „Kooperation im Team" hinsichtlich der Diskriminanzvalidität als insgesamt valide bezeichnet werden können.

Angesichts der Tatsache, dass Kooperation und Kommunikation sich inhaltlich nicht ausschließen, sondern eher gegenseitig begünstigen, ist eine gewisse Überschneidung in einigen Items wenig verwunderlich und eher als statistische Entsprechung der Sinnverwandtschaft dieser Konstrukte zu sehen.

Der dritte extrahierte Faktor besitzt einen Eigenwert von 3,6 und klärt 5,1 Prozent der gesamten Varianz auf. Auch hier fällt die Zuordnung leicht: Der Faktor enthält genau diejenigen acht Items aus der Skala Informationsqualität, die den Bereich „Informationen zur Erledigung der täglichen Arbeit" erfragen. Auch der erste Bereich der Skala Informationsqualität („Informationen zu Entwicklungen und Zielen des Unternehmens") bildet einen eigenen Faktor (Faktor 5; Eigenwert 2,2; Varianzaufklärung 3,1 %). In diesem sind sechs der acht Items enthalten, während die beiden übrigen Items (Items 1 und 8) wie bereits in der Faktorenanalyse unter Abschnitt I.1.2.2. nicht auf diesem Faktor laden.

Der vierte Faktor (Eigenwert 3,4; Varianzaufklärung 4,8 %) bildet zusammen mit dem sechsten Faktor (Eigenwert 1,9; Varianzaufklärung 2,7%) die Skala „Kultur" ab. Auch die Subskalen zur Kultur werden im Rahmen der vorliegenden Faktorenanalyse abgebildet, auf diese soll jedoch nicht näher eingegangen werden.

Von den weiteren Faktoren, die nur geringe Eigenwerte aufweisen, soll abschließend nur noch der siebte Faktor (Eigenwert 1,7; Varianzaufklärung 2,4 %) Erwähnung finden, da auch dieser einen Faktor repliziert, der bereits in den vorherigen Analysen beobachtet wurde. Es handelt sich dabei um den Faktor „Kommunikationszugang" innerhalb der Skala „Kommunikation im Team". Die Abgrenzung der Items zwei und drei als einzelner Faktor „Kommunikationszugang" ist also, im Sinne der Diskriminanzvalidität, gültig.

13.1.2 Weitere verwendete Einzelmaße des MIO

13.1.2.1 Team-Potency & Kom-Efficacy

Subjektive Einschätzungen der Teammitglieder zur Leistungsfähigkeit des Teams wurden hinsichtlich zweier Aspekte erhoben:

1. Bezogen auf die Gesamtleistungsfähigkeit des Teams im Unternehmenskontext, d. h. auf die so genannte *Team-Potency*
2. Bezogen auf die Fähigkeit des Teams, die Teilaufgabe Effizienz bezüglich der Kommunikation unter den gegebenen Bedingungen erfolgreich auszuführen, d. h. auf die so genannte *Kom-Efficacy* in der Aufgabe Kommunikation

Die Team-Potency wurde anhand zweier Items operationalisiert, von denen das erste eine Einschätzung der Effektivität des eigenen Teams generell und das zweite eine Einschätzung der Effektivität des Teams im Vergleich zu der anderer Teams erforderte. Eingestuft wurden beide Items auf einer fünf-stufigen Skala zwischen den Polen „nicht effektiv" und „äußerst effektiv".

Beispielitem: „Wie stufen Sie die Effektivität Ihres Teams im Vergleich zu allen anderen Teams, die Sie kennen, ein?"

Die Reliabilität der Skala Potency lag bei $r = 0{,}73$.

Die Team-Efficacy für die Teilaufgabe Kommunikation wurde mit einem Item erfasst, welches eine subjektive Einschätzung der Effizienz der Teamkommunikation erforderte. Dazu wurde auf einer fünfstufigen Skala zwischen den Polen „Nicht zutreffend" und „Voll zutreffend" die subjektive Zustimmung zu der Aussage „Die Kommunkation in meinem Team empfinde ich als effizient" erfasst.

In beiden Fällen handelt es sich um individuelle Einschätzungen, die sich jedoch auf die Leistungsfähigkeit des Teams als Ganzem beziehen. Obgleich es sich um Phänomene auf Gruppenlevel handelt, steht ihre subjektive Wahrnehmung auf Individuallevel im Vordergrund. Dies gilt auch für die oben beschriebenen Skalen zur Kommunikation selbst.

13.1.2.2 Maße und Kategorien zur Informationsversorgung

13.1.2.2.1 Zwei inhaltliche Kategorien von Informationen

Der Itemsatz zur Informationsversorgung wurde in der vorliegenden Untersuchung insgesamt zweimal vorgelegt:

1. Bezogen auf Informationen, die Strategien und Ziele des ganzen Unternehmens zum Inhalt haben, im Folgenden als „Unternehmensinformationen" bezeichnet.
2. Bezogen auf Informationen, die innerhalb des jeweiligen operativen Geschäfts der Befragten eine Rolle spielen, d. h. in diesem produziert werden oder zu dessen Ausführung unmittelbar benötigt werden. Informationen mit diesen Inhalten werden im Folgenden als „Operative Informationen" bezeichnet.

Zur Verdeutlichung dieser Zuordnung wurde vor der Darbietung der Items ein entsprechender Bezug hergestellt. Dabei wurden folgende Texte verwendet:

1. Für den Bezug der Items auf die Informationskategorie „Unternehmens-Informationen": „Im Folgenden geht es um Informationen über allgemeine Entwicklungen und Ziele unseres Unternehmens (z. B. über Geschäftsstrategien, wesentliche Pläne des Vorstands, etc.)"
2. Für den Bezug der Items auf die Informationskategorie „Operative Informationen": „Im Folgenden geht es um Informationen zur Erledigung der täglichen Arbeit (z. B. wichtige Termine, etc.)"

Um in den folgenden Ausführungen zu kennzeichnen, auf welche Kategorie von Informationen sich eine bestimmte Variable bezieht, wird der jeweilige Variablenname mit einem Index versehen:

- Ein ‚U' hinter dem Variablennamen als Zeichen dafür, dass die Variable sich auf Informationen aus der Kategorie „Unternehmensinformation" bezieht.
- Ein ‚O' hinter dem Variablennamen als Zeichen dafür, dass die Variable sich auf Informationen aus der Kategorie „Operative Informationen" bezieht.

13.1.2.2.2 Verschiedene Skalen und Maße

Neben den bereits erwähnten Skalen zur Qualität der erhaltenen Informationen wurden im Zusammenhang mit der Informationsversorgung einige weitere Maße verwendet.

1. Ein Maß für die Versorgung mit Informationen aus einer bestimmten Kategorie (siehe oben)
   - im Folgenden bezeichnet als *Info-Versorgung-U* bzw. *Info-Versorgung-O*.
2. Ein Maß für die empfundene Wichtigkeit von Informationen aus einer bestimmten Kategorie (siehe oben)
   - im Folgenden bezeichnet als *Info-Wichtigkeit-U* bzw. *Info-Wichtigkeit-O*.
3. Die Erfassung der primären Quelle von Informationen einer bestimmten Kategorie von Informationen für den Befragten
   - (zur Bezeichnung im Folgenden siehe unten)

Diese Maße wurden im Einzelnen wie folgt erfasst:

1. Die Versorgung mit Informationen wurde anhand des Items *„Ich erhalte ca. ... % der Inputmenge, die ich von dieser Art von Informationen brauche"* erfasst, zu welchem eine fünfstufige Skala mit den Kategorien *0-20%, 21-40%, 41-60%, 61-80%* und *81-100%* gehörte.
2. Die Wichtigkeit wurde über die Zustimmung auf einer fünfstufigen Skala zwischen den Polen „Nicht zutreffend" und „Voll zutreffend" zu dem Satz *„Diese Informationen sind ausgesprochen wichtig für mich"* erfasst.

3. Um seine primäre Quelle für den Bezug von Informationen einer bestimmten Kategorie anzugeben, vervollständigte der Befragte den Satz „Am ehesten bekomme ich diese Informationen...“ mit Hilfe einer Nominalskala, welche die Kategorien „von meinem direkten Vorgesetzten“, „von meinen Kollegen“, „von meinen Mitarbeitern“, „von Kunden“ und „von niemandem“ anbot. Darüber hinaus war alternativ die Angabe einer frei formulierten Quelle möglich.

Für die vorliegende Untersuchung wurde jedoch nur die Kategorie „von meinem direkten Vorgesetzten“ ausgewertet, so dass eine binäre Variable entstand, welche unterscheidet, ob der direkte Vorgesetzte die primäre Quelle für eine bestimmte Art von Informationen war oder nicht.

- Im Folgenden wird diese Variable daher bezeichnet mit *VG-Quelle-U* bzw. *VG-Quelle-O*.

13.1.2.3 Gesamtskala zur Beurteilung des Vorgesetztenverhaltens

Die Beurteilung des Führungsverhaltens des direkten Vorgesetzten durch den Mitarbeiter wurde in der vorliegenden Untersuchung mit Hilfe von insgesamt 70 Items auf 19 Skalen erfasst, von denen 8 auf die explizite und 11 auf die implizite Führung entfallen. Die in der vorliegenden Analyse verwendete Gesamtskala Führung wurde dabei aus diesen 19 Skalen gemittelt. Sie hat eine interne Konsistenz von r = 0,94.

Weitere Informationen zu theoretischer Herleitung und Dimensionierung der Items finden sich bei Krämer (2001).

13.1.3 Übersicht über die in der Untersuchung eingesetzten Maße

Zusammenfassend sei hier noch einmal ein Überblick über die verwendeten Skalen & Maße gegeben.

1. Skalen im Bereich Kommunikation

   Für den Bereich Kommunikation wurden folgende Sub-Skalen verwendet:

- Vertrauen
- Formalqualität
- Zugang
- Konfliktfreude

Die Items dieser Sub-Skalen sind ebenfalls in folgender Gesamtskala zur Kommunikationsqualität im Team enthalten.

- *Kom-Qualität*

Die subjektive Einschätzung eines einzelnen Teammitglieds zur Kommunikationsfähigkeit des ganzen Teams wurde erfasst durch die Skala

- *Kom-Efficacy*

2. Skalen & Maße im Bereich Information

Für den Bereich Information wurden folgende Skalen & Maße verwendet:

- *Info-Qualität*
- *Info-Versorgung*
- *Info-Wichtigkeit*
- *VG-Quelle*

Jede dieser Skalen-Bezeichnungen wird durch den angehängten Buchstaben „U“ auf die Informationskategorie „Unternehmensinformation“ bezogen und durch den Buchstaben „O“ auf die Informationskategorie „Operative Information“.

3. Weitere Skalen

Das Ausmaß, in welchem ein Team die eigenen Handlungen koordiniert, Ziele setzt und ihre Erreichung kontrolliert, wurde erfasst durch die Skala:

- *Kooperation*

Das Führungsverhalten des direkten Vorgesetzten wurde durch die Befragten beurteilt mit Hilfe der Skala:

- *Führungsqualität*

Die individuelle Einschätzung der Befragten bezüglich der allgemeinen Leistungsfähigkeit des jeweiligen eigenen Teams wurde erfasst durch die Skala:

- *Team-Potency*

In allen Fällen, mit Ausnahme der binär codierten Variable *VG-Quelle*, galt, dass ein hoher Skalenwert eine hohe Ausprägung des jeweiligen Phänomens bedeutet. So bedeutet ein hoher Wert in der Skala *Formalqualität* die Wahrnehmung hoher formaler Qualität der Informationen. Eine hohe Ausprägung in der Skala *Team-Potency* bedeutet, dass die Potency des Teams durch den Befragten als hoch eingeschätzt wurde, etc.

13.1.3.1 Verteilungseigenschaften der wichtigsten Skalen

Die wichtigsten Skalen wurden hinsichtlich ihrer Verteilungseigenschaften überprüft. Dabei konnte gezeigt werden, dass die Skalen *Kom-Qualität*, *Formalqualität* sowie *Info-Qualität –O* und *Info-Quatlität-U* nach den Ergebnissen diesbezüglicher Kolmogorov-Smirnov-Tests als normalverteilt angesehen werden können (vgl. Anhang III-B-1). Sichtkontrollen der Histogramme im Vergleich zur jeweiligen Normalverteilungskurve (vgl. zum Vorgehen Brosius, 2002, S. 815) ergaben darüber hinaus auch für die Skalen *Zugang*, *Konfliktfreude*, *Info-Versorgung-O*, *Info-Versorgung-U*, *Kom-Efficacy*, *Team-Potency* und *Kooperation* annähernde Normalverteilungen (vgl. Anhang III-B-2). Als nicht mehr normalverteilt, weil stark rechtssteil, sind die Verteilungen auf der Skala *Vertrauen* sowie insbesondere auf den Skalen *Info-Wichtigkeit-O* und *Info-Wichtigkeit-U* anzusehen.

13.2 Inhaltliche Konstrukte auf verschiedenen Beobachtungslevels

In Kapitel 9 wurde beschrieben, wie die ursprünglichen Einzelnachrichten in Komponenten zerlegt werden und wie auf diese Weise spezifischere Nachrichten auf Individual- und Gruppenlevel decodiert werden können.

Die Darstellung dieses Konzeptes bewegte sich bislang jedoch auf einer eher formalen Ebene. Die inhaltlichen Konstrukte – die Wahrnehmung des Einzelnen, die Wahrnehmung des Teams sowie der Konsens im Team – wurden bislang variablenübergreifend formuliert.

Im Folgenden sollen diese generellen Konstrukte daher für jede der Kommunikationsskalen konkretisiert werden. Welches empirische Relativ, d. h. welche äußeren Bedingungen finden in den jeweiligen Nachrichten-Komponenten einer konkreten Variablen ihren quantitativen Ausdruck?

13.2.1 Teilkonstrukte zum Kommunikationsaspekt Zugang

Das Konstrukt *Kommunikationszugang im Team* wurde in Kapitel 7 erläutert. Die ursprünglichen Werte auf der Skala *Zugang* beinhalten die totale Varianz auf dieser Skala und operationalisieren den Zugang zur Team-Teamkommunikation daher ohne Berücksichtigung verschiedener Level.

Das Konstrukt *Zugang*, welches durch die ursprünglichen Werte der Skala *Zugang* operationalisiert wird, kann daher beschrieben werden als die Möglichkeit, als Teammitglied in einem bestimmten Team aktiv Kommunikationskontakt zu anderen Teammitgliedern herzustellen.

Durch Zerlegung der ursprünglichen Variablen in der oben beschriebenen Weise entsteht die Möglichkeit, folgende Teilkonstrukte von Zugang zu operationalisieren:

1. Die durchschnittliche Möglichkeit für Teammitglieder eines Teams, aktiv Kommunikationskontakt zu den anderen Teammitgliedern herzustellen. Dieses Konstrukt ist auf Gruppenlevel verankert. D. h. es erlaubt genau eine Aussage zu jedem Team und unterscheidet Teams nach den durchschnittlichen Urteilen ihrer Teammitglieder. Die Variable zur Messung dieses TeilKonstrukts wird daher im Folgenden $Zugang_{GRUPPE}$ heißen. Die Variable $Zugang_{GRUPPE}$ trägt die Zwischen-Team-Varianz (Between-Varianz) der Skala *Zugang*. Wendet man Chans (1998) Typologie von Kompositionsmodellen auf dieses Gruppenlevel-Konstrukt an, so kann dessen konzeptionelle Grundlage am ehesten in die Kategorie

des „additiven Aggregationsmodells“ (Chan, 1998, S. 236 f.) eingeordnet werden. Das bedeutet, dass die inhaltliche Validität des Konstrukts *Zugang*$_{GRUPPE}$ nicht von einem maximalen Konsens der Einzelurteile bzgl. des Zugangs abhängig ist.

2. Die individuelle Möglichkeit eines einzelnen Teammitglieds, aktiv Kommunikationskontakt zu den anderen Teammitgliedern herzustellen - in Relation zur durchschnittlichen Möglichkeit zur Kontaktaufnahme in diesem Team. Dieses Konstrukt ist auf Individuallevel verankert. Die einzelnen Werte stehen zwar in Bezug zum Mittelwert des jeweiligen Teams des Befragten, das Konstrukt erlaubt jedoch die Beschreibung von Individuen, in dem es die individuelle teaminterne Position der Befragten quantifiziert. Die Variable zur Messung dieses TeilKonstrukts wird daher im Folgenden *Zugang*$_{INDIV}$ heißen.Die Variable *Zugang*$_{INDIV}$ trägt die Intra-Team-Varianz (Within-Varianz) der Skala *Zugang*.

Tab. 8.: Teilkonstrukte von *Zugang*

Bezeichnung	Konstrukt	Level	Varianz von *Zugang*
Zugang$_{KONS}$	**Homogenität** der Möglichkeiten von Mitgliedern eines Teams, Kommunikationskontakt im Team aktiv herzustellen.	Gruppe	---
Zugang$_{GRUPPE}$	Die **durchschnittliche Möglichkeit** für Mitglieder eines Teams, Kommunikationskontakt im Team aktiv herzustellen.	Gruppe	Between
Zugang$_{INDIV}$	Die **relative**[1] **Möglichkeit eines Individuums**, Kommunikationskontakt zu den anderen Mitgliedern des eigenen Teams aktiv herzustellen.	Individual	Within
Basierend auf:			
Zugang (Ursprungs-variable[2]***)***	Die Möglichkeit zur aktiven Herstellung von Kommunikationskontakt im Team. (Individuell eingeschätzt)	---	Total

[1] Relativ zum Team-Mittelwert, d. h. zum jeweiligen Wert auf *Zugang*$_{GRUPPE}$

[2] Ursprungsvariable- zusammensetzbar aus den Werten der Gruppen- und Individualkonstrukte.

3. Die Homogenität vs Heterogenität der individuellen Möglichkeiten der Mitglieder eines Teams, aktiv Kommunikationskontakt zu den jeweils anderen Teammitgliedern herzustellen. Dieses Konstrukt ist auf Gruppen-

level verankert. Zwar bezieht es sich auf individuelle Abweichungen, jedoch quantifiziert es diese Abweichungen in ihrer Gesamtheit pro Team.

Das Konstrukt eignet sich also nicht zur Beschreibung von Individuen, sondern zur Beschreibung von Teams bezüglich der Homogenität der von ihren Teammitgliedern wahrgenommenen Zugangsmöglichkeiten zur Kommunikation im Team. Mit anderen Worten, es quantifiziert den Konsens der individuellen Einschätzungen innerhalb jedes Teams bzgl. der Skala *Zugang*.

Die Variable zur Messung dieses TeilKonstrukts wird daher im Folgenden $Zugang_{KONS}$ heißen.

Ein hoher Wert in dieser Variablen wird als Indikator für Homogenität der individuellen Zugangsmöglichkeiten der Teammitglieder interpretiert. Tabelle 8 gibt eine Übersicht über die Teilkonstrukte des Konstrukts *Zugang*.

13.2.2 Teilkonstrukte zum Kommunikationsaspekt Vertrauen

Die Teilkonstrukte, die sich aus der Berücksichtigung von Level-Aspekten für den Kommunikationsaspekt des Vertrauens ergeben (vgl. Tabelle 9), sind denen des Aspektes Kommunikationszugang ähnlich.

Das Gruppenkonstrukt $\text{Vertrauen}_{GRUPPE}$ kann als das durchschnittlich von den Teammitgliedern wahrgenommene Vertrauen definiert werden, welches innerhalb der teaminternen Kommunikation zum Ausdruck gebracht wird.

Das Individual-Konstrukt Vertrauen_{INDIV} ist inhaltlich zu verstehen als das Ausmaß, in dem eine einzelne Person - in dem von ihr miterlebten Ausschnitt aus der Teamkommunikation und dem dabei gezeigten Verhalten der anderen Teammitglieder - die Möglichkeit hat, Vertrauen in der Teamkommunikation zu erleben.

Das Ausmaß der Unterschiede in den individuellen Erlebensweisen, bzw. deren Übereinstimmung wird durch das Konstrukt Vertrauen_{KONS} abgebildet.

Wenngleich auch in diesem Fall das Gruppenlevel-Konstrukt $\textit{Vertrauen}_{GRUPPE}$ außerhalb des Modells des „direct consensus“ (vgl. Chan, 1998,

S. 236-238) definiert wird, so stellt sich die Frage, wie das Vertrauen innerhalb eines Teams zu bewerten ist, wenn sich deutliche Unterschiede in den diesbezüglichen Wahrnehmungen der Teammitglieder zeigen. Es erscheint beispielsweise plausibel, dass das durchschnittlich zum Ausdruck gebrachte Vertrauen bei starker Heterogenität der Vertrauenswahrnehmungen insgesamt nicht hoch sein kann, während nur bei allseitig wahrgenommenem Vertrauen dieses auch in der Kommunikation aktiv zum Ausdruck gebracht wird.

Tab. 9.: Teilkonstrukte von *Vertrauen*

Bezeichnung	Konstrukt	Level	Varianz von *Vertrauen*
***Vertrauen**$_{KONS}$*	**Homogenität** der Möglichkeiten von Mitgliedern eines Teams, Vertrauen innerhalb der Teamkommunikation zu erleben	Gruppe	---
***Vertrauen**$_{GRUPPE}$*	Das **durchschnittliche Vertrauen**, welches in der teaminternen Kommunikation zum Ausdruck gebracht wird.	Gruppe	Between
***Vertrauen**$_{INDIV}$*	Die **relative Möglichkeit eines Individuums**, Vertrauen in der Kommunikation im eigenen Team zu erleben.	Individual	Within
	Basierend auf:		
***Vertrauen** (Ursprungs-variable[2])*	Das in der Kommunikation innerhalb eines Teams zum Ausdruck gebrachte Vertrauen. (Individuell eingeschätzt)	---	Total

[1] Relativ zum Team-Mittelwert, d. h. zum jeweiligen Wert auf *Vertrauen*$_{GRUPPE}$

[2] Ursprungsvariable, zusammensetzbar aus den Werten der Gruppen- und Individualkonstrukte.

13.2.3 Teilkonstrukte zum Kommunikationsaspekt Konfliktfreude

Auch für den zweiten in der vorliegenden Untersuchung abgefragten Beziehungsaspekt, *Konfliktfreude*, können entsprechende Teilkonstrukte abgeleitet werden (vgl. Tabelle 10). So wird die durchschnittliche Konfliktbereitschaft innerhalb eines Teams, *Konflikt*$_{GRUPPE}$ durch Aggregation aus den Einzelwahrnehmungen der Teammitglieder gewonnen, während die relative Möglichkeit des Einzelnen, Konfliktbereitschaft in der internen Kommunikation des jeweils eigenen Teams zu erleben, durch das Konstrukt Konflikt$_{INDIV}$ zum Ausdruck gebracht wird.

Die Homogenität der Urteile der einzelnen Teammitglieder jedes Teams ist inhaltlicher Gegenstand des Konsens-Konstrukts *Konflikt*$_{KONS}$.

Tab. 10.: Teilkonstrukte von *Konfliktfreude*

Bezeichnung	Konstrukt	Level	Varianz von Konftlikt-freude
Konflikt$_{KONS}$	**Homogenität** der Möglichkeiten von Mitgliedern eines Teams, Konfliktfreude innerhalb der Teamkommunikation zu erleben	Gruppe	---
Konflikt$_{GRUPPE}$	Die **durchschnittliche Konfliktfreude** in der Kommunikation innerhalb eines Teams.	Gruppe	Between
Konflikt$_{INDIV}$	Die **relative**[1] **Möglichkeit eines Individuums**, Konfliktfreude in der Kommunikation im eigenen Team zu erleben.	Individual	Within
	Basierend auf:		
Konfliktfreude ***(Ursprungs-variable***[2]***)***	Die in der Kommunikation innerhalb eines Teams beobachtbare Konfliktfreude. (Individuell eingeschätzt)	---	Total

1 Relativ zum Team-Mittelwert, d. h. zum jeweiligen Wert auf *Konflikt*$_{GRUPPE}$

2 Ursprüngliche Skala - zusammensetzbar aus den Werten der Gruppen- und Individualkonstrukte.

Die theoretische Grundlage für die Aggregation der Ursprungsdaten auf Gruppenlevel entspricht den für die bisherigen Gruppenlevel-Konstrukte beschriebenen Annahmen.

13.2.4 Teilkonstrukte zum Kommunikationsaspekt Formalqualität

Ähnliches wie für die Teilkonstrukte zu den bisher behandelten Aspekten von Kommunikation gilt für die Level-spezifischen Teilkonstrukte zur formalen Qualität der innerhalb der teaminternen Kommunikation ausgetauschten Nachrichten (vgl. Tabelle 11). So wird die Möglichkeit eines Individuums zum „Erhalt formal hochwertiger Informationen“ aus seinem Team in der Variablen *Formalqualität*$_{INDIV}$ erfasst und, wie auch bei den bisher erwähnten Individual-Konstrukten, zum jeweiligen Team-Mittel in Relation gesetzt. Das Team-Mittel selbst wird in diesem Kontext entsprechend der bisher beschriebenen Vorgehensweise als Gruppenlevel-Variable mit der Bezeichnung $\text{Formalqualität}_{\text{GRUPPE}}$ eingesetzt.

Tab. 11.: Teilkonstrukte von *Formalqualität*

Bezeichnung	Konstrukt	Level	Varianz von Formal-qualität
***Formalqualität** KONS*	**Homogenität** der Möglichkeiten von Mitgliedern eines Teams, aus dem Team formal hochwertige Nachrichten zu erhalten.	Gruppe	---
***Formalqualität** GRUPPE*	Die **durchschnittliche Formalqualität** der in einem Team ausgetauschten Botschaften.	Gruppe	Between
***Formalqualität** INDIV*	Die **relative**[1] **Möglichkeit eines Individuums**, formal hochwertige Nachrichten aus dem eigenen Team zu erhalten.	Indi-vidual	Within
	Basierend auf:		
***Formal-Qualität** (Ursprungs-variable[2])*	Die formale Qualität der von Teammitgliedern empfangenen Nachrichten aus dem Team. (Individuell eingeschätzt)	---	Total

[1] Relativ zum Team-Mittelwert, d. h. zum jeweiligen Wert auf *$\text{Formalqualität}_{\text{GRUPPE}}$*

[2] Ursprungsvariable- zusammensetzbar aus den Werten der Gruppen- und Individualkonstrukte.

13.2.5 Teilkonstrukte zum Konstrukt Kom-Efficacy

Nach dem bislang Level-spezifische Teilkonstrukte zu den zuvor eingeführten Aspekten von Kommunikation entwickelt wurden, soll auch das Konstrukt *Kom-Efficacy* unter dieser Perspektive betrachtet werden.

Überträgt man die bisher zur Konstruktbildung angewandten Prinzipien auch auf den Umgang mit *Kom-Efficacy*, so ergeben sich Teilkonstrukte, wie sie in Tabelle 12 abgebildet sind.

Aufgrund der speziellen Natur des Konstrukts *Kom-Efficacy* muss jedoch die Frage gestellt werden, ob eine Teilkonstruktbildung, wie sie hier vorgeschlagen wird, angemessen ist.

Als kritischer Punkt erscheint dabei die Frage, ob die Konstruktion des Gruppenlevel-Konstrukts ebenso wie in den bisherigen Fällen auf der Basis eines einfachen additiven Modells (vgl. Chan, 1998, S. 236 f.) zulässig ist. Die Frage, ob das Konstrukt *Kom-Efficacy* ausschließlich auf Gruppenlevel und unter der Voraussetzung maximalen Team-Konsens' inhaltlich valide ist, wird in der Literatur unterschiedlich bewertet.

Tab. 12.: Teilkonstrukte von *Kom-Efficacy*

Bezeichnung	Konstrukt	Level	Varianz von Formal-qualität
Kom-Efficacy$_{KONS}$	**Homogenität** der Einschätzungen der Mitglieder eines Teams bezüglich ihrer gemeinsamen teaminternen Kommunikationsfähigkeit..	Gruppe	---
Kom-Efficacy$_{GRUPPE}$	Die **durchschnittliche, bzw. geteilte** Einschätzung der Mitglieder eines Teams bezüglich ihrer gemeinsamen teaminternen Kommunikationsfähigkeit.	Gruppe	Between
Kom-Efficacy$_{INDIV}$	Die **relative**[1] **Einschätzung eines Individuums** bzgl. der internen Kommunikationsfähigkeit des eigenen Teams.	Indi vidual	Within
	Basierend auf:		
Kom-Efficacy (Ursprungs-variable[2]*)*	Die Formale Qualität der von Teammitgliedern empfangenen Nachrichten aus dem Team. (Individuell eingeschätzt)	---	Total

[1] Relativ zum Team-Mittelwert, d. h. zum jeweiligen Wert auf *Kom-Efficacy$_{GRUPPE}$*

[2] Ursprungsvariable- zusammensetzbar aus den Werten der Gruppen- und Individualkonstrukte.

Während Kozlowski & Klein (2000, S. 66-67) mit Bezug auf Bandura (1997) maximale Geteiltheit der diesbezüglichen Kognitionen der Teammitglieder als wichtige Eigenschaft des Konstrukts *Kom-Efficacy* ansehen, argumentieren Moritz & Watson (1998, S. 296), dass die Rolle der Wahrnehmungsübereinstimmungen bzgl. der *Kom-Efficacy* in Bezug auf deren leistungssteigernde Wirkung weiter erforscht werden müsse. Sie betrachten darüber hinaus das Ausmaß des Konsens bzgl. der *Kom-Efficacy* als gruppenspezifische Eigenschaft. Dies deckt sich mit der Sichtweise von Guzzo et al. (1993)

Es wird daher an dieser Stelle die Strategie gewählt, für das Konstrukt *Kom-Efficacy$_{GRUPPE}$* von der konservativeren Annahme auszugehen, dass es sich um ein Level-2-Konstrukt im Rahmen des additiven Additionsmodells nach Chan (1998, S. 236 f.) handelt.

Mit Hilfe der ebenfalls erhobenen Konsenswerte in der Variablen *Kom-Efficacy*$_{KONS}$ für jedes Team ist es einerseits möglich, das Ausmaß der Geteiltheit der Wahrnehmungen zur *Kom-Efficacy* teamspezifisch zu messen und vorherzusagen. Andererseits kann durch Analyse der Konsenswerte aller Teams entschieden werden, ob es sich bei dem Konstrukt *Kom-Efficacy*$_{GRUPPE}$ in der hier verwendeten Form ggf. um ein so genanntes „shared property" handelt (vgl. Kozlowski & Klein, 2000, S. 33 f.), dessen Aggregation auf der hohen Geteiltheit der Wahrnehmungen innerhalb eines Teams beruht und in der Typologie von Chan (1998, S. 236-238) in die Kategorie „direct consensus" einzuordnen wäre. (Diese Überlegung wird weiter unten für die Ableitung von Hypothesen wieder aufgegriffen.)

Das Individual-Konstrukt *Kom-Efficacy*$_{INDIV}$ ist, wenngleich ein Konstrukt auf Individuallevel, nicht identisch mit der *Self-Efficacy* (vgl. Bandura, 1971, 1982), also der Einschätzung der eigenen, so genannten Selbstwirksamkeit durch das Individuum. Eine Messung des Konstrukts *Self-Efficacy* auf Individuallevel hätte im vorliegenden Kontext zur Folge, dass zwischen Individual- und Gruppenlevel ein so genannter „reference shift" (Chan, 1998, S. 238 f.) stattfinden würde, d. h. dass die Referenz im ersten Fall das Individuum, im zweiten Fall das Team wäre. Dies würde bedeuten, dass zwei gänzlich verschiedene Arten von *Efficacy* erhoben werden würden.

Im vorliegenden Modell ist jedoch beabsichtigt, die gemeinsame Leistungsfähigkeit des Teams zur internen Kommunikation zu messen. Diese Messung findet auf Basis von individuellen Einschätzungen statt, die einerseits durch Aggregation auf Gruppenlevel (*Kom-Efficacy*$_{GRUPPE}$) quantifiziert werden können, andererseits mit Hilfe der teaminternen Abweichungen individuell betrachtet werden können (*Kom-Efficacy*$_{INDIV}$).

Die hier angewandte Konzeption von *Kom-Efficacy* auf Gruppenlevel, d. h. die Messung auf der Basis individueller Einschätzungen ohne Verschiebung der Referenz, wird von verschiedenen Autoren empfohlen (vgl. Moritz & Watson, 1998; Guzzo et al., 1993; Gullyet al., 2002).

14 Statistische Methoden

14.1 Verfahren im Rahmen der Konstruktion von Testskalen

14.1.1 Dimensionierungsverfahren: Explorative Faktorenanalyse

Die exploratorische Faktorenanalyse verfolgt das Ziel, die Indikatoren auf möglichst wenige Faktoren zu reduzieren, welche die Gesamtheit der Indikatoren hinreichend gut repräsentieren. Dabei werden alle Indikatoren unabhängig von ihrem theoretischen Hintergrund einem Faktor zugeordnet. Bei der Zuordnung spielt die so genannte Faktorladung (die Korrelation zwischen Indikator und Faktor) die ausschlaggebende Rolle. Bei der Reduktion der Daten auf „dahinterliegende" Faktoren gibt es verschiedene Möglichkeiten für die Festlegung des Kriteriums für die Extraktion, also der Festlegung, bis „wohin" weitere Faktoren extrahiert werden. Das hier zur Anwendung gekommene Kriterium ist das so genannte Kaiser-Guttman-Kriterium, bei dem Faktoren bis zu einem Eigenwert von eins Verwendung finden. Der Eigenwert eines Faktors gibt Auskunft darüber, wie hoch der Anteil der Varianzaufklärung dieses Faktors ist. Würden alle Indikatoren einen Faktor bilden, hätten alle Faktoren (= Indikatoren) einen Eigenwert von eins: Legt man also dieses Kriterium zugrunde, so fordert man damit, dass ein Faktor mindestens soviel Varianz aufklären soll, wie ein Item selbst.

Nach der Extraktion von Faktoren werden alle Faktorladungen durch eine so genannte Ladungsmatrix abgebildet. Um die Faktoren leichter interpretieren zu können, kann der neue Faktorraum um den Nullpunkt rotiert werden. Dies dient der Maximierung der Varianz der Ladungen auf jedem Faktor. Für die Rotation stehen verschiedene Möglichkeiten zur Verfügung. Während das Varimax-Verfahren die Unabhängigkeit der Faktoren voraussetzt und bei der Rotation beibehält, ist das OBLIMIN-Verfahren weniger restriktiv und lässt zwischen den Achsen beliebige Winkel zu. Da bei diesem Verfahren die Gefahr besteht, dass die Faktoren nach der Rotation in einem sehr kleinen Winkel zueinander stehen, kann sich die Frage anschließen, wie stark sich die Faktoren inhaltlich überhaupt unterscheiden. Da das Varimax-Verfahren im Gegensatz dazu völlig unabhängige Faktoren garantiert, kam hier dieses Verfahren zum Einsatz.

Exploratorische Faktorenanalysen wurden in dieser Untersuchung zu zwei Zwecken eingesetzt. Zum einen wurden die eingesetzten Skalen daraufhin untersucht, aus wie vielen unabhängigen Komponenten sie sich zusammensetzen. Zum anderen kam die Faktorenanalyse bei der Überprüfung von Konvergenz- und Diskriminanzvalidität (s. o.) zum Einsatz. Dazu wurde eine Faktorenanalyse mit Indikatoren aus allen Skalen berechnet, um zu überprüfen, ob Indikatoren des gleichen Konstrukts zu einem Faktor „konvergieren“ bzw. ob Indikatoren verschiedener Konstrukte auch verschiedenen Faktoren zugeordnet werden, sich also „divergent“ verhalten und demnach nicht nur dem Inhalt, sondern auch den Werten nach unterschiedlichen Konstrukten zuordnen lassen.

14.1.2 Konstruktmessung

Die Konstruktmessung dient der Überprüfung der Güte eines zum Einsatz kommenden Messinstrumentes. Die hohe Güte der Messung ist eine Grundvoraussetzung für die korrekte Erfassung theoretischer Konstrukte. Maßgeblich für die Güte einer Messung sind im Wesentlichen die Reliabilität und die Validität des zur Messung herangezogenen Instrumentes.

i) Reliabilität:

Bei der Reliabilität eines Messinstrumentes handelt es sich um seine Zuverlässigkeit. Die klassische Testtheorie geht in diesem Zusammenhang davon aus, dass der bei einer Messung erhaltene Wert sich aus zwei Teilen zusammensetzt. Der erste Teil ist der so genannte „wahre“ Wert, also genau das, was man mit der Durchführung eines Tests ermitteln möchte. Der zweite Teil ist der Messfehler. Der Messfehler ist eine nicht steuerbare, unsystematische, zufällige Abweichung des gemessenen Wertes vom *wirklichen* Wert, den es aus Sicht des Untersuchers möglichst zu minimieren gilt. Die Zuverlässigkeit (= Reliabilität) gibt darüber Auskunft, wie groß der Messfehleranteil bei einer Messung ist oder anders formuliert, wie genau das, was gemessen werden soll, mit dem Messinstrument gewerden kann.

Da „wahrer“ Wert und Messfehler sich aber nicht direkt bestimmen lassen, geht man innerhalb dieses Verfahrens von folgender Überlegung aus: Je öfter ein Konstrukt erfasst wird, desto mehr nähert sich das gemittelte Messergebnis dem „wahren“ Wert an, da die Fehler ja zufällig sind und sich dadurch langfristig ausgleichen sollten.

Die Reliabilität setzt genau an diesem Punkt an und drückt in Form eines korrelativen Maßes aus, wie stark die Werte, die das gleiche Konstrukt erfassen sollen, miteinander kovariieren. Eine Reliabilität von eins bedeutet hier, dass ein Instrument perfekt zuverlässig misst, also die Werte bei verschiedenen Messungen sich nicht unterscheiden. Eine Reliabilität von null dagegen bedeutet, dass die Werte praktisch zufällig entstehen und keinen „wahren“ Wert erkennen lassen.

Bzgl. der Frage, welche Werte korrelativ miteinander verglichen werden sollten, gibt es verschiedene Möglichkeiten (vgl. u. a. Bortz & Döring, 2002, S.195-198):

- Die gleichen Items können ein zweites Mal gemessen und dabei beobachtet werden, wie hoch die Korrelation zwischen erster und zweiter Messung ist. Diese Reliabilität heißt Test-Retest-Reliabilität. Bei dieser Form der Reliabilität sollte aber immer die zeitliche Stabilität des Konstrukts bedacht werden, da zwischen den beiden Messungen neben dem Messfehler auch systematische Einflüsse auftauchen könnten (z. B. Lerneffekte).
- Eine zweite Möglichkeit ist, Werte aus zwei Instrumenten zu vergleichen, die das gleiche Konstrukt erfassen. Solche Tests wären dann parallel, weshalb diese Reliabilität auch Parallel-Test-Reliabilität genannt wird. Bei niedrigen Reliabilitäten besteht hier die Gefahr, dass die Tests zwar zuverlässig sind, aber nicht wirklich das Gleiche messen.
- Die dritte Möglichkeit ist mittlerweile die gebräuchlichste, vermutlich da sie keinerlei zusätzlichen Messaufwand für den Untersucher darstellt. Die Rede ist von der „Internen Konsistenz“, die Auskunft darüber gibt, wie homogen eine Skala in sich ist, wie stark die Items innerhalb einer Skala miteinander korrelie-

ren. Der dazugehörige Koeffizient, Cronbach's Alpha, entspricht dem Mittelwert der Korrelationen, der sich ergibt, wenn sämtliche zu diesem Faktor gehörigen Indikationen in jeder möglichen Weise in zwei größengleiche Gruppen geteilt und die Summen der jeweiligen Variablenhälften miteinander korreliert werden (vgl. u. a. Bortz & Döring, 2002, S. 198). Das Alpha kann Werte zwischen eins und null annehmen, wobei eins eine perfekte Korrelation, also vollständige Homogenität, bedeutet.

ii) Validität

Neben der Reliabilität spielt bei der Güte eines Messinstrumentes die Validität eine große Rolle. Die Validität ist ein Maß für die konzeptionelle Korrekteit des angewandten Messinstruments, d. h. für die Frage ob und in welchem Ausmaß das Messinstrument das misst, was es zu messen vorgibt. Hier geht es also nicht mehr darum, ob das Instrument frei von zufälligen Fehlern, sondern auch frei von systematischen Fehlern bei der Konstruktion ist. Auch hier kann man verschiedene Formen unterscheiden:

- Ein Messinstrument ist *inhaltlich valide*, wenn es „das zu messende Konstrukt in seinen wichtigsten Aspekten erschöpfend erfasst" (Bortz & Döring, 2002, S.199). Die Inhaltsvalidität ist nicht numerisch erfassbar, vielmehr eine konzeptionelle Aufgabe, die insbesondere bei der Gestaltung des Messinstrumentes berücksichtigt werden muss.
- *Konvergenzvalidität* liegt dann vor, wenn die Indikatoren eines Konstrukts eine hohe Übereinstimmung aufweisen. Dies lässt sich zum Beispiel anhand von Korrelationen zwischen den Indikatoren für ein Konstrukt beobachten. Diese Form der Validität ist also quantifizierbar.
- Die *Diskriminanzvalidität* ist das Pendant zur Konvergenzvalidität. Bei dieser Validitätsform geht es um die Unterschiedlichkeit zwischen Indikatoren verschiedener Konstrukte. Während also die Konvergenzvalidität angibt, ob sich Indikatoren für das gleiche Konstrukt ähnlich verhalten, untersucht die Diskriminanzvalidität, ob sich Indikatoren für *verschiedene* Konstrukte auch

unterschiedlich verhalten. Auch diese Form der Validität lässt sich quantitativ ausdrücken.

- Eine letzte Form der Konstruktvalidität ist die so genannte *nomologische Validität*. Bei dieser Validitätsform wird untersucht, ob theoretisch postulierte Beziehungen zwischen verschiedenen Konstrukten sich auch empirisch zeigen. Diese Form der Validität kann nur dann untersucht werden, wenn die Zusammenhänge zwischen den Konstrukten aus einem übergeordneten theoretischen Rahmen abgeleitet wurden.

In dieser Untersuchung werden vor allem Konvergenz- und Diskriminanzvalidität zur Überprüfung der Güte zum Einsatz kommen.

14.1.3 Test auf Normalverteilung

Die Werte einer Skala können mit Hilfe des Kolmogorov-Smirnov-Tests auf Normalverteilung geprüft werden. Dieser testet die Nullhypothese, dass eine empirische Verteilung von einer bestimmten theoretischen Verteilung nicht abweicht. Beim Test gegenüber einer theoretisch angenommenen Normalverteilung kann also dann von Normalverteilung ausgegangen werden, wenn der Kolmogorov-Test signifikant wird. Je geringer die Signifikanz, d. h. je größer die Alpha-Fehlerwahrscheinlichkeit, desto ähnlicher ist die beobachtete Verteilung einer Normalverteilung.

Der Kolmogorov-Smirnov-Test prüft jedoch ausschließlich auf perfekte Normalverteilung. Sind die vorliegenden Werte nur annähernd normalverteilt, wird die Nullhypothese also verworfen. Brosius (2002, S. 380 und S. 815) argumentiert daher, dass auch bei signifikantem Kolmogorov-Smirnov-Test auf der Basis von Sichtkontrollen der Histogramme unter Umständen entschieden werden darf, die Werte als annähernd normalverteilt zu akzeptieren.

14.2 Allgemeine Verfahren im Rahmen von Hypothesentestungen

14.2.1 Varianzanalyse (ANOVA) und Multivariate Varianzanalyse (MANOVA)

Varianzanalysen können in jenen Fällen als Methode der Wahl apostrophiert werden, wenn es darum geht, Mittelwertsunterschiede zwischen zwei oder mehreren Stichproben zu überprüfen, die sich in Bezug auf die Stufen einer oder mehrerer unabhängiger Variablen voneinander unterscheiden. Im einfachsten Fall, d. h. im univariaten Ansatz geht es um die Analyse der Varianz von lediglich einer abhängigen Variablen. Liegen allerdings Unterschiedhypothesen vor, die sich auf mehrere abhängige Variablen beziehen, ist der Einsatz multivariater Mittelwertsvergleiche indiziert.

Bei multivariaten Mittelwertsvergleichen können Korrelationen berechnet werden, die dem Umstand Rechnung tragen, dass die Bedeutung einer Variablen nur unter Berücksichtigung ihrer kontextuellen Bezüge (d. h. im Lichte anderer abhängiger Variablen) zu generieren ist.

Bei der einfaktoriellen Varianzanalyse wird den k Stufen eines Faktors jeweils eine Zufallsstichprobe zugewiesen, die bezüglich genau einer einzigen abhängigen Variablen beschrieben wird. Die daraus resultierende totale Quadratsumme ergibt sich aus der Addition der Fehlerquadratsumme und der Quadratsumme, die auf die Wirkungen der abhängigen Variablen zurückgeht. Die Abschätzung des Einflusses der abhängigen Variablen bleibt bei dieser Arithmetik relativ übersichtlich. Komplexer werden die zu vollziehenden Operationen bei der multivariaten Varianzanalyse. Grundsätzlich werden auch hier bezogen auf jede einzelne abhängige Variable zunächst die Quadratsummen bestimmt, allerdings macht es der multivariate Ansatz erforderlich, auch die Kovarianzen zwischen den abhängigen Variablen zu berücksichtigen. Dies gelingt mit Hilfe so genannter 3-D-Matrizen, deren Diagonale jeweils die Fehlerquadratsumme, die Quadratsumme des Kriteriums und der totalen Quadratsumme der miteinander zu korrelierenden abhängigen Variablen enthalten (vgl. Bortz, 1999, S. 574-575) Aus der so unter Berücksichtigung aller Kovarianzen zu vollziehenden Gesamtschau aller abhängigen Variablen ergibt sich die Prüfgröße Wilks Lambda, die Auskunft darüber gibt, ob sich für den Gruppenfaktor im Lichte aller heranzuziehenden abhängigen Variablen überhaupt Unterschiede ergeben. Sollen diese Unterschiede weiter ausdifferenziert und konkretisiert bzw. im Hinblick auf einzelne abhängige Variablen hin überprüft werden, können univariate Varianzanalysen durchgeführt werden (d. h. bezogen auf eine einzige abhängige Variable). Dabei muss allerdings beachtet werden, dass diese univariaten Tests immer dann voneinander abhängig sind, wenn die abhängigen Variablen miteinander korrelieren. Neben Wilks Lamda existieren noch weitere Prüfgrößen (bzw. multivariate Teststatistiken) im Zusammenhang mit multivariaten Varianzanalysen, die ebenfalls aus den Matrizen der Fehler- und der Kriteriumsquadratsummen abgeleitet werden. Anzuführen sind in diesem Zusammenhang Hotellings Spurkriterium, der Eigenwert nach Roy sowie das Spurkriterium nach Pillai (vgl. hierzu auch Olson, 1976, der die wichtigsten multivariaten Prüfkriterien tabellarisch zusammengefasst hat).

Die MANOVA ist geeignet, um vor der Durchführung von mehreren univariaten Varianzanalysen bezüglich der Wirkungen des gleichen Prädiktors auf mehrere abhängige Variablen zu überprüfen, ob überhaupt signifikante Zuammenhänge bestehen. Dadurch kann die Gefahr der artefiziellen Gewinnung von Ergebnissen abgewehrt werden, die auf dem Phänomen der so genannten α-Kumulierung beruhen, welches im Folgenden dargestellt werden soll.

14.2.1.1 Alpha-Inflation bei globalen Nullhypothesen

Die Gefahr einer α-Fehler-Kumulierung (synonym wird häufig auch der Begriff α-Fehler-Inflation verwendet) ist immer dann gegeben, wenn eine globale Hypothese anhand mehrerer Signifikanztests überprüft werden soll, wenn also beispielsweise der Zusammenhang zwischen zwei globalen Konstrukten, die jeweils durch drei verschiedene Variablen operationalisiert wurden, in drei verschiedenen Tests mit je einem anderen Variablenpaar auf Signifikanz gegrüft wird. Wendet man in jedem dieser

Tests ein Signifikanzniveau von fünf Prozent an, so ergibt sich bezogen auf die Globalhypothese wegen des wiederholten Testens eine erhöhte α-Fehlerwahrscheinlichkeit. Soll also von einem von mehreren Einzelergebnissen auf eine globale Hypothese gefolgert werden, ist eine Korrektur des α-Fehler-Niveaus notwendig. Werden die Ergebnisse von Signifikanztests ausschließlich auf die in ihnen verwendeten Variablen bezogen, ist dementsprechend keine Korrektur notwendig.

14.2.2 Multiple Regressionsanalyse

14.2.2.1 Allgemeine Form

Die Regressionsanalyse zeigt Zusammenhänge zwischen einer abhängigen und einer oder mehreren unabhängigen Variablen auf. Die multiple Regression tut dies für mehrere abhängige Variablen. Dies geschieht in drei Schritten: Im ersten Schritt wird ein Modell zur Abbildung der Ursache-Wirkungs-Beziehung formuliert. Im zweiten Schritt wird dann anhand der vorhandenen Daten eine Regressionsfunktion geschätzt. Diese wird schließlich in einem dritten Schritt geprüft, wobei zunächst die Regressionsfunktion als Ganzes und anschließend die einzelnen Regressionskoeffizienten überprüft werden. Ziel dieser Analyse ist es, mittels der Regressionsfunktion die abhängigen Variablen möglichst gut abzubilden bzw. vorherzusagen. Die Regressionsfunktion besteht aus einer Linearkombination mit Regressionskonstante, Regressionskoeffizienten, den Werten der unabhängigen Variablen und den so genannten Residuen. Die Residuen geben an, welche Teile der abhängigen Variablen nicht durch die Linearkombination vorhergesagt werden können. Zur Bewertung der gesamten Regressionsfunktion werden das Bestimmtheitsmaß und der F-Test eingesetzt. Das Bestimmtheitsmaß (in der Regel mit R^2 bezeichnet) ist ein Maß für den Anteil der Gesamtvarianz der abhängigen Variablen, der durch die Regressionsfunktion erklärt wird. Das Bestimmtheitsmaß kann Werte zwischen null und eins annehmen. Je mehr Varianz aufgeklärt wird, desto näher liegt der Wert an eins. Ein Bestimmtheitsmaß von eins würde bedeuten, dass abhängigen Variablen vollständig durch die unabhängigen vorhergesagt werden und die Residualgröße den Wert null annimmt.

Durch den F-Test wird geprüft, ob zwischen der Gesamtheit der unabhängigen Variablen ein signifikanter Zusammenhang besteht. Besteht ein solcher Zusammenhang, so kann ausgeschlossen werden, dass der Wert des Bestimmtheitsmaßes durch zufällige Schwankungen zustande gekommen ist. Im Rahmen eines F-Tests wird der empirisch ermittelte F-Wert dem tabellierten F-Wert gegenübergestellt. Ist der empirische F-Wert höher als der Tabellenwert, so kann die Nullhypothese („Es besteht kein signifikanter Zusammenhang“) mit der Irrtumswahrscheinlichkeit α (*alpha,* in der Tabelle angegeben) verworfen werden.

14.2.2.2 Schrittweise und hierarchische Regression

Bei Anwendung der multiplen Regression ergibt sich mitunter das Problem, dass ein Teil der eingesetzten Prädiktorvariablen nur über ein unzureichendes Vorhersagepotenzial verfügt und somit im Sinne der Zusammenhangsklärung als redundant zu bezeichnen ist. Um diesem Umstand Rechnung zu tragen, bietet es sich an, auf das Prozedere der so genannten schrittweisen Regression zurückzugreifen, das mit Hilfe verschiedener Techniken durchgeführt werden kann. Thompson (1995) weist allerdings im Zusammenhang mit der schrittweise durchgeführten Regression auf einige kritische Punkte hin. So ist zunächst festzuhalten, dass die Entscheidung darüber, welche Prädiktorvariablen als vorhersagerelevant und damit zielführend zu erachten sind, häufig als ein Produkt des Zufalls betrachtet werden muss. Aus diesem Grund empfiehlt es sich, den Einsatz der schrittweisen Regression theoretisch vorzustrukturieren, d. h. eine inhaltlich begründete Vorauswahl der in Frage stehenden Prädiktoren vorzunehmen und den wahren inkrementellen Beitrag[6] jedes einzelnen Prädiktors durch systematische Variation der Eingabereihenfolge zu ermitteln.

---

[6] Der inkrementelle Beitrag entspricht dem Zuwachs in R^2, der durch die Aufnahme eines weiteren Prädiktors erzielt werden kann. Dieser vom einzelnen Prädiktor an einer bestimmten Stelle eingebrachte Zuwachs entspricht der inkrementellen Validitität (oder auch: Nützlichkeit) dieses Prädiktors. Die Validität des Prädiktors entspricht seiner binären Korrelation mit dem Kriterium.

Bei dieser vorstrukturierten, theoriegeleiteten schrittweisen Regression lassen sich zunächst jene einzelnen Prädiktoren in das Regressionsmodell aufnehmen, von denen angenommen wird, dass mit ihnen das höchste Vorhersagepotenzial verbunden ist. Im Anschluss daran wird sukzessive überprüft, durch welche weiteren Variablen das Vorhersagepotenzial (R^2) der bereits im Modell enthaltenen Variablen maximal erhöht werden kann. Dieses Vorgehen kann so lange fortgesetzt werden, bis einzelne Variable unter einem bestimmten Minimalwert liegen, der besagt, dass der mit ihnen verbundene Vorhersagewert als redundant zu bezeichnen ist. Im Gegensatz zu dieser Systematik der Überprüfung einzelner Variablen lassen sich auch bestimmte Gruppen von Variablen mit Hilfe der so genannten *blockweise schrittweisen* Regression sukzessive auf ihr Vorhersagepotenzial hin untersuchen. Im weiteren Verlauf dieser Arbeit wird unter dem Begriff blockweise Regression stets ein vorstrukturiertes Vorgehen verstanden. Dabei wird der Begriff ‚Blöcke' der Einfachheit halber ungeachtet der Anzahl der im ‚Block' enthaltenen Prädiktoren verwendet, mitunter also auch dann, wenn auf einer bestimmten Stufe nur ein einzelner Prädiktor ins Modell aufgenommen wird.

Abschließend sei an dieser Stelle noch das Verfahren der **hierarchischen Regressionsanalyse** erwähnt. Bei der hierarchischen Regressionsanalyse wird zunächst der Prädiktor mit dem angenommenen höchsten Vorhersagepotenzial einzeln überprüft. Im Anschluss daran werden alle weiteren Prädiktoren lediglich im Hinblick auf die noch verbleibenden Residuen eingesetzt (d. h. jeder weitere Prädiktor im Hinblick auf die Residuen, die nach Einsatz des vorherigen Prädiktors noch übrig bleiben). Die damit verbundene Hierarchisierung der Prädiktoren ermöglicht es, relativ genau zu überprüfen, welcher Einzelbeitrag zur Varianzaufklärung mit jedem einzelnen Prädiktor verbunden und welche Bedeutung zur Erklärung des Hypothesenzusammenhangs in ihm verborgen ist.

14.2.2.3 Erfassung von Moderatoreffekten durch moderierte Regression

Interaktionen (Wechselwirkungen) können mit Hilfe eines so genannten Produktterms in einer Regressionsgleichung repräsentiert werden. Dieser beinhaltet die Produkte der Wertepaare der beiden Variablen, zwischen denen eine Interaktion vermutet wird.

Im Zusammenhang mit traditionellen Produkt-Term-Analysen richten wir im Folgenden den Fokus auf die so genannte moderierte multiple Regression (vgl. hierzu Jaccard, Turrisi & Wan, 1990). Dabei geht es darum zu überprüfen, inwieweit sich Interdependenzen zweier oder mehrerer unabhängiger Variablen im Hinblick auf die Ausprägungsstärke einer abhängigen Variablen bezüglich der Stärke und der Art des Effektes nachweisen lassen. Zusammenhänge zwischen zwei unabhängigen Variablen bezogen auf ein Zielkriterium lassen sich z. B. mit Hilfe der Regressionsgeraden darstellen, deren Steigung Auskunft darüber gibt, welche Effektstärken sich zwischen einer unabhängigen Variablen auf die Ausprägung der abhängigen Variablen auffinden lassen (Ursache-Wirkungs-Zusammenhang). Werden mehrere unabhängige Variablen im Lichte eines Zielkriteriums untersucht, so ergeben sich demzufolge so viele Regressionsgeraden wie unabhängige Variable zum Einsatz kommen. Bei einer nachgewiesenen Unabhängigkeit bzw. Nicht-Interdependenz der unabhängigen Variablen verlaufen die Regressionsgeraden parallel. Liegt demgegenüber eine Interdependenz, d. h. eine moderierte Regression vor, so verlaufen die Regressionsgeraden antiparallel und mit zunehmender Effektstärke einander überschneidend.

Drei Fragestellungen sind im Hinblick auf die moderierte multiple Regression von handlungsleitender Relevanz:

1. Ist überhaupt ein Interaktionseffekt zwischen den unabhängigen Variablen vorhanden bzw. inwieweit interagieren die unabhängigen Variablen (Prädiktoren) im Hinblick auf die abhängige Variable?
2. Falls ja, wie stark ist dieser ausgeprägt?
3. Wie lässt sich die Art bzw. die Natur des Interaktionseffektes beschreiben?

Zu 1) Für den Fall, dass sich der hierarchische F-Test als statistisch signifikant erweist, kann dies als Indiz für das Vorhandensein einer bilinearen moderierten Beziehung angesehen werden. Allerdings können sich hinter dieser statistischen Inzidenz auch Haupteffekte verbergen. Aus diesem Grund ist es notwendig, die Komponenten des Produkt-Terms zu partialisieren, um zu überprüfen, welchen Anteil die partialisierte unabhängige Variable auf die Ausprägungsstärke des Merkmals aufzuweisen hat.

Zu 2) Die Stärke eines Interaktionseffektes zwischen den unabhängigen Variablen lässt sich mit Hilfe von Eta^2 ermitteln.

Zu 3) Die Natur des Interaktionseffektes zwischen zwei Prädiktoren A und B lässt sich explorieren, indem die beobachteten unstandardisierten Beta-Gewichte in die Regressionsgleichung eingefügt werden. Durch Annahme verschiedener Werte von Variable B (Moderator), beispielsweise des minimalen, des mittleren und des maximalen Wertes, lassen sich auf diese Weise drei verschiedene Regressionsgeraden berechnen. An deren Steigungsgradient lässt sich die unterschiedliche Intensität des Zusammenhangs zwischen Variable A und dem Kriterium auf verschiedenen Stufen von Variable B ablesen.

Zwischen den ursprünglichen Prädiktoren und dem aus ihren Werten gebildeten Produktterm sind starke Interkorrelationen zu erwarten, was zu Unzuverlässigkeit in den Schätzungen der Regressionsgewichte führen kann. Cronbach (1987) schlägt daher vor, die beiden ursprünglichen Variablen vor Bildung des Produktterms zu zentrieren und die zentrierten Variablen auch in der Regressionsgleichung zu verwenden. Dieses Vorgehen wird auch von Jaccard et al. (1990) unterstützt.

14.2.2.4 Effekte von Multikollinearität und ihre Überprüfung

Unter Multikollinearität wird nach Bortz (1999, S. 438) die „wechselseitige lineare Abhängigkeit von Variablen im Kontext multivariater Verfahren“ verstanden. So beeinträchtigt die Multikollinearität die multiple Regression (als ein multivariates Verfahren) im Hinblick auf die

- Genauigkeit der b-Gewicht-Schätzungen
- Potenzielle Verzerrungen der Teststatistiken
- Interpretationsfähigkeit der b-Gewichte

Im Regressionsmodell sind daher a priori die unabhängigen Variablen auf Kollinearität zu überprüfen, sodass ggf. betroffene Variablen ausgeschlossen und durch geeignetere Variablen ersetzt werden können. Auch bei einer durch einen niedrigen Koeffizienten ausgewiesenen Korrelationsmatrix kann Kollinearität nicht zwangsläufig ausgeschlossen werden, da u. U. noch zwischen Kombinationen mehrerer unabhängiger Variablen lineare Zusammenhänge denkbar erscheinen können. In diesem Zusammenhang empfiehlt es sich daher – im Sinne einer Kollinearitätsdiagnose - die im Folgenden aufgeführten Kollinearitätsmaße zu bestimmen. In einem ersten Schritt werden zunächst die im Hinblick auf die unabhängigen Variablen relevanten Korrelationskoeffizienten ermittelt. Darüber hinaus lässt sich zu jedem Korrelationskoeffizienten ein Toleranzwert ermitteln. Der Toleranzwert ergibt sich aus dem Term : $Toleranz_i = 1 - R_i^2$, wobei R_i den Korrelationskoeffizienten bezeichnet, „der sich ergibt, wenn die i-te unabhängige Variable durch die übrigen unabhängigen Variablen erklärt wird" (vgl. Brosius, 2002, S. 564). Toleranzwerte unter 0,1 bergen deutliche Verdachtsmomente auf eine potenzielle Kollinearität. Sehr kleine Toleranzwerte (i. d. R. unter 0,01) lassen nahezu sicher auf das Vorliegen von Kollinearität schließen. Neben dem Toleranzwert ist noch der Varianzinflationsfaktor (Variance Inflation Factor bzw. VIF) anzuführen, der als Kehrwert des Toleranz definiert wird. Demzufolge sind hohe VIF-Werte (ab Werten über 10) als Indiz für das Vorliegen von Kollinearität zu deuten. Des Weiteren kann zur Abschätzung einer möglichen Kollinearität der Einsatz des so genannten Konditionsindex in Betracht gezogen werden. Der Konditionsindex errechnet sich aus der Wurzel des Quotienten, der sich aus dem größten in der Schätzung vorkommenden Eigenwert der Kreuzproduktmatrix und jeweils einem der übrigen Eigenwerte ergibt. Je größer der ausgewiesene Konditionsindex ausfällt, desto stärker ist dies als Hinweis auf Kollinearität zu werten. Brosius (2002) gibt als ‚Faustregel' an, dass Werte zwischen 10 und 30 auf mäßige Kollinearität und Werte über 30 auf starke Kollinearität hinweisen. Abschließend sei an dieser Stelle noch auf die Varianzanteile von Regressionskoeffizienten als ein Maß für das Vorhandensein von Kollinearität verwiesen. Hierbei werden die Varianzen der Regressionskoeffizienten in einzelne Komponenten (Dimensionen) zerlegt, welchen Eigenwerte zugeordnet sind. Die Summe aller Eigenwerte beträgt für jeden Regressionskoeffizienten 1. Aus der Betrachtung der einzelnen Komponenten kann nun geschlossen werden, ob und in welchem Maße derselbe Eigenwert die Varianz mehrerer Regressionskoeffizienten erklärt. Ist dies in hohem Umfang der Fall, heißt das, dass die betreffenden Variablen stark voneinander abhängig sind (vgl. Brosius, 2002).

14.3 Pfadanalyse

Bei der Pfadanalyse handelt es sich um Verfahren zur Analyse der Kausalbeziehungen in rekursiven Modellen durch die mehrfache Anwendung der multiplen Regression. Dabei werden die kausalen Verknüpfungen zwischen einer Gruppe von Variablen anhand von Pfeilen – ‚Pfaden' – im Vorhinein auf Basis gründlicher theoretischer Herleitungen festgelegt.

Das Modell wird dann auf seine Passung zu einem entsprechenden Datensatz hin geprüft. Bei gegebener Passung kann das Modell als bestätigt angesehen werden und die aus ihm ablesbaren Gewichtungen einzelner Effekte interpretiert werden.

Das Verfahren weist jedem Pfad einen Pfadkoeffizienten zu. Dieser entspricht dem standardisierten partiellen Regressionskoeffizienten der Beziehung zwischen der unabhängigen und der abhängigen Variablen.

Abhängige Variable werden innerhalb des Modells als endogen, unabhängige Variable als exogen bezeichnet. In der Regel werden jedoch einzelne Variable sowohl exogen als auch endogen sein, da sie zur Vorhersage einer anderen Variablen eingesetzt und dabei gleichzeitig durch eine dritte vorhergesagt werden.

Auf Basis derartiger Verknüpfungen kann der Gesamteffekt einer Variablen („totaler Effekt") auf eine andere aufgeteilt werden in einen direkten und einen oder mehrere indirekte Effekte – letztere sind Effekte, die über den ‚Umweg' mindestens eines Mediators vermittelt werden.

Der grundlegende Test für die Passung des Modells zur Stichprobe ist ein Chi²-Anpassungstest. Je weniger signifikant das Ergebnis dieses Tests, desto höher ist die Passung des Modells.

Darüber hinaus sollte jedoch auch auf deskriptive Anpassungsmaße zurückgegriffen werden. Zu ihnen zählt unter anderem der GFI (Goodness-of-Fit-Index). Dieser prüft die Abweichung der beobachteten Kovarianzmatrix und der vom Modell generierten Kovarianzmatrix.

Da im Rahmen der Pfadanalyse allgemein die Forderung gilt, mit möglichst wenigen Pfaden eine hohe Passung zu erzielen, ist der AGFI (Adjusted-Goodness-of-Fit-Index), der außerdem die Höhe der Freiheitsgrade berücksichtigt, als das strengere Maß anzusehen und sollte ebenfalls verwendet werden.

In beiden Fällen gilt, dass ein Index von 1 einer perfekten Modellanpassung entspricht.

14.4 Verfahren im Rahmen des Multi-Level-Ansatzes

14.4.1 Messung des Konsens in Gruppen und Identifizierung des primären Varianzlevels

In Kapitel 9 wurde die Konstruktion von Skalen angeregt, welche den Urteilskonsens innerhalb jedes Teams bezüglich einer bestimmten Variablen quantifiziert. Im Folgenden wird ein Weg zur Operationalisierung des Gruppenkonsens auf Basis der teaminternen Varianzwerte vorgeschlagen.

14.4.1.1 Messung von Beobachterkonsens

Von hoher Übereinstimmung in den Urteilen von Gruppenmitgliedern bezüglich eines bestimmten Objektes lässt sich laut Bliese (2000, S. 350) sprechen, wenn die „Antworten der Gruppenmitglieder einander ähnlicher sind als es per Zufall zu erwarten wäre." Die Herausforderung bestehe jedoch darin, wie die Überzufälligkeit einer Übereinstimmung bestimmt werden kann.

Den verschiedenen in diesem Zusammenhang diskutierten Methoden und Kennzahlen liegen zwei grundsätzliche Strategien zugrunde: So wird die beobachtete Innengruppen-Varianz entweder mit der Zwischengruppenvarianz oder mit einer theoretischen Erwartungsvarianz verglichen. Zur ersten Strategie gehören so genannte Konsistenz-Maße wie das korrigierte eta^2 oder ICC (vgl u. a. Bliese & Halverson, 1998), zur zweiten Strategie zählen Konsensmaße, insbesondere die von James et al. (1984) entwickelte Kennzahl r_{wg}.

Diese zuletzt genannte Strategie und insbesondere das von James et al. vorgeschlagene Verfahren wird von der überwiegenden Zahl der Autoren bevorzugt (vgl. Bliese, 2000, S. 350; Moritz & Watson, 1998, S. 295 sowie Zohar, 2003). Zum Verlauf der teilweise kontroversen Diskussion siehe u. a. Kozlowski & Hattrup (1992) sowie James, Demaree & Wolf (1993).

In der vorliegenden Arbeit wird gemäß der generellen Empfehlung das von James et al. (1984) entwickelten Konsensmaß verwendet. Dieses soll daher im Folgenden erläutert werden.

James et al. (1984, 1993) argumentieren, dass die Einteilung von Beobachtervarianz in eine unsystematische Fehlervarianz-Komponente und eine systematische Varianz nicht hinreichend ist, da letztere ihrerseits weiter aufgeteilt werden kann in tatsächliche True-score-Varianz und eine Varianzkomponente, die auf eine gemeinsame Urteilsverzerrung – einen so genannten ‚Bias' - aller Beobachter zurückgeht (James et al., 1984, S. 86). Gerade ein hoher gemeinsamer Bias führe jedoch zu hoher Übereinstimmung der Urteile. James et al. (1984, 1993) ziehen die Schlussfolgerung, dass der Einfluss eines kollektiven Bias bei der Einschätzung der Beurteilerübereinstimmung daher kontrolliert werden müsse.

Um dieser Forderung gerecht zu werden, könne Übereinstimmung daher nicht alleine als Gegenwert zur Varianz ($1 - s^2$) operationalisiert werden. Vielmehr müsse der beobachteten Varianz eine Erwartungsvarianz gegenübergestellt werden, welche dann zu erwarten wäre, wenn die Beobachter ihre Urteile ohne systematischen Bezug zum fokussierten Objekt, jedoch unter dem Einfluss eines noch zu bestimmenden gemeinsamen Bias abgäben.

Ein entsprechendes Maß zur Messung von Beobachterübereinstimmung innerhalb von Gruppen, „r **w**ithin **g**roups (r_{wg})“ (James et al., 1984, S. 87), operationalisieren James et al. (1984) daher an gleicher Stelle wie folgt:

$$r_{wg_{(1)}} = 1 - \left(s_{xj}{}^2 / \sigma_{EU}{}^2 \right)$$

(Dabei ist $r_{wg(1)}$ die Intra-Gruppen-Reliabilität einer Gruppe von k Beobachtern auf einem einzelnen Item X_j , $s_{xj}{}^2$ ist die Varianz in X_j, die erwartet werden müsste, wenn alle Urteile ausschließlich auf Zufall beruhten.)

Die Höhe der Erwartungsvarianz hängt dabei vom vermuteten Ausmaß des Beobachter-Bias ab. Ohne Annahme eines Bias wäre bei zufälligen Urteilen auf einer 5-stufigen Skala eine Varianz von 2 zu erwarten (James et al., 1984, S. 88).

James et al. argumentieren, dass im Rahmen von Mitarbeiterbefragungen bezüglich innerorganisationaler Phänomene eine mehr oder weniger starke Verzerrung der Urteile in Richtung des - im Sinne der Organisation - wünschenswerten Pols der Skala zu erwarten ist. Generell sei eine eher leichte Verzerrung zu erwarten, die sich aus einer Kombination von Tendenzen zur Skalenmitte sowie zur Positivbewertung entsteht (James et al., 1984, S. 90 f.).

Dieser Argumentation folgend (siehe hierzu auch Miller, K., 2001, S. 149) und mangels spezifischer Erfahrungen mit den in der vorliegenden Untersuchung eingesetzten Skalen wird für die Ermittlung der Beobachterübereinstimmungen im vorliegenden Datensatz in allen Variablen eine leicht positive Verzerrung erwartet.

Für eine dem entsprechende aufgrund der Ausrichtung aller Skalen zum rechten Pol hin leicht rechtssteile Verteilung kann, basierend auf den Vorgaben von James et al. (1984, S. 91) für fünfstufige Skalen, eine Erwartungsvarianz von 1.34 veranschlagt werden. In der vorliegenden Untersuchung wird die Beobachterübereinstimmung (Konsens) innerhalb der Teams daher prinzipiell auf folgende Weise berechnet:

$$r_{wg_{(1)}} = 1 - \left(s_{xj}{}^{2} / 1{,}34 \right)$$

Da jedoch die überwiegende Zahl der verwendeten Skalen aus mehreren Items zusammengesetzt wird, wird für diese Fälle eine wie folgt erweiterte Formel verwendet:

$$r_{wg(J)} = \frac{J\left[1-(\overline{s^2}/1.34)\right]}{J\left[1-(\overline{s^2}/1.34)\right]+(\overline{s^2}/1.34)}$$

Dabei ist $\overline{s^2}$ die mittlere Varianz der Items, J die Anzahl der verwendeten Items. (Siehe im Zusammenhang zur Kennzahl r_{wg} bei Messung anhand mehrerer Items zu einem Beobachtungsgegenstand auch Lindell, Brandt & Whitney, 1999)

Ein weiterer, von Kozlowski & Klein (2000) herausgestellter Vorteil der Kennzahl r_{wg} gegenüber vielen anderen Maßen, wie etwa ICC, besteht darin, dass im Falle des r_{wg} Übereinstimmung der Urteile gruppenspezifisch quantifiziert wird und nicht für die ganze Stichprobe. So ist es möglich, anhand einer Stichprobe nicht nur eine Aussage über ein Konstrukt zu machen, sondern auch über den spezifischen Konsens jeder einzelnen Gruppe in Bezug auf das jeweilige Konstrukt zu messen.

14.4.1.2 Nutzung des r_{wg} in der vorliegenden Untersuchung

Die oben beschriebene Kennzahl r_{wg} kann zur Operationalisierung der in Kapitel 9 vorgeschlagenen Konsenskomponenten verwendet werden. Diese geben für jedes Team den jeweils teamspezifischen Konsens bezüglich einer bestimmten Skala an.

Darüber werden die r_{wg}-Werte jedes Teams zur Ermittlung des primären Varianzlevels der ursprünglichen Skalen benötigt, d.h. also zur Identifizierung der Beobachtungsperspektiven, auf denen die teaminterne Kommunikation im Rahmen der Fragebogenmatrix beschrieben wird.

Um mit Hilfe des r_{wg} eine Aussage bezüglich einer Skala bzw. eines Konstrukts insgesamt machen zu können, sollten laut Kozlowski & Klein (2000, S. 36) sowohl die Innen-Gruppen-Homogenität als auch die Zwischen-Gruppen-Varianz berücksichtigt werden.

- Die Innengruppenhomogenität mit Hilfe des r_{wg} quantifiziert werden, wobei ein durchschnittlicher r_{wg} aller Teams eines Unternehmens von über .70 allgemein als kritischer Wert dafür angesehen wird, dass ein Konstrukt als Level-2-Konstrukt angesehen werden kann[7]. Letzteres würde bedeuten, dass nur die Zwischengruppenvarianz als wahre Varianz angesehen wird, während die Innengruppenvarianz als Fehlervarianz angesehen und im Rahmen einer Aggregation auf Gruppenebene entfernt werden darf (vgl. Klein et al, 2000).
- Die Zwischengruppenvarianz kann mit Hilfe einer Anova auf Signifikanz geprüft werden. Eine signifikante Zwischen-Gruppen-Varianz gilt allgemein als weitere notwendige Voraussetzung für die Zuordnung einer Variablen auf Team-Level (vgl. Kozlowski & Klein, 2000, S. 36; sowie Zohar 2002, 2003).

James et al. (1984) weisen auch auf die Möglichkeit hin, den r_{wg} der gesamten Organisation bezüglich einer bestimmten Skala zu ermitteln. Sollte über die gesamte Organisation ein hoher r_{wg} beobachtet werden, ohne dass zwischen den relevanten Untergruppen der Organisation substanzielle Zwischen-Gruppen-Varianz herrscht, müsste die Variable daher auf Organisationslevel angesetzt werden. Auch hierfür soll in der vorliegenden Arbeit ein kritischer r_{wg} - Wert von .70 in der Gesamtorganisation verwendet werden.

14.4.2 HLM2

Mit Hilfe der Prozedur HLM2 von Bryk, Raudenbusch & Congdon (1996) können Prädiktorenmodelle geprüft werden, welche level-überschreitende Effekte zwischen zwei Levels annehmen.

[7] Vor Ermittlung des durchschnittlichen r_{wg} ist jedoch zu beachten, dass negative r_{wg} –Werte in der Regel gleich null gesetzt werden (vgl. James et al., 1984).

Generell können insgesamt drei Arten von Effekten geprüft werden:

1. Level-1-Hauptwirkungen: Vorhersagen von Level-1-Prädiktoren auf das Kriterium.
2. Level-2-Hauptwirkungen: Vorhersagen von Level-2-Prädiktoren auf das Kriterium.
3. Cross-Level-Interaktionen: Moderation von Level-1-Hauptwirkungen durch Level-2-Prädiktoren.

Die ersten beiden Arten von Zusammenhängen entsprechen einem Mixed-Determinants-Modell, die dritte Art von Zusammenhängen lässt sich ausschließlich über Verfahren wie das HLM prüfen. Dabei werden die Zusammenhangsarten (2) und (3), also Wirkungen von Level-2 aus, im Rahmen des HLM in folgender, spezieller Art und Weise repräsentiert:

- Level-2-Hauptwirkungen werden als Effekte der Level-2-Prädiktoren auf die Konstante (y-Achsenabschnitt) der Regressionsgleichung auf Level 1 abgebildet.
- Cross-Level-Interaktionen bestehen in einem Effekt von Level-2-Prädiktoren auf die Regressionskoeffizienten bestimmter Level-1-Prädiktoren.

HLM2 bietet die Möglichkeit, ein zunächst nur auf dem jeweils unteren Level angesiedeltes Prädiktorenmodell stufenweise zu erweitern.

Unter anderem können dabei folgende Typen von Teilmodellen verwendet werden:

(Darstellungen zu HLM2 finden sich unter anderem bei Hofmann, Griffin & Gavin, 2000, sowie grundlegend bei Bryk & Raudenbusch, 1992).

Gemäß der Vorgaben im HLM sollen folgende Teilstufen des Modells geprüft werden.

1. „Random-Coefficient"-Modell: Ein Random-Coefficient-Modell beinhaltet nur Prädiktoren auf dem unteren Level. Dabei wird die Regressionskonstante (y-Achsenabschnitt) für jedes Team getrennt eingeschätzt. Sollten zwischen den teamspezifischen Schätzungen der Regressionskonstanten große Varianz bestehen, so erscheint

es angebracht, diese mit Hilfe von Level-2-Prädiktoren aufzuklären. Zur Orientierung dient ein Chi²-Test, der überprüft, ob eine signifikante Streuung der Level-1-Regressionskonstanten vorliegt.

2. Intercepts-as-outcome-Modell: Dieses Modell beinhaltet Hauptwirkungen sowohl von Level-1 als auch von Level-2. Mit seiner Hilfe kann auch die Frage beantwortet werden, ob die zusätzliche Annahme von Cross-Level-Interaktionen notwendig und sinnvoll wäre. Dafür werden die teamspezifisch ermittelten Regressionskoeffizienten (Beta-Gewichte) der einzelnen Level-1-Prädiktoren der gleichen Untersuchung unterzogen wie zuvor die Regressionskonstante. Auch hier gibt ein Chi²-Test Aufschluss darüber, ob in den Beta-Gewichten eines bestimmten Prädiktors zwischen den Teams hinreichend viel Varianz herrscht, um eine weitere Aufklärung angebracht erscheinen zu lassen.

15 Analyseplan

Ausgehend von den in Kapitel 11 aufgestellten Hypothesen wird im Folgenden das analytische Konzept zur Prüfung der Hypothesen und zur Beantwortung der mit ihnen verknüpften Fragen skizziert. Die Darstellung der Ergebnisse in den Kapiteln 16 bis 18 orientiert sich an der hier aufgestellten Reihenfolge der Analyseschritte sowie der hier vorgegebenen Abhängigkeiten der Analyseschritte voneinander.

15.1 Fragekomplex 1: Qualitätsmodell

15.1.1 Binäre Zusammenhänge

Zur Überprüfung der binären Zusammenhänge zwischen den Kommunikationsskalen *Zugang*, *Vertrauen*, *Konfliktfreude* und *Formalqualität* sollen die binären Korrelationen ermittelt sowie ergänzend einfache Regressionsanalysen für jede der Skalen durchgeführt werden.

Durch dieses Vorgehen werden folgende Ziele erreicht:

1. Prüfung der Hypothesen Kom-1 bis Kom-4, laut derer jede einzelne der Kommunikationsskalen *Kom-Efficacy* vorhersagt.
2. Prüfung der Interkorreliertheit der Kommunikationsskalen zur Einschätzung der Gefahr von Ergebnisverzerrungen durch Multikollinearitätseffekte.

15.1.2 Multiple Vorhersage und inkrementelle Validitäten

Zur Überprüfung des multiplen Zusammenhangs der Kommunikationsskalen mit *Kom-Efficacy* sollen alle vier Kommunikationsskalen gemeinsam als Prädiktoren in eine multiple Regressionsanalyse eingegeben werden.

Um die inkrementellen Validitäten der einzelnen Prädiktoren zu überprüfen, wird dabei eine blockweise Eingabe der Prädiktoren (vgl. Thompson, 1995) gewählt (siehe zur Erläuterung Abschnitt 14.2.2).

Dabei soll zunächst eine theoriegestützte Eingabereihenfolge erfolgen, in der jede Kommunikationsskala in einem eigenen Block aufgenommen wird. Hierbei wird *Zugang,* der als Voraussetzung für das Zustandekommen von Kommunikation angesehen wird, zuerst eingegeben, gefolgt von den Skalen zu Beziehungsaspekten, *Vertrauen* und *Konfliktfreude* und der Skala *Formalqualität.*

Anschließend sollen die Eingabereihenfolgen der Skalen *Vertrauen, Konfliktfreude* und *Formalqualität* systematisch variiert werden, bis alle inhaltlich relevanten inkrementellen Beiträge, die aus dem ersten Eingabemodell noch nicht mit Sicherheit einschätzbar waren, aufgedeckt wurden.

(Die zuvor aus der Theorie abgeleitete Interaktion zwischen Vertrauen und Zugang soll jedoch auf den nächsten Auswertungsschritt verlegt werden.)

Durch dieses Vorgehen werden folgende Ziele erreicht:

1. Prüfung von Hypothese Kom-5, laut der jede der Kommunikationsskalen einen von den anderen Skalen unabhängigen Anteil von *Kom-Efficacy* aufklärt.
2. Auf Basis dieser Ergebnisse sollen in allen folgenden Fällen der Vorhersage von *Kom-Efficacy* nur noch diejenigen Kommunikations-Skalen eingesetzt werden, die in dieser multiplen Regressionsanalyse einen signifikanten eigenen Beitrag zur Aufklärung der Kriterienvarianz geliefert haben[8].

15.1.3 Interaktion zwischen Zugang und Vertrauen

Zur Überprüfung von Existenz und Natur einer Interaktion zwischen *Vertrauen* und *Zugang* wird das Verfahren der multiplen Regression (vgl. Jaccard et al., 1990) eingesetzt. Dazu werden in einem ersten Block die bisher signifikant gewordenen Kommunikationsskalen und im zweiten Block der Interaktionsterm *Vertrauen * Zugang* ins Modell aufgenommen.

Anschließend soll unter Verwendung der unstandardisierten Regressionskoeffizienten aus dem zweiten Block der Effekt von *Vertrauen* auf

[8] Die Gesamtskala der Kommunikation wurde jedoch im später vorgestellten erweiterten Modell nach wie vor inklusive aller Kommunikationsskalen gebildet, da bei Vorhersage anderer Kriterien als *Kom-Efficacy*, wie beispielsweise *Team-Potency*, andere inkrementelle Beiträge möglich sind.

Kom-Efficacy, d. h. die Steigung der Regressionsgeraden, für insgesamt drei verschiedene Stufen des Faktors *Zugang* jeweils getrennt ermittelt werden. So wird gezeigt, wie die Steigung der Regressionsgeraden für den Effekt von *Vertrauen* auf *Kom-Efficacy* durch die Ausprägung in der Variablen *Zugang* moderiert wird.

Um Ergebnisverzerrungen zu vermeiden, die bei Verwendung eines Produktterms typischerweise entstehen (vgl. Kapitel 14.2), sollen, wie von Cronbach (1987) vorgeschlagen, alle aufgenommenen Variablen vor der Analyse zentriert werden. In einer anschließenden Multikollinearitätsdiagnose soll darüber hinaus geprüft werden, ob die zur Ermittlung der Regressionsgerade verwendeten Beta-Gewichte verlässlich sind.

Durch dieses Vorgehen werden folgende Ziele erreicht:

1. Überprüfung von Existenz und Vorzeichen der Interaktion *Vertrauen * Zugang* (vgl. Hypothese 6).
2. Veranschaulichung der Natur der Interaktion im Sinne von Jaccard et al. (1990).
3. Überprüfung der Verlässlichkeit dieses Ergebnisses.

Auf Basis dieser Ergebnisse sollen in allen weiteren Kontexten zur Vorhersage von *Kom-Efficacy* nur noch diejenigen Kommunikationsskalen und ggf. Interaktionsterme eingesetzt werden, die in den bis zu diesem Zeitpunkt durchgeführten multiplen Regressionsanalysen einen eigenen signifikanten Aufklärungsbeitrag geliefert haben.

15.2 Fragekomplex 2: Kontextmodell

Das Modell zur Vorhersage von Team-Potency soll mit Hilfe des Verfahrens der Pfadanalyse auf seine Passung zum Datensatz geprüft werden. Darüber hinaus sollen im Rahmen der Modellprüfung die einzelnen im Modell implizierten direkten Effekte auf Signifikanz geprüft werden. Das Modell beinhaltet insgesamt 22 hypothetische direkte Effekte von einer Variablen auf eine andere. Bei einer Prüfung dieser Hypothesen im Gesamtkontext des Modells werden die Effekte nur dann bestätigt, wenn sie

bei gemeinsamer Verrechnung mit den anderen im Modell befindlichen Prädiktoren bzw. Prädiktor-Mediator-Kombinationen substanziell bleiben.
Als direkter Effekt zwischen Prädiktor und abhängiger Variablen im Rahmen des Modells wird ausschließlich derjenige Teil des Zusammenhangs gemessen, der nicht durch im Modell enthaltene Mediatoren vermittelt wird und nicht durch die gemeinsame Korrelation der beiden betreffenden Variablen mit einer Drittvariablen erklärt werden kann (vgl. hierzu Boudon, 1968; Duncan,1966; Goldberger, 1970).

Im Folgenden sollen Schritte für das Vorgehen bei dieser Analyse skizziert werden:

15.2.1 Überprüfung des Modells

15.2.1.1 Binäre Zusammenhänge

Zur Überprüfung der binären Zusammenhänge zwischen den Variablen sollen zunächst die binären Korrelationen zwischen allen ins Modell integrierten Variablen erhoben werden.
Dabei sollen diejenigen Korrelationen betrachtet werden, die durch die Pfade des Modells impliziert werden, sowie alle Zusammenhänge zwischen *Kom-Qualität* zu den anderen Variablen des Modells.

Durch dieses Vorgehen werden folgende Ziele erreicht:

1. Erste Überprüfung der den einzelnen Pfadhypothesen zugrunde liegenden binären Zusammenhänge. Auf diese Weise kann aufgedeckt werden, ob die eventuelle Nichtbestätigung eines Pfades auf Verteilungseffekte innerhalb des Modells zurückgeht oder auf das grundsätzliche Fehlen eines Zusammenhangs schon auf der binären Ebene.

2. Erste Überprüfung der Modellkonstruktion bezüglich der korrelativen Verknüpfung von *Kom-Qualität*:

a. Erweist sich die im Modell implizierte Annahme, dass die Verteilung der Unternehmensinformation unabhängig von der Qualität der Teamkommunikation sei, als angemessen?
b. Korreliert *Kom-Qualität* hoch mit Variablen, zu denen im Modell keine Verbindung vorgesehen ist?

15.2.1.1.1 Analyse der direkten Effekte

Anhand ihrer T-Statistiken soll überprüft werden, auf welchem der Pfade signifikante Effekte beobachtet werden konnten.

Durch dieses Vorgehen können folgende Ziele erreicht werden:

- Schaffen einer Basis zur Optimierung des Modells durch Eliminieren überflüssiger Pfade.
- Vergleich der Variablenzusammenhänge innerhalb des Modells mit den binären Korrelationen: Gibt es direkte Zusammenhänge, die auf der binären Ebene substanziell sind, im Kontext des Gesamtmodells aber nicht mehr zu beobachten sind?

15.2.1.1.2 Passung des Modells zur Datenbasis

Die so genannte Fitness des Modells soll mit Hilfe mehrerer gängiger Kennzahlen ermittelt werden.

Durch dieses Vorgehen wird das Ziel erreicht, die Passung des Modells zur Stichprobe sowie das Ausmaß der inferenzstatistischen Übertragbarkeit der im Modell implizierten Verbindungen insgesamt zu quantifizieren.

15.2.1.1.3 Bereinigung des Modells von den nicht-signifikanten Verbindungen und erneute Prüfung der Passung

Das Modell soll von den nicht bestätigten Pfadverknüpfungen bereinigt und danach erneut hinsichtlich seiner Passung überprüft werden. Durch dieses Vorgehen wird eine Basis für die weitere und theoriegestützte Optimierung des Modells geschaffen.

In der Interpretation und Diskussion der Ergebnisse des Kontextmodells soll jedoch in dieser Arbeit - wo nicht explizit erwähnt – auf das ursprüngliche Modell eingegangen werden. Dies entspricht den Vorgaben von Jöreskog (1982) sowie Jöreskog & Sörbom (1993) , dass Pfadmodelle in der zuvor theoretisch begründeten Form getestet werden sollen.

15.2.1.2 Betrachtung ausgewählter Zusammenhänge innerhalb des Modells

15.2.1.2.1 Nähere Untersuchung ausgewählter Effekte

Falls sich überraschende Verluste von direkten Zusammenhängen ergeben, soll deren Zustandekommen mit Hilfe von spezifisch zu konstruierenden Teilmodellen exploriert werden.

Durch dieses Vorgehen kann ein tieferes Verständnis der Verknüpfungen im Modell gewonnen werden.

15.2.1.2.2 Direkte vs indirekte Effekte ausgewählter Variablen

Zur genaueren Untersuchung des Einflusses von *Kom-Qualität* sollen die Verzweigungen der Effekte dieser Skala auf ausgewählte andere Modellelemente in direkte und indirekte Effekte nachgehalten werden.

Dabei sollen die Effekte auf die zwei subjektiven Leistungsmaße *Kom-Efficacy* & *Team-Potency* berücksichtigt werden, sowie die Effekte auf die beiden Skalen *Kooperation im Team* sowie *Info-Versorgung-O*.

Dem soll eine entsprechende Analyse der Effekte von *Führungsqualität* auf *Team-Potency* sowie *Info-Versorgung-O* gegenüberstellt werden.

Durch dieses Vorgehen können folgende Ziele erreicht werden:

1. Vertiefte Erkenntnis über die Verknüpfungen von *Kom-Qualität* mit anderen Phänomenen.
2. Einschätzung über das Ausmaß, in dem die Verbindung zwischen *Kom-Qualität* und *Team-Potency* durch die im Modell befindlichen Variablen erklärt werden kann.
3. Vergleich der Gesamteinflüsse von Kom-Qualität und Führungsqualität innerhalb der Strukturen des vorliegenden Modells.

15.2.2 Anmerkung zu den eingesetzten Skalen

Um eine Überkomplexität des Modells zu vermeiden, soll die Kommunikationsqualität in Form der Gesamtskala *Kom-Qualität* gemessen werden. (Zur hinreichenden Repräsentation der Subskalen durch die Gesamtskala siehe Kapitel 13.1.1.1)

15.3 Fragekomplex 3: Multiperspektivische Beobachtungen

Das im ersten Abschnitt des Analyseplans ermittelte Prädiktormodell zur Vorhersage von *Kom-Efficacy* muss einer genaueren Untersuchung mit Berücksichtigung der Rolle verschiedener Varianz-Levels unterzogen verwenden.

Falls alle bis zu diesem Zeitpunkt geprüften Hypothesen signifikant werden, besteht das Prädiktormodell aus den Kommunikationsskalen *Zugang*, *Vertrauen*, *Konfliktfreude*, *Formalqualität* sowie dem Interaktionsterm *V*Z* (Vertrauen * Zugang).

Falls eine dieser Skalen jedoch bei gemeinsamer Eingabe aller Skalen keinen eigenen signifikanten Erklärungsbeitrag liefert, wird diese, wie oben beschrieben, aus dem Prädiktormodell entfernt.

15.3.1 Level der Ursprungsvariablen

Es wurde gefragt, auf welchen Varianz-Levels die Ursprungsvariablen der Kommunikationsskalen und ihre Gesamtskala *Kom-Qualität* sowie die Ursprungsvariable von *Kom-Efficacy* einzuordnen sind.

Zur Beantwortung dieser Frage wird jede der Variablen nacheinander drei Prüfschritten unterzogen:

1. Die Variable wird durch den Prädiktor Teamzugehörigkeit vorhergesagt. Die Signifikanz dieser Vorhersage ist die erste Voraussetzung dafür, dass die Variable auf Gruppenlevel angesiedelt werden kann.
2. Der durchschnittliche r_{wg} aller Teams in dieser Variablen wird ermittelt. Ab einem durchschnittlichen Konsens von .70 kann von einer

Variablen auf Gruppenlevel, in diesem Fall dem Level der Mitarbeiterteams, gesprochen werden.

3. Der Konsens der ganzen Organisation in dieser Variablen wird ermittelt. Liegt dieser über .70 kann von einer Variablen auf Organisationslevel gesprochen werden, wenn keine signifikanten Unterschiede zwischen den Subgruppen, hier den Teams, bestehen.

Durch dieses Vorgehen werden folgende Ziele erreicht:

1. Beantwortung der Frage nach der Level-Struktur der in *Kom-Qualität* zusammengefassten Skalen (vgl. Hypothese ML-1).
2. Prüfung von Hypothese ML-2, laut der die Gesamtskala der Kommunikation, *Kom-Qualität* auf Teamlevel, einzuordnen ist.
3. Prüfung von Hypothese ML-3, laut der die *Kom-Efficacy* ursprünglich auf Teamlevel einzuordnen ist.

Zum Vergleich mit Kom-Efficacy und zur besseren Orientierung soll zusätzlich die Skala Team-Potency in der oben beschriebenen Weise untersucht werden.

15.3.2 Analyse von Zusammenhängen auf verschiedenen Levels

Über den Aspekt der Levels einzelner Variablen hinausgehend, wurde gefragt, über welche Levels die Zusammenhänge innerhalb des Modells zur Vorhersage der *Kom-Efficacy* durch die Kommunikationsskalen vermittelt werden.

Zur Erforschung dieser Frage sollen die Ursprungsvariablen durch die level-spezifischen Konstruktkomponenten auf Individual- & Gruppenlevel sowie die Konsenskomponenten ersetzt werden.

Durch systematische Variation bei diesen Ersetzungen können die in diesem Zusammenhang aufgestellten Hypothesen ML-4 bis ML-16 geprüft werden.

Die Prüfung aller Hypothesen wird dabei auf insgesamt drei verschiedene Modelle verteilt, die jeweils zu einem anderen Typus von Multi-Level-

Modellen gehören. Dabei ist zu beachten, dass in diesem Kontext in Kapitel 11 zwei Arten von Hypothesen formuliert wurden:

1. *Variablenspezifische Hypothesen:* Diese sagen die Wirkung eines bestimmten Prädiktors vorher. Zu diesen gehört beispielsweise Hypothese ML-10, welche die Wirkung von $Vertrauen_{KONS}$ auf *Kom-Efficacy* vorhersagt.
2. *Globale Hypothesen:* Diese sagen vorher, dass in einer Gruppe von Prädiktoren ein Effekt auf das Kriterium existiert. Zu diesen gehört beispielsweise Hypothese ML-5, welche einen Effekt des Gruppenwertes der Kommunikationsskalen auf *Kom-Efficacy* vorhersagt. Die Vorhersage bezieht sich also nur generell auf den Einfluss der Konsenskomponente der Kommunikation. Es wird in dieser Hypothese nicht spezifiziert, durch welche der Gruppenwertsvariablen dieser Effekt zustande kommt, oder ob er durch die gemeinsame Wirkung der Prädiktoren entsteht. Um von einem einzelnen signifikanten Effekt innerhalb dieser Gruppe von Prädiktoren auf die Bestätigung der globalen Hypothese schließen zu können, muss das Signifikanzniveau nach unten korrigiert werden.

Mit Hilfe des hier skizzierten Analyseweges lassen sich beide Typen von Hypothesen überprüfen.

15.3.2.1 Verteilung der Zusammenhänge auf Individual- und Gruppenlevel

Es wurde nach der Verteilung des Zusammenhanges *Kom-Qualität – Kom-Efficacy* gefragt. Zu Erörterung dieser Frage werden folgende Maßnahmen ergriffen:

1. Ermittlung der binären Korrelationen zwischen *Kom-Efficacy* und den Individual- und Gruppenkomponenten der Kommunikationsskalen sowie der Interkorrelationen zwischen letzteren.

2. Prüfung der Zusammenhänge auf zwei Ebenen im Rahmen eines Mixed-Determinants-Modells. Dabei wird die Ursprungsvariable von *Kom-Efficacy*, wie in Abbildung 15 illustriert, innerhalb dersel-

ben Regressionsgleichung getrennt durch die Kommunikationswahrnehmungen auf Individual- und auf Gruppenlevel vorhergesagt.

Ins Modell eingesetzt werden also einerseits die Individualkomponenten (Within-Modell) und andererseits die Gruppenwertskomponenten (Between-Modell) der Kommunikationsskalen.

Falls sich herausstellt, dass zuvor angenommene Interaktion *Vertrauen*Zugang* in den Analysen mit den Ursprungsvariablen einen signifikanten individuellen Beitrag liefert, wird dabei auch der Interaktionsterm aus den level-spezifischen Komponenten seiner Basisvariablen neu berechnet und in die Gleichung aufgenommen.

Das Mixed-Determinants-Modell wird mit Hilfe des Verfahrens der vorstrukturiert blockweisen multiplen Regression gerechnet. Zur Identifikation der jeweiligen inkrementellen Validitäten soll auch hier die Eingabereihenfolge variiert werden. Aufgrund der unterschiedlichen Varianzlevels der beiden Prädiktorblöcke sollten sich dabei jedoch keine Überschneidungen zeigen. (Aus diesem Grund wird auch im Vorfeld keine hypothetische Vorhersage über die Unabhängigkeit der Effekte gemacht.)

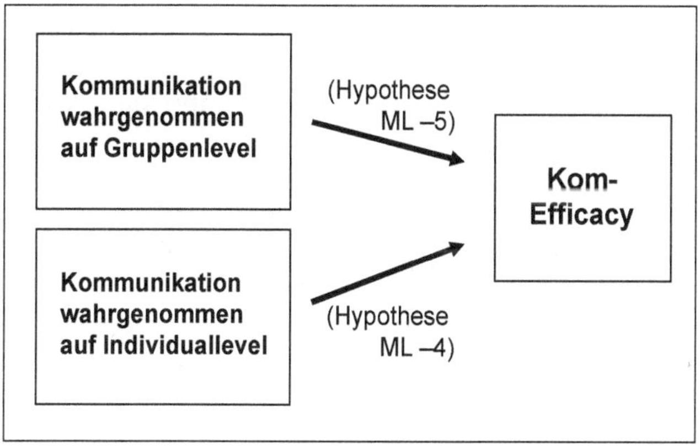

Abb. 15.: Mixed-Determinants-Modell

Darüber hinaus sollen die Beta-Gewichte der einzelnen Variablen auf ihre Signifikanz hin überprüft und die Verlässlichkeit der geschätzten Beta-Gewichte wiederum mit Hilfe einer Multikollinearitätsdiagnose geprüft werden. Durch dieses Vorgehen werden folgende Ziele erreicht:

1. Anhand der binären Korrelationen:
   a. Erkenntnisse über die binären Zusammenhänge zwischen der Individual- und Gruppenkomponenten der Kommunikationsskalen mit der Ursprungsvariablen von *Kom-Efficacy*.
   b. Erkenntnisse über die Interkorreliertheit der Individual- sowie der Gruppenkomponenten der Kommunikationsskalen. Somit auch über die Gefährdung der folgenden Regressionsanalysen durch Interkorreliertheit der Prädiktoren.
2. Anhand des Mixed-Determinants-Modells
   a. Überprüfung der Hypothese ML-4 und ML-5, laut derer beide Arten von Komponenten jeweils *Kom-Efficacy* signifikant vorhersagen.
   b. Aussagen über die Zusammenhänge der Komponenten einzelner Variablen mit *Kom-Efficacy* sowie die Überprüfung der Verlässlichkeit dieser Aussagen.
   c. Überprüfung der Annahme begrenzter Diskontinuität zwischen den Vorhersagen von *Kom-Efficacy* durch die Kommunikationswerte auf Individual- bzw. Gruppenlevel.

15.3.2.2 Hypothesen unter Berücksichtigung des Konsens unter den Teammitgliedern

Die Hypothesen ML-6 bis ML-14, die alle den Gruppenkonsens bzgl. unterschiedlicher Variablen auf Prädiktoren- oder Kriterienseite beinhalten, sollen in folgenden Schritten erforscht werden.

15.3.2.2.1 Binäre Korrelationen

Es sollen die binären Korrelationen zwischen den Gruppen- und Konsenskomponenten von Kommunikation und *Kom-Efficacy* und der Gruppengröße ermittelt werden.

Durch dieses Vorgehen werden folgende Ziele erreicht:

1. Prüfung von Hypothese ML-9, welche eine Korrelation zwischen $Vertrauen_{GRUPPE}$ und $Vertrauen_{KONS}$ vorhersagt.
2. Erkenntnisse über die Interkorreliertheit der Prädiktorensätze und die Korrelation aller Variablen mit der Gruppengröße. Daraus ergeben sich Implikationen über die zu erwartende Bedrohung der Ergebnisse der folgenden Regressionsanalysen.

15.3.2.2.2 Cross-Level-Modell zur Hypothesenprüfung

Verschiedene Hypothesen sollen im Rahmen eines Cross-Level-Modells überprüft werden (siehe hierzu Abbildung 16 sowie Kapitel 3.2). Das Modell soll mit Hilfe der Prozedur HLM2 von Bryk et al. (1996) ausgewertet werden.

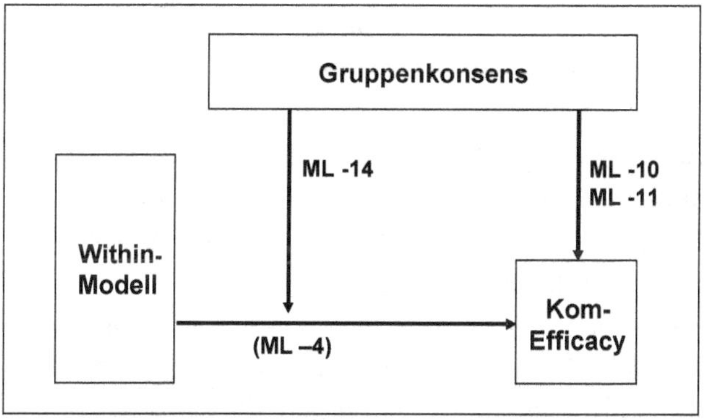

Abb. 16.: Cross-Level-Modell

Überprüft werden können auf diese Weise:

1. Die Haupteffekte des Gruppenkonsens in den Skalen Vertrauen und Zugang ($Vertrauen_{KONS}$ und $Zugang_{KONS}$) auf Kom-Efficacy (vgl. Hypothesen ML-9 und ML-10).
2. Die Cross-Level-Moderation von $V{*}Z_{INDIV}$ durch $Zugang_{KONS}$ (vgl. Hypothese ML-14).

Zu 1) Die vom Gruppenlevel aus wirkenden Haupteffekte der Konsenskomponenten von Vertrauen und Zugang auf Kom-Efficacy werden im

Rahmen von HLM2 abgebildet als Effekte auf den y-Achsenabschnitt, also die Konstante, des Individual-Vorhersagemodells.

Zu 2) Die Cross-Level-Interaktion besteht ihrerseits in einem Effekt der Konsenskomponenten von Zugang auf den Regressionskoeffizienten (Beta-Gewicht) des Produktterms $V^*Z_{INDIV.}$

15.3.2.2.3 Prüfung der Modell-Vorstufen

Gemäß der Vorgaben im HLM sollen folgende Teilstufen des Modells geprüft werden:

1. „Random-Coefficient"-Modell: Zunächst soll im Rahmen eines so genannten „Random-Coefficient"-Modells (Hofmann et al., 2000, S. 481), welches nur den Prädiktorblock der Individualkomponenten (Within-Modell) beinhaltet, geprüft werden, ob zwischen den für jedes Team getrennt berechneten Werten für den Y-Achsenabschnitt des Within-Modells hinreichend viel Varianz besteht, damit es angezeigt erscheint, diesen durch weitere Gruppen-Faktoren aufzuklären.
2. „Intercepts-as-outcome"-Modell: Darüber hinaus soll ein so genanntes „Intercepts-as-outcome"-Modell (Hofmann et al. 2000, S. 481) gerechnet werden. Dieses enthält zusätzlich zum Prädiktorblock der Individualkomponenten (Within-Modell) zwar Gruppen-Hauptwirkungen, sagt jedoch keine Cross-Level-Wechselwirkungen vorher. Mit Hilfe dieses Modells soll die Streuung zwischen den für jedes Team getrennt berechneten Pfadkoeffizienten der Individual-Prädiktoren geprüft werden. Eine hinreichend große Streuung über die Teams indiziert, dass diese durch einen Gruppen-Prädiktor aufgeklärt werden sollte. Letzteres wäre gleichbedeutend mit der Annahme einer Cross-Level-Wechselwirkung.

15.3.2.2.4 Ins Modell integriert: Kontrolle der inhaltlichen Validität

Zur Gewährleistung der inhaltlichen Validität sollen bei der Prüfung der Hypothesen ML-9, Ml-10 und ML-14 verschiedene mögliche Störeinflüsse kontrolliert werden. Diese werden im Folgenden kurz vorgestellt und erläutert werden:

1. Kontrolle des Einflusses der Gruppengröße

Es wurde gefordert, dass alle vorhergesagten Effekte unabhängig vom Faktor *Gruppengröße* seien. Um die Erfüllung dieser Forderung im vorliegenden Modell zu überprüfen, sollen zwei Maßnahmen ergriffen werden.

- *Erstens:* An all jenen Stellen im Modell, an denen Konsenskomponenten als Prädiktoren vorkommen, soll der Faktor *Gruppengröße* probeweise zusätzlich eingesetzt werden. (Die Individualkomponenten innerhalb des Teams sind naturgemäß mit allen Drittvariablen auf Gruppenlevel zu null korreliert, so dass sich an dieser Stelle eine Semipartialisierung der Korrelation erübrigt.)
- *Zweitens:* Da im Rahmen des HLM kein schrittweises Vorgehen wie bei der Multiplen Regression möglich ist, wurde ein zweistufiges Vorgehen gewählt, in dem zunächst die abhängige Variable *Kom-Efficacy* durch den Prädiktor *Gruppengröße* residualisiert, und diese Residualvariable als Kriterium im eigentlichen Modell eingesetzt wurde.

2. Kontrolle des Einflusses von *Kom-Efficacy*$_{KONS}$

Hypothese ML-16 sagt vorher, dass die Konsenskomponenten der Kommunikationsskalen einen Anteil von *Kom-Efficacy* erklären, der von *Kom-Efficacy*$_{KONS}$ unabhängig ist, bzw. dass *Kom-Efficacy*$_{KONS}$ keinen größeren Beitrag zur Kriterienvorhersage leistet als die anderen Prädiktoren.

Um einen direkten Vergleich herstellen zu können, wird die Konsenskomponente *Kom-Efficacy*$_{KONS}$ als zusätzlicher Gruppenlevel-Prädiktor aufgenommen. Dies soll jedoch im Rahmen einer getrennten Modellprüfung vollzogen werden, in welcher der Kontrollfaktor *Gruppengröße* nicht eingegeben wird.

Andernfalls könnte es zu einer Anhäufung nicht-signifikanter Gruppenlevel-Prädiktoren auf das gleiche Individual-Beta-Gewicht kommen, was die Ergebnisse verzerren könnte.

3. Bedrohungen durch Kollinearität

Um daraus Verzerrungen zu vermeiden, welche durch Interkorrelationen der Prädiktoren oder durch die Verwendung des Interaktionsterms entstehen, sollen auch vor der Cross-Level-Analyse alle in ihr verwendeten Variablen zuvor zentriert werden.

Das Programm HLM von Bryk et al. (1996) liefert keine Kollinearitätsdiagnose. Jedoch entspricht die Prüfung des Within-Modells, also des Einflusses der Individualkomponenten, im Rahmen des HLM exakt dem Verfahren der multiplen Regression. Zumindest für den Individual-Ausschnitt des Modells darf daher angenommen werden, dass die Ergebnisse der Kollinearitätsdiagnose des Mixed-Determinants-Modells übertragbar sind. Auf diese soll daher ersatzweise Bezug genommen werden.

15.3.2.2.5 Übersicht über die Auswertungsstrategie

1. Alle Variablen werden zentriert.
2. Residualisierung des Kriteriums *Kom-Efficacy* durch den Faktor *Gruppengröße*. Das resultierende Residuum wird in allen weiteren Berechnungen als abhängige Variable eingesetzt.
3. Prüfung der Modell-Vorstufen.
4. Prüfung des Cross-Level-Modells (inkl. Kontrollvariable Gruppengröße):
    a. Prüfung der Gruppen-Hauptwirkungen.
    b. Prüfung der Cross-Level-Interaktion.
5. In einer getrennten Analyse wird *Kom-Efficacy*$_{KONS}$ an Stelle von *Gruppengröße* als Prädiktor in das Modell aufgenommen.
6. Multikollinearitätsdiagnose für den Prädiktorblock der Individualkomponenten (Within-Modell).

Durch dieses Vorgehen werden folgende Ziele erreicht:

1. Überprüfung der Hypothesen ML-10 und ML-11, welche einen Effekt von *Vertrauen*$_{KONS}$ und *Zugang*$_{KONS}$ auf *Kom-Efficacy* vorhersagen.

2. Überprüfung von Hypothese ML-14, laut welcher die Interaktion V^*Z_{INDVV} durch den Gruppenkonsens in *Zugang* moderiert wird.
3. Prüfung der Stabilität dieser Effekte gegenüber den alternativen Prädiktoren *Gruppengröße* und *Kom-Efficacy* (vgl. Hypothese ML-16).
4. (Erneute Prüfung von Hypothese ML-4, die einen signifikanten Einfluss des Prädiktorblockes der Individualkomponenten (Within-Modell) auf *Kom-Efficacy* vorhersagt.)

15.3.2.2.6 Parallele Single-Level-Modelle auf Gruppenlevel

Alle weiteren Hypothesen sollen im Rahmen zweier parallel konstruierter Single-Level-Modelle geprüft werden. Beide Modelle befinden sich auf Gruppenlevel.

Das dabei vorhergesagte Kriterium soll im ersten Modell die Variable *Kom-Efficacy*$_{GRUPPE}$ sein, also die Gruppenkomponente von *Kom-Efficacy*. Im zweiten Modell sei das Kriterium die zugehörige Konsenskomponente, also *Kom-Efficacy*$_{KONS}$.

Beide Modelle sollen mit Hilfe multipler Regression bei blockweiser Aufnahme der Prädiktoren ausgewertet werden.

Als Prädiktoren sollen in beiden Fällen ein Block mit den Gruppenkomponenten und ein Block mit den Konsenskomponenten aufgenommen werden.

Zur Kontrolle des Einflusses der *Gruppengröße* soll diese in beide Modelle als erster Prädiktor aufgenommen werden, so dass das jeweilige Kriterium durch *Gruppengröße* residualisiert wird, bevor die Kommunikationsskalen aufgenommen werden.

Darüber hinaus soll in beiden Fällen die jeweils als alternativer Prädiktor in Frage kommende Komponente von *Kom-Efficacy* aufgenommen werden. Dadurch soll die in den Hypothesen ML-15 und ML-16 vorhergesagte Stabilität der Effekte gegenüber diesen Störeffekten überprüft werden.

Die parallelen Modelle sollen daher in folgenden Blöcken aufgebaut werden (vgl. Tabelle 13): Nach Residualisierung des Kriteriums durch Gruppengröße soll jeweils der Block mit den Komponenten aufgenommen werden, welcher der vorhergesagten Komponente des Kriteriums entspricht (vgl. Tabelle 13). Danach sollen die jeweils anderen Komponenten aufgenommen werden, und zwar zuerst die jeweilige Komponente von *Kom-Efficacy*, dann der entsprechende Block der Kommunikationsskalen.

Die weiteren Analyseschritte seien ebenfalls bei den beiden Modellen identisch.

Tab. 13.: Zwei parallel konstruierte Single-Level-Modelle

Modellstufe (Reihenfolge der Eingabe)	Modell 1: Vorhersage von Kom-Efficacy$_{GRUPPE}$	Modell 2: Vorhersage von Kom-Efficacy$_{KONS}$
1	Gruppengröße	Gruppengröße
2	Gruppenkomponenten der Kommunikationsskalen	Konsenskomponenten der Kommunikationsskalen
3	Konsenskomponente *Kom-Efficacy*$_{KONS}$	Konsenskomponente *Kom-Efficacy*$_{GRUPPE}$
4	Konsenskomponenten der Kommunikationsskalen	Gruppenkomponenten der Kommunikationsskalen

15.3.2.2.7 Übersicht über die Analyseschritte in beiden Modellen:

1. Zentrierung aller Variablen (aufgrund der Verwendung eines Produktterms).
2. Modellaufbau in 4 Stufen (vgl. Tabelle 13).
3. Prüfung der Koeffizienten der einzelnen Variablen innerhalb der Blöcke.
4. Ermittlung der inkrementellen Validitäten derjenigen Variablen, deren Koeffizienten sich als signifikant herausgestellt haben.
5. Multikollinearitätsdiagnose

Durch dieses Vorgehen werden folgende Ziele erreicht:

1. Überprüfung der globalen Hypothesen ML-5 (die schon im Rahmen des Mixed-Determinants-Modells getestet wird!), ML-12 und ML-

13, laut welchen sowohl die Gruppen- als auch die Konsenskomponenten der Kommunikationsskalen signifikante und voneinander unabhängige Effekte auf *Kom-Efficacy*$_{GRUPPE}$ ausüben. (Auch die variablenspezifischen Hypothesen ML-10 bis ML-11, die bereits im Rahmen des Cross-Level-Modells geprüft werden, werden hier innerhalb der Globalhypothese ML-12 erneut getestet.)

2. Überprüfung der Hypothesen ML-6 bis ML-8, laut derer sowohl die Gruppen- als auch die Konsenskomponenten der Kommunikationsskalen signifikante und voneinander unabhängige Effekte auf Kom-*Efficacy*$_{KONS}$ ausüben.
3. Überprüfung der Stabilität dieser Effekte gegenüber verschiedenen Dritt-Variablen (Vgl. Hypothesen ML-15 und ML-16, Forderung)
4. Überprüfung der Annahme von Diskontinuität zwischen den Vorhersagemodellen der Gruppenlevelkomponenten von *Kom-Efficacy*.

15.3.2.3 Erläuterungen zur Varianz des Kriteriums

Abschließend sei darauf hingewiesen, dass Effekte auf den Gruppenwert von *Kom-Efficacy* grundsätzlich auf zwei Wegen getestet werden können, die im Rahmen des hier skizzierten Analyseplans beide beschritten werden: Einerseits kann das Kriterium *Kom-Efficacy* in Form seiner Ursprungsvariablen eingesetzt werden – dies geschieht im Mixed-Determinants-Modell sowie im Cross-Level-Modell. Andererseits kann auch das Kriteriumskonstrukt selbst von vornherein in seiner Gruppenkomponente, d. h. in Form der Variable *Kom-Efficacy*$_{GRUPPE}$ eingesetzt werden – dies geschieht in Single-Level-Modell A.

In beiden Fällen kann durch Gruppenlevel-Prädiktoren ausschließlich die Between-Varianz des Kriteriums aufgeklärt werden, so dass beide Vorgehensweisen gültig sind und zu ähnlichen Ergebnissen führen.

Sie unterscheiden sich nur hinsichtlich zweier Aspekte:

1. Verwendungszweck: Ist ein Vergleich der Effektstärken zwischen Gruppenlevel-Prädiktoren und Individual-Level-Prädiktoren beabsichtigt, oder werden ohnehin Individuallevel-Prädiktoren im gleichen Modell verwendet, so muss das Kriterium in seiner

Ursprungsvariablen verwendet werden, denn nur dann beinhaltet das Kriterium sowohl die Within- als auch die Between-Varianz. Soll hingegen eine Gegenüberstellung mit der Vorhersage einer anderen Gruppenlevelkomponente stattfinden, wie z. B. im Fall der beiden parallelen Single-Level-Modellen, bietet sich eine Verwendung von $Kom\text{-}Efficacy_{GRUPPE}$ als Kriterium an.

2. Ausmaß der Varianzaufklärung: Da die Between-Varianz in der Ursprungsvariablen nur einen bestimmten Teil der totalen Varianz ausmacht, während die Gruppenkomponente ausschließlich Between-Varianz besitzt, führt eine Vorhersage der Ursprungsvariablen *Kom-Efficacy* durch Gruppenlevel-Prädiktoren zwangsläufig zu niedrigeren Aufklärungswerten, als wenn $Kom\text{-}Efficacy_{GRUPPE}$ von Gruppenlevel-Prädiktoren aufgeklärt werden soll. Im Mixed-Determinants-Modell und im Cross-Level-Modell sind daher geringere Aufklärungen auf Gruppenlevel zu erwarten als in den abschließenden Single-Level-Modellen.

D Ergebnisse

In den folgenden Kapiteln 16 und 17 werden die Ergebnisse zu den Fragekomplexen 1 bis 3 nacheinander vorgestellt.

Innerhalb jedes Kapitels werden die Ergebnisse dabei in einem ersten Schritt beschrieben und in einem zweiten eingeordnet. Mit Einordnung ist ein Bezug der gewonnenen Ergebnisse auf die Hypothesen gemeint. Eine inhaltliche Interpretation erfolgt erst in Abschnitt E („Diskussion“).

16 Fragekomplex 1: Qualitätsmodell

16.1 Beschreibung der Ergebnisse

16.1.1 Binäre Zusammenhänge

Tab. 14.: Korrelationen

		Kom-Efficacy	Vertrauen	Formal-qualität	Zugang
Kom-Efficacy	Korrelation[1]				
Vertrauen	Korrelation[1]	.616**			
Formalqualität	Korrelation[1]	.593**	.764**		
Zugang	Korrelation[1]	.491**	.425**	.425**	
Konfliktfreude	Korrelation[1]	.359**	.493**	.399**	.181*

N = 174
1 = nach Pearson
** = Die Korrelation ist auf dem Niveau von 0,01 (2-seitig) signifikant.
* = Die Korrelation ist auf dem Niveau von 0,05 (2-seitig) signifikant.

Tabelle 14 zeigt die binären Korrelationen der vier eingesetzten Skalen zur Beschreibung der Kommunikation mit *Kom-Efficacy*, der wahrgenommenen Kom-Efficacy des Teams in Kommunikation. Diese Zusammenhänge wurden zwischen jeder der Kommunikationsskalen und *Kom-Efficacy* signifikant.

Die Korrelation von *Kom-Efficacy* mit der Skala *Vertrauen*, d. h. die Prädiktor-Validität (vgl. Bortz, 1999, S. 442) von *Vertrauen* bzgl. *Kom-Efficacy*, lag bei .616 (p = .000) was einer Varianzaufklärung von 37,9% (= R^2 = Quadrat des Regressionskoeffizienten, der hier mit dem Korrelationskoeffizienten identisch ist) entspricht.

Die Skala *Formalqualität* korrelierte mit *Kom-Efficacy* bei .593 (p = .000), was einer Varianzaufklärung von 35,2% entspricht. Sie lieferte somit die zweitgrößte Varianzaufklärung nach *Vertrauen*. An dritter Stelle stand die Skala *Zugang*, die bei einer Korrelation von .491 (p = .000) 24,1% der Varianz des Kriteriums *Kom-Efficacy* aufklärte.

Die geringste, wenngleich noch immer signifikante Korrelation war zwischen *Kom-Efficacy* und der Skala Konfliktfreude zu beobachten. Die Aufklärung lag hier bei 12,9% (r = .359, p = .000).

Aus Tabelle 14 lassen sich die Interkorrelationen der Kommunikationsskalen ablesen. Die höchste Korrelation zwischen zwei Prädiktoren wurde mit r = .764 (p = .000) zwischen den Skalen *Vertrauen* und *Formalqualität* beobachtet. Im mittleren Bereich lagen die Interkorrelationen zwischen *Vertrauen* und *Zugang* (.425) bzw. *Konfliktfreude* (.493) und zwischen *Formalqualität* und *Zugang* (.425) bzw. *Konfliktfreude* (.399), die alle auf dem 0,1%-Niveau signifikant wurden.

Während Zugang mit *Vertrauen* und *Formalqualität* gleichermaßen mit r = .425 korreliert, liegt die Korrelation zwischen *Zugang* und *Konfliktfreude* bei r = .181 (p = .177) und ist somit die geringste der Prädiktoreninterkorrelationen.

16.1.2 Multiple Vorhersage und inkrementelle Validitäten

Tabelle 15 zeigt, dass durch gemeinsame Verwendung der vier Prädiktoren *Vertrauen*, *Formalqualität*, *Zugang* und *Konfliktfreude* insgesamt 47% der Varianz von *Kom-Efficacy* aufgeklärt werden konnten (siehe das R^2 auf der vierten Modellstufe). Angesichts der Tatsache, dass für diese Aufklärung insgesamt vier Prädiktoren eingesetzt wurden, führte dies zu einem korrigierten R^2 von .457.

Tab. 15.: Gemeinsame Eingabe aller Prädiktoren

	Modelle	R	R^2	Korrigiertes R^2	Änderung in R^2	Sig.
1	**Zugang**	.491	.241	.237	**.241**	.000
2	**+ Vertrauen**	.666	.443	.437	**.202**	.000
3	**+ Konfliktfreude**	.670	.449	.439	**.005**	.205
4	**+ Formalqualität**	.685	**.470**	**.457**	**.021**	.010

Abhängige Variable: Kom-Efficacy
N = 174

In dieser Eingabereihenfolge entfielen 24,1% der Kriteriumsvarianz auf Anteile im Prädiktor *Zugang* und 20,2% auf den Prädiktor *Vertrauen*. Beide Effekte waren signifikant bei p = .000. Der an dritter Stelle eingegebene Prädiktor *Konfliktfreude* klärte weitere 0,5% der Kriteriumsvarianz auf, was nicht zur Signifikanz des Effektes führte. Signifikant auf dem 1%-Niveau war hingegen der Effekt des an letzter Stelle eingegebenen Prädiktors *Formalqualität* mit weiteren 2,1% Aufklärung.

Die im Verhältnis zu ihren ursprünglichen binären Korrelationskoeffizienten (vgl. Tabelle 14) deutlich verringerten Beiträge der zuletzt genannten Prädiktoren Konfliktfreude und Formalqualität wurden durch gezielte Umstellungen der Eingabereihenfolgen näher geprüft.

16.1.3 Systematische Prüfung inkrementeller Validitäten

Tabelle 16 zeigt, dass die Varianzaufklärung durch den Prädiktor *Konfliktfreude* auch dann nicht wuchs, wenn das Kriterium zuvor ausschließlich anhand des Prädiktors *Vertrauen* residualisiert wurde. Die Aufklärung durch *Konfliktfreude* lag in diesem Fall bei 0,4% (siehe Änderung in R^2).

Bei umgekehrter Eingabereihenfolge dieser beiden Prädiktoren entsprach die Varianzaufklärung von 12,9% durch *Konfliktfreude* erwartungsgemäß dem Quadrat der zuvor beobachteten Einzelkorrelation (siehe Änderung in R^2 in Tabelle 16; vgl. Tabelle 14).

Tab. 16.: Eingabe der beiden Beziehungsskalen in zwei Reihenfolgen

	Modelle	R	R^2	Korrigiertes R^2	Änderung in R^2	Sig.
Eingabereihenfolge 1:						
1	Vertrauen	.616	.379	.375	**.379**	.000
2	+ Konfliktfreude	.619	.383	.376	**.004**	.292
Eingabereihenfolge 2:						
1	Konfliktfreude	.359	.129	.123	**.129**	.000
2	+ Vertrauen	.619	.383	.376	**.254**	.000

Abhängige Variable: Kom-Efficacy
N = 174

Die Varianzaufklärung durch *Vertrauen* war mit 37,9% (bei Eingabe an erster Stelle) und 25,4% (bei Eingabe an zweiter Stelle) in beiden Fällen höher als zuvor, was auf das Fehlen des Prädiktors *Zugang* zurückzuführen ist.

Die inkrementelle Validität des Prädiktors *Formalqualität* bei Eingabe an letzter Stelle nach allen anderen Prädiktoren lag bei .021, was einer zusätzlichen Aufklärung von 2,1% der Kriteriumsvarianz entspricht (vgl. Änderung in R^2, Tabelle 15), während die alleinige Aufklärung von *Kom-Efficacy* durch den Faktor *Formalqualität* bei 35,2 % lag (vgl. Tabelle 14).

Aus Tabelle 17 sind die inkrementellen Validitäten der beiden Skalen *Vertrauen* und *Formalqualität* im Verhältnis zueinander ablesbar. Sie wurden jedoch generell hinter dem als Voraussetzung zur Kommunikation angesehenen Faktors *Zugang* eingegeben.

Es zeigte sich, dass die inkrementelle Validität von Formalqualität hinter Zugang und Vertrauen trotz des Wegfalls von Konfliktfreude bei .022 (zuvor .021) liegt. Sie ist nach wie vor auf dem 1%-Niveau signifikant. Die inkrementelle Validität von Vertrauen hinter Zugang und Formalqualität beträgt .044 bei p = .000. *Vertrauen* bietet also nach Residualisierung von *Kom-Efficacy* durch die Prädiktoren *Zugang* und *Formalqualität* eine weitere, von den anderen Prädiktoren also unabhängige Aufklärung von 4,4% (siehe Änderung in R^2). Die restlichen ca.16 Prozentpunkte von ursprünglich 20,2% Varianzaufklärung durch *Vertrauen* überschneiden sich folglich mit der Varianz von *Formalqualität*.

Formalqualität liefert als Prädiktor an zweiter Stelle nach *Zugang* eine Aufklärung von 18% der Kriteriumsvarianz (siehe Änderung in R^2).

Tab. 17.: Eingabe von *Vertrauen* und *Formalqualität* in zwei Reihenfolgen hinter *Zugang*

	Modelle	**R**	**R^2**	**Korrigiertes R^2**	**Änderung in R^2**	**Sig.**
Eingabereihenfolge 1:						
1	Zugang	.491	.241	.237	.241	.000
2	+ Vertrauen	.666	.443	.437	**.202**	.000
3	+ Formalqualität	.682	.466	.456	**.022**	.009
Eingabereihenfolge 2:						
1	Zugang	.491	.241	.237	.241	.000
2	+ Formalqualität	.649	.422	.415	**.180**	.000
3	+ Vertrauen	.682	**.466**	**.456**	**.044**	.000
Änderung in R^2 durch Vertrauen und Formalqualität nach Subtraktion ihrer inkrementellen Beiträge					**.158**	

Abhängige Variable: Kom-Efficacy
N = 174

Die beiden Prädiktoren *Vertrauen* und *Formalqualität* klärten bei Eingabe hinter *Zugang* insgesamt weitere 22,4% Varianz von Kom-Efficacy auf. Dabei wurden 15,8% der Kriteriumsvarianz von beiden gemeinsam aufgeklärt.

Dennoch lieferte jede von ihnen darüber hinaus noch einen signifikanten inkrementellen Beitrag. So klärte *Vertrauen* unabhängig von *Formalqualtät* weitere 4,4% Kriteriums-Varianz auf (p = .000) und *tät* weitere 4,4% Kriteriums-Varianz auf (p = .000) und *Formalqualität* in entsprechender Weise 2,2% (p =.009).

Zur Vorhersage von *Kom-Efficacy* wurden beide Prädiktoren daher in allen folgenden Analysen behalten.

Das hier verwendete Vorhersage-Modell mit den drei Prädiktoren *Zugang*, *Vertrauen* und *Formalqualität* klärt insgesamt 46,6% der Varianz auf (siehe R^2). Der Verzicht auf den vierten Prädiktor verringert die Gesamtaufklärung daher nur um 0,4%. Das korrigierte R^2 des 3-Prädiktoren-Modells ist daher mit .456 nahezu identisch mit dem korrigierten R^2 von .457 im 4-Prädiktorenmodell (vgl. Tabelle 15).

16.1.4 Interaktion zwischen Zugang und Vertrauen

Zuvor wurde aus theoretischen Überlegungen eine gegenseitige Bedingtheit der Effekte von *Zugang* und den Effekten anderer Faktoren der Kommunikation abgeleitet. Die in Hypothese Kom-6 spezifizierte Annahme einer Interaktion zwischen *Zugang* und *Vertrauen* wurde überprüft. Die Ergebnisse dieser Prüfung werden im Folgenden dargestellt.

Tabelle 18 zeigt, dass der Produktterm aus *Vertrauen* und *Zugang*, „*Z*V*", welcher die Interaktion zwischen diesen beiden Prädiktoren trug, einen signifikanten inkrementellen Beitrag zur Varianzaufklärung von *Kom-Efficacy* von 2,5 % (p = .004) lieferte.

Tab. 18.: Prüfung der Signifikanz der Interaktion Vertrauen * Zugang

	Modelle	**R**	**R^2**	**Korrigiertes R^2**	**Änderung in R^2**	**Sig.**
1	Zugang, Vertrauen, Formalqualität	.682	.466	.456	.466	.000
2	+ *Z*V* (= Interaktion Zugang * Vertrauen)	.701	.491	.479	**.025**	**.004**

Abhängige Variable: Kom-Efficacy

N = 174

Nähere Informationen zur Art der Interaktion konnten aus den in Tabelle 19 abgetragenen Regressionskoeffizienten ermittelt werden. Tabelle 19 zeigt die geschätzten Regressionskoeffizienten für die zweite Modellstufe, d. h. für die gemeinsame Eingabe des zuvor ermittelten 3-Faktorenmodells und des Interaktionsterms *V*Z*.

Wie zu erkennen, entstand für den Interaktionsterm ein Regressionskoeffizient mit negativem Vorzeichen. Es besteht also eine negative Partialkorrelation zwischen *V*Z* und *Kom-Efficacy.*

Unter Verwendung der unstandardisierten Regressionskoeffizienten aus Tabelle 19 wurde der Effekt von *Vertrauen* auf *Kom-Efficacy* für insgesamt drei verschiedene Stufen des Faktors *Zugang* je getrennt ermittelt.

Tab. 19.: Nicht-standardisierte und standardiserte Koeffizienten auf Modellstufe 3

	Nicht-standardisierter Koeffizient	Standardisierter Koeffizient Beta	T	Signifikanz
Zugang	.231	.254	4.120	.000
Vertrauen	.317	.258	2.880	.004
Formalqualität	.347	.248	2.870	.005
Zugang * Vertrauen	-.195	-.170	-2.905	.004

Abhängige Variable: Kom-Efficacy

N = 174

Tabelle 20 zeigt die spezifische Funktion zur Schätzung von *Kom-Efficacy* aus *Vertrauen* – bestehend aus Steigung und y-Achsenabschnitt der Regressionsgeraden – für die minimale, mittlere und maximale Ausprägung von *Zugang*[9]. Erkennbar werden die unterschiedlichen Steigungen der Regressionsgeraden je nach Stufe des Faktors *Zugang.*

Für die zentrierte Kriteriumsvariable *Kom-Efficacy* ergeben sich daraus je nach der Ausprägung von *Zugang* unterschiedliche Minima (bei mini-

[9] Aufgrund der oben erwähnten Zentrierung der Variablen, welche insbesondere bei Verwendung eines Produktterms als zusätzlichem Prädiktor angezeigt ist (vgl. Cronbach, 1987), handelte es sich bei den verwendeten Stufen von *Zugang* um die Werte -,287 (Minumum), null (Mittelwert) und +1,13 (Maximum). Weitere eingesetzte Größen waren das Minimum und Maximum von *Vertrauen* (-2,55 und 0,85), sowie die für die vorliegende Modellstufe geschätzte Regressionskonstante 0,51 (vgl. Anhang IV). Der Faktor *Formalqualität* wurde konstant auf dem Mittelwert null gehalten.

malem *Vertrauen*) und Maxima (bei maximalem Vertrauen). Bei minimaler Ausprägung von *Zugang* und *Vertrauen* wird für die zentrierte Variable *Kom-Efficacy* ein Wert von -2,70 vorhergesagt. Ist jedoch *Vertrauen* bei ebenfalls minimalem *Zugang* hoch ausgeprägt, so liegt die wahrgenommene *Kom-Efficacy* bei +0,15.

Tab. 20.: Regressionsgeraden für den Effekt von *Vertrauen* auf *Kom-Efficacy* auf verschiedenen Stufen von *Zugang*

Ausprägung von *Zugang*	***Kom-Efficacy* als Funktion von *Vertrauen***
Minimale Ausprägung	*Kom-Efficacy* = 0,84 * *Vertrauen* - 0,62
Mittlere Ausprägung[10]	*Kom-Efficacy* = 0,32 * *Vertrauen* + 0,05
Maximale Ausprägung	*Kom-Efficacy* = 0.06 * *Vertrauen* + 0,36

Die Differenz zwischen den vorhergesagten *Kom-Efficacy-Werten* bei minimalem und maximalem *Vertrauen* ist deutlich geringer, wenn für *Zugang* mittlere oder gar maximale Ausprägung vorliegt.

Tabelle 21 zeigt die Unterschiede in den Differenzen zwischen den vorhergesagten *Kom-Efficacy-Werten* je nach Ausprägung von *Vertrauen* und *Zugang.* So verringert ein maximal ausgeprägtes Vertrauen die Differenz zwischen den *Kom-Efficacy*-Vorhersagen bei minimalem und maximalem *Zugang* auf 0,26 Skalenwerte - im Vergleich zu einer Differenz von 2,91 Skalenwerten, wenn *Vertrauen* minimal ausgeprägt ist.

Tab. 21.: Verschiedene Differenzen zwischen vorhergesagten *Kom-Efficacy-Werten*

	Vertrauen minimal	**Vertrauen maximal**
Zugang maximal	Kom-Efficacy = +0,21	Kom-Efficacy = +0,41
Zugang minimal	Kom-Efficacy = -2,70	Kom-Efficacy = +0,15
Differenz	2,91	0,26
Differenz der Differenzen	2,65	

[10] Der Steigungskoeffizient der Regressionsgeraden bei mittlerer Ausprägung von Zugang entspricht dabei mit .32 erwartungsgemäß dem unstandardisierten Koeffizienten, wie er in Tabelle 19 ablesbar ist, da die in der multiplen Regression ermittelten Gewichte jeweils geschätzt werden für die Bedingung, dass die jeweils anderen Prädiktoren zu null ausgeprägt sind.

16.1.5 Multikollinearitätsdiagnose

Wie weiter oben erwähnt wurde, bestand bei den bislang dargestellten Analysen aufgrund hoher Interkorreliertheit zwischen den Prädiktoren die Gefahr von Verzerrungen bei der Schätzung der Regressionskoeffizienten.

Tabelle 22 zeigt, dass für keinen der Prädiktoren ein VIF-Index oberhalb von 10 vorliegt, vielmehr sind alle VIF-Indices deutlich kleiner als 10. Es ist andererseits ablesbar, dass nur auf der letzten von fünf Dimensionen gleichermaßen hohe Varianzanteile der Regressionskoeffizienten von mehr als einem Prädiktor zu beobachten waren. So wird die Varianz der Regressionskoeffizienten von *Vertrauen* und *Formalqualität* gleichermaßen zu über .80 durch den Eigenwert der fünften Dimension erklärt. Der zugehörige Konditionsindex lag jedoch mit 3,157 auch in diesem Fall unterhalb von 10. (Für die vollständigen Ergebnisse der Kollinearitätsdiagnose vgl. Anhang IV.)

Tab. 22.: Kollinearitätsdiagnose

	Variance Inflation Index (VIF):	**Varianzanteile auf den Dimensionen[1]:**		
		3	4	5
Zugang	**1,258**	.69	.21	.00
Vertrauen	**2,675**	.04	.02	.88
Formalqualität	**2,485**	.02	.11	.80
Vertrauen * Zugang	**1,144**	.14	.54	.07
	Konditionsindex	1,783	1.970	3,157

[1]Es sind nur die Dimensionen mit den beiden höchsten Konditionsindices aufgeführt.

16.2 Einordnung der Ergebnisse

16.2.1 Binäre Zusammenhänge

Da jede der Kommunikationsskalen eine signifikante Korrelation mit *Kom-Efficacy* aufwies, können die Hypothesen Kom-1 bis Kom-4 beibehalten werden. *Vertrauen* (vgl. Hypothese Kom-1), *Konfliktfreude* (vgl. Hypothese Kom-2), *Formalqualität* (vgl. Hypothese Kom-3) sowie *Zugang* (vgl. Hypothese Kom-4) erklären *Kom-Efficacy*. Die jeweils erzielten Aufklärungen der Kriterienvarianz variierten zwischen 12,9% durch *Konfliktfreude* und 37,9% durch *Vertrauen*.

Die hohe Interkorreliertheit der Prädiktoren legt nahe, dass Überschneidungen zwischen den von den einzelnen Prädiktoren aufgeklärten Anteilen des Kriteriums bestanden.

16.2.2 Multiple Vorhersage und inkrementelle Validitäten

Die gemeinsame Prüfung aller vier Prädiktoren im Rahmen einer blockweisen multiplen Regressionsanalyse ergab, dass die Skalen *Vertrauen*, *Formalqualität* und *Zugang* jeweils voneinander unabhängige Anteile von *Kom-Efficacy* aufklären.

Für den Prädiktor *Konfliktfreude* konnte diese Annahme nicht bestätigt werden. Mit einer inkrementellen Validität von .005 bei Eingabe nach *Zugang* und *Vertrauen* wurde der Einfluss von *Konfliktfreude* nicht signifikant. Um zu überprüfen, mit welchem anderen Prädiktor sich der Einfluss von *Konfliktfreude* überschnitt, wurde der Einfluss des Prädiktors *Konfliktfreude* in einer weiteren Regressionsanalyse gegenüber dem Einfluss von *Vertrauen* getestet, d. h. gegenüber derjenigen im Modell enthaltenen Skala, die sich ebenfalls auf den Beziehungsaspekt der Kommunikation bezieht.

Dabei bestätigte sich einerseits der bereits anhand der Korrelation nachgewiesene binäre Zusammenhang zwischen *Konfliktfreude* und *Kom-Efficacy*. Andererseits wies die Tatsache, dass die inkrementelle Validität von *Konfliktfreude* bei Eingabe nach *Vertrauen* auf unter .005 (im Vergleich zu .129 bei Eingabe erster Stelle) sank, darauf hin, dass der von *Konfliktfreude* aufgeklärte Anteil von *Kom-Efficacy* im Wesentlichen identisch ist mit dem von *Vertrauen* erklärten Anteil. Dabei geht die Aufklärung durch den Prädiktor *Vertrauen* jedoch signifikant über diesen gemeinsamen Anteil hinaus, was die inkrementelle Validität von *Vertrauen* mit .254 ($p = .000$) bei Eingabe nach *Konfliktfreude* beweist.

Hypothese Kom-5, laut der jede der vier Kommunikationsskalen einen von den jeweils anderen drei Skalen unabhängigen Beitrag zur Aufklärung von *Kom-Efficacy* leistet, musste daher zurückgewiesen werden. Diese Annahme traf lediglich auf die Skalen *Vertrauen*, *Zugang* und *Formalqualität* zu.

16.2.3 Interaktion zwischen Zugang und Vertrauen

Die Signifikanz des inkrementellen Beitrags des Produktterms *V*Z* bei Eingabe nach den drei verbliebenen Kommunikationsskalen belegte die Existenz einer Interaktion zwischen *Vertrauen* und *Zugang*, wenngleich der Beitrag mit 2,5% Varianzaufklärung deutlich geringer ist als der der Ursprungsskalen.

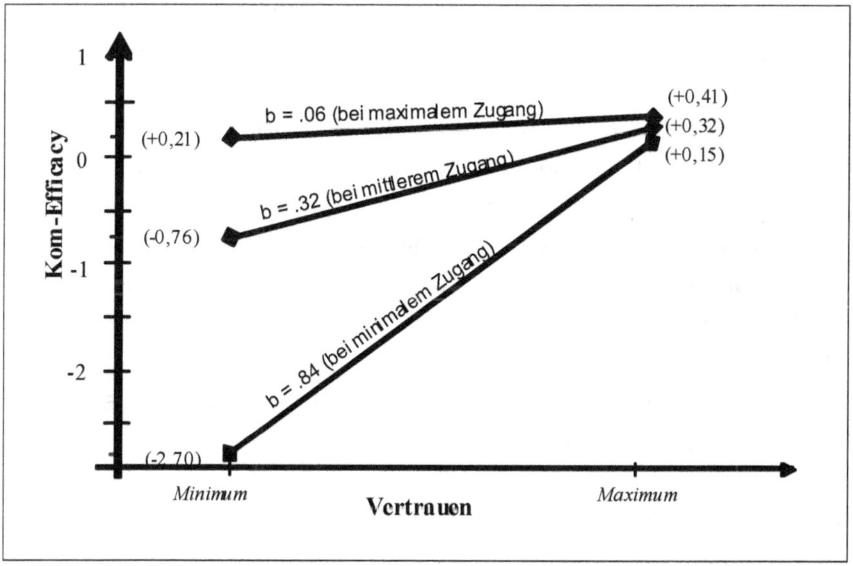

Abb. 17.: Interaktion: Die Steigung der Regressionsgeraden variiert über die Stufen von *Zugang*

Hypothese Kom-6, die eine signifikante Interaktion zwischen *Vertrauen* und *Zugang* vorhersagt, darf daher beibehalten werden.

Die negative Partialkorrelation von -.170 des Produktterms *V*Z* mit *Kom-Efficacy* kann als Indikator dafür interpretiert werden, dass die Interaktion zwischen *Vertrauen* und *Zugang* negativ ist (vgl. Jaccard et al., 1990).

Weiterhin wurde gezeigt, wie die Steigung der Regressionsgeraden für den Effekt von *Vertrauen* auf *Kom-Efficacy* durch die Ausprägung in der Variablen Zugang moderiert wurde. Dieses Phänomen wird in Abbildung 17 veranschaulicht. Die Unterschiede in den Geradensteigungen je nach Ausprägung von *Zugang* zeigen, dass der Einfluss von *Vertrauen* auf *Kom-Efficacy* umso größer war, je geringer die Ausprägung von *Zugang*. Die Auswirkung eines geringen *Zuganges* kann dabei bis zu einem bestimmten Grad durch *Vertrauen* kompensiert werden. Das Ausmaß dieses Kompensationseffektes kann an der Unterschiedlichkeit der Differenzen zwischen den vorhergesagten Kom-Efficacy-Werten je nach Ausprägung von *Vertrauen* und *Zugang* abgelesen werden.

16.2.4 Verlässlichkeit der geschätzten Koeffizienten

Aufgrund der hohen Interkorreliertheit der Prädiktoren sowie der Verwendung eines Produktterms bestand erhöhte Gefahr von Verzerrungen bei der Schätzung der Regressionskoeffizienten, mit deren Hilfe die moderierte Regression durchgeführt wurde.

Die Ergebnisse der Kollinearitätsdiagnose zeigten zwar einerseits, dass *Vertrauen* und *Formalqualität* auf der fünften Dimension gemeinsam hoch luden. Aufgrund des zugehörigen Konditionsindexes von 3,157 (also deutlich unter 10) liegt jedoch kein alarmierendes Zeichen von Verzerrung durch Kollinearitätseffekte vor.

Trotz der hohen Interkorrelationen kann die Schätzung der Koeffizienten daher als verlässlich angesehen werden.

16.2.5 Qualitätsmodell zur Vorhersage von Kom-Efficacy

Auf Basis der hier gewonnen Erkenntnisse wird das Modell zur Messung der Kommunikationsqualität, wie zuvor angekündigt, angepasst.

Da für die Skala *Konfliktfreude* kein unabhängiger Beitrag zur Aufklärung der Kriterienvarianz nachgewiesen werden konnte, wurde in allen weiteren multiplen Regressionen zur Vorhersage von *Kom-Efficacy* durch die Kommunikationsskalen auf den Prädiktor *Konfliktfreude* verzichtet. Der

Beziehungsaspekt der Kommunikation wurde dabei durch die noch verbliebene Skala *Vertrauen* repräsentiert.

Für die Vorhersage anderer Kriterien gilt diese Einschränkung jedoch nicht ohne weitere Prüfung. So wurde die Gesamtskala *Kom-Qualität*, welche an späterer Stelle als Prädiktor eingesetzt wurde (vgl. Kapitel 8 zum Kontextmodell), nach wie vor einschließlich der Items der Skala *Konfliktfreude* gebildet.

Aufgrund des signifikanten Beitrags der Interaktion *Vertrauen*Zugang* wurde diese jedoch auch in spätere Modelle zur Vorhersage von *Kom-Efficacy* aufgenommen.

Im weiteren Verlauf der Ergebnisdarstellung wird die *Kom-Qualität* zur Vorhersage von *Kom-Efficacy* also nur mehr durch die Skalen *Zugang*, *Vertrauen*, *Formalqualität* sowie den Interaktionsterm *Vertrauen * Zugang* repräsentiert.

17 Fragekomplex 2: Kontextmodell

17.1 Beschreibung der Ergebnisse

17.1.1 Binäre Zusammenhänge

Die binären Korrelationen zwischen allen im Modell enthaltenen Variablen sind aus Tabelle 23 ablesbar.

In der linken Spalte von Tabelle 23 lassen sich die Korrelationen der Gesamtskala der Kommunikationsqualität, *Kom-Qualität*, mit allen anderen Modellvariablen ablesen. Hieraus sollen im Folgenden einige relevante Ergebnisse dargestellt werden.

Es zeigte sich, dass die Korrelationskoeffizienten zwischen *Kom-Qualität* und den Skalen zur Unternehmensinformation in keinem Fall größer als $r = 0.1$ waren. So ergab sich zwischen *Kom-Qualität* und der Informationsversorgung mit Unternehmens-Information, *Info-Versorgung-U*, eine Korrelation von $r = -.073$ ($p = .341$) und mit der Wichtigkeit von Unternehmens-Information, *Info-Wichtigkeit-U*, von $r = -.001$ ($p = .986$). Die Nachrichtenqualität bei Unternehmens-Informationen, *Info-Qualität-U,* korrelierte mit $r = -.087$ ($p = .253$) mit *Kom-Qualität* und die Frage, ob der direkte Vorgesetzte als primäre Quelle für Unternehmensinformation fungiert, *VG-Quelle-U,* hing mit *Kom-Qualität* mit $r = .017$ ($p = .823$) zusammen.

Es fand sich also kein signifikanter Zusammenhang zwischen *Kom-Qualität* und den Skalen zur Unternehmensinformation.

Info-Versorgung-O, also die erlebte Versorgung mit operativer Information, korrelierte hingegen mit $r = .209$ ($p = .006$) mit *Kom-Qualität.* Ebenso hing *Info-Wichtigkeit-O* signifikant mit *Kom-Qualität* zusammen ($r = .191$, $p = .011$).

Die Korrelationen von *Kom-Qualität* mit all jenen Variablen, auf welche die Kommunikationsqualität laut Modell einen direkten Effekt ausübt, wurden signifikant. Diese sind aus der Tabelle ablesbar und werden an späterer Stelle im Kontext einzelner Pfadkoeffizienten Erwähnung finden.

Tab. 23.: Korrelationen

	Kom-Qualität	Kom-Efficacy	Kooperation	Team Potency	Info-Versorgung (O)	Wichtigkeit (O)	Info-Qualität (O)	Info-Versorgung (U)	Wichtigkeit (U)	Info-Qualität (U)	Vg als Quelle (O)	Vg als Quelle (U)
Kom-Qualität												
Kom-Efficacy	_.671_***											
Kooperation	_.663_***	_.644_***										
Team Potency	_.525_***	_.484_***	_.534_***									
Info-Versorgung (O)	_.209_**	.321***	.262***	_.239_**								
Wichtigkeit (O)	.191*	.134	.049	.068	***.037***							
Info-Qualität (O)	_.344_***	_.291_***	.346***	.260**	_.565_***	-.066						
Info-Versorgung (U)	-.073	.037	.020	***.050***	.365***	.013	.248***					
Wichtigkeit (U)	-.001	-.015	.000	-.078	-.009	.063	.016	_-.236_**				
Info-Qualität (U)	-.087	.001	-.003	-.054	.170	.037	.224**	_.322_***	.059			
Vg als Quelle (O)	.074	.157*	.186*	.010	.090	-.147	***.064***	-.027	.079	.004		
Vg als Quelle (U)	.017	.091	.145	-.035	.036	.059	.030	***.169***	-.026	_.203_**	.185	
Führung	_.290_***	.360***	_.490_***	_.424_***	.301***	-.010	_.330_***	_.230_**	-.075	.130	.251***	_.286_***

N = 174

- Kursiv gedruckte Werte = Korrelationen von Variablenpaaren, zwischen denen im Pfadmodell ein direkter Effekt vorhergesagt wurde.; Kursiv und fett gedruckte Werte = Überraschenderweise nicht signifikante Zusammenhänge; Werte in den Feldern: Korrelation nach Pearson

*** Die Korrelation ist siginifikant (2-seitig) auf dem Niveau von 0,001; ** von 0,01; * von 0,05

Die Korrelationskoeffizienten all derjenigen Variablenpaare, zwischen denen laut Modell ein direkter Effekt besteht, sind in Tabelle 23 kursiv geschrieben.

Es zeigte sich, dass der Zusammenhang zwischen *Info-Versorgung-U* und *Team-Potency*, mit einem Korrelationskoeffizienten von .050 nicht signifikant wurde (p = .515), während der Zusammenhang von *Info-Versorgung –O* mit *Team-Potency* mit r = .239 (p =.002) signifikant wurde.

Nicht signifikant wurden jedoch die Korrelationen von *Info-Versorgung-O* mit *Info-Wichtigkeit-O*, (r = .037, P = .631) sowie zwischen *Info-Qualität-O* und *VG-Quelle-O* (r = .064, p = .401).

Info-Qualität-O, also die Nachrichtenqualität der operativen Informationen korrelierte sowohl mit *Info-Versorgung-O* (r = .565, p = .000) als auch mit *Kom-Qualität* (r = .344, p = .000) signifikant.

Bei allen weiteren Variablenpaaren, zwischen denen laut Modell ein signifikanter Effekt besteht, wurden signifikante Korrelationen festgestellt. Diese sind aus Tabelle 23 ablesbar und werden in ausgewählten Fällen im Kontext einzelner Pfadkoeffizienten an späterer Stelle erwähnt.

17.1.2 Das Modell mit Pfadkoeffizienten und Varianzaufklärungen

Abbildung 17 zeigt das Kontext-Modell mit den per Pfadanalyse ermittelten standardisierten Pfadkoeffizienten (Modellparameter) an jedem Pfad.

Oberhalb jeder abhängigen Variablen lässt sich die Varianzaufklärung der Variablen durch alle auf sie wirkenden Effekte ablesen. Die zentrale abhängige Variable Team-Potency kann durch das Gesamtmodell zu 38% aufgeklärt werden. *Kom-Efficacy* wird durch die Gesamtskala *Kom-Qualität und Info-Versorgung-O* im vorliegenden Modell zu 49% aufgeklärt. Kooperation wird durch den gemeinsamen Einfluss von *Kom-Qualität*, *Kom-Efficacy* und *Führungs-Qualität* insgesamt zu 57% aufgeklärt. *Kom-Qualität* wird zu 9% durch *Führungsqualität* aufgeklärt.

(Die unstandardisierten Regressionskoeffizienten, T-Werte und Streuungen finden sich in Anhang V.)

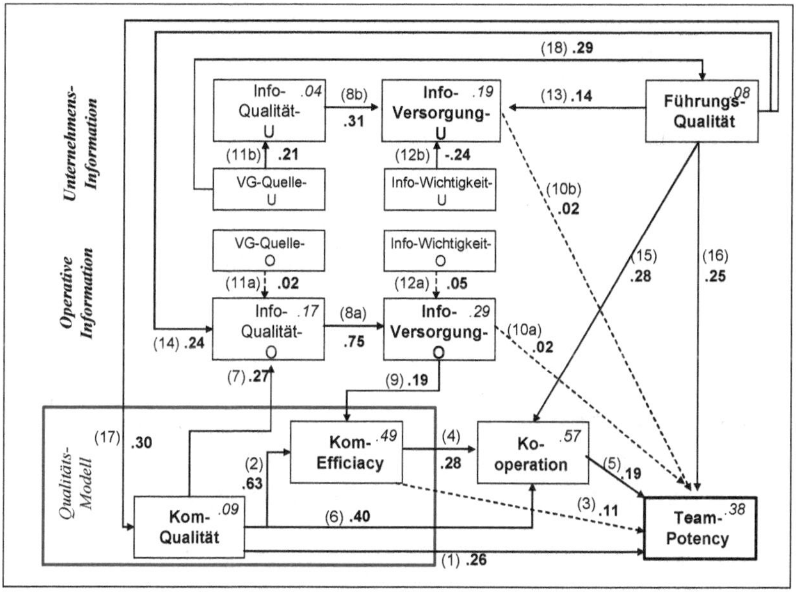

Abb. 18.: Kontextmodell mit standardisierten Pfadkoeffizienten

- *Fett gedruckte Zahlen an den Pfeilen: standardisierte Beta-Koeffizienten.*
- *Zahlen in Klammern: Pfadnummern.*
- *Kursiv gedruckte Zahlen über den Konstrukten geben den prozentualen Anteil der durch die jeweiligen Prädiktoren aufgeklärten Varianz des Konstrukts.*
- *Gestrichelte Pfeile: Koeffizient wurde auf 5%-Niveau nicht signifikant.*

17.1.3 Überprüfung der direkten Effekte

Im Folgenden soll die Signifikanz der beobachteten Parameter der direkten Effekte des Modells im Einzelnen betrachtet werden:

17.1.3.1 Effekte von *Kom-Qualität* und *Kom-Efficacy*

1. Pfad (1) *Kom-Qualität → Team-Potency*: Direkter Effekt der Qualität der Kommunikation im Team auf Team-Potency.

   Der direkte Effekt der Qualität der Teamkommunikation klärt 6% der Varianz der Team-Potency auf. Dieser Zusammenhang ist bei einem standardisierten Pfadkoeffizienten von .26 signifikant auf dem 1%-Niveau (p=.004).

2. Pfad (2) *Kom-Qualität → Kom-Efficacy*: Direkter Effekt der Qualität der Kommunikation im Team auf KomEfficacy.

   Der direkte Effekt der Qualität der Teamkommunikation klärt 40% der Varianz von Kom-Efficacy auf. Dieser Zusammenhang ist bei einem standardisierten Pfadkoeffizienten von .63 signifikant auf dem 0,1%-Niveau (p=,000).

3. Pfad (3) *Kom-Efficacy → Team-Potency*: Direkter Effekt von Kom-Efficacy auf Team-Potency.

   Der direkte Effekt der von Kom-Efficacy klärt 1% der Varianz der Team-Potency auf. Dieser Zusammenhang ist bei einem standardisierten Pfadkoeffizienten von .11 nicht signifikant (p=,209).

17.1.3.2 Effekte von und über *Kooperation*

4. Pfad (4) *Kom-Efficacy → Kooperation*: Direkter Effekt von Kom-Efficacy auf die Kooperation im Team.

   Der direkte Effekt von Kom-Efficacy klärt 8% der Varianz der Kooperation im Team auf. Dieser Zusammenhang ist bei einem standardisierten Pfadkoeffizienten von .28 signifikant (p= ,000).

5. Pfad (5) *Kooperation→ Team-Potency*: Direkter Effekt der Kooperation im Team auf Team-Potency.

   Der direkte Effekt der Kooperation im Team klärt 4% der Varianz der Team-Potency auf. Dieser Zusammenhang ist bei einem standardisierten Pfadkoeffizienten von .19 signifikant (p= .036).

6. Pfad (6) *Kom-Qualität → Kooperation*: Direkter Effekt von Qualität der Kommunikation im Team auf Kooperation im Team.

   Der direkte Effekt der Qualität der Teamkommunikation klärt 16% der Varianz der Kooperation im Team auf. Dieser Zusammenhang ist bei einem standardisierten Pfadkoeffizienten von .40 signifikant (p= ,000).

17.1.3.3 Effekte in Zusammenhang mit operativer Information

7. Pfad (7) *Kom-Qualität → Info-Qualität-O*: Direkter Effekt der Qualität der Kommunikation im Team auf die Qualität der operativen Information.

   Der direkte Effekt der Qualität der Teamkommunikation klärt 7% der Varianz der Qualität der Nachrichten mit operativer Information auf. Dieser Zusammenhang ist bei einem standardisierten Pfadkoeffizienten von .27 signifikant (p= .000).

8. Pfad (8a): *Info-Qualität-O → Info-Versorgung-O*: Direkter Effekt der Qualität der operativen Information auf die Versorgung mit operativer Information.

   Der direkte Effekt der Qualität der operativen Information klärt 56% der Varianz von Versorgung mit operativer Information auf. Dieser Zusammenhang ist bei einem standardisierten Pfadkoeffizienten von .75signifikant (p=,000).

9. Pfad (9) *Info-Versorgung-O → Kom-Efficacy*: Direkter Effekt der Versorgung mit operativer Information auf Kom-Efficacy.

   Der direkte Effekt der Versorgung mit operativer Information klärt 4% der Varianz von Kom-Efficacy auf. Dieser Zusammenhang ist bei einem standardisierten Pfadkoeffizienten von .19 signifikant (p= .001).

10. Pfad (10a) *Info-Versorgung-O → Team-Potency*: Direkter Effekt der Versorgung mit operativer Information auf Team-Potency.

    Der direkte Effekt der Versorgung mit operativer Information auf die Team-Potency klärt 0% der Varianz von Team-Potency auf. Dieser Zusammenhang ist bei einem standardisierten Pfadkoeffizienten von .02 nicht signifikant (p= .726).

11. Pfad (11a) *VG-Quelle-O → Info-Qualität-O*: Direkter Effekt des Vorgesetzten als Quelle für operative Information auf die Qualität der operativen Information.

    Der direkte Effekt des Vorgesetzten als Quelle für operative Information auf die Qualität der operativen Information klärt 0% der Varianz der Qualität der operativen Information auf. Dieser

Zusammenhang ist bei einem standardisierten Pfadkoeffizienten von .02 nicht signifikant (p=,765).

12. Pfad (12a): *Info-Wichtigkeit-O → Info-Versorgung-O*: Direkter negativer Effekt der Wichtigkeit der Information auf die Versorgung mit Information (beides bezogen auf operativer Information).

    Der direkte Effekt der Wichtigkeit der operativen Information auf die Versorgung mit operativer Information klärt ca. 3% der Varianz von *Info-Versorgung-O* auf. Dieser Zusammenhang ist bei einem standardisierten Pfadkoeffizienten von .05 nicht signifikant (p= .442).

17.1.3.4 Effekte in Zusammenhang mit Unternehmens-Information

13. Pfad (8b) *Info-Qualität-U → Info-Versorgung-U*: Direkter Effekt der Qualität der Unternehmensinformation auf die Versorgung mit Unternehmensinformation.

    Der direkte Effekt der Qualität der Unternehmensinformation klärt 10% der Varianz der Versorgung mit Unternehmensinformation auf. Dieser Zusammenhang ist bei einem standardisierten Pfadkoeffizienten von .31 signifikant (p= .000).

14. Pfad (10b): *Info-Versorgung-U → Team-Potency*: Direkter Effekt der Versorgung mit Unternehmensinformation auf die Team-Potency.

    Der direkte Effekt der Versorgung mit Unternehmensinformation auf die Team-Potency klärt 0% der Varianz von Team-Potency auf. Dieser Zusammenhang ist bei einem standardisierten Pfadkoeffizienten von .02 nicht signifikant (p= .764).

15. Pfad (11b) *VG-Quelle-U → Info-Qualität-U*: Direkter Effekt des Vorgesetzten als Quelle für Unternehmensinformation auf die Qualität der Unternehmensinformation.

    Der direkte Effekt des Vorgesetzten als Quelle für Unternehmensinformation auf die Qualität der Unternehmensinformation klärt 4% der Varianz von *Info-Qualität-U* auf. Dieser Zusammenhang ist bei einem standardisierten Pfadkoeffizienten von .21 signifikant (p= .004).

16. Pfad (12b) *Info-Wichtigkeit-U→ Info-Versorgung-U*: Direkter negativer Effekt der Wichtigkeit der Information auf Versorgung mit Information (beides bezogen auf Unternehmensinformation).

    Der direkte Effekt der Wichtigkeit der Unternehmensinformation auf die Versorgung mit Unternehmensinformation klärt 6% der Varianz von *Info-Versorgung-U* auf. Dieser Zusammenhang ist bei einem standardisierten Pfadkoeffizienten von -.24 signifikant (p= .000).

17.1.3.5 Effekte von und auf *Führungs-Qualität*

17. Pfad (13) *Führungs-Qualität → Info-Versorgung-U*: Direkter Effekt der Führungsqualität des direkten Vorgesetzten auf die Versorgung mit Unternehmensinformation.

    Der direkte Effekt der Führungsqualität klärt 2% der Varianz der Versorgung mit Unternehmensinformation auf. Dieser Zusammenhang ist bei einem standardisierten Pfadkoeffizienten von .14 signifikant (p= .046).

18. Pfad (14) *Führungs-Qualität → Info-Qualität-O*: Direkter Effekt der Führungsqualität des direkten Vorgesetzten auf die Qualität der operativen Information.

    Der direkte Effekt der Führungsqualität klärt 6% der Varianz der Qualität der Unternehmensinformation auf. Dieser Zusammenhang ist bei einem standardisierten Pfadkoeffizienten von .24 signifikant (p= .001).

19. Pfad (15) Führungs-Qualität → Kooperation: Direkter Effekt der Führungsqualität des direkten Vorgesetzten auf die Kooperation im Team.

    Der direkte Effekt der Führungsqualität klärt 8% der Varianz der Kooperation im Team auf. Dieser Zusammenhang ist bei einem standardisierten Pfadkoeffizienten von .28 signifikant (p= .000).

20. Pfad (16) *Führungs-Qualität → Team-Potency*: Direkter Effekt der Führungsqualität des direkten Vorgesetzten auf die Team-Potency.

Der direkte Effekt der Führungsqualität klärt 6% der Varianz der Team-Potency auf. Dieser Zusammenhang ist bei einem standardisierten Pfadkoeffizienten von .25 signifikant (p= .000).

21. Pfad (17) *Führungs-Qualität* → *Kom-Qualität*: Direkter Effekt der Führungsqualität des direkten Vorgesetzten auf die Qualität der Kommunikation im Team.

    Der direkte Effekt der Führungsqualität klärt 9% der Varianz der Qualität der Kommunikation im Team auf. Dieser Zusammenhang ist bei einem standardisierten Pfadkoeffizienten von .30 signifikant (p= .000).

22. Pfad (18) *VG-Quelle*→ *Führungs-Qualität*: Direkter Effekt des Vorgesetzten als Quelle für Informationen auf die Führungsqualität des direkten Vorgesetzten.

    Der direkte Effekt des Vorgesetzten als Quelle für Unternehmensinformation klärt 8% der Varianz der Führungsqualität auf. Dieser Zusammenhang ist bei einem standardisierten Pfadkoeffizienten von .29 signifikant (p=,000).

17.1.4 Passung des Modells zur Datenbasis

Die Passung des Modells zur Datenbasis wurde anhand verschiedener Fit-Measures quantifiziert, die aus Tabelle 24 ablesbar sind. Der Anpassungstest wurde mit Chi² = 62,342 (df: 48) nicht signifikant (p = .080). Die Kennzahlen GFI (=Goodness-of-Fit-Index) und AGFI (=Adjusted GFI) lagen bei .949 bzw. .904.

Tab. 24.: Fit Measures (vgl Anhang V-A..)

Fit Measure	Default model	Saturated	Independence
Diskrepanz Chi²	62,342	0	630,523
Degrees of freedom	48	0	78
P	**.080**		0
GFI	**.949**	1	0,569
Adjusted GFI	**.904**		0,497

17.1.4.1 Bereinigung des Modells von den nicht-signifikanten Verbindungen und erneute Prüfung der Passung

Nach Reduktion des Modells um die nicht-signifikant gewordenen Pfade, d. h. um die Pfade (3), (10a), (10b), (11b), (12a), ergab sich eine veränderte Passung, nämlich ein Chi²-Wert von 21,042 (df: 30), der nicht signifikant wurde (p = .887). Die Kennzahlen GFI (=Goodness-of-Fit-Index) und AGFI (=Adjusted GFI) lagen bei .978 bzw. .953. (vgl. Tabelle 25)

Tab. 25.: Fit Measures des reduzierten Modells (vgl. Anhang V-B)

Fit Measure	Default model	Saturated	Independence
Diskrepanz Chi²	21,042	0	586,316
Degrees of freedom	30	0	55
P	**.887**		0
GFI	**.978**	1	0,542
Adjusted GFI	**.953**		0,451

Abbildung 19 zeigt das bereinigte Modell. Es sind mehrere Pfad-Koeffizienten zu erkennen, bei denen durch die Bereinigung des Modells Veränderungen auftraten. Der direkte Effekt von *Führungsqualität* auf *Team-Potency* erhöhte sich von .25 auf .27, (Aufklärung 7% statt 6%), der entsprechende Effekt von *Kooperation* erhöhte sich von .19 auf .22 (Aufklärung 5% statt 4%) und der entsprechende Effekt von Kommunikationsqualität erhöht sich von .26 auf .30 (Aufklärung 9% statt 7%). Somit lag die Varianzaufklärung durch den direkten Effekt von *Kom-Qualität* bei 9% (statt 7%) und durch den Effekt von *Kooperation* bei 5% statt 4%. Die Gesamtaufklärung von *Team-Potency* verringerte sich von 38% auf 37%.

(Wie im Analyseplan [Unterabschnitt 15.2.1.1.3] angekündigt, wird bei der weiteren Darstellung der Ergebnisse auf das unbereinigte Modell eingegangen, d. h. auf dasjenige Modell, das im Vorfeld theoretisch abgeleitet wurde.)

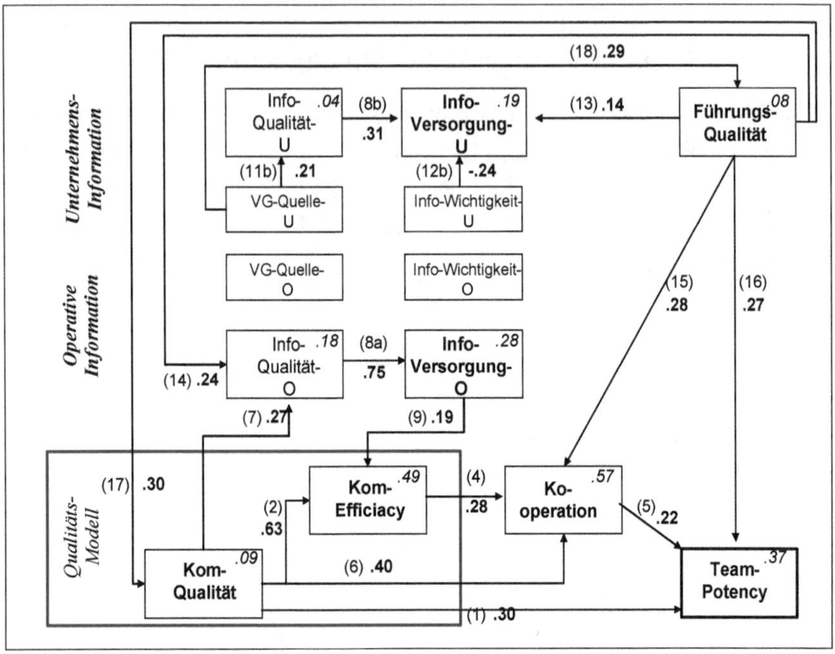

Abb. 19.: Kontextmodell nach Bereinigung von nicht-bestätigten Verbindungen

17.1.5 Betrachtung ausgewählter Zusammenhänge innerhalb des Modells

17.1.5.1 Nähere Untersuchung ausgewählter Effekte

Zur näheren Untersuchung des nicht signifikant gewordenen direkten Effektes von *Kom-Efficacy* auf *Team-Potency* wurden die Teilmodelle A und B geprüft.

Die Auswertung von Teilmodell A (siehe Abbildung 20) ergibt, dass ein direkter Effekt von *Kom-Efficacy* auf *Team-Potency* beobachtbar ist, wenn nur die Variablen *Kom-Qualität*, *Kom-Efficacy* und *Team-Potency* ins Modell aufgenommen werden. Der dann beobachtbare standardisierte Pfadkoeffizient beträgt .24, der somit aufgeklärte Anteil an der Varianz von *Team-Potency* (= Quadrat des standardisierten Pfadkoeffizienten) beträgt annähernd 6%. Der Zusammenhang ist signifikant (p= .002).

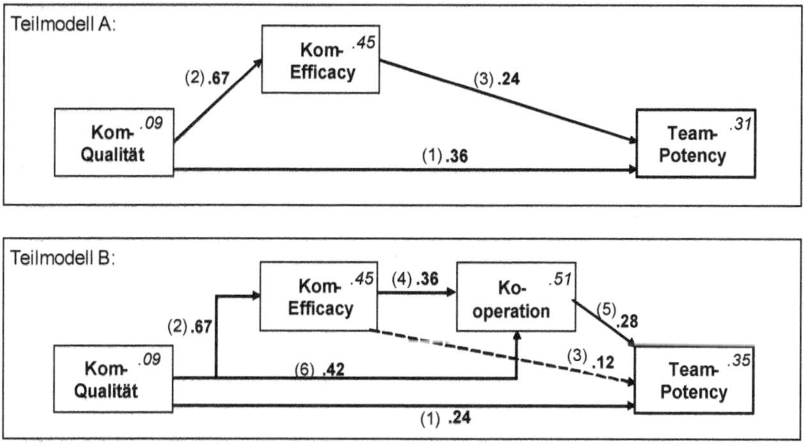

Abb. 20.: Teilmodelle zur näheren Untersuchung von Pfad (3).

Bei Integration der Skala Kooperation in das Modell wird dem direkten Effekt von *Kom-Efficacy* auf *Team-Potency* der standardisierte Pfadkoeffizient.12 ($p = .12$; vgl. Anhang V-III-C) zugeordnet.

17.1.5.2 Direkte und indirekte Effekte von Kom-Qualität

Abbildung 21 zeigt verschiedene Effektverknüpfungen zwischen Kom-Qualität und *Team-Potency*. Neben dem direkten Effekt – Parameter (1) – sind diverse indirekte Verknüpfungen über Verkettungen verschiedener Pfade erkennbar.

Aus den Tabellen 26 und 27 lassen sich die totalen Effekte von *Kom-Qualität* auf die Variablen *Info-Versorgung-O*, *Kom-Efficacy*, *Kooperation* und *Team-Potency* ablesen. Es werden die standardisierten Regressionskoeffizienten angegeben, sowie die durch *Kom-Qualität* aufgeklärten Varianzanteile der jeweiligen abhängigen Variable. Dabei werden neben den totalen auch die direkten sowie die indirekten Effekte angegeben. Letztere setzen sich ihrerseits aus verschiedenen Ketten von Pfadkoeffizienten zusammen.

Der totale Effekt von *Kom-Qualität* auf *Info-Versorgung-O* beträgt .21 [= 4% Varianzaufklärung, wobei dieser Zusammenhang ausschließlichdurch den indirekten Effekt über *Info-Qualität-O* zustande kommt, also durch das Koeffizientenprodukt (7)*(8a).]

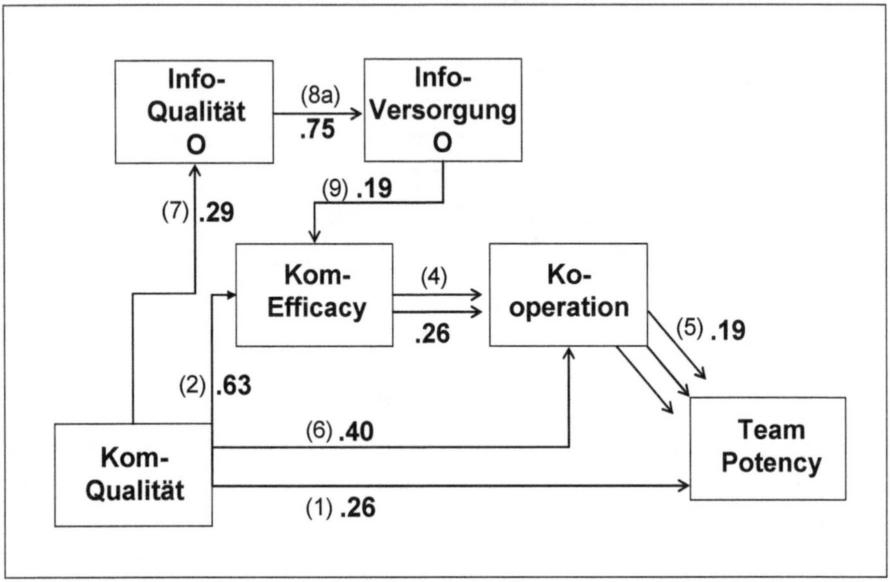

Abb. 21.: Direkte und indirekte Effekte der Kommunikationsqualität

Der totale Effekt von *Kom-Qualität* auf *Kom-Efficacy* beträgt .67 wobei der direkte Effekt mit einem standardisierten Koeffizienten von .63 (94% des totalen Effektes) den größten Beitrag liefert. Der gegen null gehende indirekte Effekt wird über das Koeffizientenprodukt (7)*(8a)*(9) vermittelt.

Tab. 26.: Direkte und indirekte Effekte von *Kom-Qualität*

Prädiktor: Kom-Qualität	**Effekte auf…**	
	Info-Versorgung-O	**Kom-Efficacy**
Totaler Effekt:	.21	.67
Direkter Effekt:	--	.63
Indirekter Effekt:	.21	.04

Kom-Qualität übt laut des Modells einen totalen Effekt von .59 auf *Ko-operation* aus. Neben dem direkten Effekt von .40 fällt der indirekte Effekt von .19 ins Gewicht, der durch zwei verschiedene Mediatorverknüpfungen zustande kommt. Er entspricht der Summe aus den Koeffizientenprodukten [(2)*(4)] und [(7)*)8a)*(9)*(4)].

Die Gesamtwirkung von *Kom-Qualität* auf *Team-Potency* kann durch einen standardisierten Koeffizienten von .43 quantifiziert werden. Dieser totale Effekt basiert neben dem direkten Effekt mit .26 (58% des totalen Effektes) zusätzlich auf einem indirekten Effekt von .19, der über 3 verschiedene Mediatorverknüpfungen entsteht. Er entspricht der Summe aus den Koeffizientenprodukten [(6)*(5)], [(2)*(4)*(5)] und [(7)*)8a)*(9)*(4)*(5)].

Tab. 27.: Direkte und indirekte Effekte von *Kom-Qualität*

Prädiktor: Kom-Qualität	**Effekte auf...**	
	Kooperation	**Team-Potency**
Totaler Effekt:	.59	.45
Direkter Effekt:	.40	.26
Indirekter Effekt:	.19	.19

17.1.5.3 Direkte und indirekte Effekte von Führungsqualität

Die kausale Einbindung von *Führungs-Qualität* in das Modell erlaubt das Ablesen zahlreicher direkter und indirekter Effekte von Führung. Der Fokus bei der Auswertung war jedoch auf den Effekt auf *Team-Potency* gerichtet.

Tab. 28.: Direkte und indirekte Effekte von *Kom-Qualität*

Prädiktor: Führungsqualität	**Effekte auf...**	
	Info-Versorgung-O	**Team-Potency**
Totaler Effekt:	.25 (6%)	.45 (20%)
Direkter Effekt:	--	.25
Indirekter Effekt:	.25	.20

Der totale Einfluss von *Führungsqualität* auf *Teampotency* lag bei .45, dabei lag der direkte Effekt bei .25 (56% des totalen Effektes) und der indirekte bei .20. (44% des totalen Effektes). Letzterer kommt unter Einbeziehung der vom Modell implizierten Auswirkung der *Führungsqualität* auf *Kom-Qualität* zustande (vgl. Tabelle 28).

17.2 Einordnung der Ergebnisse

17.2.1 Binäre Zusammenhänge

1. Die Analyse der binären Zusammenhänge ergab, dass zwischen der Gesamtskala zur Kommunikationsqualität, *Kom-Qualität*, und den Skalen zu Unternehmensinformationen mit Korrelationskoeffizienten unter .01 keine substanziellen Korrelationen bestanden. Dies wurde als Unterstützung für die Entscheidung bei der Modellkonzeption angesehen, keine Verbindung zwischen *Kom-Qualität* und den Skalen zur Unternehmensinformation aufzunehmen.

Die beobachtete signifikante Korrelation von .209 (p = .006) zwischen *Kom-Qualität* und der Versorgung mit operativen Informationen, *Info-Versorgung-O*, wurde im Modell nicht in Form einer direkten Pfeilverbindung berücksichtigt. Es wurde angenommen, dass die Kommunikationsqualität über ihre Wirkung auf *Info-Qualität-O* zu einer Erhöhung der Versorgung führt.

Die indirekte Verbindung *Kommunikationsqualität → Informationsqualität → Versorgung* wird im Modell durch die direkten Effekte *Kom-Qualität→ Info-Qualität-O* (Pfadkoeffizient 7) sowie *Info-Qualität-O → Info-Versorgung-O* (Pfadkoeffizient 8a) repräsentiert. (Die Prüfung der binären Korrelationen ergab, dass zwischen beiden Variablenpaaren signifikante binäre Zusammenhänge bestanden: *Kom-Qualität* und *Info-Qualität-O* korrelierten bei r = .344, p = .000. *Info-Qualität-O* und *Info-Versorgung-O* korrelierten bei r = .565, p = .000. Vgl. Tabelle 23)

2. Für die durch das Modell implizierten direkten Effekte ergab sich in drei Fällen keine Basis in Form eines signifikanten binären Zusammenhanges:

So zeigte sich zwischen der Versorgung mit operativer Information, *Info-Versorgung-O,* und der Wichtigkeit operativer Informationen, *Info-Wichtigkeit-O*, kein substanzieller Zusammenhang. Das gleiche galt für das Variablenpaar *Info-Qualität-O* und *VG-Quelle-O*.

- Die Pfadhypothesen P-12a und P-11b können daher bereits auf Basis der binären Korrelationen zurückgewiesen werden.

Ebenso wenig fand sich ein signifikanter Zusammenhang zwischen *Info-Versorgung-U,* also der Versorgung mit Unternehmensinformation, und *Team-Potency*.

- Auch Pfadhypothese P-10b kann daher bereits auf Basis der binären Korrelationen zurückgewiesen werden.

17.2.2 Überprüfung der direkten Effekte

Wie gezeigt wurde, konnte der überwiegende Teil der Pfadkoeffizienten durch einen signifikanten T-Test bestätigt werden (vgl. Anhang V-III).

Insgesamt gab es jedoch fünf Pfadkoeffizienten, die sich nicht bestätigen ließen.

Zu diesen gehörten die soeben erwähnten drei Effekte zwischen denjenigen Variablenpaaren, für die wie soeben dargestellt keine signifikante binäre Korrelation als Basis gefunden werden konnte. Wie es sich aus dem Fehlen einer binären Korrelation zwingend ergibt, wurde auf diesen Pfaden kein signifikanter Effekt gefunden.

Darüber hinaus konnte jedoch für noch zwei weitere direkte Effekte keine Bestätigung gefunden werden, obgleich in beiden Fällen eine deutlich signifikante binäre Korrelation beobachtet wurde:

1. Der direkte Effekt *Kom-Efficacy* → *Team-Potency* (Stand. Koeffizient = .11, p = .209)
2. Der direkte Effekt *Info-Versorgung-O* → *Team-Potency* (Stand. Koeffizient = .02, p = .764

- Die Pfade (3) und (10a) müssen daher zurückgewiesen werden.

Basierend auf diesen Ergebnissen wurde das Modell, wie im Analyse-Plan angekündigt, probeweise um den nicht signifikant gewordenen Pfadkoeffizienten reduziert und erneut auf Passung geprüft. Die Ergebnisse beider Passungsprüfungen werden im Folgenden bewertet.

17.2.3 Passung des Modells zur Datenbasis – vor und nach Bereinigung von nicht bestätigten Verbindungen

Auf Basis der erhobenen Kennzahlen kann grundsätzlich von einer Passung des Modells zur Datenmatrix ausgegangen werden. Der beobachtete Chi²-Wert (62,34, df: 48) ergab jedoch nur eine schwache Unterstützung für die Annahme der Passung des Modells, da er mit einer Fehlerwahrscheinlichkeit von $p = .080$ nahe an der Signifikanzgrenze lag. (Bei einem signifikanten Ergebnis des Chi²-Tests müsste das Modell zurückgewiesen werden.) Dieses knappe Ergebnis spiegelt sich auch in den mäßig hohen Ausprägungen der Kennzahlen GFI (.949) und AGFI (.904) wider.

Nach Reduzierung des Modells um die nicht bestätigten direkten Effekte ergab sich eine deutlich höhere Passung. So besaß der für das reduzierte Modell beobachtete Chi²-Wert (21,04, df: 30) eine Fehlerwahrscheinlichkeit von $p = .887$. GFI und AGFI zeigten mit .978 und .953 deutlich zufrieden stellendere Werte als vor der Reduzierung.

Die Bereinigung des Modells führte nur zu geringfügigen Veränderungen in den verbliebenen direkten Effekten auf *Team-Potency*. So erhöhte sich u. a. die Varianzaufklärung von *Team-Potency* durch den direkten Effekt von *Kom-Qualität* von 7% auf 9%. Die Gesamtaufklärung von *Team-Potency* verringerte sich lediglich um 1% von 38% auf 37%. Es kann also festgehalten werden, dass die Reduzierung des Modells um die genannten Skalen erwartungsgemäß zu einer annähernd gleichen Aufklärung von *Team-Potency* bei verbesserter Passung des Gesamtmodells führte.

17.2.4 Betrachtung ausgewählter Zusammenhänge innerhalb des unbereinigten Modells

[11]Wie bereits erwähnt, wurden die Effekte zwischen zwei Variablenpaaren nicht signifikant, obgleich zwischen den Variablen in beiden Fällen eine signifikante binäre Korrelation bestand.

Dabei handelte es sich erstens um den direkten Effekt von *Kom-Efficacy* auf *Team-Potency* (= Pfad 3). Die binäre Korrelation dieses Variablenpaares betrug .484 (p = .000).

Im zweiten Fall handelt es sich um den direkten Effekt von *Info-Versorgung-O,* auf *Team-Potency* (= Pfad 10a). Zwischen diesen beiden Variablen betrug die binäre Korrelation (r = .239, p = .002).

Diese Phänomene sollen im Folgenden näher betrachtet werden. Dabei soll unter anderem eruiert werden, ob die geringen Zusammenhangskoeffizienten auf Mediationseffekte zurückgeführt werden können.

1. Zu Pfad (3): Kom-Efficacy → Team-Potency

Im erstgenannten Falle, dem Effekt von *Kom-Efficacy* auf *Team-Potency,* konnte anhand zweier Teilmodelle nachgewiesen werden, dass der standardisierte Pfadkoeffizient gegenüber der binären Korrelation im Wesentlichen durch zwei Eigenschaften des Modells verringert wurde:

- Erstens durch die Rolle von *Kom-Qualität* als Prädiktor von *Team-Potency* (vgl. u. a. Abb. 20, sowie die Abschnitte 17.2.1 und 17.2.2)
- Zweitens durch die Rolle von *Kooperation* als vermittelnder Variablen zwischen *Kom-Efficacy* und *Team-Potency* (vgl. u. a. Abb. 20, sowie die Abschnitte 17.2.1 und 17.2.2).

Der binäre Korrelationskoeffizient von Kom-Efficacy und Team-Potency beträgt .48 (vgl. Tabelle 23). In einem Pfadmodell, das ausschließlich aus *Kom-Efficacy* und *Team-Potency* besteht, wäre dies der zu erwartende standardisierte Pfadkoeffizient. Durch Aufnahme der Skalen *Kom-Qualität* und *Kooperation* jedoch lag der direkte Effekt von *Kom-Efficacy*

[11] Die Ausführungen in diesem Unterabschnitt beziehen sich auf die in Abbildung 18 ablesbaren Ergebnisse der Prüfung des unbereinigten Modells.

auf *Team-Potency* bei .12 (vgl. Abbildung 20: Teilmodell B, S. 142). Die von *Kom-Efficacy* beigesteuerte Aufklärung der Kriterienvarianz lag daher nicht bei 23% (= Quadrat des binären Korrelationskoeffizienten) sondern beim Quadrat von .12, d. h. bei 1,4% (p = .121; vgl. Anhang V-C). Die indirekte Verbindung von *Kom-Efficacy* über *Kooperation* auf *Team-Potency* blieb signifikant, da sie von den signifikanten Pfaden (4) und (5) vermittelt wird (siehe Abbildungen 20-B und 22-A).

2. Zu Pfad (10a): Info-Versorgung-O → Team-Potency

Auch im Falle des direkten Effektes von *Info-Versorgung-O* auf *Team-Potency* entspricht der standardisierte Pfadkoeffizient mit .02 (p = .726) nicht dem Koeffizienten der binären Korrelation (r = .239, p = .002). Auch in diesem Fall kann der Zusammenhang jedoch indirekt über signifikante Verbindungen hergestellt werden, und zwar vermittelt über *Kom-Efficacy* und *Kooperation* (siehe Abbildung 22-B).

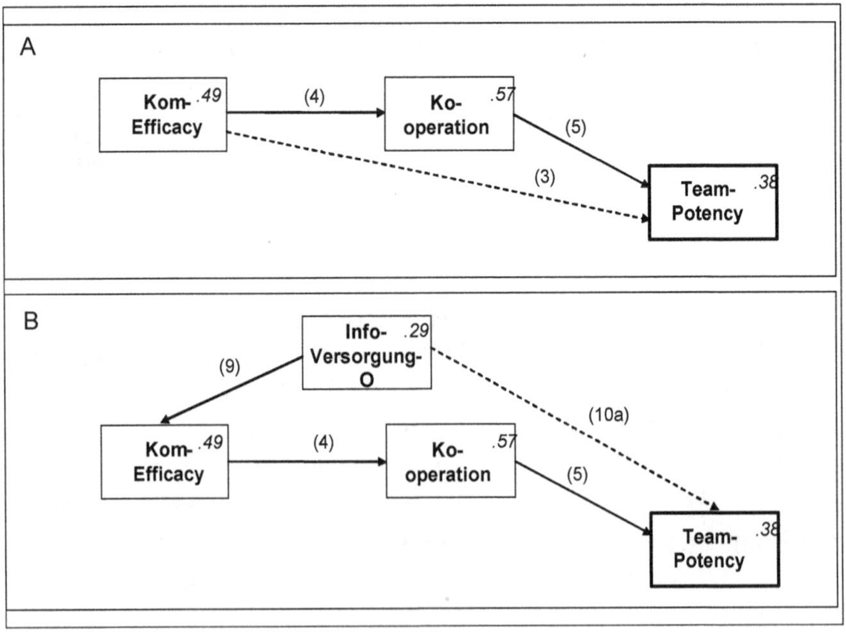

Abb. 22.: Nähere Betrachtung der Pfade (3) [Bild A] und (10a) [Bild B]

In beiden beschriebenen Fällen ist jedoch anzumerken, dass die indirekten Effekte über die beschriebenen Wege keineswegs stark genug sind, um einen totalen Effekt auf das Kriterium in der Höhe des ursprünglichen binären Zusammenhangs zu erzielen.

So liegt der indirekte Effekt von *Kom-Efficacy* auf *Team-Potency* selbst im reduzierten Pfadmodell, also nach Streichung des direkten Effektes aus dem Modell bei .064, der indirekte Effekt von *Info-Versorgung-O* auf *Team-Potency* sogar nur bei 0,012[12] (vgl. Anhang V).

17.2.4.1 Vergleich direkter und indirekter Effekte auf Team-Potency

Beide soeben behandelten Skalen sind im Modell als abhängige Variable von *Kom-Qualität* konzipiert. Somit sind auch die von ihnen ausgehenden Effekte – unabhängig von deren Größe – als indirekte Effekte der Kommunikationsqualität zu betrachten.

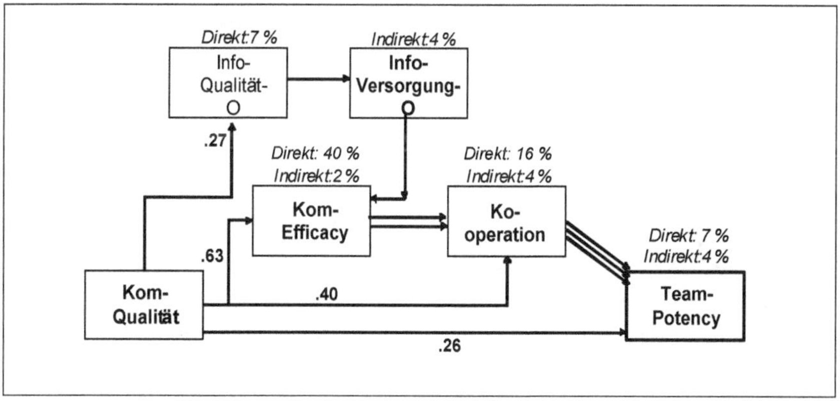

Abb. 23.: Direkte und indirekte Effekte von *Kom-Qualität*

Abbildung 23 visualisiert verschiedene – d.h. den direkten und unterschiedliche indirekte - Wirkungswege von *Kom-Qualität* auf *Team-*

---

[12] Eine weitere Prüfung auf das Vorhandensein eines Mediationseffektes wurde daher für überflüssig erachtet.

[14] Gemäß dem ursprünglich aufgestellten Modell (siehe hierzu Kapitel 15, Analyseplan)

Potency. An jeder abhängigen Variablen ist ablesbar, in welchem Ausmaß die Variable durch *Kom-Qualität* – direkt und indirekt – aufgeklärt wird.

Dabei werden zwei Aspekte deutlich:

1. Die Kommunikationsqualität im Team hat auf verschiedene Variablen des Modells einen substanziellen Einfluss. Innerhalb des Modells zeigt *Kom-Qualität* also eine sehr breit gefächerte Wirkung.
2. In jedem einzelnen Fall wird der größere Teil der Aufklärung dabei durch die direkte Verbindung beigesteuert.

Bezogen auf *Team-Potency* lässt sich im Besonderen ableiten:

1. Der Einfluss der Kommunikationsqualität auf die Team-Potency konnte durch verschiedene mediierende Variablen in seiner Wirkungsweise aufgeklärt werden.
2. Der überwiegende Teil dieses Einflusses ist jedoch mit Hilfe der im Modell befindlichen Variablen nicht näher erklärbar.

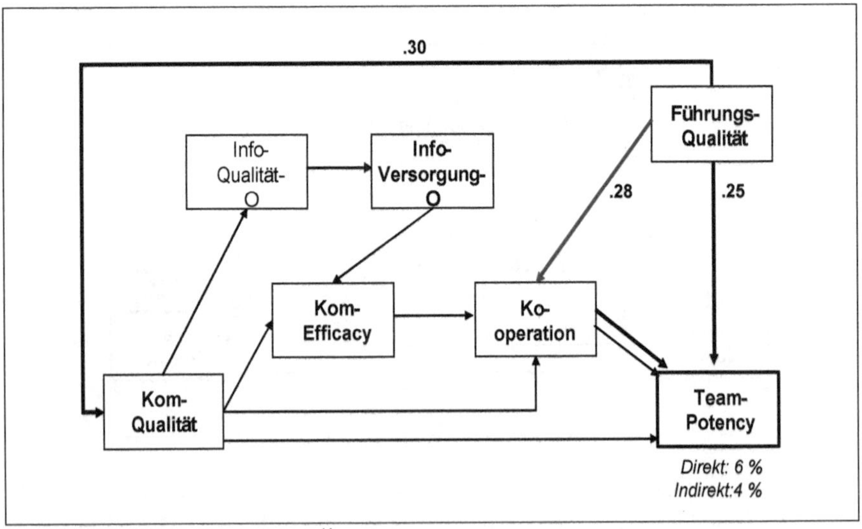

Abb. 24.: Direkte und indirekte Effekte[14] von *Führungsqualität* auf *Team-Potency*

Die zuvor aufgeworfene Frage, auf welchem Wege eine hypothetisch angenommene Wirkung von *Kom-Qualität* auf *Team-Potency* zustande kommt, kann also durch das Modell teilweise beantwortet werden. Eine

Aufklärung von 7%, der größere Teil der insgesamt beigesteuerten Aufklärung, konnte jedoch noch nicht weiter erklärt werden.

Bei Betrachtung aller beobachteten direkten Effekte auf *Team-Potency* wurde deutlich, dass von den ursprünglich vorhergesagten sechs direkten Effekten von Modellvariablen auf *Team-Potency* sich nur drei bestätigten.

Die Skalen zur Informationsversorgung bzgl. beider Arten von Informationen klärten ebenso wie *Kom-Efficacy* im Rahmen des Modellkontextes nur bis zu 1% Varianz von *Team-Potency* auf. *Kooperation* übte mit 4% Varianzaufklärung einen signifikanten direkten Effekt auf *Team-Potency* aus. Darüber hinaus wurden ausschließlich die direkten Effekte von *Führungsqualität* und *Kom-Qualität* signifikant.

Es wurde gezeigt, dass *Kom-Qualität* und *Führungsqualität* die beiden Variablen mit den größten direkten Effekten (7% und 6%) sowie den größten totalen Effekten auf *Team-Potency* waren.

Im Rahmen des Modells waren dabei für den Einfluss der *Führungsqualität* auf *Team-Potency* neben einem direkten Effekt verschiedene Möglichkeiten indirekt vermittelter Effekte vorgesehen. Abbildung 24 zeigt, dass die Führungsqualität 6% von *Team-Potency* direkt und weitere 4% indirekt aufklärte, wobei der indirekte Einfluss neben einer Verbindung über *Kooperation* auch über den im Modell vorhergesagten und bestätigten Einfluss von *Führungsqualität* auf *Kom-Qualität* zustande kommt.

Zur Wirkung der Führungsqualität konnte beobachtet werden, dass alle direkten Effekte von *Führungsqualität* auf einzelne Modellvariablen bei einer Aufklärung zwischen 6% und 10% signifikant wurden. Eine Ausnahme stellte die Wirkung der Führungsqualität auf die Informationsversorgung mit Unternehmensinformation dar. Hier lag der Einfluss lediglich bei 2 %.

---

[16] Die Variable mit den pro Gruppe ermittelten r_{wg}-Werten einer Skala entspricht der Konsens-Komponente dieser Skala. Allerdings wurden zur Ermittlung des mittleren r_{wg} alle negativen Werte gleich null gesetzt (vgl. Kapitel 14). Die entsprechenden deskriptiven Statistiken finden sich in Anhang VI-A-3 und VI-A- 4. Aus diesen geht u. a. hervor, dass die hier abgeleitete Zuordnung der Variablen zu den Beobachtungsebenen auch dann zustande kommt, wenn die negativen Werte zuvor nicht gleich null gesetzt wurden.

Abschließend kann in diesem Kontext festgehalten werden, dass sowohl *Kom-Qualität* als auch *Führungsqualität* substanzielle Effekte auf *Team-Potency* zeigten. Die Wirkverknüpfung innerhalb dieser Effekte konnte teilweise mit Hilfe der im Modell befindlichen Variablen aufgeklärt werden. Ein jeweils größerer Teil des Effektes wurde jedoch als direkter Effekt beobachtet, so dass großer Spielraum für Mediationshypothesen besteht.

Die zentrale unabhängige Variable des Kontext-Modells, *Team-Potency*, wurde durch die hier beschriebenen direkten und indirekten Effekte insgesamt zu 38% aufgeklärt, was als sehr zufrieden stellend angesehen wurde.

17.2.4.2 Effekte auf Informationsversorgung

Bei der Analyse der Effekte in Zusammenhang mit operativer Information sowie mit der Unternehmensinformation ergaben sich deutliche Unterschiede zwischen den beiden Informationsarten.

So zeigte sich, wie oben beschrieben, bereits auf Basis der binären Korrelationen, dass der durch die Pfade 12a und 12b implizierte negative Zusammenhang zwischen der erlebten Versorgung und der Wichtigkeit der jeweiligen Informationsart nur im Falle von unternehmensbezogener Information bestand, nicht jedoch im Falle operativer Information.

Auch das Erleben des Vorgesetzten als primäre Quelle für diese Information auf die wahrgenommene Qualität der Information spielte ausschließlich im Falle von unternehmensbezogener Information eine Rolle (s. o.), während ein Einfluss der Kommunikationsqualität auf die Qualität der Nachrichten nur im Falle operativer Information zu beobachten war.

Innerhalb beider Informationsarten ergab sich eine hohe Aufklärung durch die Skala Informationsqualität, jedoch traten auch hier Unterschiede auf. Mit einer Aufklärung von *Info-Versorgung-U* zu 10% durch *Info-Qualität-U* fiel der Zusammenhang im Kontext unternehmensbezogener Information deutlich geringer aus als im Kontext operativer Information. Hier wurde *Info-Versorgung-O* durch *Info-Qualität-O* zu 56% aufgeklärt. (Diesem Unterschied in den Pfadkoeffizienten lag ein vergleichbarer, wenn auch etwas moderaterer Unterschied in den binären Korrelationen zu Grunde: r = .565 bei operativer Information und r = .322 bei unternehmensbezogener Information).

Vor diesem Hintergrund kann festgehalten werden, dass die Vorhersage von Informationsversorgung je nach Ausprägung des Moderators ‚Informationsart' mit Hilfe unterschiedlicher Variablen und in unterschiedlichem Ausmaß möglich ist.

Insgesamt konnte *Info-Versorgung-O* zu 29% und *Info-Versorgung-U* zu 19% aufgeklärt werden. (Die Aufklärung von *Info-Versorgung-U* geht u. a. auf den Einfluss der Führungsqualität zurück (siehe hierzu auch Kapitel 20.)

Das Modell ermöglichte also eine substanzielle Vorhersage der erlebten Versorgung im Falle beider Informationsarten und machte Unterschiede in der Determination von Informationsversorgung sichtbar.

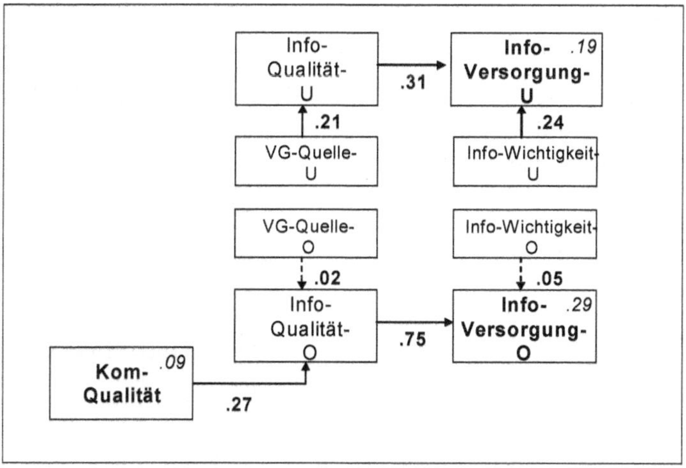

Abb. 25.: Modellausschnitt: Vorhersage von Informationsversorgung

18 Fragekomplex 3: Multiperspektivische Beobachtungen

18.1 Beschreibung der Ergebnisse

18.1.1 Varianzlevel der Kommunikationsskalen

In Zusammenhang mit den Skalen zur Beschreibung der Teamkommunikation interessierte die primäre Varianzebene der erfassten Phänomene. Es sollte ermittelt werden, in welchem Ausmaß die auf den Skalen beobachtbare Varianz auf individuelle Unterschiede der Teammitglieder innerhalb eines Teams zurückgeht oder auf Unterschiede zwischen den Mittelwerten der Teams zurückgeht.

18.1.1.1 Kriterium 1: Prüfung der Between-Varianz

Eine einfaktorielle MANOVA ergab ein signifikantes Ergebnis für den Faktor Gruppe als Prädiktor für die hier geprüfte Kriteriengruppe, (d. h. für die Skalen *Vertrauen*, *Konfliktfreude*, *Zugang*, *Formalqualität* und deren Gesamtskala *Kom-Qualität,* sowie darüber hinaus *Kom-Efficacy* und *Team-Potency*): Wilks' Lambda betrug .196 bei einer Fehlerwahrscheinlichkeit von .000. Auch die anderen multivariaten Teststatistiken wurden signifikant (vgl. Tabelle 29).

Tab. 29.: Ergebnisse der MANOVA mit dem Prädiktor Gruppe (vgl. Anhang III-A-1)

Effekt		Wert	F	Hypothese df	Fehler df	Signifikanz
Gruppe	Pillai-Spur	1,341	1,491	168,000	870,000	.000
	Wilks-Lambda	.196	1,579	168,000	832,019	.000
	Hotelling-Spur	2,040	1,680	168,000	830,000	.000
	Größte charakteristische Wurzel nach Roy	.951	4,925	28,000	145,000	.000

Abhängige Variablen: Vertrauen, Formalqualität, Zugang, Konfliktfreude, Kom-Qualität, Kom-Efficacy, Team-Potency

N = 174 ; a) Exakte Statistik; b) Die Statistik ist eine Obergrenze auf F, die eine Untergrenze auf dem Signifikanzniveau ergibt; c) Design: Intercept +Teamzugehörigkeit

Tabelle 30 zeigt die Ergebnisse der anschließend gerechneten einzelnen Anovas.

Es zeigte sich, dass die Teamzugehörigkeit für vier der sieben Variablen eine überzufällige Aufklärung lieferte. So wurde das Verhältnis der Zwischen-Team-Varianz zur Intra-Team-Varianz im Falle von *Vertrauen* (p = .023), *Kom-Qualität* (p = .027) und *Team-Potency* (p = .036) signifikant auf dem 5%-Niveau, im Falle von *Zugang* (p = .000) auf dem 1% - Niveau. Für die Variable *Konfliktfreude* ergab sich nur ein tendenziell signifikanter Zusammenhang bei p = .076. Die Eta²-Werte, also das jeweilige Verhältnis der Zwischen-Team-Varianz zur Gesamtvarianz, zeigen, dass die Zwischen-Team-Varianz im Falle der Variablen *Zugang* mit 45,2% einen wesentlichen größeren Anteil an der Gesamtvarianz der Variablen aufweist, als bei den anderen Variablen. Bei den Variablen *Vertrauen, Kom-Qualität*, *Team-Potency* und *Konfliktfreude* liegt die Varianzaufklärung durch die Teamzugehörigkeit im Bereich zwischen 22,1% und 24,7%.

Tab. 30.: Ergebnisse der Einzelanovas

Abh. Variable:	*F*	**Df**	***Signifikanz***	***Eta²***
Vertrauen	1,702	(28, 145)	**.023**	**.247**
Formalqualität	1,015	(28, 145)	.454	**.164**
Zugang	4,265	(28, 145)	**.000**	**.452**
Konfliktfreude	1,469	(28, 145)	.076	**.221**
Kom-Qualität	1,675	(28, 145)	**.027**	.244
Kom-Efficacy	1,013	(28, 145)	.457	**.164**
Team-Potency	1.621	(28, 145)	**.036**	**.238**

Unabhängige Variable: Teamzugehörigkeit

Die geringsten Anteile der Zwischen-Team-Varianz an der Gesamtstreuung konnten bei den Variablen *Formalqualität* (16,4%) und *Kom-Efficacy* (ebenfalls 16.4%) beobachtet werden.

18.1.1.2 Kriterium 2: Hinreichende Beobachterübereinstimmungen in den Teams

Als zweites Entscheidungskriterium wurde für die durchschnittliche Beobachterübereinstimmung in jeder Skala, d. h. der mittlere r_{wg} aus den r_{wg}-Werten aller Teams in einer Skala ermittelt (vgl. Tabelle 31).

Der höchste mittlere r_{wg} konnte mit .81 für die Skala *Kom-Qualität* beobachtet werden. Ähnlich hoch war der mittlere r_{wg} der Variablen *Formalqualität* (.77), gefolgt von *Vertrauen* (.74) und *Team-Potency* (.77).

Unterhalb von .70 lagen die mittleren r_{wg}-Werte der Skala *Zugang* (.61) und *Kom-Efficacy* (.59) und *Konfliktfreude* (.68).

Außer im Fall der Skala *Konfliktfreude* lagen Mittelwerte und Mediane der r_{wg}-Werte jeweils auf der gleichen Seite des kritischen Wertes von .70. Bei der Skala *Konfliktfreude* lag der mittlere r_{wg} bei .68, der Median bei .73.

Tab. 31.: Deskriptive Statistiken der r_{wg}-Werte[16]

	N	Mitteler r_{wg}	Median	Minimum	Maximum	Standard-abweichung
Vertrauen	29	.7397	.7910	.04	1,00	.22671
Formalqualität	29	.7742	.8218	.21	.99	.17686
Zugang	29	.6142	.6569	.00	.93	.26374
Konfliktfreude	29	.6788	.7321	.00	1,00	.26429
Kom-Qualität	29	.8098	.8387	.43	.99	.14643
Kom-Efficacy	29	.5851	.6269	.00	1,00	.31416
Team-Potency	29	.7664	.8342	.00	.98	.22273

18.1.1.3 Kriterium 3: Beobachterübereinstimmung in der Organisation

Als drittes Entscheidungskriterium wurde die Beobachterübereinstimmung innerhalb der gesamten befragten Stichprobe erhoben.

Tabelle 32 zeigt die verschiedenen Kriterien im Überblick: In den ersten beiden Spalten sind der Anteil der Zwischen-Team-Varianz sowie die Signifikanz der Varianzaufklärung abgetragen (= Kriterium 1, vgl. Tabelle 30). Aus der dritten und vierten Spalte lassen sich die r_{wg}-Werte der Teams sowie der Gesamtorganisation ablesen.

Letztere liegen bei den Skalen *Formalqualität* (mit .74), *Kom-Qualität* (mit .72) und *Potency* (mit .71) oberhalb von .70. Bei den Skalen *Vertrauen* (mit .66), Zugang (.38) und *Kom-Efficacy* (.49) unterhalb von .70.

Tab. 32.: Mittlere r_{wg}-Werte über die Teams

	Zwischen-Team-Varianz		**r_{wg} auf Gruppen- & Organisationslevel**	
	Eta²	Sig.	**Mittlerer r_{wg} der Teams**	**r_{wg} der-Organisation**
Vertrauen	.247	.023	.74	.66
Formalqualität	.164	.454	.78	.74
Zugang	.452	.000	.61	.38
Konfliktfreude	.221	.076	.68	.58
Kom-Qualität	.244	.027	.81	.72
Kom-Efficacy	.164	.457	.58	.49
Team-Potency	.238	.036	.77	.71

N = 29

Für die einzelnen Variablen gilt:

- Für die Skala *Vertrauen* sind die ersten beiden Kriterien erfüllt. Der r_{wg} der gesamten Organisation ist mit .66 geringer als der der Teams.

- Die Skala *Formalqualität* weist zwar hohe r_{wg}-Werte in den Teams auf, differenziert aber nur wenig zwischen diesen, was an der geringen Varianzaufklärung durch Teamzugehörigkeit (eta²) zu erkennen ist.
- Die Werte der Skala *Zugang* unterscheiden sich signifikant zwischen verschiedenen Teams, aber der Konsens innerhalb des Teams ist mit durchschnittlich .61 geringer als bei den meisten übrigen Variablen und liegt deutlich unterhalb des kritischen Wertes .70.
- Die Gesamtskala *Kom-Qualität*, welche sich aus den drei bisher beschriebenen Skalen zusammensetzt, unterscheidet sich in ihren Ausprägungen signifikant zwischen den Teams und weist einen mittleren r_{wg} im Team von .81 auf, der deutlich oberhalb von .70 liegt.
- Die Skala *Kom-Efficacy*, welche die subjektive Einschätzung der *Kom-Efficacy* für die Aufgabe ‚Effiziente Kommunikation' misst, weist einen mittleren *Konsens* im Team von .58 und einen *Konsens* in der Organisation von .49 auf.
- Die Skala *Team-Potency* - welche ähnlich wie *Kom-Efficacy* die subjektive Einschätzung der Wirksamkeit des Teams durch seine Mitglieder misst, jedoch nicht aufgabenspezifisch, sondern Aufgaben übergreifend – weist sowohl in den Teams (mittlerer r_{wg} = .77) als auch innerhalb der Organisation (r_{wg} = .71) hohe Konsenswerte auf. Aufgrund des signifikanten Zusammenhangs zum Faktor Teamzugehörigkeit erscheint jedoch eine Einordnung auf Teamebene auf Basis der vorliegenden Daten angebracht.

18.1.2 Mixed-Determinants-Analyse

Ziel der Analyse des Mixed-Determinants-Modells war die Erforschung der Frage, zu welchen Teilen *Kom-Efficacy* von der Within-Varianz und zu welchen Teilen sie von der Between-Varianz der *Kom-Qualität*-Faktoren erklärt wird. Die Analyse beinhaltete die Überprüfung der Hypothesen ML-4 und ML-5, welche gemeinsam aussagen, dass die Ausprägung von *Kom-Efficacy* von beiden Varianzebenen signifikant beeinflusst werde. Für die Untersuchung dieser Frage wurde eine blockweise Regression in zwei Blöcken durchgeführt, in die zunächst die Indvidualkomponenten der Prädiktoren (= erster Block) und im zweiten Schritt ihre Gruppenkomponenten (= zweiter Block) aufgenommen wurden. In beiden Blöcken ist außerdem der jeweils neu aus den jeweiligen Komponenten von *Vertrauen* und *Zugang* gebildete und somit auch levelspezifische Interaktionsterm enthalten. In Tabelle 33 werden zunächst die binären Korrelationen, welche den Ergebnissen der Regressionsanalyse zugrunde liegen, dargestellt. Diese werden im Folgenden nach ausgewählten Aspekten beschrieben.

18.1.2.1 Zugrunde liegende binäre Korrelationen

Tab. 33.: Binäre Korrelationen des Blocks der Individualkomponenten & Gruppenkomponenten der Prädiktoren mit *Kom-Efficacy*

	Kom-Efficacy	Vertrauen INDIV	Formal-qualität INDIV	Zugang INDIV	Vertrauen GRUPPE	Formal-qualität GRUPPE
Kom-Efficacy						
Vertrauen$_{INDIV}$	**.560*****					
Formalqualität$_{INDIV}$	**.539*****	**.744*****				
Zugang$_{INDIV}$	**.480*****	**.432*****	**.422*****			
Vertrauen$_{GRUPPE}$	**.261*****	.000	.000	.000		
Formalqualität$_{GRUPPE}$	**.247*****	.000	.000	.000	**.865*****	
Zugang$_{GRUPPE}$	**.202****	.000	.000	.000	**.440*****	**.514*****

N = 174; Werte in den Feldern: Binäre Korrelation nach Pearson
** = Die Korrelation ist auf dem Niveau von 0.01 (2-seitig) signifikant. (Die exakten Fehlerwahrscheinlichkeiten werden im Text aufgeführt.)

18.1.2.1.1 Beschreibung ausgewählter Ergebnisse der binären Korrelationen

1. Korrelationen zwischen Kom-Efficacy und verschiedenen Prädiktorkomponenten

Ablesbar ist erstens, dass jede der aufgenommenen Komponenten signifikant mit der vorgesehenen unabhängigen Variablen *Kom-Efficacy* korreliert. Dabei fällt auf, dass die Individualkomponenten insgesamt höhere Zusammenhänge mit *Kom-Efficacy* aufweisen als die Gruppenkomponenten. So liegen Korrelationskoeffizienten von *Kom-Efficacy* mit ersteren zwischen .480 für die Korrelation mit $Zugang_{INDIV}$ und .560 für die Korrelation mit $Vertrauen_{INDIV}$. Die Korrelation von *Kom-Efficacy* mit der Individualkomponente von *Formalqualität* liegt mit r = .539 dazwischen.

Jede dieser drei Korrelationen ist bei p = .000 (zweiseitige Signifikanztestung) signifikant. Ebenfalls signifikant auf dem 1%-Niveau, aber in ihren Ausprägungen geringer sind die binären Korrelationen zwischen *Kom-Efficacy* und den Gruppenkomponenten derselben Skalen. Die höchste Korrelation von *Kom-Efficacy* mit der Gruppenkomponente eines Prädiktors besteht zwischen *Kom-Efficacy* und $Vertrauen_{GRUPPE}$ mit r = .261 (p = .000), gefolgt von der Korrelation mit $Formalqualität_{GRUPPE}$ (r = .247, p = .001) und der mit $Zugang_{GRUPPE}$, die mit r =.202 (p = .008) die geringste der beobachteten Korrelationen mit *Kom-Efficacy* darstellt.

2. Korrelationen der gleichen Komponenten verschiedener Prädiktoren

Tabelle 33 gibt darüber hinaus Auskunft über die Interkorreliertheit der gleichen Komponenten verschiedener Prädiktoren. Dabei zeigt sich für die Korreliertheit der Individualkomponenten untereinander und die Korreliertheit der Gruppenkomponenten untereinander ein vergleichbares Muster:

In beiden Fällen ist die Korrelation zwischen der jeweiligen Komponenten von *Vertrauen* und der von *Formalqualität* die höchste. So korrelieren die Individualkomponenten dieser Skalen untereinander mit r = .744 (p = .000) und die Gruppenkomponenten mit r = .865 (p = .000).

Für die anderen Skalen gelten mittlere Korrelationen zwischen den jeweils gleichen Komponenten: r = .432 bzw. r = .440 (beide p = .000) für die Korrelation zwischen den Individualkomponenten bzw. Gruppenkomponenten von *Vertrauen* und *Zugang* und sowie die Korrelationskoeffizienten .422 und .514 (beide p = .000) für die entsprechenden Komponentenpaare bei den Skalen *Formalqualität* und *Zugang*.

18.1.2.2 Ergebnisse der Mixed-Determinants-Regressionsanalyse

18.1.2.2.1 Betrachtung der Varianzaufklärung und der inkrementellen Validitäten

Tabelle 34 zeigt das unkorrigierte und das korrigierte R^2, sowie die Änderungen in R^2 und die per F-Test ermittelte Signifikanz des R^2-Zuwachses, den jeder Prädiktorenblock einbringt.

Tab. 34.: Zuwächse in R^2 bei der Regression in zwei Prädiktorblöcken

	Varianzaufklärung				Änderungsstatistiken			
Stufen:	**R**	**R^2**	**Korrigiertes R^2**	**Änderung in R^2**	**Änderung in F**	**df1**	**df2**	**Signifikanz**
(a) Within-Modell	.660	.436	**.422**	**.436**	32,641	4	169	.000
(b) + Between-Modell	.711	.506	**.482**	**.070**	5,835	4	165	.000

Abhängive Variable: Kom-Efficacy

N =174

Modell a Einflussvariable: (Konstante), $V*Z_{INDIV}$, $Zugang_{INDIV}$, $Formalqualität_{INDIV}$, $Vertrauen_{INDIV}$

Modell b Einflussvariable: (Konstante), $V*Z_{INDIV}$, $Zugang_{INDIV}$, $Formalqualität_{INDIV}$, $Vertrauen_{INDIV}$, $Zugang_{GRUPPE}$, $V*Z_{GRUPP}$), $Vertrauen_{GRUPPE}$, $Formalqualität_{GRUPPE}$

Zusammen klärten beide Prädiktorenblöcke ca. 50% der Varianz von *Kom-Efficacy* auf (siehe unkorrigiertes R^2), was nach Korrektur um Aufklärungsanteile, die allein durch die Anzahl der aufgenommenen Prädiktoren entstehen, eine tatsächlich auf die Prädiktoren zurückführbare Aufklärung von ca. 48% ergab (siehe korrigiertes R^2).

Dabei ist anzumerken, dass der überwiegende Teil der insgesamt aufgeklärten Varianz von *Kom-Efficacy* durch den ersten Block, d. h. durch die Individualkomponenten inklusive der Individual-Interaktion, aufgeklärt wurde. So erzielt der erste Block, also der Block der Individualkomponenten, ein R^2 von .436. Durch den zweiten Block, also durch den Block der Gruppenkomponenten, kann danach noch ein Zuwachs in R^2 von .070, also um weitere 7% Varianzaufklärung, ergänzt werden. Beide Beiträge sind signifikant bei p = .000.

Um die jeweiligen Nützlichkeiten, d. h. die inkrementellen Validitäten der beiden Prädiktorenmodelle verlässlicher vergleichen zu können, wurde die vorstrukturierte blockweise Regression ein weiteres Mal und mit umgekehrter Eingabe-Reihenfolge der Prädiktorblöcke durchgeführt (vgl. hierzu Thompson, 1995). Die dort zu beobachtenden Zuwächse in R^2 sind in Tabelle 35 abzulesen, welche die gleichen Kennzahlen wie Tabelle 34 beinhaltet, diesmal bezogen auf die Regression mit umgekehrter Eingabereihenfolge.

Tab. 35.: Zuwächse in R^2 bei umgekehrter Reihenfolge der Prädiktorblöcke

	Varianzaufklärung			**Änderungsstatistiken**				
Modell	**R**	**R^2**	**Korrigiertes R^2**	**Änderung in R^2**	**Änderung in F**	**df1**	**Df2**	**Änderung in Signifikanz von F**
(a) Between-Modell	.273	.075	.053	.075	3,403	4	169	.010
(b) + Within Modell	.711	.506	.482	.431	35,989	4	165	.000

Abhängige Variable: Kom-Efficacy

N =174

a Einflussvariable: (Konstante), V^*Z_{GRUPPE}, $Formalqualität_{GRUPPE}$, $Zugang_{GRUPPE}$, $Vertrauen_{GRUPPE}$

b Einflussvariable: (Konstante), V^*Z_{GRUPPE}, $Formalqualität_{GRUPPE}$, $Zugang_{GRUPPE}$, $Vertrauen_{GRUPPE}$, $Zugang_{INDIV}$, V^*Z_{INDIV}, $Formalqualität_{INDIV}$, $Vertrauen_{INDIV}$

Die Tabelle zeigt, wie es der nicht vorhandenen Korrelation zwischen den beiden Prädiktorblöcken entspricht (vgl. Tabelle 33), dass der Beitrag zur Varianzaufklärung von *Kom-Efficacy* durch den Block der Gruppenkomponenten bei Eingabe an erster Stelle eine Änderung in R^2 von .075 erbringt, während die Differenz zur identisch gebliebenen Gesamtaufklärung vom Block der Individualkomponenten beigesteuert wird. Die

Beiträge beider Blöcke sind dabei signifikant bei p = .010 für den Block der Gruppenkomponenten und p = .000 für den Block der Individualkomponenten.

Beide Modelle tragen signifikant zur Aufklärung von *Kom-Efficacy* bei. Die inkrementelle Validität (Nützlichkeit) des Blocks der Gruppenkomponenten gegenüber dem der Individualkomponenten beträgt dabei .070 (siehe Zuwachs in R^2 in Tabelle 34). Die inkrementelle Validität (Nützlichkeit) des Blocks der Individualkomponenten gegenüber dem der Gruppenkomponenten beträgt dabei .431 (siehe Änderung in R^2 in Tabelle 35)

18.1.2.2.2 Signifikanz der Beiträge der einzelnen Prädiktoren

Tab. 36.: Koeffizienten der Prädiktoren des Blocks der Individualkomponenten und des Blocks der Gruppenkomponenten

	Nicht standardisierte Koeffizienten	Standardisierte Koeffizienten	T	Sig.
Vertrauen_{INDIV}	.303	.215	2,477	.014
$\text{Formalqualität}_{INDIV}$	.355	.232	2,791	.006
Zugang_{INDIV}	.303	.246	3,968	.000
Interaktion V^*Z_{INDIV}	-.275	-.179	-2,998	.003
$\text{Vertrauen}_{GRUPPE}$	.565	.229	2,002	.052
$\text{Formalqualität}_{GRUPPE}$	-.167	-.048	-,371	.711
Zugang_{GRUPPE}	.201	.148	2,073	.040
Interaktion $V^* Z_{GRUPPE}$	-.367	-.075	-1,118	.265

Abhängige Variable: Kom-Efficacy

N = 174

Tabelle 36 zeigt die standardisierten und nicht-standardisierten Beta-Koeffizienten, der einzelnen Prädiktoren beider Vorhersage-Modelle, sowie die jeweils zugehörigen T-Werte und ihre Signifikanzen. Es handelt sich um die geschätzten Werte auf der zweiten Stufe der schrittweisen Regression aus Tab. 34. Die Koeffizienten der Individualkomponenten sind bei T-Werten zwischen 2,477 und 3,968, bzw. -2,998 für den Interaktionsterm signifikant, mit Signifikanzwerten auf dem 1%-Niveau, außer im Falle von *Vertrau-en*$_{INDIV}$, für das eine Fehlerwahrscheinlichkeit von p = .014 ermittelt wurde. Die Koeffizienten der Prädiktoren aus dem Block der Gruppenkomponenten, also der Gruppenkomponenten der Kommunikationsskalen, wurden in nur einem Fall, bei *Zugang*$_{GRUPPE}$ signifikant bei p = .040 (t = 2,073) und im Falle von *Vertrauen*$_{GRUPPE}$ nur tendenziell signifikant bei p = .052 (t = 2,002).

18.1.2.2.3 Prüfung der Kollinearität

Tab. 37.: Kollinearitätsdiagnose

	Variance Inflation Index (VIF):	**Varianzanteile auf Dimensionen**[1]	
		8	**9**
Vertrauen$_{GRUPPE}$	4,992	.00	**.88**
Formalqualität $_{GRUPPE}$	**5,669**	.00	**.94**
Zugang$_{GRUPPE}$	1,708	.00	.20
Interaktion V*Z$_{GRUPPE}$	1,509	.00	.36
Vertrauen$_{INDIV}$	2,509	**.86**	.00
Formalqualität$_{INDIV}$	2,312	**.79**	.00
Zugang$_{INDIV}$	1,281	.00	.00
Interaktion V_{INDIV}*Z_{INDIV}	1,192	.09	.01
	Konditionsindex	**3,094**	**5,037**

[1]Es sind nur solche Dimensionen aufgeführt, auf denen besonders hohe, also bedrohliche Ladungen zu beobachten sind.

Um zu prüfen, ob die Interpretation und das Vergleichen der einzelnen standardisierten Pfadkoeffizienten bei der vorliegenden Regressionsanalyse unbedenklich ist, wurde eine Kollinearitätsdiagnose durchgeführt, deren Ergebnisse zunächst dargestellt werden sollen, bevor auf die einzelnen Beta-Gewichte eingegangen wird.

Tabelle 37 beinhaltet alle dafür notwendigen Gütekriterien. Wie in der Tabelle ablesbar, sind alle VIF-Indices deutlich kleiner als 10.

Auf keiner weiteren der ermittelten Dimensionen der Kollinearitätsdiagnose finden sich hohe Ladungen für mehr als eine Variable (vgl. Anhang VI-B).

18.1.3 Weitere binäre Korrelationen

Die Konsenskomponenten der drei Skalen zur Beschreibung der Korrelationsqualität wurden, wie im Folgenden dargestellt, als abhängige sowie als unabhängige Variable eingesetzt.

Vor dem Einsatz dieser Variablen in Regressionsgleichungen wurden die Korrelationen zwischen den beiden Gruppenkomponenten jedes Konstrukts – also zwischen Konsenskomponenten und Gruppenkomponenten ermittelt und sollen im Folgenden betrachtet werden.

1. Zu den Korrelationen zwischen der Gruppenkomponente und der Konsenskomponente innerhalb derselben Variablen:

Wie aus Tabelle 38 ersichtlich, besteht zwischen der Gruppenkomponente und der Konsenskomponente nur im Falle der Skala *Vertrauen* mit .548 ($p < .000$) eine signifikante Korrelation. Im Falle der Skala *Formalqualität* liegt die Korrelation zwischen den Gruppenkomponenten lediglich bei .110, für die Skala *Zugang* wurde mit .010 die geringste Korrelation beobachtet.

Die Gruppen-Komponenten der Skala *Kom Efficacy* sind mit einem Korrelationskoeffizienten von .125 ebenfalls nicht signifikant korreliert.

2. Zu den Korrelationen zwischen den Konsenskomponenten verschiedener Variablen:

Aus Tabelle 38 lassen sich auch signifikante Korrelationen zwischen den Konsenskomponenten aller verwendeten Skalen ablesen. Die höchsten Werte fanden sich für die Korrelation der Konsenskomponente von *Kom-*

Efficacy mit der von *Formalqualität* (r = .543, p =.000) sowie mit der Konsenskomponente von *Zugang* (r = .572, p = .000). Die im Verhältnis insgesamt geringsten Korrelationen ergaben sich zwischen den Konsenskomponenten der bisher genannten Skalen und der Konsenskomponente der Skala *Vertrauen*: Die hier beobachteten Koeffizienten

Tab. 38.: Binäre Korrelationen

	Kom-Efficacy	Kom-Efficacy$_{GRUPPE}$	Kom-Efficacy$_{KONS}$	Vertrauen$_{GRUPPE}$	Formalqualität$_{GRUPPE}$	Zugang$_{GRUPPE}$	Vertrauen$_{KONS}$	Formalqualität$_{KONS}$	Zugang$_{KONS}$
Kom-Efficacy									
Kom-Efficacy$_{GRUPPE}$	.404***								
Kom-Efficacy$_{KONS}$	.051	.125							
Vertrauen$_{GRUPPE}$	.261***	.646***	.062						
Formalqualität$_{GRUPPE}$	.247***	.612***	.064	.865***					
Zugang$_{GRUPPE}$	.202**	.499***	.225**	.440***	.514***				
Vertrauen$_{KONS}$	.154*	.440***	.342***	.548***	.552***	.279***			
Formalqualität$_{KONS}$	.044	.109	.543***	.072	.110	-.036	.365***		
Zugang$_{KONS}$	.069	.171*	.572***	.157*	.102	.010	.324***	,402***	
Gruppengröße	-.046	-.114	-.282***	-.293***	-.223**	-.045	-.473***	-,364***	,084

N = 174 [1] - Zellen beinhalten die Korrelation nach Pearson

*** Die Korrelation ist auf dem Niveau von 0,001 (2-seitig) signifikant.

** Die Korrelation ist auf dem Niveau von 0,01 (2-seitig) signifikant.

* Die Korrelation ist auf dem Niveau von 0,05 (2-seitig) signifikant.

Hervorhebungen: Korrelation von levelgleichen Komponenten der Variablen Vertrauen, Formalqualität und Zugang.

liegen bei .324 für die Korrelation mit den r_{wg}-Werten der Skala *Zugang*, bei .365 für die Korrelation mit den r_{wg}-Werten der Skala *Formalqualität*, und bei .342 für die Korrelation mit den r_{wg}-Werten von *Kom-Efficacy*. Auch diese Koeffizienten sind jedoch signifikant bei p = .000. Das gleiche gilt für die Korrelation zwischen den Konsenskomponenten von *Formalqualität* und *Zugang*, bei r = .402.

3. Zu den Korrelationen zwischen den Konsenskomponenten der beobachteten Variablen und der Gruppengröße:

In drei Fällen zeigen sich signifikante negative Korrelationen der Konsenskomponenten mit der Gruppengröße (siehe Tablle 38), allerdings mit unterschiedlich starker Ausprägung. So hängt der Konsenswert im Team bzgl. der Skala *Vertrauen* mit r = -.473 am stärksten mit der Gruppengröße zusammen, gefolgt von dem Konsens bzgl. der Skala *Formalqualität* mit r = -.364. Der Konsens im Team bzgl. *Kom-Efficacy* korreliert nur mit r = -.282, jedoch ebenfalls, wie auch die vorherigen Koeffizienten, signifikant bei p = .000.

Die einzige Skala, deren Konsenskomponente nicht signifikant mit der Gruppengröße korreliert, ist die Skala *Zugang* mit einem Korrelationskoeffizienten r = .084. (p = .268).

18.1.4 Cross-Level-Analyse

18.1.4.1 Erster Schritt: Residualisierung des Kriteriums

Mittels linearer Regression (vgl. Anhang VI-C-1) wurde das Kriterium *Kom-Efficacy* von der Variablen *Gruppengröße* bereinigt. Die schon in Tabelle 38 ablesbare geringe Validität von *Gruppengröße* als Prädiktor von *Kom-Efficacy* (r = -.046) bestätigte sich in dieser Regression, die dementsprechend eine Varianzaufklärung von *Kom-Efficacy* durch die *Gruppengröße* von unter 1 % ergab.

18.1.4.2 Zweiter Schritt: Auswertung der Hierarchischen Linearen Modelle

i) Prüfung der Streuung der Koeffizienten über die Teams

Zunächst wurde im Rahmen des „Random-Coefficient"-Modells geprüft, ob zwischen den - für jedes Team getrennt berechneten – Werten für den Y-Achsenabschnitt des Blocks der Individualkomponenten hinreichend viel Varianz besteht, damit es angezeigt erscheint, diesen durch weitere Gruppen-Faktoren aufzuklären. Der chi^2-Test, welcher die Signifikanz dieser Zwischengruppenunterschiede prüft, wurde bei $p = .001$ signifikant ($chi^2 = 43.13$, $df = 17$) (vgl. hierzu Anhang VI-C-2).

Darüber hinaus wurde mit Hilfe des „Intercepts-as-outcome"-Modells (Hofmann et al. 2000, S. 481), welches zusätzlich zum Block der Individualkomponenten zwar Gruppen-Hauptwirkungen, jedoch keine Cross-Level-Interaktionen vorhersagt, die Streuung zwischen den Pfadkoeffizienten der Individual-Prädiktoren untersucht, nachdem sie für jedes Team extra berechnet wurden. In diesem Fall ergab die chi^2-Testung kein signifikantes Ergebnis, auch nicht für die Individual-Interaktion zwischen *Vertrauen* und *Zugang* ($chi^2 = 18.35$, $df = 17$, $p = .367$; vergleiche hierzu Anhang VI-C-3).

ii) Prüfung der Gruppen-Haupteffekte

Der erste Abschnitt der Ergebnisse aus der Prüfung des vollständigen Modells ist in Tabelle 39 abgebildet. Diese zeigt die Beta-Gewichte, T-Werte mit Freiheitsgraden sowie die Signifikanz für die Effekte der ins Modell aufgenommenen Gruppen-Prädiktoren auf die Konstante des Within-Modells. Letztere ist gleichbedeutend mit dem y-Achsenabschnitt des Kriteriums, also von *Kom-Efficacy*. Die in Tabelle 39 abgetragenen Beta-Gewichte quantifizieren also die Haupteffekte der Gruppen-Prädiktoren auf die Ausprägung von *Kom-Efficacy*. Von den aufgenommenen Prädiktoren $Vertrauen_{KONS}$, $Zugang_{KONS}$ und *Gruppengröße* wurde jedoch nur der Einfluss von $Vertrauen_{KONS}$ signifikant (beta = .440, p = .000). Dem Prädiktor *Gruppengröße* fiel in der vorliegenden Gleichung mit einem Koeffizienten von 0.014 (p = .242) der geringste Beitrag zu.

Der Einfluss des Prädiktors Zugang lag mit p = .401 ebenfalls deutlich außerhalb des Signifikanzbereiches.

Tab. 39.: Haupteffekte von Level-2-Prädiktoren auf Kom-Efficacy

Haupteffekte vom Gruppenlevel auf Kom-Efficacy					
= Effekte von Gruppenlevel auf die Level-1-Konstante:		**Beta**	**T**	**d.f.**	**Signifikanz**
Level-2-Konstante	**G00**	.690	-4.472	25	.000
$Vertrauen_{KONS}$	**G01**	.440	5.721	25	.000
$Zugang_{KONS}$	**G02**	.061	-0.854	25	.401
Gruppengröße	**G03**	.014	1.199	25	.242

iii) Prüfung der Interaktions-Effekte

Tabelle 40 zeigt die Effekte des Gruppenlevels auf die Steigungsparameter jedes einzelnen Individual-Prädiktors. Auch diese Effekte teilen sich jeweils in zwei Komponenten auf:

1. In den Einfluss einer Level-2-Konstanten.
2. In den Einfluss spezifischer Gruppen-Prädiktoren in Form von Beta-Gewichten für den jeweiligen Individual-Pfadkoeffizienten.

Die Einflüsse der Level-2-Konstanten im vorliegenden Modell bilden also den bereits im Mixed-Determinants-Modell geprüften Block der Individualkomponenten ab. Es zeigte sich, wie aus Tabelle 40 ersichtlich, dass auch bei Schätzung im Rahmen eines Cross-Level-Modells durch HLM die zuvor mittels Multipler Regression geschätzten Einflüsse von $Vertrauen_{INDIV}$ (bei p = .000), $Formalqualität_{INDIV}$ (bei p = .016) und $Zugang_{INDIV}$ (bei p = .002) signifikant wurden (vgl. hierzu Tabelle 36). Das gleiche galt für den negativen Einfluss der Interaktion $Vertrauen_{INDIV}$ * $Zugang_{INDIV}$, bei p = .042. Ohne Aufnahme von Gruppen-Prädiktoren, d. h. im Rahmen des so genannten Random-Coefficient-Modells, lag die Fehlerwahrscheinlichkeit des dort mit beta = -.204 geschätzten Einflusses der Interaktion bei .006. Auch die Signifikanzen aller anderen Individual-Prädiktoren lagen dort auf dem 1%-Niveau (vgl. Anhang VI-C-2). Für den Einfluss des Gruppen-Prädiktors $Zugang_{KONS}$ auf den Koeffizienten der

Interaktion V^*Z_{INDIV} entstand bei beta = .369 ein signifikantes Ergebnis (p = .038).

Für den Einfluss des Gruppen-Prädiktors *Gruppengröße* auf den Koeffizienten der Interaktion V^*Z_{INDIV} entstand bei beta = -0,012 kein signifikantes Ergebnis (p = .493).

Tab. 40.: Cross-Level-Effekte

Cross-Level-Interaktionen **Cross-Level-Effekte auf die Individual-Pfadkoeffizienten**					
Effekte auf den Pfadkoeffizienten **B1** von **Vertrauen**$_{INDIV}$		**Beta**	**T**	**d.f.**	**Signifikanz**
Cross-Level-Konstante	G10	.379	4.737	28	.000
Effekte auf den Pfadkoeffizienten **B2** von **Formalqualität**$_{INDIV}$					
Cross-Level-Konstante	G20	.359	2.575	28	.016
Effekte auf den Pfadkoeffizienten **B3** von **Zugang**$_{INDIV}$					
Cross-Level-Konstante	G30	.231	3.463	28	.002
Effekte auf den Pfadkoeffizienten **B4** der **Interaktion** Z_{INDIV} * V_{INDIV}					
Cross-Level-Konstante	G40	-.540	-2.176	26	.042
Cross-Level-Koeffizient von Zugang$_{KONS}$	G41	.369	2.181	26	.038
Cross-Level-Koeffizient von Gruppengröße	G42	-.012	-0.696	26	.493

iv) *Kom-Efficacy$_{KONS}$* als alternativer Kontrollfaktor

Als alternativer Kontrollfaktor zu *Gruppengröße* wurde in einer weiteren Modellprüfung statt jenem der Faktor *Kom-Efficacy$_{KONS}$* eingesetzt.

Das hier gewählte Vorgehen ermöglicht die Einschätzung der Einflüsse der Konsenskomponenten *Vertrauen$_{KONS}$* und *Zugang$_{KONS}$* unter Einbeziehung der Konsenskomponente von *Kom-Efficacy* selbst, also von *Kom-Efficacy$_{KONS}$*.

Tabelle 41 zeigt die Ergebnisse für die Haupteffekte von *Vertrauen*$_{KONS}$, *Zugang*$_{KONS}$ und *Kom-Efficacy*$_{KONS}$ auf das Kriterium *Kom-Efficacy*.

So ergab sich, wie Tabelle 41 zeigt, mit beta = 0,424 (p = .000) ein ähnlich starkes Gewicht für den Haupteffekt von *Vertrauen*$_{KONS}$ auf *Kom-Efficacy*, wie es sich auch in der gemeinsamen Prüfung mit dem Prädiktor *Gruppengröße* (mit beta = .440, p = .000 für den Einfluss von *Vertrauen*$_{KONS,}$ vgl. hierzu Tabelle 39) ergab.

Tab. 41.: Level-2-Haupteffekte in alternativem Modell

Alternatives Modell mit Prädiktor Kom-Efficacy$_{KONS}$ *(statt Gruppengröße):* Haupteffekte von Gruppenlevel auf Kom-Efficacy					
= Effekte von Gruppelevel auf die Level-1-Konstante		**Beta**	**T**	**d.f.**	**Signifikanz**
Cross-Level-Konstante	**G00**	.476	-2.901	25	.008
Vertrauen$_{KONS}$	**G01**	**.424**	5.201	25	**.000**
Zugang$_{KONS}$	**G02**	.053	-0.763	25	.453
Kom-Efficacy$_{KONS}$	**G03**	**-.062**	0.809	25	**.426**

Der Einfluss *Zugang*$_{KONS}$ wurde auch im Rahmen dieser Prädiktorenkonstellation nicht signifikant (p = .453).

Der Einfluss von *Kom-Efficacy*$_{KONS}$, also der Konsenskomponente des Kriteriums *Kom-Efficacy* selbst, wurde bei einem Gewicht von beta = -0.062 ebenfalls nicht signifikant.

Tab. 42.: Cross-Level-Interaktion in alternativem Modell

Cross-Level-Effekte auf den Pfadkoeffizienten der Interaktion V*Z$_{INDIV}$		**Beta**	**T**	**d.f.**	**Signifikanz**
Cross-Level-Konstante	**G40**	.808	-4.029	26	.001
Cross-Level--Koeffizient von Zugang$_{KONS}$	**G41**	**.367**	2.241	26	**.034**
Kom-Efficacy$_{KONS}$	**G42**	.120	-1.028	26	.314

Der Einfluss von *Zugang*$_{KONS}$ auf den Koeffizienten der Individual-Interaktion *Vertrauen*$_{INDIV}$ * *Zugang*$_{INDIV}$ blieb ebenfalls auch bei Semipartialisierung durch *Kom-Efficacy*$_{KONS}$ erhalten (mit beta = 0,367 und p = .034). *Kom-Efficacy*$_{KONS}$ selbst übte auch an dieser Stelle keinen signifikanten Einfluss aus (beta = .120, p = .314) (vgl. Tabelle 42)

18.1.5 Vorhersage des Konsens in Kom-Efficacy

18.1.5.1 Single-Level-Modell A: Vorhersage der Gruppenkomponente in Kom-Efficacy

18.1.5.1.1 Erstes Vierstufenmodell

In Tabelle 43 lässt sich ablesen, dass der zuerst aufgenommene Faktor *Gruppengröße* bei der Vorhersage von *Kom-Efficacy*$_{GRUPPE}$ eine Varianzaufklärung von 1,3% liefert. Sein Einfluss ist dabei mit p = .133 nicht signifikant.

Tab. 43.: Vierstufige schrittweise Regression (Single-Level-Modell A) (vgl. Anhang VI-D)

	Modell	R^2	Korrigiertes R^2	Änderung in R^2	Sig.
1	**Gruppengröße**	.013	.007	**.013**	**.133**
2	**+ Between-Modell (= Gruppenkomponenten der Kommunikationsskalen)**	.485	.469	**.472**	**.000**
3	**+ Kom-Efficacy$_{KONS}$**	.499	.481	**.014**	**.034**
5	**+ Konsens-Modell (= Konsenskomponenten der Prädiktoren)**	.579	.556	**.080**	**.000**

Abhängige Variable: Kom-Efficacy$_{GRUPPE}$
N = 174

Die auf der nächsten Stufe ins Modell aufgenommenen Gruppenkomponenten der Kommunikationsskalen klären weitere 47,2% (bei p = .000) des nunmehr residualisierten Kriteriums *Kom-Efficacy*$_{GRUPPE}$ auf.

Aus Tabelle 43 ist ebenfalls ablesbar, wie sehr die Varianz der Mittelwerte der *Kom-Efficacy*, d. h. *Kom-Efficacy*$_{GRUPPE}$, durch die Konsenswerte von Teams erklärt werden konnte.

Der Konsens innerhalb von Teams bezüglich der *Kom-Efficacy*, also *Kom-Efficacy*$_{KONS}$ klärte bei Aufnahme in das Modell weitere 1,4% auf. Dieser Beitrag wird auf dem 5%-Niveau (p = .034) signifikant. Der zuletzt aufgenommene Block mit den Konsenskomponenten der Kommunikationsskalen klärte weitere 8% des Kriteriums *Kom-Efficacy*$_{GRUPPE}$ auf. Die Hinzunahme von Konsenskomponenten bei der Vorhersage der Gruppenkomponente *Kom-Efficacy*$_{GRUPPE}$ klärte somit insgesamt 9,4% Kriteriumsvarianz auf. Das gesamte Prädiktorenmodell erreichte somit ein korrigiertes R^2 von .556.

18.1.5.1.2 Betrachtung der Einzelzusammenhänge

Zur Beantwortung der Frage, welche der Kommunikationsskalen *Vertrauen*, *Formalqualität* und *Zugang* innerhalb der Prädiktorenblöcke mit den Gruppen- bzw. Konsenskomponenten welchen Einfluss ausübt, sollen im Folgenden die Koeffizienten der fünften Modellstufe betrachtet werden (vgl. Tabelle 44).

Tab. 44.: Beta-Koeffizienten auf Modellstufe 5 (Vgl. Anhang VI-6-D)

	Standardisierter Koeffizient Beta	**T**	**Signifikanz**
Gruppengröße	.126	1,997	.047
Vertrauen$_{GRUPPE}$	**.428**	3,398	**.001**
Formalqualität$_{GRUPPE}$	-.195	-1,561	.121
Zugang$_{GRUPPE}$	**.286**	4,098	**.000**
Interaktion V_{GRUPPE} * Z_{GRUPPE}	-.122	-1,793	.075
Kom-Efficacy$_{KONS}$	083	1,180	.240
Vertrauen$_{KONS}$	**.442**	4,787	**.000**
Formalqualität$_{KONS}$	-.017	-.232	.817
Zugang$_{KONS}$	-.063	-1,137	.257

Abhängige Variable: Kom-Efficacy$_{GRUPPE}$
N = 174

Es zeigt sich, dass bei nur drei der insgesamt neun im Modell befindlichen Prädiktoren ein signifikantes Beta-Gewicht vorlag (siehe fett gedruckte Werte).

Dazu gehörten seitens der Gruppenkomponenten die Prädiktoren *Vertrauen$_{GRUPPE}$* (beta = .428, p = .001) sowie *Zugang$_{GRUPPE}$* (beta = .286, p = .000). Aus dem Block der Konsenskomponenten wurde der Einfluss von *Vertrauen$_{KONS}$* signifikant bei einem Beta-Gewicht von .442 (p = .000).

Nicht signifikant wurden die Einflüsse der Gruppenkomponente *Formalqualität$_{GRUPPE}$* (beta = -.195; p = .121), sowie die Konsenskomponenten *Formalqualität$_{KONS}$* (beta = -.017; p = .817) sowie *Zugang$_{KONS}$* (beta = -.063, p = .257).

Ebenfalls nicht signifikant wurde *Kom-Efficacy$_{KONS}$* (beta = .083, t = .240). Der Effekt von *Gruppengröße* wurde hingegen mit beta = .126 signifikant auf dem 5%-Niveau.

18.1.5.1.3 Vergleich der inkrementellen Validitäten (Nützlichkeiten) verschiedener Prädiktoren

Aus den Angaben in Tabelle 45 geht hervor in welchem Ausmaß die zuvor als signifikant identifizierten Effekte voneinander unabhängig sind (vgl. zur Vorgehensweise Thompson, 1995). Die dort vorgestellte Eingabereihenfolge A entspricht dem bereits beschriebenen Vorgehen. Die Aufklärungswerte in Tabelle 45 beruhen jedoch auf einer vorstrukturierten Regression, in welche ausschließlich die zuvor signifikant gewordenen Effekte sowie *Gruppengröße* eingegeben wurden.

Bei Eingabereihenfolge B wurde die Reihenfolge dieser Eingaben umgekehrt.

Die Modelle zeigen, dass nach Reduzierung auf diese Auswahl von Prädiktoren nach wie vor 55,4% (siehe R^2) Varianz des Kriteriums aufgeklärt wurde. Die Prädiktoren sind also zu einer nicht viel geringeren Aufklärung in der Lage als das vollständige Prädiktorenmodell (R^2 = .579).

Durch die Variation der Eingabereihenfolge dieser beiden Prädiktorenblöcke zeigte sich, dass *Vertrauen$_{KONS}$* bei Eingabe *nach* den beiden

Gruppenkomponenten (sowie nach Residualisierung durch den Kontrollfaktor Gruppengröße) eine Nützlichkeit von .087 besitzt, bei Eingabe *vor*

Tab. 45.: Schrittweise Regression mit variierter Reihenfolge (vgl. Anhang VI-D)

	Eingabereihenfolge A	R^2	Korrigiertes R^2	Änderung in R^2	Sig.
1	**Gruppengröße**	.013	.007	.013	.133
2	**+ $\text{Vertrauen}_{GRUPPE}$ & Zugang_{GRUPPE}**	.477	.468	**.464**	.000
3	**+ Vertrauen_{KONS}**	.565	.554	**.087**	.000
	Eingabereihenfolge B				
1	**Gruppengröße**	.013	.007	.013	.133
2	**+ Vertrauen_{KONS}**	.441	.435	**.428**	.000
3	**+ $\text{Vertrauen}_{GRUPPE}$ & Zugang_{GRUPPE}**	.565	.554	**.123**	.000

Abhängige Variable: $\text{Kom-Efficacy}_{GRUPPE}$
N = 174

den beiden Gruppenkomponenten jedoch eine Nützlichkeit von .428 aufweist (siehe fett gedruckte Werte). Umgekehrt klären die beiden Gruppenkomponenten $\textit{Vertrauen}_{GRUPPE}$ und $\textit{Zugang}_{GRUPPE}$ bei Eingabe *vor* dem Faktor $\textit{Vertrauen}_{KONS}$ 46,4% weiterer Varianz auf, und *nach* diesem 12.3%.

18.1.5.1.4 Kollinearitätsdiagnose

Sowohl in Zusammenhang mit dem Beitrag von $\textit{Kom-Efficacy}_{GRUPPE}$ als auch den inkrementellen Validitäen von $\textit{Vertrauen}_{KONS}$ und den beiden verbliebenen Konsenskomponenten zeigten sich Auffälligkeiten, welche durch Kollinearität der Prädiktoren entstehen können. Eine diesbezügliche Diagnose ergab, dass die VIF-Indices aller Variablen deutlich unterhalb von 10 lagen (siehe Tabelle 46).

Tab. 46.: Kollinearitätsdiagnose

	Variance Inflation Index (VIF):	**Varianzanteile auf den Dimensionen[1]:**		
		8	**9**	**10**
Gruppengröße	1,542	.00	**.32**	**.26**
Vertrauen$_{GRUPPE}$	6,183	.01	.17	.06
Formalqualität$_{GRUPPE}$	6,078	.00	.00	.01
Zugang$_{GRUPPE}$	1,896	.02	.01	.02
Interaktion V$_{GRUPPE}$ * Z$_{GRUPPE}$	1,816	.08	.00	.00
Kom-Efficacy$_{KONS}$	1,922	**.65**	.06	.25
Vertrauen$_{KONS}$	3,323	.07	**.40**	**.47**
Formalqualität$_{KONS}$	2,207	**.23**	**.59**	.12
Zugang$_{KONS}$	1,194	.01	.01	.05
	Konditionsindex	**11,504**	**14,746**	**20,366**

[1]Es sind nur solche Dimensionen aufgeführt, auf denen besonders hohe, also bedrohliche Ladungen zu beobachten sind.

Während es auf sieben von zehn Prüf-Dimensionen keine auffälligen Phänomene gab, konnte jedoch auf den Dimensionen 8 bis 10 beobachtet werden, dass die Varianzen mehrerer Prädiktoren durch denselben Eigenwert ähnlich hoch erklärt werden konnten.

Dies galt beispielsweise für die Variablen Formal*qualität$_{KONS}$*, *Vertrauen$_{KONS}$* und *Gruppengröße* bezogen auf Dimension 9 (siehe fett gedruckte Werte in Tabelle 46). Auch *Kom-Efficacy$_{KONS}$* und *Formalqualität$_{KONS}$* laden gemeinsam auf eine Dimension (siehe Dimension 8), wenn auch in unterschiedlich starkem Ausmaß. An den Dimensionen 8 - 10 entstehen Konditionsindices, die im Falle von Dimension 8 (Index = 11,504) und Dimension 9 (Index: 14,746) oberhalb von 10 liegen, im Fall von Dimension 10 (Konditionsindex: 20,366) oberhalb von 20 liegen.

18.1.5.2 Single-Level-Modell B: Vorhersage des Konsens des Teams in Kom-Efficacy

18.1.5.2.1 Erstes Vierstufenmodell

Wie Tabelle 47 zeigt, klärte die zuerst aufgenommene Variable *Gruppengröße* 8% (p = .000) der Varianz des Kriteriums *Kom-Efficacy_{KONS}* auf, entsprechend dem Quadrat der binären Korrelation (r = -.282, vgl. Tabelle 38) dieser beiden Variablen.

Tab. 47.: Modellzusammenfassung (Single-Level-Modell B)

	Modelle	R^2	Korrigiertes R^2	Änderung in R^2	Sig.
1	Gruppengröße	.080	.074	.080	.000
2	Block der Konsenskomponenten	.486	.473	.406	.000
3	+ Kom-Efficacy$_{GRUPPE}$	.486	.470	.000	.923
4	Block der Gruppenkomponenten	.589	.569	.103	.000

Abhängige Variable: Kom-Efficacy$_{KONS}$
N = 174

Die nunmehr residualisierte Varianz von *Kom-Efficacy$_{KONS}$* wurde durch Hinzunahme der Konsenskomponenten *Vertrauen$_{KONS}$* , *Formalqualität$_{KONS}$* und *Zugang$_{KONS}$* um insgesamt weitere 40,6 % aufgeklärt, was insgesamt zu einem korrigierten R^2 von .473 für das bis zu diesem Zeitpunkt enthaltene Prädiktorenmodell (siehe Änderung in R^2 und korrigiertes R^2 in Tabelle Tabelle 47) führte.

Nach den Konsenskomponenten, d. h. denjenigen Komponenten der Kommunikationsskalen, welche ebenso wie das Kriterium *Kom-Efficacy$_{KONS}$* die Ähnlichkeit der Urteile aller Mitglieder eines Teams bzgl. einer Variablen quantifiziert, wurden auf den beiden weiteren Stufen Gruppenkomponenten in das Modell aufgenommen, also solche Komponenten, welche die durchschnittliche Höhe der Urteile aller Mitglieder eines Teams zur jeweiligen Variablen quantifizieren.

Die Varianz des von allen Zusammenhängen mit den anderen Konsenskomponenten residualisierten Kriteriums *Kom-Efficacy*$_{KONS}$ wurde durch die Gruppenkomponenten um weitere 10,3 % aufgeklärt. Dabei zeigte sich, dass die Gruppenkomponente *Kom-Efficacy*$_{GRUPPE}$ hierzu keinen Beitrag lieferte. Bei einer zusätzlichen Aufklärung von 0% durch *Kom-Efficacy*$_{GRUPPE}$ entsteht der Zuwachs an Varianzaufklärung ausschließlich durch die Gruppenkomponenten der Kommunikationsskalen, die auf der vierten Stufe in das Modell aufgenommen wurden. (vgl. Tabelle 47).

18.1.5.2.2 Betrachtung der Einzelzusammenhänge

Um zu prüfen, welche Prädiktoren im Einzelnen zur Varianzaufklärung beitrugen, sollen die Koeffizienten der vierten Modellstufe herangezogen werden.

Tab. 48.: Beta-Koeffizienten auf Modellstufe 4

	Standardisierter Koeffizient Beta	T	Signifikanz
Gruppengröße	-0,295	-4,459	**.000**
Vertrauen$_{KONS}$	-0,003	-.044	.965
Formalqualität$_{KONS}$	0,263	4,170	**.000**
Zugang$_{KONS}$	0,532	8,516	**.000**
Kom-Efficacy$_{GRUPPE}$	-0,033	-.474	.636
Vertrauen$_{GRUPPE}$	-0,188	-1,680	.095
Formalqualität$_{GRUPPE}$	-0,085	-.779	.437
Zugang$_{GRUPPE}$	0,360	5,859	**.000**
Interaktion V*Z$_{GRUPPE(}$	-0,195	-1,723	.089

N = 174

Abhängige Variable: Kom-Efficacy$_{KONS}$

Der auf dieser Modellstufe enthaltene Einfluss der Gruppenkomponenten ging offensichtlich auf den Prädiktor *Zugang*$_{GRUPPE}$ zurück, der mit einem Gewicht von .360 als einzige Gruppenkomponente signifikant wurde.

Tabelle 48 zeigt, dass auf dieser Stufe nur vier der insgesamt neun Gewichte von Prädiktorvariablen signifikant wurden. Neben dem bereits erwähnten Prädiktor *Gruppengröße* (beta = -.295, p = .000) handelte es sich dabei aus der Gruppe der Konsenskomponenten um die Prädiktoren *Formalqualität*$_{KONS}$ mit einem Beta-Gewicht von = 0,263 (p = .000) und *Zugang*$_{KONS}$ mit dem deutlich größeren Beta-Gewicht von 0.532 (p = .000).

Das wahrgenommene Vertrauen übte weder in Form der Konsenskomponente *Vertrauen*$_{KONS}$ noch der Gruppenkomponente *Vertrauen*$_{GRUPPE}$ einen signifikanten Einfluss auf das Kriterium aus.

18.1.5.2.3 Vergleich der inkrementellen Validitäten (Nützlichkeiten) verschiedener Prädiktoren

Um die Beiträge der Gruppen- bzw. der Konsenskomponenten gegeneinander abgleichen zu können (vgl. Thompson, 1995), wurden die im bisherigen Modell durch Signifikanz bestätigten Prädiktoren noch einmal Schrittweise Regressionen mit verschiedenen Reihenfolgen

	Eingabereihenfolge A	**R^2**	**Korrigiertes R^2**	**Änderung in R^2**	**Sig.**
1	**Gruppengröße**	.080	.74	.080	.000
2	**+ Zugang$_{KONS}$ & Formalqualität$_{KONS}$**	.485	.476	.405	.000
3	**+ Zugang$_{GRUPPE}$**	.534	.523	.049	.000
	Eingabereihenfolge B				
1	**Gruppengröße**	.080	.074	.080	.000
2	**+ Zugang$_{GRUPPE}$**	.125	.115	.045	.003
3	**+ Zugang$_{KONS}$ & Formalqualität$_{KONS}$**	.534	.523	.409	.000

Abhängige Variable: Kom-Efficacy$_{KONS}$

N = 174

durch Aufnahme in verschiedenen Reihenfolgen auf ihre wechselseitig bedingten inkrementellen Validitäten geprüft.

Tabelle 49 zeigt, dass die Nützlichkeit (= inkrementelle Validität) der Gruppenkomponente *Zugang*$_{GRUPPE}$, wenn sie *vor* den Konsenskomponenten *Zugang*$_{KONS}$ und *Formalqualität*$_{KONS}$ eingegeben wird, mit .045 ungefähr gleich groß ist, wie bei einer Eingabe nach diesen beiden Prädiktoren. Ebenso bleibt die Nützlichkeit von *Zugang*$_{KONS}$ und *Formalqualität*$_{KONS}$ gemeinsam zwischen .405 und .409, unabhängig von der Eingabereihenfolge.

Darüber hinaus liegt bei letzterem kein Suppressions-Effekt vor, da die Nützlichkeit, d. h. die inkrementelle Validität von *Zugang*$_{GRUPPE}$, die binäre Korrelation dieser Variablen mit *Kom-Efficacy*$_{KONS}$ (r = .225, vgl. Tabelle 38) nicht überschreitet.

18.1.5.2.4 Kollinearitätsdiagnose

Tab. 49.: Kollinearitätsdiagnose

	Variance Inflation Index (VIF):	**Varianzanteile auf Dimensionen**[1]
		Dimension 9
Gruppengröße	1,753	**.03**
Vertrauen$_{KONS}$	2,156	**.01**
Formalqualität$_{KONS}$	1,596	**.01**
Zugang$_{KONS}$	1,568	**.00**
Kom-Efficacy$_{GRUPPE}$	1,963	**.03**
Vertrauen$_{GRUPPE}$	5,019	**.71**
Formalqualität$_{GRUPPE}$	4,828	**.71**
Zugang$_{GRUPPE}$	1,518	**.07**
Interaktion $_{V*ZGRUPPE}$	3,242	**.11**
	Konditionsindex	**5,075**

[1]Es sind nur solche Dimensionen aufgeführt, auf denen besonders hohe, also bedrohliche Ladungen zu beobachten sind.

Wie aus Tabelle 50 ersichtlich, sind alle VIF-Indices deutlich kleiner als 10. Die höchsten gemeinsamen Varianzanteile ergeben sich für die Gruppenkomponenten von *Vertrauen* und *Formalqualität* auf Dimension 9 (siehe fett gedruckte Werte). Der zugehörige Konditionsindex ist jedoch mit 5.075 deutlich kleiner als 10.

18.2 Einordnung der Ergebnisse

18.2.1 Varianzlevel der Kommunikationsskalen

Die ausgewählte Gruppe von Variablen wurde hinsichtlich dreier Entscheidungskriterien geprüft:

1. Hinreichende (d. h. signifikante) Zwischen-Team-Varianz
2. Hinreichende Beobachterübereinstimmung innerhalb der Gruppen (d. h. mittlerer r_{wg} über .70)
3. Hinreichende Beobachterübereinstimmung innerhalb der Organisation (d. h. r_{wg} in der Gesamtstichprobe über .70)

Das hoch signifikante Ergebnis der vorab durchgeführten MANOVA zeigte an, dass sich die Teilstichproben, d. h. die Teams generell, hinsichtlich der geprüften Variablen unterschieden. Auf dieser Basis können die Ergebnisse der einzelnen Anovas interpretiert werden.

Wendet man die Ergebnisse der Anovas, d. h. also des ersten Entscheidungskriteriums, auf die Frage nach der Zuordnung der untersuchten Variablen auf Gruppen- oder Individuallevel an, so ergibt sich, dass die Variablen *Vertrauen*, *Zugang*, *Kom-Qualität* und *Team-Potency* mit Blick auf Ihre Zwischen-Team-Varianz grundsätzlich als Gruppen-Maße in Frage kommen. Für die Variablen *Kom-Efficacy, Formalqualität* und *Konfliktfreude* muss dies jedoch zurückgewiesen werden.

Wendet man das zweite Entscheidungskriterium auf die Frage nach der Zuordnung der Variablen zu Gruppen- bzw. Individuallevel an, so ergibt sich, dass bei insgesamt vier der sieben Variablen die Bedingung eines mittleren von über r_{wg} .70 erfüllt ist, nämlich bei den Variablen *Vertrauen*, *Formalqualität*, *Kom-Qualität* und *Team-Potency*.

Im Folgenden soll anhand dieser beiden Entscheidungskriterien sowie unter Integration des dritten eine endgültige Zuordnung für jede einzelne Variable vorgenommen werden:

- Für die Skala *Vertrauen* sind die ersten beiden Kriterien erfüllt. Der *Konsens* der gesamten Organisation ist mit .66 geringer als der der Teams. *Vertrauen* kann daher der Gruppenlevel zugeordnet werden. Die Höhe des *Konsens* von .74 und die relativ schwache Signifikanz der Zwischen-Team-Varianz lassen jedoch erkennen, dass auch systematische Teamvarianz erhalten ist.
- Die Skala *Formalqualität* weist zwar bei einem mittleren r_{wg} von .77 hohe Konsenswerte in den Teams auf, differenziert aber nur wenig zwischen diesen, was an der geringen Varianzaufklärung durch Teamzugehörigkeit (eta^2 = .164) zu erkennen ist. Mit Blick auf den *Konsens* in der Gesamtorganisation von .74 liegt es nahe, *Formalqualität* weder auf Gruppen- noch auf Individuallevel, sondern auf Organisationslevel anzusiedeln.
- Die Skala *Zugang* differenziert zwar zwischen verschiedenen Teams, wie an dem hoch signifikanten Anteil der Zwischen-Team-Varianz zu erkennen ist, aber der Konsens innerhalb des Teams ist mit .61 geringer als bei den meisten übrigen Variablen und liegt deutlich unterhalb des kritischen Wertes .70. Sie ist daher auf Individuallevel anzusiedeln.
- Die Skala *Konfliktfreude* erfüllt keines der drei Kriterien und muss somit auf Individuallevel eingeordnet werden. (Aufgrund des angesichts dieser Zuordnung jedoch verhältnismäßig hohen mittleren r_{wg} von .68 und einem Median der r_{wg} -Werte oberhalb von .70 siehe hierzu jedoch Kapitel 20.3)
- Die Gesamtskala *Kom-Qualität*, welche sich aus den drei bisher beschriebenen Skalen zusammensetzt, unterscheidet sich in ihren Ausprägungen signifikant zwischen den Teams und weist einen mittleren r_{wg} im Team von .81 auf, der deutlich oberhalb von .70 liegt. *Kom-Qualität* muss daher auf Gruppenlevel angesiedelt werden. Allerdings liegt der Konsenswert innerhalb der Gesamtorganisation mit .72 ebenfalls knapp über .70, was als erster Hinweis auf die Fähigkeit der Skala gedeutet werden

kann, auch zwischen Organisationen zu differenzieren. Auf Basis der vorliegenden Datenlage ist jedoch wegen der überdurchschnittlichen Höhe des mittleren r_{wg} im Team und der Signifikanz der Zwischen-Team-Varianz eine Einordnung auf Gruppenlevel angezeigt.

- Die Skala *Kom-Efficacy* weist einen mittleren r_{wg} im Team von .58 und in der Organisation einen r_{wg} von .49 auf. Die Aufklärung ihrer Varianz durch die Teamzugehörigkiet beträgt nur 16,4%. Sie muss daher auf Individuallevel eingeordnet werden.
- Die Skala *Team-Potency* - welche ähnlich wie *Kom-Efficacy* die subjektive Einschätzung der Wirksamkeit des Teams durch seine Mitglieder misst, jedoch nicht aufgabenspezifisch, sondern aufgabenübergreifend – weist sowohl in den Teams (r_{wg} = .77) als auch innerhalb der Organisation (r_{wg} = .71) hohe Konsenswerte auf. Aufgrund des signifikanten Zusammenhangs zum Faktor Teamzugehörigkeit erscheint jedoch eine Einordnung auf Teamebene auf Basis der vorliegenden Daten angebracht.

Daraus ergeben sich mit Blick auf die Hypothesen folgende Ergebnisse:

- Hypothese ML-1, welche vorhersagt, dass die Skalen zur Messung der Kommunikationsqualität auf verschiedenen Ebenen anzusiedeln sind, darf beibehalten werden, da sich die primäre Varianz der Beobachtungen bei zwei der Skalen auf dem Individuallevel (*Zugang* und *Konfliktfreude*) ansiedeln lässt, eine auf Gruppenlevel (*Vertrauen*) und die vierte auf Organisationslevel (*Formalqualität*).
- Hypothese ML-2, welche vorhersagt, dass die Gesamtskala *Kom-Qualität* primär auf Gruppenlevel variiert, kann ebenfalls beibehalten werden.
- Hypothese ML-3, welche vorhersagt, dass *Kom-Efficacy* primär auf Gruppenlevel variiert, kann nicht beibehalten werden.

18.2.2 Mixed-Determinants-Analyse

18.2.2.1 Ergebnisse der binären Korrelationen

1. Die signifikanten Korrelationen sowohl der Gruppen- als auch der Individualkomponenten der Kommunikationsskalen mit *Kom-Efficacy* wurden als erster Hinweis auf das Zutreffen der Hypothesen ML-4 und ML-5 gewertet, welche Zusammenhänge zwischen der *Kom-Qualität* sowohl aus Gruppen- wie auch aus Individualperspektive mit *Kom-Efficacy* vorhersagen.

2. Zwischen Individual- und Gruppenkomponenten derselben oder verschiedener Variablen konnte naturgemäß keine Korrelation bestehen (vgl. Tabelle 33), da die Gruppenkomponenten ausschließlich die Between-Varianz der Ursprungsskalen beinhalten und die Indiviudalkomponenten ausschließlich die residuale Within-Varianz. Diese Varianzkomponenten sind zwangsläufig unkorreliert.

18.2.2.2 Ergebnisse des Mixed-Derminant-Modells

- Hypothese ML-4, welche vorhersagt, dass die Individualperspektive auf die Kommunikationsqualität zur Erklärung von *Kom-Efficacy* beiträgt, kann beibehalten werden, da der Block der Individualkomponenten in beiden Eingabereihenfolgen, (d. h. bei Eingabe sowohl vor als auch nach den Gruppenkomponenten) einen hoch signifikanten Beitrag von über 43% Varianzaufklärung liefert.
- Hypothese ML-5, welche vorhersagt, dass die Gruppenperspektive auf die Kommunikationsqualität zur Erklärung von *Kom-Efficacy* beiträgt, kann beibehalten werden, da der Block der Gruppenkomponenten in beiden Eingabereihenfolgen, (d. h. bei Eingabe sowohl vor als auch nach den Individualkomponenten) einen hoch signifikanten Beitrag von ca. 7% Varianzaufklärung liefert.

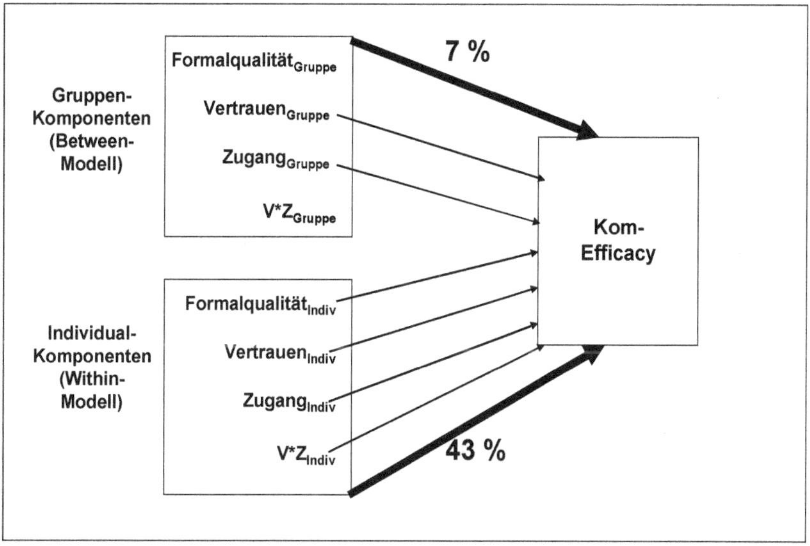

Abb. 26.: Mixed-Determinants-Modell mit Aufklärungen (R^2) auf Gruppen- bzw. Individuallevel

- Die Annahme einer begrenzten Diskontinuität zwischen beiden Levels bestätigt sich somit ebenfalls, da das Ausmaß der Varianzaufklärungen durch die beiden Blöcke sehr unterschiedlich ist: Mit 7% erklärt die Gruppenperspektive nur den deutlich geringeren Anteil an der Kriteriumsvarianz als die Individualperspektive mit 43%. Unterschiede ergaben sich darüber hinaus durch Betrachtung der Effekte der einzelnen Variablen innerhalb beider Blöcke. So wurden auf Individuallevel alle inklusive der Interaktion signifikant, auf Gruppenlevel jedoch ausschließlich *Zugang_{GRUPPE}* auf dem 5%-Niveau. Der Effekt von *Vertrauen GRUPPE* wurde mit $p = .052$ lediglich annähernd signifikant.

18.2.2.2.1 Verlässlichkeit der geschätzten Koeffizienten

Die hohe Interkorreliertheit der Skalen innerhalb des Blocks der Individualkomponenten sowie innerhalb des der Gruppenkomponenten, insbesondere zwischen den jeweiligen Komponenten von *Vertrauen* und

Formalqualität wurde als Hinweis auf eine erhöhte Gefahr von Verzerrungen durch Kollinearitätseffekte interpretiert.

Jedoch fanden sich auf keiner weiteren der ermittelten Dimensionen der Kollinearitätsdiagnose hohe Ladungen für mehr als eine Variable. Die zuvor beschriebene hohe Interkorreliertheit der Gruppenkomponenten von Vertrauen und Formalqualität ($r = .865$) ebenso wie ihrer Individualkomponenten ($r = .744$) spiegelte sich in gemeinsam hohen Ladungen auf zwei von neun Dimensionen wider. Dennoch waren die VIF-Indices aller Variabeln und die Konditionsindices aller Dimensionen deutlich von den jeweiligen Schwellen zu kritischen Bereichen entfernt.

Aufgrund des Ergebnisses der Kollinearitätsdiagnose kann man davon ausgehen, dass die standardisierten Pfadkoeffizienten mit hoher Wahrscheinlichkeit unverzerrt sind.

18.2.3 Weitere binäre Korrelationen

1. Zu den Korrelationen zwischen Konsens- und Gruppenkomponenten derselben Variablen:

   Aus der Betrachtung der Korrelationen zwischen der Gruppen- und Konsenskomponente innerhalb jeder Skala lässt sich ablesen, dass im Falle der Skala *Vertrauen* – und nur dort – eine signifikante Korrelation zwischen der Gruppen- und Konsenskomponente jeder Skala besteht.

   - Vor diesem Hintergrund kann Hypothese ML-9, welche eben diese Korrelation vorhersagt, beibehalten werden.

2. Zu den Interkorrelationen der Konsenskomponenten verschiedener Skalen:

   Die oben beschriebenen hohen Interkorrelationen unter den Konsenskomponenten der Kommunikationsskalen wiesen auf eine erhöhte Gefahr von Verzerrungen bei der Schätzung der Beta-Gewichte in all denjenigen der folgenden Regressionsanalysen hin, welche mehrere Konsenskomponenten als Prädiktoren beinhalten.

Auf die Auswirkungen dieser Gefahr wird im konkreten Kontext der jeweiligen Analysen eingegangen.

Zu 1.) Die Interkorreliertheit der Konsenskomponenten aller untersuchten Variablen bestätigt die Entscheidung zur Zentrierung der Variablen vor ihrer Verwendung in multiplen Regressionsgleichungen.

Zu 2.) Die Korreliertheit der Konsenskomponenten mit der Gruppengröße entspricht der zuvor geäußerten Annahme und bestätigt die Entscheidung zur Kontrolle des Einflusses des Faktors Gruppengröße in den Analysen, die Konsenskomponenten beinhalten.

Über die Richtung der Korrelation wurde zuvor keine Annahme geäußert. Auf die Beobachtung, dass die vorhandenen Korrelationen mit der Gruppengröße negativ sind, wird an späterer Stelle eingegangen.

18.2.4 Cross-Level-Analyse

18.2.4.1 Ergebnisse des vollständigen Cross-Level-Modells

1. Haupteffekte

- Der signifikante Effekt (beta = .440, p = .000) von $Vertrauen_{KONS}$ auf die L-1-Konstante ist gleichbedeutend mit einem signifikanten Effekt von $Vertrauen_{KONS}$ auf das Kriterium *Kom-Efficacy* (Vgl. Tabelle 39). Hypothese ML-10, laut welcher der Gruppenkonsens in *Vertrauen*, also $Vertrauen_{KONS}$, die Höhe von *Kom-Efficacy* erklärt, kann bestätigt werden.
- Ebenso entspricht der Effekt von $Zugang_{KONS}$ auf die L-1-Konstante einem Effekt von $Zugang_{KONS}$ auf das Kriterium *Kom-Efficacy*. Dieser Effekt wurde jedoch nicht signifikant. Daher muss Hypothese ML-11, laut welcher der Gruppenkonsens in *Zugang,* also $Zugang_{KONS}$, *die Höhe von Kom-Efficacy erklärt,* zurückgewiesen werden.

2. Cross-Level-Interaktionen

Der signifikante Effekt von $Zugang_{KONS}$ (beta = .369, p = .038) auf den Koeffizienten von $V{*}Z_{INDIV}$ entspricht der Aussage, dass die Individual-

Interaktion *Vertrauen*Zugang* vom Gruppenlevel aus, nämlich durch den Konsens in Zugang, also $Zugang_{KONS}$, moderiert wird.

Dieser Moderationseffekt ist eine Cross-Level-Interaktion eines Gruppenlevel-Faktors mit einer bereits auf Individuenlevel bestehenden Interaktion zwischen zwei Individualkomponenten, in diesem Fall $Vertrauen_{INDIV}$ und $Zugang_{INDIV}$.

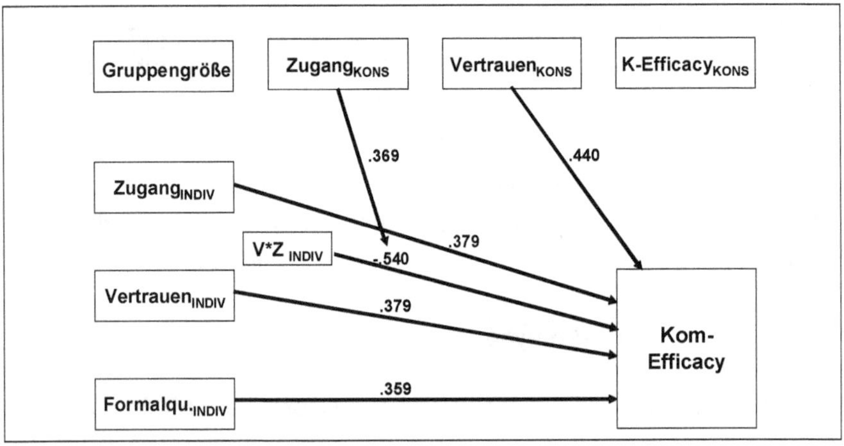

Abb. 27.: Cross-Level-Modell mit signifikanten, standardisierten Beta-Gewichten

Die positiven Vorzeichen von beta und T (T = 2,181) zeigen an, dass es sich dabei um eine positive Cross-Level-Interaktion handelte. Das heißt: Je größer der Gruppenkonsens in *Zugang*, desto stärker die Interaktion von *Vertrauen* und *Zugang* auf dem Individuallevel.

- Hypothese ML-14, welche genau diesen Effekt vorhersagt, kann daher beibehalten werden.

Da das Kriterium zuvor durch die Drittvariable *Gruppengröße* residualisiert und *Gruppengröße* selbst ebenfalls als Prädiktor eingesetzt wurde – und zwar sowohl als Prädiktor auf das Kriterium wie auch auf den Koeffizienten der Interaktion V*Z - , kann davon ausgegangen werden, dass die hier beobachteten Effekte frei vom Einfluss der Gruppengröße sind, wie gefordert wurde.

Auch das Einsetzen des Prädiktors *Kom-Efficacy*$_{KONS}$ an Stelle von *Gruppengröße* führte nicht zum Verlust der Signifikanz oder Veränderungen in der Ausprägung der hier beschriebenen Effekte (siehe zur Übersicht Tabelle 51). Für *Kom-Efficacy*$_{KONS}$ ergab sich weder ein substanzieller Haupteffekt auf *Kom-Efficacy* noch ein substanzieller Interaktionseffekt mit $V^{*}Z_{INDIV}$.

Tab. 50.: Effekte von Vertrauen$_{KONS}$ und Zugang$_{KONS}$ je nach aufgenommener Drittvariable

	Haupteffekt von Vertrauen$_{KONS}$	**Effekt von Zugang$_{KONS}$ auf die Interaktion**
Bei Kontrolle von Gruppengröße	Beta: .440 T: 5,721 Sig: .000	Beta: .369 T: 2,181 Sig: .038
Bei Kontrolle von Kom-Efficacy$_{KONS}$	Beta: .424 T: 5,201 Sig: .000	Beta: .367 T: 2,241 Sig: .034

18.2.4.2 Verlässlichkeit der Effekte

Die Annahme, dass Gruppenunterschiede in der Level-1-Konstante durch das Hinzunehmen von Gruppen-Prädiktoren signifikant aufgeklärt werden könnten, wurde durch das Ergebnis des Random-Coefficient-Modells bestätigt, da die Streuung der Level-1-Konstanten über die Teams im chi²-Test ($chi^2 = 43.13$, $df = 17$, $p = .000$) signifikant war.

Die Prüfung der Annahme, dass auch die relevanten Pfadkoeffizienten der einzelnen Individualkomponenten hinreichend stark streuen, um die Möglichkeit einer substanziellen Cross-Level-Interaktion anzunehmen, fiel jedoch nicht signifikant aus. Dies zeigte das Ergebnis des chi² -Tests für den Koeffizienten von $V^{*}Z_{INDIV}$ im Rahmen des Intercept-as-Outcome-Modell.

Da HLM jedoch nur Gruppen mit mindestens 5 Mitgliedern in die Prüfung per chi²-Test einbeziehen kann, (während in den korrelativen Auswertungen alle Teams berücksichtigt werden) wurden nur 18 der 29 Gruppen in die Rechnung aufgenommen. Die Ergebnisse des chi²-Tests mussten im vorliegenden Fall daher als unscharf angesehen werden.

Aufgrund der vorhandenen theoretischen Begründung für die Annahme eines Effektes von $Zugang_{KONS}$ auf die Interaktion von *Vertrauen* und *Zugang*, wurde ein entsprechender Parameter daher dennoch ins Modell aufgenommen. Dabei konnte, wie oben gezeigt, ein signifikanter Effekt nachgewiesen werden, wenn auch mit einem verhältnismäßig hohen P von .038.

18.2.5 Vorhersage des Konsens in Kom-Efficacy

18.2.5.1 Single-Level-Modell A: Vorhersage von Kom-$Efficacy_{GRUPPE}$

- Hypothese ML-5, laut welcher die Gruppenperspektive auf die *Kom-Qualität* die Gruppenperspektive auf *Kom-Efficacy* erklärt, kann beibehalten werden, da der Block der Gruppenkomponenten mit 47,2% einen hoch signifikanten Aufklärungsbeitrag lieferte. (Diese Hypothese wurde bereits im Rahmen des Mixed-Determinants-Modells diskutiert (siehe zur Diskussion dieser Ergebnisse Kapitel 20.3)
- Hypothese ML-12, laut welcher auch der Konsens des Teams bezüglich der *Kom-Qualität* die Gruppenperspektive auf *Kom-Efficacy* erklärt, kann beibehalten werden, da der Block der Konsenskomponenten mit 8% einen hoch signifikanten inkrementellen Aufklärungsbeitrag lieferte.
- Dieser hoch signifikante Beitrag kam nach Eingabe der Gruppenkomponenten und nach Eingabe von *Kom-*$Efficacy_{KONS}$ zustande. Das zeigt, dass die Konsenskomponenten, wie in Hypothese ML-16 vorhergesagt, einen von *Kom-*$Efficacy_{KONS}$ unabhängigen Teil von *Kom-*$Efficacy_{GRUPPE}$ aufklärten. Hypothese ML-16 kann daher ebenfalls beibehalten werden.
- Da vor allen anderen Blöcken der Faktor *Gruppengröße* in das Modell aufgenommen und somit das Kriterium *Kom-*$Efficacy_{GRUPPE}$ vor Prüfung aller weiteren Effekte um den Einfluss der Gruppengröße residualisiert wurde, kann abgeleitet werden, dass alle hier beschriebenen Aufklärungswerte unabhängig vom Einfluss der Gruppengröße sind, wie gefordert wurde.

- Auch Hypothese ML-13, welche vorhersagte, dass Konsens und Gruppenperspektive der *Kom-Qualität* voneinander unabhängige Anteile von *Kom-Efficacy*$_{GRUPPE}$ erklären, kann bestätigt werden, da die oben beschriebenen Effekte der Hypothesen ML-5 und ML-12 innerhalb des gleichen, blockweise aufgebauten Modells geprüft wurden.

Der inkrementelle Beitrag der Konsenskomponenten fällt mit 8% deutlich hinter dem der Gruppenkomponenten mit 47,2% zurück. Um zu überprüfen, inwieweit dies auf die Eingabereihenfolge der Blöcke oder auf stabile Unterschiede zurückzuführen ist, wurden die Eingabereihenfolgen der Eingaben systematisch variiert. Dabei wurden jedoch ausschließlich diejenigen Skalen aus jedem Block verwendet, welche sich im Einzelnen als signifikant erwiesen.

18.2.5.1.1 Betrachtung der Einzelzusammenhänge

Die Analyse der Koeffizienten jeder einzelnen Skala auf der vierten Modellstufe ergab, dass nur die Skalen *Vertrauen*$_{GRUPPE}$ ($p = .001$), *Zugang*$_{Gruppe}$ ($p = .000$) und *Vertrauen*$_{KONS}$ ($p = .000$) einen signifikanten skalenspezfisichen Zusammenhang mit dem Kriterium aufzeigten.

Auffallend ist, dass *Kom-Efficacy*$_{KONS}$ mit einem standardisierten Beta-Koeffizienten von 0,083 keinen signifikanten Beitrag leistete, obgleich seine Hinzunahme auf der vierten Modellstufe eine auf dem 5%-Niveau signifikante Verbesserung der Aufklärung von 1,4% ergab, die auf einem Beta-Gewicht von .147 in der dritten Modellstufe basierte (siehe Anhang VI-D-1, dort vierte Modellstufe).

Offensichtlich führte die Hinzunahme des Blockes mit den Konsenskomponenten durch Semipartialisierung zu einem Verlust des Teils der für die Korrelation verantwortlichen Varianz in *Kom-Efficacy*$_{KONS}$. Die Konsenskomponente von *Kom-Efficacy* lieferte also keinen überzufälligen Beitrag zur Auflkärung von *Kom-Efficacy*$_{GRUPPE}$, der nicht von mindestens einer der Konsenskomponenten der Kommunikationsskalen geteilt wird.

Gruppengröße wurde auf dieser Modellstufe mit beta = .126 leicht signifikant (.047). Dies überrascht, da *Gruppengröße* bei der Eingabe im ersten Block *Kom-Efficacy*$_{GRUPPE}$ zu 1,3% (p = .133) aufklärte (s. o.). Letzteres entspricht der negativen binären Korrelation zwischen *Gruppengröße* und *Kom-Efficacy*$_{GRUPPE}$, wie sie auch aus Tabelle 38 ablesbar ist.

Das Auftauchen einer positiven Korrelation von .126 im fünften Block kann als Suppressionseffekt interpretiert werden: Durch Auspartialisierung aller anderen Prädiktoren ist der Faktor *Gruppengröße* offensichtlich von bestimmten Varianzanteilen bereinigt worden, welche die ursprünglich zu beobachtende nicht-signifikante negative Korrelation von .126 mit *Kom-Efficacy*$_{GRUPPE}$ verursachten. Übrig blieben Varianzanteile, die negativ mit dem Kriterium korrelierten.

Eine genauere Betrachtung des jeweiligen Regressionskoeffizienten von *Gruppengröße* auf den verschiedenen Stufen des Modells ergab, dass sowohl die Gruppenkomponenten als auch die Konsenskomponenten der anderen Skalen zum Suppressionseffekt beitragen (vgl. Anhang VI-D-1).

18.2.5.1.2 Vergleich der inkrementellen Validitäten ausgewählter Prädiktoren

Auf Basis der hier dargestellten Ergebnisse wurden (wiederum erst nach dem Faktor Gruppengröße) die beiden Gruppenkomponenten *Vertrauen*$_{GRUPPE}$ und *Zugang*$_{GRUPPE}$ in einem Block sowie die Konsenskomponente *Vertrauen*$_{KONS}$ in einem zweiten Block eingegeben.

Die Variation der Eingabereihenfolge der so reduzierten Blöcke zeigte erstens, dass die Gruppenkomponenten in ihrer Vorhersagefähigkeit durch *Vertrauen*$_{KONS}$ weitgehend substituiert werden konnten, da dieser alleine bereits 42,8 % Prozent des residualisierten Kriteriums aufklären konnte, gegenüber 46,4% durch beide Gruppenkomponenten.

Die inkrementellen Validitäten der Konsenskomponente *Vertrauen*$_{KONS}$ einerseits sowie des Blocks *Vertrauen*$_{GRUPPE}$ und *Zugang*$_{GRUPPE}$ andererseits waren also nicht vollständig voneinander unabhängig. Hypothese ML-13 kann dennoch beibehalten werden, da ungeachtet der Überschneidungen ein substanzieller unabhängiger Anteil beobachtet werden konnte.

18.2.5.1.3 Multikollinearitätsdiagnose

Die Multikollinearitätsdiagnose zur vierten Stufe der Regressionsanalyse mit vollständigem Prädiktorensatz ergab Folgendes: Die Konditionsindices der Dimensionen 8 und 9 lagen mit den Werten 11,504 und 14,746 deutlich oberhalb von 10 und indizierten somit „leichte" Kollinearität. Der Konditionsindex von Dimension 10 (20,366) lag bereits im Bereich „mäßiger" Kollinearität.

Die Schätzung der Effekte der einzelnen Prädiktoren war in dieser Analyse daher mit erhöhter Wahrscheinlichkeit von Verzerrungseffekten betroffen.

18.2.5.2 Single-Level-Modell B: Vorhersage von Kom-Efficacy$_{KONS}$

18.2.5.2.1 Blockweise Regressionsanalyse

- Hypothese ML-7, laut welcher der Konsens in *Kom-Qualität* den Konsens in *Kom-Efficacy* erklärt, kann beibehalten werden, da der Block der Konsenskomponenten mit 40,6% einen hoch signifikanten Beitrag zur Aufklärung von *Kom-Efficacy*$_{KONS}$ lieferte.
- Hypothese ML-6, laut welcher auch die Gruppenperspektive auf *Kom-Qualität* den Konsens bezüglich *Kom-Efficacy* erklärt, kann beibehalten werden, da der Block der Gruppenkomponenten einen inkrementellen Beitrag von 10,3% ($p = .000$) zur Aufklärung der Varianz von *Kom-Efficacy*$_{KONS}$ lieferte.
- Dieser hoch signifikante Beitrag kam nach Eingabe von *Kom-Efficacy*$_{GRUPPE}$ zustande. Das zeigt, dass die Gruppenkomponenten, wie in Hypothese ML-15 vorhergesagt, einen von *Kom-Efficacy*$_{GRUPPE}$ unabhängigen Teil der Varianz von *Kom-Efficacy*$_{KONS}$ aufklärten. Hypothese ML-15 kann daher ebenfalls beibehalten werden.
- Da vor allen anderen Blöcken der Faktor *Gruppengröße* in das Modell aufgenommen und somit das Kriterium *Kom-Efficacy*$_{KONS}$

vor Prüfung aller weiteren Effekte um den Einfluss der Gruppengröße residualisiert wurde, kann abgeleitet werden, dass alle hier beschriebenen Aufklärungswerte unabhängig vom Einfluss der Gruppengröße sind, wie gefordert wurde.

- Auch Hypothese ML-8, welche vorhersagte, dass die Konsens- und die Gruppenkomponenten von *Kom-Qualität* voneinander unabhängige Anteile von *Kom-Efficacy$_{KONS}$* erklären, kann beibehalten werden, da die oben beschriebenen Effekte der Hypothesen ML-5 und ML-12 innerhalb des gleichen, blockweise aufgebauten Modells geprüft wurden und dabei jeweils eigenständige Beiträge zur Varianzaufklärung lieferten.

Der inkrementelle Beitrag der Gruppenkomponenten fällt mit 10,3% deutlich hinter dem der Konsenskomponenten mit 40,6% zurück. Um zu überprüfen, in wie weit dies auf die Eingabereihenfolge der Blöcke oder auf stabile Unterschiede zurückzuführen ist, wurden die Eingabereihenfolgen der Eingaben systematisch variiert. Dabei wurden jedoch ausschließlich diejenigen Skalen aus jedem Block verwendet, welche sich im Einzelnen als signifikant erwiesen.

18.2.5.2.2 Betrachtung der Einzelzusammenhänge

Die Analyse der Koeffizienten jeder einzelnen Skala auf der vierten Modellstufe ergab, dass unter den Kommunikationsskalen nur *Formalqualität$_{KONS}$*, *Zugang$_{KONS}$* und *Zugang$_{GRUPPE}$* einen signifikanten skalenspezifischen Zusammenhang mit dem Kriterium aufzeigten.

18.2.5.2.3 Vergleich der inkrementellen Validitäten ausgewählter Prädiktoren

Nachdem die Blöcke auf die jeweils signifikanten Skalen reduziert wurden, zeigte die Variation der Eingabereihenfolge der so reduzierten Blöcke, dass der deutliche Vorsprung in der Varianzaufklärung durch die Konsenskomponenten also kein Effekt der Aufnahmereihenfolge war, d. h., er beinhaltete keine sich überschneidenden Varianzanteile mit *Zugang$_{GRUPPE}$*. Dies wurde durch die Tatsache indiziert, dass die jeweiligen inkrementellen Validitäten der beiden Konsenskomponenten und der Gruppenkomponente unabhängig von der Eingabereihenfolge in etwa gleich hoch blieben (vgl. Tabelle 49).

18.2.5.2.4 Multikollinearitätsdiagnose

Es wurde gezeigt, dass die VIF-Indices aller Variablen deutlich unter 10 lagen. Dies galt auch für die beiden Skalen mit den beiden höchsten VIF-Indices, *Vertrauen*$_{GRUPPE}$ (5,019) und *Formalqualität*$_{GRUPPE}$ (4,828). Diese beiden Skalen luden gemeinsam hoch auf der neunten Dimension, deren Konditionsindex jedoch ebenfalls deutlich unter 10, bei 5,075 lag.

Eine Verzerrung der Koeffizienten-Schätzungen durch Kollinearitätsefekte ist daher unwahrscheinlich.

18.2.5.3 Annahme begrenzter Diskontinuität

Zuvor wurde die Annahme begrenzter Diskontinuität zwischen den Vorhersagemodellen für *Kom-Efficacy*$_{KONS}$ und *Kom-Efficacy*$_{GRUPPE}$ geäußert. Die Richtigkeit dieser Annahme kann durch einen Vergleich der oben beschriebenen parallel aufgebauten Single-Level-Modelle erörtert werden. Abbildung 28 visualisiert Ähnlichkeiten und Unterschiede zwischen Modell A (Vorhersage von *Kom-Efficacy*$_{GRUPPE}$) und Modell B (Vorhersage von *Kom-Efficacy*$_{KONS}$).

1. Gemeinsamkeiten

Zunächst wird auf einige Gemeinsamkeiten der Modelle hingewiesen:

- Die Gesamtaufklärung des Kriteriums lag in beiden Fällen oberhalb von 55%, mit 55,6% bei der Vorhersage von *Kom-Efficacy*$_{GRUPPE}$ und 56,9% bei *Kom-Efficacy*$_{KONS}$ (Beide Werte: korrigiertes R^2).
- In beiden Modellen A und B erbrachte sowohl der Prädiktorenblock der Konsenskomponenten als auch der Gruppenkomponenten eine signifikante Aufklärung des Kriteriums.
- In beiden Modellen ergab außerdem die erste Analyse, dass die größere Aufklärung jeweils von denjenigen Prädiktorkomponenten beigesteuert wurde, die der jeweilig vorhergesagten Kompo-

nente von *Kom-Efficacy* entsprachen. So klärte der Block der Gruppenkomponenten bei der Vorhersage von *Kom-Efficacy*$_{GRUPPE}$ 47,2% auf, während der Block der Konsenskomponenten in diesem Falle nur weitere 8 % beisteuerte. Letzterer erklärte jedoch 40,6% von *Kom-Efficacy*$_{KONS}$, während die Gruppenkomponenten von diesem Kriterium nur 10,3 % aufklären konnten.

2. Unterschiede

Es fanden sich jedoch auch Unterschiede, wie an den folgenden Beobachtungen zu erkennen ist:

- So ergab sich in den jeweiligen Folgeanalysen, dass die Unterschiede in der Aufklärungsfähigkeit im Falle von Modell B – Vorhersage von *Kom-Efficacy*$_{KONS}$ – unabhängig von Reihenfolge-Effekten waren. Im Falle von Modell A – Vorhersage von *Kom-Efficacy*$_{GRUPPE}$ jedoch konnte die Konsenskomponente *Vertrauen*$_{KONS}$ bei Eingabe vor den anderen Prädiktoren den Aufklärungsbeitrag der Gruppenkomponenten weitestgehend substituieren. Die durch Konsens- und Gruppenkomponenten aufgeklärten Anteile von *Kom-Efficacy*$_{GRUPPE}$ waren folglich weitestgehend identisch. In *Kom-Efficacy*$_{KONS}$ hingegen werden durch die verschiedenen Blöcke jedoch verschiedene Varianzkomponenten aufgeklärt.

Auf Ebene der Beiträge einzelner Skalen werden weitere Unterschiede deutlich:

- So zeigte sich in Modell A, dass *Kom-Efficacy*$_{GRUPPE}$ durch eine Kombination von Komponenten der Skalen *Vertrauen* und *Zugang* erklärt wurde. Dabei erklärte sowohl der Konsens bezüglich des Vertrauens als auch die Höhe des Vertrauens aus Gruppenperspektive das Kriterium *Kom-Efficacy*$_{GRUPPE.}$ Die Skala *Zugang* lieferte ausschließlich durch ihre Höhe auf Gruppenlevel, nicht jedoch durch den Konsens der Gruppe eine Vorhersage für das Kriterium. Die Skala *Formalqualität* war an der Aufklärung von *Kom-Efficacy*$_{GRUPPE}$ nicht signifikant beteiligt.
- Modell B ergab auf Level der einzelnen Skalen ein anderes Bild: Der Konsens der Gruppe bezüglich *Kom-Efficacy* wurde durch keine der Komponenten von *Vertrauen* vorhergesagt. Stattdes-

sen sagte der Konsens der Gruppe bzgl. des Zugangs und der Formalqualität das Kriterium voraus. Ebenso erwies sich erneut die Gruppenkomponente *Zugang*$_{KONS}$ als signifikanter Prädiktor.

- *Zugang* ist somit die einzige Skala, deren Höhe aus Gruppenperspektive sowohl *Kom-Efficacy*$_{KONS}$ als auch *Kom-Efficacy*$_{GRUPPE}$ substanziell aufklärt.

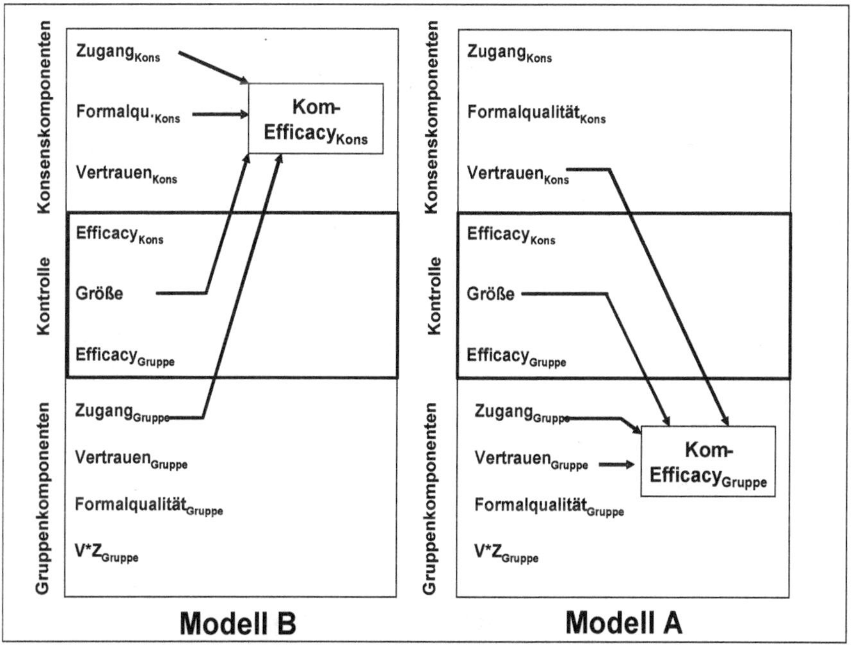

Abb. 28.: Gegenüberstellung der Vorhersagen von Kom-Efficacy$_{KONS}$ und Kom-Efficacy

Modell A: Vorhersage der Gruppenkomponente (vereinfacht)
Modell B: Vorhersage der Konsenskomponente (vereinfacht)

Unterschiede und Gemeinsamkeiten, die sich in Zusammenhang mit den Kontrollskalen *Gruppengröße* sowie *Kom-Efficacy*$_{KONS}$ bzw. *Kom-Efficacy*$_{GRUPPE}$ ergaben, sind ebenfalls aus Abbildung 28 ersichtlich. Sie werden im folgenden Abschnitt beschrieben.

18.2.6 Überblick über die Ergebnisse bezüglich der Kontrollskalen

18.2.6.1 Kom-Efficacy$_{KONS}$ und Kom-Efficacy$_{GRUPPE}$ als Prädiktoren

Wie oben dargestellt, erwiesen sich die vorhergesagten Effekte als unabhängig von *Kom-Efficacy$_{KONS}$* bzw. *Kom-Efficacy$_{GRUPPE}$*.

Mit Blick auf die gegenseitige Vorhersage von Konsens- und Gruppenkomponente von *Kom-Efficacy* kann für die beiden parallelen Single-Level-Modelle A und B vergleichend festgestellt werden: In keinem der beiden Modelle konnte die jeweils andere Gruppenkomponente von *Kom-Efficacy* einen substanziellen unabhängigen Beitrag liefern. Das bedeutet: *Kom-Efficacy$_{KONS}$* und *Kom-Efficacy$_{GRUPPE}$* können einander schlechter vorhersagen, als es jeweils spezifische Komponenten der Kommunikationsskalen können.

Im Rahmen der Cross-Level-Analyse wurde *Kom-Efficacy$_{KONS}$* als zusätzlicher Prädiktor zur Vorhersage der Ursprungsskala *Kom-Efficacy* sowie als potenzieller Cross-Level-Moderator für $V{*}Z_{INDIV}$ aufgenommen. In beiden Fällen ergaben sich keine substanziellen Effekte.

18.2.6.2 Gruppengröße

Die Zusammenhänge in allen Modellen, in welchen Konsenskomponenten zum Einsatz kamen, wurden unter Kontrolle des Faktors *Gruppengröße* geprüft. Alle signifikanten Zusammenhänge mit und zwischen Konsenskomponenten wurden also mit Variablen berechnet, aus denen der Faktor *Gruppengröße* herauspartialisiert war. Sie kamen somit unabhängig vom Einfluss der Drittvariablen *Gruppengröße* zustande.

Gruppengröße erwies sich als ein Prädiktor für *Kom-Efficacy$_{KONS}$*. Die erzielte Varianzaufklärung von 8% in der Regressionsanalyse entspricht der bereits in Tabelle 38 ablesbaren binären Korrelation von .282 ($p = .000$). *Kom-Efficacy$_{GRUPPE}$* wurde durch *Gruppengröße* jedoch nur zu 1,3% ($p = .133$) aufgeklärt. Lediglich bei gemeinsamer Eingabe mit einer bestimmten Kombination von Prädiktoren kam es zu einer schwach signifikanten Korrelation, die jedoch auf die ursprüngliche binäre Beziehung zwischen *Gruppengröße* und *Kom-Efficacy*$_{GRUPPE}$ nicht übertragbar ist.

E Diskussion

19 Inhaltliche Interpretation und praxisorientierte Schlussfolgerungen

Im folgenden Abschnitt werden die wesentlichen Ergebnisse der Untersuchung kurz zusammengefasst und inhaltlich interpretiert. Darüber hinaus werden Implikationen für den weiteren Forschungsbedarf aufgezeigt sowie einige exemplarische Schlussfolgerungen mit Blick auf praktische Interventionen gewagt.

19.1 Fragekomplex 1: Qualitätsmodell

19.1.1 Interpretation der beobachteten Zusammenhänge

Bei der Analyse des Modells zur Vorhersage von *Kom-Efficacy* zeigte sich, dass jeder der gemessenen Aspekte der Kommunikationsqualität einen substanziellen Zusammenhang mit *Kom-Efficacy* aufwies. Allerdings konnte nur für die Skalen *Zugang*, *Vertrauen* und *Formalqualität* ein von den anderen Skalen unabhängiger inkrementeller Beitrag nachgewiesen werden – diejenigen Anteile von *Kom-Efficacy*, die durch *Konfliktfreude* erklärt wurden, konnten jedoch auch durch den Faktor *Vertrauen* erklärt werden.

Diese Ergebnisse unterstützen dennoch deutlich die Annahme, dass sowohl die Beziehungsqualität als auch die formale Qualität der Nachrichten und grundlegende strukturelle Aspekte wesentlich dazu beitragen, dass die teaminterne Kommunikation von den Teammitgliedern als erfolgreich wahrgenommen wird.

Zu den relevanten Gestaltungsmerkmalen auf Beziehungsebene zählen dabei alle durch die Skala *Vertrauen* erfassten Aspekte, d. h. unter anderem das innerhalb der Kommunikation zum Ausdruck gebrachte Vertrauen sowie die zum Ausdruck gebrachte gegenseitige Unterstützung und

Wertschätzung. Durch die Form der Befragung wurde nicht dazwischen differenziert, ob diese Beziehungsbotschaften digital oder analog kommuniziert wurden, ob sie also beispielsweise explizit formuliert oder eher durch non-verbale Signale und symbolisches Verhalten vermittelt wurden. Basierend auf Watzlawick et al. (1969) wird davon ausgegangen, dass letztere, also analoge Kommunikationsmittel, eine dominante Rolle für die Beziehungsgestaltung spielen.

In Bezug auf explizite Äußerungen, welche für den optimalen Transfer von Sachinformationen notwendig sind, bestätigte sich die Relevanz der Skala *Formalqualität*, bzw. der unter ihr subsumierten formalen Gestaltungsaspekte wie der sprachlichen Klarheit, Strukturiertheit und Verständlichkeit von Äußerungen. Offensichtlich sind Aspekte der sprachlich-formalen Qualität und Verständlichkeit von Nachrichten aus Sicht des Empfängers, also auch teamintern, als erfolgsrelevante Faktoren der Kommunikation anzusehen. Auch in einem Setting, bei dem sich die Kommunikatoren in der fachlichen Prägung und der hierarchischen Position im Unternehmen weitestgehend gleich sind, ist das aktive Bemühen des Senders um maximale Verständlichkeit der Nachrichten also Voraussetzung für deren optimale Nutzbarkeit durch den Empfänger.

Das aktive Bemühen des Senders um maximale Verständlichkeit der Nachrichten ist also auch in einem solchen Setting Voraussetzung für deren optimale Nutzbarkeit durch den Empfänger, in dem die Kommunikatoren in der fachlichen Prägung und der hierarchischen Position im Unternehmen weitestgehend gleich sind - und nicht nur, wenn aufgrund unterschiedlicher Hintergründe der Kommunikatoren semantische Verständnisunterschiede zu erwarten sind (vgl. Jablin, 1979 und Winterstein, 1998).

Schließlich bestätigte sich durch den signifikanten Effekt des Prädiktors *Zugang*, dass die Überwindbarkeit grundlegender Strukturhindernisse, hier räumlicher Distanz und zeitlicher Unvereinbarkeit, und durch die damit verbundene Möglichkeit zur Kontaktaufnahme zu den Kommunikationspartnern in der Wahrnehmung der Mitarbeiter ebenfalls mit der generellen Effizienz der teaminternen Kommunikation verknüpft ist.

19.1.2 Interpretation der Interaktionen zwischen Vertrauen und Zugang

Ebenfalls bestätigt werden konnte die Annahme einer negativen Wechselwirkung zwischen *Zugang* und *Vertrauen*.

Das bedeutet: Je eingeschränkter die Zugangsmöglichkeiten eines Teammitglieds zu seinen Kommunikationspartnern, desto entscheidender ist für dieses Teammitglied das in der Kommunikation erlebte Vertrauen mit Blick auf die Wahrnehmung, dass das Team intern effizient kommuniziert.

Umgekehrt heißt dies, wie gezeigt werden konnte, auch, dass Teammitglieder die generelle Effizienz der teaminternen Kommunikation auch bei geringen individuellen Zugangsmöglichkeiten als relativ effizient erleben können, wenn ihnen die Beziehungsqualität als sehr hoch erscheint.

Hierbei muss vergegenwärtigt werden, dass der hier beschriebene Interaktionseffekt in beide Richtungen lesbar ist. Das heißt: Bei geringem Vertrauen, also geringer Beziehungsqualität, wird ein hoher Zugang, also die Möglichkeit zur häufigen Herstellung von direktem Kommunikationskontakt, umso bedeutsamer für die Effizienz der Kommunikation. Bislang wurde die Interaktion nur aus einer der beiden Lesrichtungen betrachtet – erstens, weil die statistischen Phänomene weitestgehend übertragbar sind und zweitens aufgrund eines Verständnisses des strukturalen Aspektes des Kommunikationszuganges als Voraussetzung für das Stattfinden direkter Kommunikation an sich und somit als Beschränkung im Sinne von Conrad & Haynes (2001). Aus diesem Verständnis erscheint es plausibel, den Kommunikationszugang als Moderator für alle durch die Gestaltung der Kommunikation selbst erzielbaren Effekte zu sehen.

Dies ist jedoch lediglich die aus Perspektive der Teammitglieder nahe liegendere Sichtweise.

Nimmt man jedoch einen übergeordneten Blickwinkel aus Perspektive der Gesamtorganisation ein, so stellen sich die strukturalen Aspekte nicht als hinzunehmende Fremddetermination dar – wie es aus Sicht der Teammitglieder, also von Mitarbeitern, zutreffend ist – sondern als ebenfalls beeinflussbare Stellgröße im Rahmen der Organisationsgestaltung und -entwicklung. Die Beziehungsqualität hingegen bleibt Gestaltungsfeld der teaminternen Akteure.

In der Interaktion zwischen *Vertrauen* und *Zugang* lässt sich also auch das Ineinandergreifen von Einflüssen verschiedener Organisationsebenen auf die von den Mitarbeitern wahrgenommene Effizienz der teaminternen Kommunikation beobachten. Die Ergebnisse legen dabei nahe, dass die Mitarbeiter durch aktive Gestaltung der Beziehungsebene in der Lage sind, organisationsbedingte strukturelle Beschränkungen zu einem beträchtlichen Teil zu kompensieren. Andererseits wird auch deutlich, wie notwendig eine solche Aktivität zum Auffangen struktureller Einschränkungen ist, und dass somit nicht davon auszugehen ist, dass alle Teams generell in der Lage sind, den Einfluss struktureller Beschränkungen - beispielsweise als vorübergehende Erscheinungen im Rahmen grundlegender Umstrukturierungsmaßnahmen – auf die Effizienz ihrer teaminternen Kommunikation aufzufangen. Vielmehr wird dies nur in solchen Teams gelingen, die in der Lage sind, hinreichendes internes Vertrauen und eine insgesamt hohe Beziehungsqualität innerhalb der Kommunikation herzustellen.

Die Implikationen der hier dargestellten Interaktion sollten jedoch vor dem Hintergrund der in den Ergebnissen insgesamt beobachtbaren hohen Überschneidungen der Effekte der Kom-Qualitäts-Skalen auf Kom-Efficacy kritisch diskutiert werden.

19.1.3 Fazit und Praxisbezug

Einige Aspekte praktischer Anwendungsmöglichkeiten der hier gewonnenen Erkenntnisse werden weiter unten im Kontext weiterer Ergebnisse aufgeführt (vgl. Kapitel 19.3).

19.2 Fragekomplex 2: Kontextmodell

19.2.1 Einordnung des aufgestellten Modells

Das hier vorgestellte Modell zur Vorhersage von Team-Potency durch Kommunikationsqualität und andere Einflussgrößen beinhaltete verschiedene Elemente der Kommunikation im Team:

So erfasste das Konstrukt *Kom-Qualität*, wie die Kommunizierenden das aus ihren Interaktionen emergierende Gesamtphänomen der Kommunikation in ihrem jeweiligen Team erleben. Diese Perspektive entsprach der Sichtweise der systemischen Ansätze, welche die Kommunikation zwischen einer festgelegten Gruppe von Kommunikatoren als über Einzeltransmissionen hinausgehendes zusammenhängendes System sehen. Darüber hinaus wurden (durch die Variablen *Info-Versorgung O/U*) quantitative Effekte von Transmissionen verschiedener Informationen und die Qualität der transmittierten Nachrichten erfasst. Dies entsprach dem im Rahmen der mechanistischen Perspektive prominenten Fokus auf die Reibungslosigkeit des Transmissionsflusses.

Auf diese Weise konnten sowohl teambezogene Funktionen der Kommunikation als auch die Funktion reinen Informationstransfers in die Messung mit einbezogen werden, was den zu Beginn der Arbeit aufgeführten Funktionen von Kommunikation im organisationalen Kontext gerecht wird.

Letzterer wurde im Zusammenhang mit der Informationsversorgung auch dadurch berücksichtigt, dass in Organisationen Informationen mit unterschiedlichen inhaltlichen Bezügen verteilt werden müssen und dabei mitunter auf unterschiedlichen Wegen durch die Strukturen der Organisation fließen. Dies wurde anhand zweier grundlegender Kategorien von Informationsinhalten im Modell verwirklicht: Informationen mit Bezug auf übergeordnete Entwicklungen der Organisation, bzw. des Unternehmens und Informationen mit Bezug auf das operative Geschäft.

Ebenfalls wurden individuelle Unterschiede im Bedarf an einer bestimmten Art von Information in die Versorgungsmessung einbezogen und zusätzlich das subjektive Interesse an der jeweiligen Information getrennt

(Variable *Info-Wichtigkeit O/U)* erhoben, da nicht ohne weiteres vom Ideal eines allseits an Information interessierten Mitarbeiters auszugehen ist.

Auch die grundsätzliche Zweckgebundenheit von Kommunikation im organisationalen Kontext wurde berücksichtigt, indem die Kommunikationsqualität im Team erstens hinsichtlich ihrer Wirkung auf die Qualität des teaminternen Informationsaustausches und zweitens mit Blick auf die ebenfalls zentrale Funktion der Erleichterung teaminterner Koordinationsprozesse (Variable *Kooperation*) untersucht wurde.

Schließlich wurde die potenzielle Abhängigkeit aller teaminternen Prozesse vom Agieren des direkten Vorgesetzten ins Modell integriert, da andernfalls ein potenziell wichtiger Kausalfaktor – der Einfluss von Steuerung auf teaminterne Prozesse und Verhaltensweisen der Organisationsmitglieder - zur Erklärung der beobachteten Phänomene außer Acht gelassen worden wäre und die Interpretierbarkeit der Beobachtungen gelitten hätte.

Die Ausrichtung des Modells auf subjektive, teambezogene Leistungsmaße erlaubt einen nur indirekten Bezug der im Modell abgebildeten Phänomene auf objektive Leistungskonsequenzen. Es lässt sich jedoch ein vertieftes Verständnis über das Zustandekommen bestimmter gruppenbezogener Wahrnehmungen gewinnen, welche ihrerseits einen nachgewiesenen Einfluss auf objektive Team-Leistung haben.

Die im Einzelnen beobachteten Zusammenhänge sollen im Folgenden mit Blick auf ihre inhaltlichen Implikationen diskutiert werden.

19.2.2 Interpretation der beobachteten Zusammenhänge

Insgesamt konnte die abhängige Variable *Team-Potency* durch das Modell zu 38% aufgeklärt werden. Dies Modell erklärte also einen substanziellen Anteil der Varianz in den – für eine objektive erfolgreiche Arbeit des Teams wichtige – Überzeugungen der Teammitglieder, dass das Team insgesamt zu großen Leistungen fähig sei. Dabei konnten jedoch nicht alle vom Modell implizierten Effekte auf diese Überzeugung bestätigt werden.

19.2.2.1 Zusammenhang zwischen Informationsversorgung und der wahrgenommenen Leistungsfähigkeit des Teams, Team-Potency

So ließ sich kein direkter Zusammenhang der erlebten Team-Leistungsfähigkeit mit der individuell erlebten Deckung des Informationsbedarfs beobachten. Dies galt sowohl für die Versorgung mit unternehmensbezogener Information als auch für den Erhalt von Informationen im Rahmen des operativen Geschäftes. Letzteres überraschte, da erwartet wurde, dass operative Informationen innerhalb des Teams ausgetauscht werden.

Diese Annahme fand zwar einige Bestätigung, da die Qualität der operativen Information laut Modell mit der Qualität der Kommunikation im Team substanziell zusammenhängt, was darauf schließen lässt, dass die Versorgung mit dieser Art von Information zumindest zu einem großen Teil innerhalb des Teams stattfindet. (Auf diesen Aspekt wird weiter unten noch ausführlicher eingegangen.) In diesem Kontext wird ein erster Unterschied in der funktionalen Einbindung verschiedener Arten von Informationen sichtbar: Die individuelle Bedarfsdeckung mit unternehmensbezogenen Informationen hing auch binär nicht mit *Team-Potency* zusammen. Im Falle operativer Information hingegen konnte ein signifikanter binärer Zusammenhang beobachtet werden, der im Rahmen des Modells jedoch durch Partialisierungsphänoneme an Substanz verlor.

Dies wird als Hinweis darauf interpretiert, dass die binär beobachtbare Korrelation zwischen der Versorgung mit operativer Information und Team-Potency lediglich darauf zurückzuführen ist, dass sowohl die Team-Potency als auch die Versorgung mit operativer Information jeweils von der Kommunikationsqualität im Team abhängen. Auf Basis des Modells kann also gezeigt werden, dass sich hinter dem binären Zusammenhang offensichtlich keine kausale Beziehung von Informationsversorgung auf *Team-Potency* verbirgt.

Eine Attribution des Versorgungserlebens auf die allgemeine Leistungsfähigkeit des Teams findet also innerhalb der Wahrnehmung der Mitarbeiter offensichtlich nicht statt. Der signifikante direkte Effekt von *Info-Versorung-O* auf *Kom-Efficacy* legt jedoch nahe, dass die erlebte Versorgung mit operativer Information zumindest als Indikator für die aufgabenspezifische Leistungsfähigkeit des Teams in der Teilaufgabe ‚Effizientes Kommunizieren' wahrgenommen wird. Im Falle von *Info-Versorgung-U*, also der Versorgung mit unternehmensbezogener Information, war ein entsprechender Zusammenhang, auch auf Ebene des binären Zusammenhangs, nicht zu beobachten.

Zwischen-Fazit:

1. Die Versorgung mit Informationen spielt in der Wahrnehmung der Mitarbeiter keine Rolle als Indikator für die generelle Leistungsfähigkeit des Teams, also für *Team-Potency*.
2. Im Falle operativer Information fungiert sie jedoch als Indikator für die kommunikationsspezifische Leistungsfähigkeit des Teams, also für *Kom-Efficacy*.

19.2.2.2 Zu den Zusammenhängen zwischen Kommunikationsqualität (Kom-Qualität) sowie der Einschätzungen der kommunikationsbezogenen und der allgemeinen Leistungsfähigkeit des Teams (*Kom-Efficacy* & *Team-Potency*)

Die zuletzt erwähnte Skala, *Kom-Efficacy*, maß die Überzeugung jedes einzelnen Teammitglieds, dass das Team als gemeinsam handelnde Einheit zur effizienten Kommunikation fähig sei. Von *Kom-Efficacy* aus wurde im Rahmen des Modells kein substanzieller Effekt auf *Team-Potency*, also auf die Überzeugtheit der Teammitglieder von der Gesamtleistungsfähigkeit ihres Teams, beobachtet. Auf binärer Ebene war jedoch ein signifikanter Zusammenhang zu beobachten. Auch im Rahmen eines probeweise aufgestellten Teilmodells, welches auf die Skalen *Kom-Qualität*, *Kom-Efficacy* und *Kom-Potency* beschränkt war, zeigte sich ein signifikanter direkter Effekt, wenn auch weniger deutlich als auf binärer Ebene.

Aus dem Vergleich des Teilmodells mit der binären Zusammenhangsanalyse kann abgeleitet werden, dass der Zusammenhang von *Kom-*

Efficacy mit *Team-Potency* teilweise originär ist, teilweise jedoch durch die jeweilige Korrelation jeder dieser beiden Variablen mit *Kom-Qualität* zustande kommt. Dies ist ein ähnlicher Befund wie im oben beschriebenen Fall der Versorgung mit operativer Information, jedoch betrifft dieser Effekt hier nur einen Teil der Kovarianz von *Kom-Efficacy* und *Kom-Qualität*.

Mit Blick auf die Vorhersage von *Team-Potency* ergibt sich daraus Folgendes: Die eingeschätzte Gesamtleistungsfähigkeit des Teams wird unter anderem von der wahrgenommenen Kommunikationsqualität - im Sinne der hier verwendeten Operationalisierung (Vertrauen, Zugang, Formalqualität und Konfliktfreude) – direkt und positiv beeinflusst.

Zusätzlich führt die wahrgenommene Kommunikationsqualität zu einer hohen *Kom-Efficacy*, d. h. zu der Überzeugung, dass das Team generell zur effizienten Kommunikation in der Lage sei. Dieser Effekt liefert einen zusätzlichen Beitrag zur Aufklärung von *Team-Potency*, der nicht durch die Kommunikationsqualität allein erklärt werden kann. Der Einfluss von *Kom-Efficacy* auf *Team-Potency* kann jedoch als indirekter Einfluss der Kommunikationsqualität auf *Team-Potency* interpretiert werden.

Zwischen-Fazit:

1. Die wahrgenommene Kommunikationsqualität (*Kom-Qualität*) beeinflusst die *Team-Potency*, also die eingeschätzte Gesamtleistungsfähigkeit des Teams, deutlich.
   - Der kleinere Teil dieses Effektes von *Kom-Qualität* auf *Team-Potency* wird mediiert über den Effekt der Kommunikationsqualität auf *Kom-Efficacy*.

2. *Kom-Efficacy*, also die eingeschätzte Fähigkeit des Teams zu effizienter Kommunikation, beeinflusst ebenfalls die Einschätzung der allgemeinen Leistungsfähigkeit.
   - Ein Teil dieses Zusammenhanges geht jedoch auf die gemeinsame Korrelation beider Skalen mit der Kommunikationsqualität zurück.

Anders formuliert kann festgehalten werden:

- Die Einschätzung Leistungsfähigkeit in der Teilaufgabe ‚Effiziente Kommunikation' ist zwar grundsätzlich ein Indikator für die Einschätzung der Gesamtleistungsfähigkeit, *Team-Potency.* Wird jedoch die Qualität der Team-Kommunikation selbst, die ihrerseits *Kom-Efficacy* zu 40% aufklärt, gleichzeitig erhoben, so stellt sich diese als besserer Prädiktor heraus.

19.2.2.3 Die Rolle von Kooperation

Die zuletzt beschriebenen Beobachtungen basieren auf der Analyse der binären Korrelationen sowie auf einem Teilmodell. Im Kontext des Gesamtmodells gab die Rolle der Skala *Kooperation* weiteren Aufschluss über die Verknüpfung der Zusammenhänge.

Der beobachtbare direkte Effekt von *Kom-Qualität* auf *Kooperation* mit einer Varianzaufklärung von 16% legt nahe, dass die *Kommunikationsqualität* im Team tatsächlich, wie angenommen, eine wesentliche Rolle für die erfolgreiche Koordination gemeinsamer Handlungen im Team spielt. So wurden teaminterne Prozesse wie die gemeinsame Zielsetzung und -kontrolle, gegenseitiges Feedback und Unterstützung, die alle auf die Gesamtskala *Kooperation* luden, gerade dann als erfolgreich erlebt, wenn auch die Kommunikationsqualität selbst im Sinne der hier angewandten Operationalisierung hoch eingeschätzt wurde.

Darüber hinaus zeigte sich, wie erwartet, dass die erfolgreiche Bewältigung dieser zentralen Aufgaben durch das Team einen signifikanten Einfluss auf die Einschätzung der Gesamtleistungsfähigkeit des Teams, also auf *Team-Potency*, hatte.

Aufgrund dieser beiden Beobachtungen lässt sich schlussfolgern: Ein erfolgreiches kooperatives Handeln des Teams kann als eine der Folgen der *Kommunikationsqualität* angesehen werden, durch welche diese auf die *Team-Potency* wirkt. In dem also eine hochwertige interne Kommunikation das Team zum erfolgreichen gemeinsamen Umgang mit Zielsetzung und -erreichung befähigt, erhöht sich die Einschätzung der gemeinsamen Leistungsfähigkeit.

Überraschend war jedoch, dass der direkte Effekt von *Kom-Qualität* auf *Team-Potency* auch in diesem Fall mit .26 größer war als der direkte Effekt von *Kooperation* mit .19. Das bedeutet:

- *Erstens:* Die Gewährleistung erfolgreicher Kooperation mediiert den Einfluss der Kommunikationsqualität auf *Team-Potency* nur sehr begrenzt, vermag ihn also inhaltlich demnach nur sehr begrenzt zu erklären.
- *Zweitens:* Die wahrgenommene *Team-Potency* hängt stärker von der wahrgenommenen Kommunikationsqualität selbst ab als von der Erfahrung, dass das Team zentrale Kooperationsaufgaben erfolgreich bewältigen kann. Dies überrascht vor dem Hintergrund, dass die Erfahrung realer Leistungen, wie zuvor beschrieben, eine wesentliche Determinante der *Team-Potency* darstellt.

Während diese Annahme grundsätzlich durch die hoch signifikante binäre Korrelation von .53 zwischen *Kooperation* und *Team-Potency* bestätigt wird, so zeigt sich durch die Analyse des Modells, dass der Kommunikationsqualität offensichtlich eine noch prominentere Bedeutung zukommt und dass auch in diesem Fall der Zusammenhang zwischen *Team-Potency* und einer ihrer Determinanten zum Teil durch die Abhängigkeit beider von der Qualität der Kommunikation erklärbar ist.

Auch die – ebenfalls durch die Kommunikationsqualität beeinflusste - *Kom-Efficacy* steht laut Modell, wie vorhergesagt, in einem positiven Zusammenhang mit *Kooperation.* Im Kontext des Modells führte dies statistisch jedoch dazu, dass der direkte Einfluss von *Kom-Efficacy* auf *Team-Potency* noch einmal deutlich an Substanz verlor. Kom-Efficacy büßt also seine Vorhersagekraft bezüglich *Team-Potency* ein, wenn sowohl die *Kom-Efficacy* als auch Kooperation mit zur Erklärung herangezogen werden.

19.2.2.4 Zwischenfazit:

1. Die Verknüpfungen in den Urteilen der Mitarbeiter legen nahe, dass die hier gemessenen Aspekte der Kommunikationsqualität im Team einen deutlichen erfolgsfördernden Einfluss auf die Kooperationsfähigkeit des Teams haben.

2. Die hier gemessenen Aspekte von Kommunikationsqualität haben einen stärkeren Einfluss auf *Team-Potency* als die Erfahrung der Teammitglieder, erfolgreich kooperativ und koordiniert handeln zu können.

Bezogen auf das Gestalten von Vorhersagemodellen für *Team-Potency* schließlich kann festgehalten werden:

3. Werden sowohl zentrale Anwendungsaspekte von Kommunikation (Skala *Kooperation*) als auch die Kommunikationsqualität selbst (Skala *Kom-Qualität*) ins Modell aufgenommen, ist vom Prädiktor *Kom-Efficacy* keine weitere Aufklärung von *Team-Potency* zu erwarten.

19.2.2.5 Information: Verschiedene Inhalte – Verschiedene Determinanten

Wie bereits ausgeführt, ließ sich aus den Wahrnehmungen der Mitarbeiter bezüglich ihrer Versorgung mit Informationen keine von anderen Skalen unabhängige Vorhersage auf ihre Einschätzung der *Team-Potency* ableiten.

Es wurde jedoch ebenfalls bereits gezeigt, dass die Determinanten der Informationsversorgung unterschiedlich waren, je nachdem, welcher Kategorie die Inhalte der betreffenden Informationen zugeordnet werden konnten.

So konnte die Qualität der jeweils empfangenen Informationen mit operativem Inhalt direkt durch die wahrgenommene Qualität der Team-Kommunikation vorhergesagt werden. Im Falle von Informationen, die sich auf übergeordnete Ziele und Strategien des Unternehmens bezogen, war die Qualität, wie die Analyse der binären Korrelationen ergab, von der teaminternen Kommunikation jedoch unabhängig. Desgleichen erwiesen sich alle anderen Phänomene, die im Zusammenhang mit unternehmensbezogener Information erhoben wurden, als unkorreliert mit der Team-Kommunikation.

Dies kann als deutlicher Hinweis darauf gewertet werden, dass unternehmensbezogene Informationen auf anderem Wege als operative Informationen an ihre Empfänger gelangen. Während letzte offensichtlich innerhalb des Teams ausgetauscht werden, was sich in der Abhängigkeit ihrer Qualität von der Teamkommunikation niederschlägt, gilt dies nicht für erste. Als adäquater Weg der Transmission dieser Informationen stellte sich, basierend auf den Ergebnissen des Modells, der Weg über den direkten Vorgesetzten heraus: Mitarbeiter, die Informationen über Unternehmensziele primär von ihrem direkten Vorgesetzten erhielten, erlebten die Qualität der Versorgung signifikant höher als solche, bei denen dies nicht der Fall war. Im Zusammenhang mit operativer Information ließ sich ein entsprechender Zusammenhang weder im Kontext des Gesamtmodells noch auf binärer Basis beobachten. Es zeigte sich jedoch auch ein Zusammenhang zwischen der wahrgenommenen Führungsleistung und der Qualität operativer Information. Aufgrund der Struktur des Modells ist eine Differenzierung des Zusammenhangs zwischen Führungsqualität und Informations-Qualität, bzw. Informations-Versorgung jedoch schwierig (siehe hierzu jedoch Kapitel 20.2).

Es ließen sich jedoch noch weitere Unterschiede zwischen Informationen mit unterschiedlichem Inhalt beobachten. So wurde beispielsweise zuvor angenommen, dass die subjektiv erlebte Versorgung – die, wie bereits dargestellt, als Deckung des subjektiven Bedarfs gemessen wurde – negativ mit der subjektiven Wichtigkeit korreliert, welche eine Person dieser speziellen Art von Information beimisst. Diese Annahme basierte auf der Überlegung, dass der subjektive Bedarf bei geringer subjektiver Wichtigkeit niedrig sein sollte und somit leicht zu decken, während andererseits Personen, denen eine bestimmte Information sehr wichtig ist, auch einen hohen und somit schwer zu deckenden Bedarf empfinden dürften.

Ein solcher Effekt zeigte sich jedoch nur im Zusammenhang mit unternehmensbezogener Information. Die Einschätzung der Versorgung mit operativer Information hingegen erwies sich als unabhängig von der subjektiven Wichtigkeit. Hierin kann ein Hinweis darauf gesehen werden, dass hinsichtlich unternehmensbezogener Information unter den Mitarbeitern ein unterschiedliches Anspruchsniveau vorliegt und die subjektiv erlebte Bedarfsdeckung bis zu einem gewissen Grad durch das jeweilige Interesse/Desinteresse der Mitarbeiter an den Zielen und Strategien des Unternehmens erklärbar ist. Dies bedeutet auch, dass Schwankungen in der subjektiv erlebten Bedarfsdeckung, die sich etwa bei wiederholter Messung zu verschiedenen Entwicklungsphasen des Unternehmens beobachten lassen, nicht vollständig auf Veränderungen der Informationspolitik des Unternehmens zurückzuführen sind, sondern auch durch ein verändertes Anspruchsniveau der Mitarbeiter – etwa durch Sensibilisierungsprozesse - erklärt werden können. Für die eingeschätzte Versorgung mit operativer Information stellen subjektive Interessensunterschiede hingegen keinen relevanten Erklärungsfaktor dar.

Dafür kommt der Qualität der eintreffenden Nachrichten, und damit allen Elementen des Transmissionsprozesses, welche zu dieser Qualität beitragen (z. B. Medienwahl, unterschiedliche semantische Codes bei Sender und Empfänger etc.), bei Informationen dieser Art eine prominente Rolle zu. Nur so lässt sich die binäre Korrelation zwischen *Info-Qualität-O* und *Info-Versorgung-O* von .57 erklären.

An diesem Ergebnis zeigt sich, dass die in die Messung der Qualität eingehenden Eigenschaften wie Pünktlichkeit, Strukturiertheit und Vollständigkeit von Nachrichten innerhalb des operativen Geschäfts von großer Bedeutung für die adäquate Übermittlung der notwendigen Informationen sind.

Im Zusammenhang mit Unternehmensinformation zeigte sich jedoch ebenfalls ein bedeutsamer Zusammenhang zwischen Informationsqualität und Versorgung. Dass dieser Zusammenhang mit .34 (= r der binären Korrelation) weniger stark ausfiel als im Kontext operativer Information, erscheint aus mehreren Gründen plausibel – so zum Beispiel mit Blick auf die Unterschiede in der Geschwindigkeit, in der übergeordnete Informationen gegenüber denen des Tagesgeschäfts verarbeitet werden müssen.

Zusammenfassend lässt sich zur Rolle von Aspekten der Informationsversorgung festhalten:

1. Informationen verschiedenen Inhalts gelangen auf unterschiedlichen Wegen an ihre Empfänger.
    a. Alle im Zusammenhang mit operativer Information erhobenen Maße korrelieren mit der Qualität der Teamkommunikation,

dies gilt für keines der Maße im Kontext von unternehmensbezogener Information.

b. Während die Qualität der operativen Information von der Kommunikationsqualität im Team abhängt, ist die Qualität der Unternehmensinformation überall dort erhöht, wo der Vorgesetzte die primäre Rolle in der Weitergabe dieser Information einnimmt.

(Zu allen weiteren Zusammenhängen zwischen Informationsversorgung und Führung siehe Kapitel 20.2).

2. Der Erfolg der Transmission im Sinne hoher Bedarfsdeckung, also hoher subjektiver Versorgung, hängt dabei teilweise von den gleichen, teilweise von unterschiedlichen Determinanten ab.
   a. Unterschiede im individuellen Interesse, d. h. in der den Informationsinhalten subjektiv beigemessenen Wichtigkeit, spielen für die Einschätzung der Versorgung mit operativer Information keine Rolle. Im Kontext von Information zu Unternehmenszielen und -strategien spielen sie jedoch eine Rolle. So klärten sie im Rahmen des Modells ca. 7% des Versorgungsempfindens auf.
   b. Die hier erhobenen Qualitätsaspekte – Pünktlichkeit, Strukturiertheit, Vollständigkeit etc. - erklären die Versorgung sowohl im Falle unternehmensbezogener als auch operativer Informationen substanziell, besonders hoch jedoch in letzterem Fall.

19.2.2.6 Zum Einfluss von Führung auf die hier dargestellten Zusammenhänge

Die Qualität der Führungsleistung des direkten Vorgesetzten erwies sich als diejenige Größe, welche in der Wahrnehmungsstruktur der Mitarbeiter neben der Kommunikationsqualität am engsten mit *Team-Potency* verknüpft ist.

Der beobachtete deutliche direkte Effekt auf *Team-Potency* entsprach den zuvor gemachten Annahmen über einen förderlichen Einfluss eines in Aspekten der transaktionalen wie der transformationalen Führung als hochwertig erlebten Führungsverhaltens auf Leistung und Leistungszuversicht der Mitarbeiter.

Darüber hinaus zeigte sich ebenfalls, wie erwartet, ein deutlicher Zusammenhang des Führungsverhaltens mit der Kommunikationsqualität unter den Mitarbeitern. Insgesamt fand die Annahme Unterstützung, dass die erlebte Qualität der Führung auf alle im Modell berücksichtigten Bereiche von Kommunikation und Kooperation einen substanziellen Einfluss hatte: Bei Aufklärungswerten zwischen 4% (auf die Versorgung mit unternehmensbezogener Information) und 9% (auf die Kommunikationsqualität) bildet das Modell ein generellen Einfluss der Führungsqualität auf *Team-Potency*, auf die Kommunikationsqualität, auf den teaminternen Austausch beider berücksichtigter Arten von Informationen sowie auf die Kooperationsleistung des Teams ab. Bei Interpretation dieses Zusammenhangs als Kausalwirkung bestätigt sich die Annahme, dass das Vorgesetztenverhalten einen substanziellen Einfluss auf die Gesamtheit der Interaktionsprozesse innerhalb des Teams hat. In jedem Fall besteht innerhalb des Modells eine deutliche Verknüpfung der team- und vorgesetztenbezogenen Wahrnehmungen. Diese Verknüpfung wurde im Modelldesign auch zur Vorhersage der Einschätzung des Führungsverhaltens selbst genutzt. So konnte die wahrgenommene Führungsleistung des direkten Vorgesetzten zu 8% allein dadurch aufgeklärt werden, ob dieser die Rolle als primäre Quelle von unternehmensbezogener Information einnimmt oder nicht. Dies zeigt umso mehr, dass ein aktives Informationsverhalten durch den Vorgesetzten - in der Wahrnehmung der Mitarbeiter – ein wichtiger Bestandteil der Führungsleistung ist.

Im Vergleich zum Einfluss der Kommunikationsqualität zeigte sich, dass Kommunikations- und Führungsqualität ähnlich starke Determinanten des im Modell abgebildeten teaminternen Geschehens sind. Dafür spricht unter anderem, dass die direkten wie auch totalen Effekte dieser beiden Determinanten auf *Team-Potency* nahezu identisch waren (.25

und .26, bzw. .43 und .45). Ebenso wirkten beide Variablen substanziell und unabhängig voneinander auf die Kooperationsleistung im Team.

Zusammenfassend kann zur Rolle der Führungsqualität festgehalten werden:

1. Die wahrgenommene Qualität des Führungsverhaltens des direkten Vorgesetzten ist mit allen wesentlichen Phänomenen innerhalb des Modells verknüpft.
2. Zum Verständnis von Phänomenen, welche den Austausch unterschiedlicher Arten von Informationen oder die teaminterne Kooperation betreffen, sollten sowohl die Kommunikationsqualität im Team als auch die Führungsleistung des direkten Vorgesetzten als wesentliche Einflussfaktoren berücksichtigt werden.
3. Die Wahrnehmung der Gesamtleistungsfähigkeit des Teams, *Team-Potency*, wird primär von der Führungsqualität und der teaminternen Kommunikationsqualität beeinflusst.

19.2.2.6.1 Fazit und Praxisbezug

Aus den anhand des Modells zur Vorhersage von *Team-Potency* angestellten Beobachtungen lassen sich verschiedene Schlussfolgerungen ziehen, unter anderem auch mit Blick auf die praktische Durchführung von Organisationsentwicklungsmaßnahmen. Einige der möglichen Schlussfolgerungen sollen abschließend anhand beispielhafter Veränderungsmaßnahmen beschrieben werden.

Vor dem Hintergrund der beschriebenen Tendenz zur Virtualisierung von Teams und zur Veränderung hergebrachter organisationaler Strukturen sind Bemühungen von Unternehmen wahrscheinlich, die darauf abzielen, die Koordinations- und Kooperationsmöglichkeiten von Teams sowie die Informationsversorgung der Mitarbeiter ungeachtet der strukturellen Veränderungen zu gewährleisten. Für die Gestaltung gerade solcher Entwicklungsmaßnahmen und insbesondere bei der Suche nach Indikatoren für eine angemessene, prozessbegleitende Erfolgs-Evaluation lassen sich aus den hier gewonnenen Erkenntnissen folgende Aspekte ableiten:

Erstens: Die hier unter dem Konzept der Kommunikationsqualität erfassten Aspekte der Teamkommunikation, d. h. das in der Kommunikation erlebte Vertrauen, der Zugang zu den Kommunikationspartnern, die Formalqualität der Teamkommunikation und abgeschwächt die teaminterne Konfliktbereitschaft sind entscheidende Determinanten für den Glauben des Teams an die eigene Leistungsfähigkeit.

Eine positive Bewertung der Mitarbeiter bezüglich Maßnahmen zur Gewährung dieser Leistungsfähigkeit, etwa unter veränderten organisationalen Bedingungen, ist also nur dann zu erwarten, wenn die Mitarbeiter in genau diesen Dimensionen eine Verbesserung, bzw. keine Verschlechterung, erleben. Die Gewährleistung von hinreichender Informationsversorgung alleine reicht hingegen nicht aus. Auch eine, für Außenstehende sicher leichter beobachtbare, gelungene Kooperationsleistung des Teams, ist in der Wahrnehmung der Teammitglieder selbst zweitrangig gegenüber diesen Eigenschaften der teaminternen Kommunikation.

Mitarbeiterorientierte Organisationsentwickler im Bereich Information, Kommunikation und Kooperation, welche die Akzeptanz von Interventionen durch die Mitarbeiter zu allen Phasen des Prozesses berücksichtigen wollen, sollten daher - in Gestaltung wie auch Evaluation - den innerhalb des Konstrukts „Kommunikationsqualität“ repräsentierten praktischen Aspekten der teaminternen Kommunikation hinreichende Aufmerksamkeit schenken.

Zweitens: Die Zufriedenheit von Mitarbeitern mit der Transparenz von Unternehmenszielen und -strategien, ist - stärker als im Kontext anderer Arten von Information - auch vom subjektiven Interesse der Mitarbeiter abhängig, genauer von der Wichtigkeit, die ein einzelner Mitarbeiter dieser Art von Information beimisst.

Infolgedessen sind Urteile von Mitarbeitern über die Hinlänglichkeit der Informationsversorgung mit Informationen zu Zielen und Strategien des Unternehmens stets unter Berücksichtigung von möglichen Verschiebungen in der Relevanz dieser Informationen für Mitarbeiter zu interpretieren.

Findet beispielsweise eine groß angelegte Organisationsentwicklungsmaßnahme statt, verändert, wie im hier angeführten Beispiel, ein Unternehmen seine Struktur, werden Teams disloziert und virtualisiert, so ist mit einem erhöhten Interesse der Mitarbeiter an Informationen über die damit verfolgten Ziele zu rechnen. Diese Informationen erhalten erhöhte Wichtigkeit, da sie dem einzelnen Mitarbeiter bei der Einschätzung der Konsequenzen auf den persönlichen Arbeitsalltag helfen und damit verbundene Unsicherheit reduzieren helfen können.

Eine Konsequenz dieses Umstandes besteht darin, dass ab dem Beginn einer tiefgreifenden Veränderungsmaßnahme bei gleichbleibender Informationspolitik die subjektiv empfundene Versorgung sinken wird. Um etwaige daraus erwachsende – in der vorliegenden Arbeit jedoch nicht erforschte – Konsequenzen etwa auf die Akzeptanz der Unternehmensleitung oder des jeweiligen Veränderungsprozesses bei den Mitarbeitern zu vermeiden, sollte daher proportional zum steigenden Ausmaß der Veränderungen das aktive Kommunizieren von unternehmensbezogener Information gesteigert werden.

Es gilt die Regel, dass die zu einem früheren Zeitpunkt gemessene Zufriedenheit der Mitarbeiter mit unternehmensbezogener Information nur bedingt dazu geeignet ist, die gegenwärtige oder zukünftige interne Informationspolitik zu bewerten. Die Planung der zukünftigen Informationspolitik sollte zu erwartende Veränderungen in der subjektiven Relevanz der Informationen für die Mitarbeiter berücksichtigen.

Falls eine Intensivierung der internen Kommunikation von Unternehmenszielen gegenüber den Mitarbeiten geplant wird, sollte diese insbesondere dahingehend gestaltet werden, dass die direkten Vorgesetzten der Mitarbeiterteams, also die Vertreter der unteren Führungsebenen, gegenüber den Mitarbeitern eine hervorstechende Rolle als Informationsagenten einzunehmen in der Lage sind.

Drittens: Da das Führungsverhalten des direkten Vorgesetzten einen generellen Einfluss auf Prozesse der Information, Kommunikation und Kooperation im Team hat, sollte der direkte Vorgesetzte bei der Gestaltung von Informations- und Kommunikationsprozessen auf Team-Ebene einbezogen und dessen Führungsverhalten mit zum Gegenstand der Betrachtung bzw. der Veränderungsarbeit gemacht werden.

19.3 Fragekomplex 3: Multiperspektivische Beobachtungen

19.3.1 Auf welchen Levels beschreiben die Teilnehmer ihre Kom munikation?

19.3.1.1 Zur Skala Kom-Qualität und ihren Subskalen

Die Messung der Beobachterübereinstimmungen innerhalb jedes Teams bezüglich der Skalen der Kommunikationsqualität gab Aufschluss über den durchschnittlichen Konsens in den Urteilen innerhalb der Teams.

Ausgehend von der Annahme, dass den Urteilen der Befragten deren Wahrnehmungen realer Erfahrungen zugrunde liegen, wird hier auch mit Blick auf einen hohen Konsens in den Urteilen angenommen, dass diese durch eine hohe Konvergenz der jeweiligen Wahrnehmungen der Befragten entsteht, die ihrerseits auf homogenen realen Erfahrungen beruht.

Aus diesem Blickwinkel sollen die zuvor beschriebenen Ergebnisse zum primären Varianzlevel der Ursprungsskalen zur Kommunikation, d. h. zu der in ihnen primär eingenommenen Beobachtungsperspektive, noch einmal zusammengefasst und interpretiert werden (siehe hierzu auch Abbildung 29).

- Die Skala *Vertrauen* konnte auf Gruppenlevel eingeordnet werden. Das heißt, dass auf dieser Skala homogene teaminterne Urteile zu verzeichnen waren, die sich zwischen den Teams deutlich unterschieden. Dies legt nahe, dass die Mitglieder innerhalb eines Teams jeweils eher homogene Erfahrungen bezüglich des in der teaminternen Kommunikation zum Ausdruck gebrachten Vertrauens machen. Vertrauen erscheint somit als primär kollektiv hergestelltes Phänomen, dessen Ausdruck die gesamte teaminterne Kommunikation durchdringt und dabei für jeden an der Kommunikation Beteiligten in gleichem Ausmaß wahrnehmbar ist.

- Auf den Skalen *Zugang* und *Konfliktfreude* zeigten die Urteile der Teilnehmer geringere durchschnittliche Übereinstimmungen pro Team, als im Falle von *Vertrauen*. Ungeachtet der – im Falle der Variablen *Zugang* recht hohen – Varianz zwischen den Teams wurden sie daher nicht dem Gruppen-, sondern dem Individuallevel der Varianz zugeordnet. Daraus kann geschlussfolgert werden, dass innerhalb der Teams zu diesen beiden Aspekten der Kommunikation tendenziell heterogene Erfahrungen gemacht werden.
- Im Falle von *Konfliktfreude* bedeutet dies, dass offensichtlich eher von einer selektiven Konfliktfähigkeit von Teammitgliedern gesprochen werden kann. Dadurch haben einige der Beteiligten die Chance, die Kommunikation mit den Kollegen als konfliktfreudig zu erleben, andere sehen nur geringe Möglichkeiten, mit dem Rest des Teams in eine offene Konfliktbearbeitung einzusteigen. (Zu einer kritischen Würdigung der Einordnung von Konfliktfreude auf Individuallevel siehe jedoch Kapitel 20.3.)
- Im Fall des Zugangs zur Kommunikation, also der Erreichbarkeit der anderen Teammitglieder aus Sicht jedes einzelnen Mitglieds, kann der geringe Konsens der Urteile so gedeutet werden, dass die strukturellen Bedingungen innerhalb der Teams den verschiedenen Mitgliedern sehr unterschiedliche Möglichkeiten bieten, zu den anderen Teammitgliedern Kontakt aufzunehmen. Da es sich um Mitarbeiterteams handelte, kann dies nicht auf hierarchische Strukturen zurückgeführt werden. Scheinbar sind die örtlichen und insbesondere zeitlichen Strukturbedingungen für die Mitarbeiter innerhalb eines Teams sehr unterschiedlich.
- In der Skala Formalqualität zeigten sich zwar hohe Urteilsübereinstimmungen, diese überschritten jedoch auch die Teamgrenzen, so dass die Unterschiede zwischen den Teams gering ausfielen. Es wurde daher unter Vorbehalt entschieden, sie auf dem Organisationslevel der Varianz einzuordnen, da geschlussfolgert werden kann, dass die Erfahrungen, welche den Urteilen zur Formalqualität der Kommunikation zugrunde liegen, innerhalb aller Teams und über alle Teams der Organisation homogen sind.

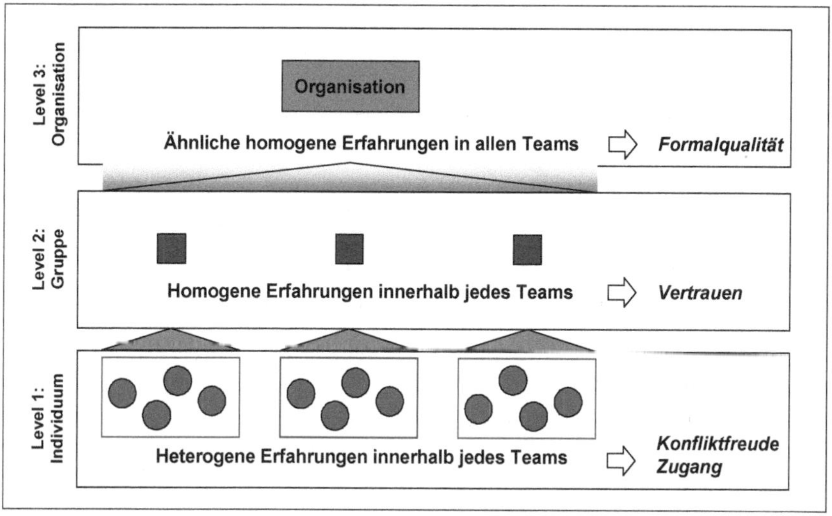

Abb. 29.: Homogene Erfahrungen und Wahrnehmungen auf verschiedenen Levels

Die Gesamtskala *Kom-Qualität* variierte primär auf Gruppenlevel. Dies entspricht einem grundlegenden Verständnis der Kommunikation als Emergenz, also als einheitliches Gebilde, das aus den Interpunktionen innerhalb eines Kommunikationssystems hervorgeht und für dieses spezifisch ist (vgl. Kapitel 5.2 bis 5.3). Andererseits wurde gezeigt, dass verschiedene Teilaspekte von Kommunikationsqualität unterschiedliche Varianzstrukturen aufweisen (vgl. Miller, K., 2001).

In Bezug auf die teaminterne Kommunikation insgesamt kann zusammenfassend abgeleitet werden:

- Die teaminterne Kommunikation ist hinsichtlich einiger Aspekte sehr homogen strukturiert und kann hinsichtlich dieser Aspekte im Sinne der geschlossenen Systemperspektive betrachtet werden.
- Hinsichtlich anderer Merkmale ist die teaminterne Kommunikation komplex strukturiert und bietet den Kommunikationsteilnehmern heterogene Erfahrensperspektiven. Diese Teilaspekte sind nur unter der Annahme individuell unterschiedlicher Positionen innerhalb des Kommunikationssytems beschreibbar.

19.3.1.2 Kom-Efficacy und Team-Potency

Während die Skala *Team-Potency* erwartungs- und theoriekonform dem Gruppenlevel der Varianz zugeordnet werden konnte, zeigte sich für *Kom-Efficacy*, dass unter den diesbezüglichen Urteilen innerhalb der Teams mit einem mittleren r_{wg} von .54 nur verhältnismäßig geringer Konsens herrschte. Dieses Ergebnis überraschte vor dem Hintergrund der theoretischen Implikationen in Bezug auf subjektive Maße kollektiver Leistungsfähigkeit, wie sie in Kapitel 2.2 dargestellt wurden.

Es wurde bereits an anderer Stelle darauf verwiesen, dass ein niedriger Konsens in der Einschätzung der Gruppenleistungsfähigkeit durch einzelne Mitglieder als Ausdruck eines geringen Zusammengehörigkeitsgefühls und einer noch nicht abgeschlossenen Gruppenbildung interpretiert werden kann.

Im Falle einer dahingehenden Interpretation müsste jedoch geklärt werden, warum andererseits innerhalb des Teams hinreichende Bedingungen für einen hohen Konsens sowohl in *Team-Potency*, also einem weiteren subjektiven Maß für kollektive Leistungsfähigkeit, als auch in verschiedenen Aspekten der Kommunikationsqualität besteht.

Um zu einer befriedigenden Antwort zu finden, sollte im Rahmen weiterer Erforschung auf die Überlegungen von Guzzo et al. (1993) zurückgegriffen werden, der eine Verankerung von Team-Efficacy auf Gruppenlevel im Gegensatz zu Bandura (1997) oder Gully et al. (2002) in Zweifel zieht.

(Zu einer kritischen Würdigung des hier gewählten methodischen Vorgehens und der Interpretierbarkeit der Ergebnisse siehe Kapitel 20.3.)

19.3.2 Beobachtung von Zusammenhängen auf verschiedenen Levels

19.3.2.1 Welche Zusammenhänge wurden, verteilt auf verschiedene Modelle, erhoben?

Die aus der Befragung gewonnene Datenmatrix wurde in Kapitel 9 als komplexe kollektive Nachricht definiert. Aus dieser wurden verschiedene

Komponenten extrahiert. Letztere erlaubten es, die in den Daten codierte Beschreibung der teaminternen Kommunikation und anderer Phänomene in die in ihr enthaltenen Beobachtungsperspektiven aufzuteilen: So konnten die Kommunikationsqualität und *Kom-Efficacy* getrennt aus der Gruppenperspektive – anhand der Gruppenkomponenten - und aus der Intra-Team-Perspektive - anhand der Individualkomponenten (= Within-Komponenten) - beschrieben werden.

Darüber hinaus konnte mit Hilfe der Varianzen und der darüber ermittelten r_{wg}-Werte pro Gruppe eine Skalen-Komponente gewonnen werden, welche den Konsens jedes Teams hinsichtlich eines bestimmten Kommunikationsaspektes beinhaltet (= Konsenskomponenten). Mit Hilfe dieser Komponenten wurde angestrebt, ein vertieftes Verständnis der zuvor level-unspezifisch beobachteten Zusammenhänge zwischen den *Kom-Qualitätsskalen* und *Kom-Efficacy* zu gewinnen.

- So wurde Kom-Efficacy durch den bereits zuvor als signifikant identifizierten Prädiktorensatz aus *Vertrauen*, *Formalqualität*, *Zugang* und der Interaktion *Vertrauen*Zugang (V*Z)* erneut vorhergesagt. Diesmal wurde die Vorhersage jedoch aufgeteilt in einen Prädiktorensatz aus Gruppen- und einen aus Individualkomponenten. Diese beiden Vorhersageperspektiven wurden im Rahmen eines so genannten Mixed-Determinants-Modells einander gegenübergestellt und konnten auf diese Weise in ihrer Bedeutsamkeit miteinander verglichen werden. (Sowohl die Individual-Komponenten als auch die Gruppenkomponenten wurden jedoch noch je ein weiteres Mal zur Vorhersage eingesetzt, wie weiter unten erläutert wird.)
- Darüber hinaus wurde erforscht, ob *Kom-Efficacy* nicht nur durch die Ausprägungshöhe der Prädiktoren, sondern durch den in einem Team bezüglich des jeweiligen Prädiktors herrschenden Konsens vorhergesagt werden kann. Dies wurde erstens für die Skalen *Vertrauen_{Kons}* und *Zugang_{Kons}* im Rahmen eines so genannten Cross-Level-Modells geprüft. Zweitens wurde im Rahmen eines Single-Level-Modells ein direkter Vergleich der Vorhersagekraft von Konsens und Ausprägung der Kom-Qualitäts-Skalen auf Gruppenlevel auf *Kom-Efficacy_{GRUPPE}* durchgeführt.

- Der Einfluss von Konsensphänomenen auf *Kom-Efficacy* konnte auch im Kontext einer weiteren Frage erforscht werden: So wurde im Rahmen eines Cross-Level-Modells überprüft, ob der Konsens bezüglich des Zugangs zu Kommunikation *Zugang*$_{KONS}$ die Wirkung der zuvor beobachteten Interaktion *Vertrauen*Zugang* auf *Kom-Efficacy* moderiert.
- Schließlich wurde auch der Konsens der Gruppe bezüglich *Kom-Efficacy* selbst zum Gegenstand der Vorhersage gemacht und somit sein Zusammenhang zu verschiedenen Komponenten der Kommunikationsqualität beleuchtet. Auch hier fand im Rahmen eines Single-Level-Modells eine Gegenüberstellung der Vorhersagekraft von Konsens- und Gruppenkomponenten statt. Außerdem wurde untersucht, ob Konsens und Ausprägung (hier in Form der Gruppenkomponente) von *Kom-Efficacy* in gleicher oder unterschiedlicher Weise mit den hier beobachteten Aspekten der Kommunikationsqualität verknüpft sind.

19.3.2.2 Vorhersage von Kom-Efficacy durch die Kommunikationsqualität aus Gruppen- und Individualperspektive

Es zeigte sich, dass *Kom-Efficacy* durch die Kommunikationsqualität sowohl aus Gruppen- als auch Individualperspektive hoch signifikant vorhergesagt werden konnte, wenn auch mit stark unterschiedlicher Varianzaufklärung. So erklärte die Kommunikationsqualität aus Individualperspektive (Individualkomponenten)[17] 43% der Varianz von *Kom-Efficacy*, während durch die Gruppenperspektive (Gruppenkomponenten) nur weitere 7% der Kriteriumsvarianz aufgeklärt werden konnten.

Diese Verteilung zeigte sich als unabhängig von der Eingabereihenfolge, was nicht anders zu erwarten war, da Gruppen- und Individualkomponenten der Prädiktoren jeweils voneinander unabhängige Anteile des Kriteriums vorhersagen. Aus dem gleichen Grund muss zur Interpretation der unterschiedlichen Aufklärungsgüte nicht nur auf Eigenschaften der

[17] Das heißt in diesem Fall: Die Individualkomponenten des Prädiktorensatzes *Vertrauen, Formalqualität, Zugang* sowie die Interaktion *V*Z*. Konfliktfreude war zuvor aus dem Prädiktorensatz zur Vorhersage von *Kom-Efficacy* ausgeschlossen worden.

Kommunikationsqualität, sondern auf Eigenschaften der Skala *Kom-Efficacy* Bezug genommen werden. Bevor mit der Zusammenfassung und Interpretation der Ergebnisse fortgefahren wird, soll dieser Aspekt daher näher erörtert werden.

Da *Kom-Efficacy*, wie zuvor diskutiert, entgegen der Vorhersage von Hypothese ML-3 nur sehr geringe Zwischengruppen-Varianz aufwies ($eta^2 = .164$), waren nur geringe Aufklärungen durch Gruppenlevel-Faktoren zu erwarten. Denn: Je geringer der Anteil der Zwischengruppenvarianz an der Gesamtvarianz einer Variablen, desto geringer ist folglich die Möglichkeit, die Gesamtvarianz dieser Variablen durch einen Prädiktor auf Gruppenlevel vorherzusagen.

In Single-Level-Modell A hingegen wurde das Konstrukt *Kom-Efficacy* in Form der Gruppenkomponente *Kom-Efficacy$_{GRUPPE}$* eingesetzt, (da eine Gegenüberstellung zur Vorhersage der Konsenskomponente *Kom-Efficacy$_{KONS}$,* die sich ebenfalls auf Gruppenlevel befindet, beabsichtigt war). Dort ergab sich eine Aufklärung durch die Gruppenkomponenten der Kommunikationsskalen bei 47,2% (nach Kontrolle von Gruppengröße).

Diese hohe Aufklärung ist darauf zurückzuführen, dass in *Kom-Efficacy$_{GRUPPE}$* keine Intra-Team-Varianz mehr enthalten ist. Dadurch entspricht der Zusammenhang von Kommunikationsqualität und *Kom-Efficacy* nach Aggregation auf Gruppenlevel dem ursprünglich – also ohne Aufteilung in Beobachtungslevels – festgestellten Zusammenhang zwischen den Ursprungsvariablen[18].

Im Rahmen der soeben dargestellten unterschiedlichen Auswertungsstrategien wurden verschiedene Beobachtungen gemacht, deren wesentliche Aspekte sich wie folgt umreißen lassen:

1. Auf Individuallevel bestätigten sich die zuvor beobachteten Effekte der einzelnen Kommunikationsaspekte auf *Kom-Efficacy*: Die Individualkomponenten der Skalen *Vertrauen*, *Formalqualität* und *Zugang* erwiesen

18 Die gemeinsame absolute Aufklärung von *Kom-Efficacy* durch die Ursprungsskalen Formalqualität, Vertrauen, Zugang, und V*Z lag bei 49,1% (unkorrigiertes R^2).

sich als signifikante Prädiktoren ebenso wie die Interaktion zwischen den Individualkomponenten von *Vertrauen* und Zugang V^*Z_{INDIV}.

2. Es ließ sich jedoch auch die mittlere Einschätzung des Teams (Gruppenperspektive) bezüglich *Kom-Efficacy* anhand der mittleren Einschätzungen bezüglich der Kommunikationsqualität vorhersagen. Hierbei fielen jedoch – entsprechend der Vorhersage der begrenzten Diskontinuität - Unterschiede hinsichtlich der Rollen der einzelnen Prädiktoren auf Gruppenlevel im Vergleich zu ihren Rollen auf Individuallevel auf:

So zeigte sich, dass auf Gruppenlevel nur die Prädiktoren $Vertrauen_{GRUPPE}$ und $Zugang_{GRUPPE}$ substanzielle Vorhersagen für *Kom-Efficacy* lieferten. Im Single-Level-Modell, bei dem die Gruppenkomponente $Kom\text{-}Efficacy_{GRUPPE}$ vorhergesagt wurde, zeigte sich dies in Form hoch signifikanter Effekte.

Im Rahmen des Mixed-Determinants-Modells, bei welchem das Kriterium *Kom-Efficacy* in Form der ursprünglichen Skala vorlag, zeigten sich schwach bzw. tendenziell signifikante Effekte von $Vertrauen_{GRUPPE}$ (p =. 052) und $Zugang_{GRUPPE}$ (p = .040). Die auf Gruppenlevel erzielte Aufklärung von 7% im Mixed-Determinants-Modell ging somit primär auf den - hoch signifikanten – gemeinsamen Zusammenhang der Gruppenkomponenten mit dem Kriterium zurück.

Die durchschnittlich im Team wahrgenommene Formalqualität der in der Kommunikation ausgetauschten Nachrichten hingegen spielte zur Vorhersage der Einschätzung von *Kom-Efficacy* keine Rolle.

Auf Gruppenlevel fand sich darüber hinaus keine signifikante Interaktion zwischen Vertrauen und Zugang.

Zusammenfassend kann aus den gewonnenen Beobachtungen abgeleitet werden:

1. Die individuelle Einschätzung eines Teammitglieds bezüglich der Fähigkeit des ganzen Teams zu effizienter Kommunikation ist in erster Linie dadurch zu erklären, wie sich seine Wahrnehmungen zur teaminternen Kommunikation im Verhältnis zur mittleren Einschätzung des Teams verhalten. Anders formuliert heißt dies: Die Position einer Person inner-

halb des teaminternen Kommunikationssystems, welche es ihr ermöglicht, in höherem oder niedrigerem Ausmaß als andere Teammitglieder Vertrauen und formale Qualität der Kommunikation sowie Zugang zu den Kommunikationspartnern zu erleben, erklärt die Einschätzung dieser Person bezüglich der Kommunikationsfähigkeit des Teams, *Kom-Efficacy*, zu 43%.

2. Die zuvor beschriebene Moderiertheit des Effektes von Vertrauen auf *Kom-Efficacy* durch das Ausmaß des Zugangs zu den Kommunikationspartnern ist ein Effekt, der sich ausschließlich aus der individuellen Position eines Teammitglieds im Team ergibt. Die individuelle Bedeutsamkeit von Vertrauen in der Kommunikation für die wahrgenommene *Kom-Efficacy* hängt von der individuellen Bevor- oder Benachteiligung im Zugang zu den Kommunikationspartnern ab. Genau so gilt dies für die umgekehrte Lesart, dass ein möglichst reibungsloser Zugang umso notwendiger für diejenigen Teammitglieder ist, denen gegenüber in der Kommunikation unterdurchschnittlich viel Vertrauen signalisiert wird.

3. Die Höhe von *Kom-Efficacy* kann durch Kommunikationsqualität sowohl aus Gruppen-, als auch aus Individualperspektive vorhergesagt werden. Aufgrund der Tatsache, dass *Kom-Efficacy* - entgegen Hypothese ML-3, dafür aber in Einklang mit den Bedenken von Guzzo et al. (1993) – primär auf Individuallevel variiert, ist die Gruppenperspektive jedoch weniger aussagekräftig zur Erklärung der Werte von *Kom-Efficacy*, da diese am besten auf individueller Ebene beschrieben werden können.

19.3.2.3 Zur Relevanz des Konsens

Zur Frage nach der Relevanz des Konsens und damit der Relevanz von Homogenität oder Heterogenität der individuellen Positionen innerhalb des Kommunikationssystems konnten ebenfalls erste Antworten gefunden werden.

Von den hypothetisch angenommenen Vorhersageeffekten der Konsenskomponenten $Vertrauen_{KONS}$ und $Zugang_{KONS}$ auf *Kom-Efficacy* bestätigte sich im Rahmen des Cross-Level-Modells nur der von $Vertrauen_{KONS}$. Darauf soll im Folgenden näher eingegangen werden:

19.3.2.3.1 Zur Rolle des Konsens in der Skala Vertrauen

Die Annahme eines Effektes von *Vertrauen*$_{KONS}$ auf *Kom-Efficacy* (vgl. Hypothese ML-10) basierte unter anderem auf der Argumentation, dass tatsächliches hohes Vertrauen, bzw. hohe Beziehungsqualität, nur bei Ausgeglichenheit der gegenseitig dargebotenen Signale von Vertrauen innerhalb eines Kommunikationssystems möglich ist. Diese Argumentation wurde unterstützt durch die (in Hypothese ML-9 vorhergesagte) hoch signifikante Korrelation ($r = .548$) zwischen der Konsens- und der Gruppenkomponente von Vertrauen. (Diese zeigte sich im Rahmen der noch vor der Prüfung des Cross-Level-Modells durchgeführten Ermittlung aller binären Korrelationen zwischen den Level-2-Komponenten verschiedener Skalen.)

An gleicher Stelle konnte auch gezeigt werden, dass Vertrauen die einzige hier vorkommende Skala war, bei der ein enger korrelativer Zusammenhang zwischen dem Konsens und der mittleren Ausprägungshöhe auf Gruppenlevel bestand. Dies wird als Bestätigung dafür angesehen, dass dieser Zusammenhang eine spezifische Eigenschaft des Aspektes des Vertrauens in der Kommunikation ist und nicht etwa ein generell zu beobachtendes Phänomen zwischen Konsens- und Gruppenkomponenten derselben Skala.

Aus dem darüber hinaus im Cross-Level-Modell festgestellten hoch signifikanten Vorhersageeffekt von *Vertrauen*$_{KONS}$ auf *Kom-Efficacy*, kann außerdem abgeleitet werden, dass Mitglieder von Teams, in denen homogene Erfahrungen zur Beziehungsqualität, d. h. hier insbesondere zum gegenseitig signalisierten Vertrauen, gemacht werden, die Gesamt-Effizienz der teaminternen Kommunikation, *Kom-Efficacy*, höher einschätzen, als Mitglieder anderer Teams.

Damit ist jedoch nicht gesagt, ob der Konsens bezüglich des Vertrauens bei der Vorhersage von *Kom-Efficacy* einen eigenständigen, zusätzlichen Beitrag leisten kann, der über die Vorhersagekraft des mittleren Gruppenwertes *Vertrauen*$_{GRUPPE}$ hinausgeht.

Anhand der Ergebnisse des Single-Level-Modells A, in welchem die Einflüsse der Gruppen- und Konsenskomponenten aller Skalen auf *Kom-Efficacy*$_{GRUPPE}$ gemeinsam geprüft wurden, zeigte sich, dass *Vertrauen-*

$_{KONS}$ die einzige Konsens-Komponente war, die einen signifikanten Einfluss auf das Kriterium aufwies. Anders ausgedrückt war damit der Aspekt des Vertrauens in der Kommunikation der einzige, der sowohl hinsichtlich seiner Ausprägungshöhe als auch seines Konsens eine Rolle für durchschnittliche subjektive Einschätzung des Teams zu seiner Kommunikationseffizienz, *Kom-Efficacy*$_{GRUPPE}$, spielte.

Gleichzeitig wurde jedoch gezeigt, dass sich die jeweils durch *Vertrauen*$_{GRUPPE}$ und *Vertrauen*$_{KONS}$ aufgeklärten Anteile des Kriteriums weitestgehend überschnitten. Dennoch ließ sich ein leichter inkrementeller Beitrag von *Vertrauen*$_{KONS}$ (Zuwachs in R^2 = 8,7%; p = .000) gegenüber dem Beitrag von Vertrauen$_{GRUPPE}$ (in Kombination mit dem Prädiktor *Zugang*$_{GRUPPE}$) beobachten. Insgesamt überschnitten sich die Einflüsse der beiden letztgenannten Gruppenkomponenten jedoch deutlich mit dem von *Vertrauen*$_{KONS}$: So konnte der Prädiktor *Vertrauen*$_{KONS}$ alleine ca. 43% der Kriterienvarianz aufklären, während die beiden Gruppenkomponenten bei Eingabe an gleicher Stelle ca. 46% aufklärten.

Abschließend kann zur Rolle von *Vertrauen*$_{KONS}$ festgestellt werden:

- Der Konsens bezüglich des Vertrauens, *Vertrauen*$_{KONS}$, ist ein ähnlich guter Prädiktor für *Kom-Efficacy* wie *Vertrauen*$_{GRUPPE}$.
- Der zusätzliche Informationsgewinn unter Hinzuziehung der Konsenskomponente in die Vorhersage ist jedoch gering.

Eine aus verschiedenen Gründen notwendige kritische Diskussion des hier gewählten methodischen Vorgehens und der Verlässlichkeit der hier verwendeten Ergebnisse wird in Kapitel 20.3 geführt.

19.3.2.3.2 Zur Rolle des Konsens in der Skala Zugang

Zwischen *Zugang*$_{KONS}$ und *Kom-Efficacy* konnte im Rahmen des Cross-Level-Modells kein substanzieller Zusammenhang beobachtet werden.

Dies überraschte, da im Kontext der diesbezüglichen Hypothese ML-11, welche einen entsprechenden Effekt vorhersagte, argumentiert wurde, dass die teaminterne Kommunikation nur bei gleichen Zugangsmöglichkeiten für alle Beteiligten ihre erfolgsrelevanten Funktionen erfüllen könne. (Diese Annahme basierte unter anderem auf der Forderung von Seers (1989), dass alle Beiträge zur Teamkommunikation ausschließlich gemäß ihrer Nützlichkeit und nicht etwa gemäß des teaminternen Status ihres jeweiligen Senders berücksichtigt werden sollten. Auch Seers (1989) sieht daher die Möglichkeit zur Ausgewogenheit des Kommunikationszugangs aller Teammitglieder als wichtig an.

Diese Annahmen können jedoch auf Basis des vorgefundenen Ergebnisses nicht bestätigt werden. Die am vorliegenden Datensatz gemachten Beobachtungen legen vielmehr die Interpretation nahe, dass Teams mit stark ungleich verteilten Zugangsmöglichkeiten in der Wahrnehmung ihrer Mitglieder genau so effizient kommunizieren können wie Teams mit gleich verteilten Zugangsmöglichkeiten.

Auch zwischen $Zugang_{KONS}$ und $Zugang_{GRUPPE}$ wurde keine substanzielle Korrelation beobachtet. Offensichtlich hängen also die Gleichheit der erlebten Zugangsmöglichkeiten und ihre durchschnittliche Höhe nicht miteinander zusammen, während nur letztere einen substanziellen Einfluss auf *Kom-Efficacy* ausübt.

Aus einer Beobachtung an anderer Stelle wird jedoch ein mittelbarer Zusammenhang zwischen $Zugang_{KONS}$ und *Kom-Efficacy* deutlich. So bestätigte sich die in Hypothese ML-14 angenommene Cross-Level-Moderation der Interaktion $V*Z$ durch $Zugang_{KONS}$: Es zeigte sich im Rahmen des Cross-Level-Modells, dass der Effekt dieser Interaktion auf *Kom-Efficacy* in solchen Gruppen besonders hoch war, in denen die individuellen Zugangswahrnehmungen besonders wenig streuten.

Dieses Ergebnis wurde antizipiert, weil eine geringe teaminterne Streuung, angezeigt durch eine hohe Ausprägung von $Zugang_{KONS}$, eine absolute individuelle Abweichung vom Gruppenmittel stärker ins Gewicht fallen lässt als die gleiche absolute Abweichung in einer Gruppe mit heterogenen Zugangsmöglichkeiten. In dem Ausmaß, wie nicht nur die absolute Wahrnehmung der eigenen Zugangsmöglichkeiten relevant ist, sondern deren Relation zu den Zugangsmöglichkeiten der Kollegen, erschien ein Moderationseffekt im oben beschriebenen Sinne naheliegend.

Diese Annahmen fanden in der beobachteten level-übergreifenden 3-fach-Interaktion ihre Bestätigung.

19.3.2.4 Zur Determination des Konsens in Kom-Efficacy

Im Rahmen der vorliegenden Analysen wurde auch der Konsens jedes Teams in *Kom-Efficacy* erhoben und in Form der Skalenkomponente *Kom-Efficacy$_{KONS}$* zum Gegenstand der Vorhersage gemacht.

Ziel dieses Vorgehens war in erster Linie die Beantwortung zweier zentraler Fragen:

1. Lässt sich der Konsens eines Teams in *Kom-Efficacy* ebenfalls durch die hier betrachteten Aspekte von Kommunikationsqualität vorhersagen?
2. Wenn ja: Ist *Kom-Efficacy$_{KONS}$* dabei in gleicher Weise mit der Kommunikationsqualität verknüpft wie die durchschnittliche Ausprägungshöhe, *Kom-Efficacy$_{GRUPPE}$*, oder in unterschiedlicher Weise?

Mit Hilfe zweier parallel aufgebauter Single-Level-Modelle, bei denen im ersten Fall (Modell A) *Kom-Efficacy$_{GRUPPE}$* und im zweiten Fall (Modell B) Kom-Efficacy$_{KONS}$ jeweils durch die gleichen Prädiktoren vorhergesagt wurde, konnten diese beiden zentralen Fragen wie folgt beantwortet werden.

Zu 1) *Kom-Efficacy$_{KONS}$* konnte durch Komponenten der gleichen Skalen zu über 50% aufgeklärt werden, die auch zur Vorhersage der Ausprägungshöhe von *Kom-Efficacy* eingesetzt wurden. Dabei lieferten allerdings die jeweiligen Konsens-Komponenten den deutlich größeren Aufklärungsbeitrag, wenngleich - im Falle von *Zugang$_{GRUPPE}$* - auch eine der Gruppenkomponenten substanziell zur Aufklärung des Konsens in *Kom-Efficacy* beitrug.

Zu 2) Die beobachtete Verknüpfung des Prädiktorenmodells mit *Kom-Efficacy$_{KONS}$* unterschied sich von der mit *Kom-Efficacy$_{GRUPPE}$* in zweifacher Weise.

- Erstens wurde der größere Beitrag zur Aufklärung durch die jeweils dem Kriterium entsprechende Gruppe von Komponenten geliefert. So wurde *Kom-Efficacy$_{KONS}$* zum überwiegenden Teil durch Konsenskomponenten aufgeklärt und *Kom-Efficacy*$_{GRUPPE}$ zum überwiegenden Teil durch Gruppenkomponenten.

- Zweitens unterschieden sich die beobachteten Gewichtungen der Prädiktorbeiträge jedoch noch darüber hinaus, so dass keine komplementären Vorhersagemodelle beobachtet wurden. Vielmehr waren an der Vorhersage der beiden verschiedenen Level-2-Komponenten von *Kom-Efficacy* jeweils unterschiedliche Aspekte der Kommunikation beteiligt.

So wurde die Konsenskomponente *Kom-Efficacy*$_{KONS}$ durch den Aspekt des *Zugangs* und der *Formalqualität* erklärt, und zwar sowohl durch die Konsenskomponenten dieser beiden Skalen als auch durch die Gruppenkomponente *Zugang*$_{GRUPPE}$.

Die Gruppenkomponente *Kom-Efficacy*$_{GRUPPE}$ hingegen wurde in erster Linie durch die Aspekte *Zugang* und *Vertrauen* vorhergesagt, in diesem Fall durch die Gruppenkomponenten dieser beiden Skalen sowie durch die Konsens-Komponente *Vertrauen*$_{KONS}$.

Weiterhin konnte beobachtet werden, dass die Gruppen- und Konsenskomponenten von *Kom-Efficacy* einander gegenseitig deutlich schwächer vorhersagen, als es die hier beobachteten Komponenten der Kom-Qualitäts-Skalen tun.

Mit dieser Analyse wurde die Anregung von Moritz & Watson (1998), Konsens und Ausprägung von Team-Efficacy getrennt vorherzusagen, aufgegriffen und am Beispiel der hier verwendeten Skala *Kom-Efficacy* erprobt.

Die in diesem Zusammenhang aufgestellten Hypothesen, die generell einen Effekt sowohl der Gruppen- als auch der Konsenskomponenten der Kom-Qualitäts-Skalen auf beide Komponenten von *Kom-Efficacy* vorhersagten, konnten ebenso bestätigt werden wie die Annahme einer begrenzten Diskontinuität. Auch waren die beobachteten Zusammenhänge offensichtlich nicht durch gemeinsame Korrelationen mit der Drittvariablen Gruppengröße verursacht.

Da darüber hinaus keine variablenspezifischen, inhaltlichen Hypothesen formuliert wurden, soll hier von einer inhaltlichen Interpretation der Ergebnisse abgesehen werden.

Es können jedoch folgende Ergebnisse als Anregung für weitere Forschung festgehalten werden:

1. Konsens und Ausprägungshöhe von Kom-Efficacy sind miteinander nur äußerst schwach verknüpft.

2. Sie sind jedoch beide mit unterschiedlichen, spezifischen Aspekten der teaminternen Kommunikationsqualität verknüpft.
    a. Diese jeweiligen Zusammenhänge mit bestimmten Aspekten der Kommunikationsqualität sind deutlich stärker als zwischen den beiden in Frage stehenden Komponenten von *Kom-Efficacy.*
    b. Die Zusammenhänge basieren dabei nicht nur auf generellen Korrelationen bestimmter Komponenten, etwa unter den Konsenskomponenten aller Skalen, sondern offensichtlich auf skalenspezifischen Zusammenhängen: So besteht sowohl bei *Kom-Efficacy*$_{KONS}$, als auch bei *Kom-Efficacy*$_{GRUPPE}$ im Falle einiger Kommunikationsskalen ein Zusammenhang mit beiden ihrer Komponenten, im Falle anderer Kommunikationsskalen dafür gar kein Zusammenhang.

Diese Ergebnisse können als erster Hinweis darauf gedeutet werden, dass es sich beim teaminternen Konsens in *Kom-Efficacy* und der Ausprägungshöhe von Kom-Efficacy um voneinander unabhängige Phänomene handelt, die beide in jeweils unterschiedlicher Art und Weise mit dem wahrgenommenen Kommunikationsgeschehen innerhalb des Teams zusammenhängen.

Um die Frage zu beantworten, ob Ähnliches auch bei anderen Formen von Team-Efficacy gilt, bedürfte es weiterer und stärker auf diese spezielle Frage fokussierter Forschung.

Eine aus verschiedenen Gründen angebrachte kritische methodische Diskussion zu den hier besprochenen Ergebnissen findet sich in Kapitel 20.3.

19.3.3 Fazit und Praxisbezug

Basierend auf allen bisher behandelten Ergebnissen aus der Betrachtung der Team-Kommunikation aus Multi-Level-Perspektive sollen abschließend einige mögliche Ableitungen für Intervention und Forschungsmethodik exemplarisch dargestellt werden.

So lassen sich beispielsweise mit Blick auf Interventionsbemühungen mit dem Ziel, die teaminterne Kommunikation zu entwickeln und so unter anderem die **Team-Potency** zu erhöhen, verschiedene Schlussfolgerungen ziehen:

Erstens: Das in der Kommunikation unter den Teammitgliedern zum Ausdruck gebrachte Vertrauen - und damit alle unter der Skala *Vertrauen* zusammengefassten Teilaspekte wie die zum Ausdruck gebrachte Unterstützung und Wertschätzung – wurde als ein Phänomen auf Teamebene identifiziert und sollte daher als solches behandelt werden. Ansatzpunkt zur Intervention auf Beziehungsebene der Kommunikation darf daher nicht das Individuum sein, sondern das Kommunikationssystem als Ganzes.

Als wesentlicher Ausdruck hohen Vertrauens innerhalb des Systems stellte sich in der vorliegenden Untersuchung die Homogenität der Vertrauenswahrnehmungen heraus, da in Teams mit hoch ausgeprägtem Vertrauen auch ein hoher diesbezüglicher Konsens zu beobachten war. Unterschiede in den Einschätzungen der Teammitglieder bezüglich der Beziehungsqualität können daher einerseits systematisch als Indikatoren für die tatsächliche Beziehungsqualität innerhalb des Teams genutzt werden. Gleichzeitig erscheint es auf Basis der beobachteten Korrelationen naheliegend, dass Maßnahmen und Prozesse, welche zur Konvergenz der Wahrnehmungen bezüglich des Vertrauens im Kommunikationssystem führen, mit einer Erhöhung des Vertrauens einhergehen.

In Zusammenhang mit der Bereitschaft zum offenen Austragen von Konflikten, hier repräsentiert durch die Skala *Konfliktfreude*, die einen weiteren Bestandteil der Beziehungsqualität in Teams ausmacht, wurde beobachtet, dass die diesbezüglichen Wahrnehmungen der Teammitglieder etwas weniger homogen sind als bezüglich des Vertrauens. Demnach sollte in der Arbeit mit Teams besonderes Augenmerk darauf gerichtet werden, ob – bei insgesamt möglicherweise als hoch eingeschätzter Konfliktbereitschaft - einzelne Teammitglieder von Klärungsprozessen ausgeschlossen sind.

Zweitens: Im Rahmen von Organisations- oder Teamentwicklungsmaßnahmen mag die Strategie verfolgt werden, zur Erhöhung der **Team-Potency** eine möglichst hohe Gleichheit der Zugangsbedingungen zur Kommunikation herzustellen. Ein solcher Zusammenhang konnte auf Basis der vorliegenden Daten jedoch nicht bestätigt werden.
Gleichwohl lässt sich auf Basis der Ergebnisse zur Interaktion *Vertrauen*Zugang* die Empfehlung ableiten, im Rahmen von Team-Entwicklungsmaßnahmen zu gewährleisten, dass Teammitglieder, die hinsichtlich des Zugangs zur Kommunikation individuell benachteiligt sind, in besonderem Ausmaß in eine von Vertrauen geprägte Kommunikation mit den anderen eingebunden werden.
Mit Blick auf die **Kom-Efficacy** ist es dabei nicht sinnvoll, entsprechende Maßnahmen beispielsweise zur Förderung der Team-Kohäsion oder des gegenseitigen Vertrauens nur bei solchen Teams anzuwenden, die insgesamt stark verstreut arbeiten. Vielmehr zeigte sich, dass eine vom Individuum erlebte Benachteiligung in den Zugangsmöglichkeiten für dieses insbesondere in zugangshomogenen Teams bedeutsam ist. Gleichzeitig sollte berücksichtigt werden, dass Teammitglieder mit überdurchschnittlichen Zugangsmöglichkeiten, die also bereits in intensivem Austausch mit allen anderen Teammitgliedern stehen und ihre eigenen Kommunikationsbedarfe leicht abdecken können, Teamentwicklungs-Maßnahmen zur Verbesserung des Vertrauens in der Kommunikation deutlich weniger Interesse entgegenbringen dürften, da in ihrer Wahrnehmung bereits eine verhältnismäßig hohe **Kom-Efficacy** gegeben ist.
Umgekehrt dürfte Ähnliches gelten: Mitarbeiter, die ein hohes Vertrauen und eine insgesamt hohe Beziehungsqualität mit ihren Team-Kollegen erleben, könnten geplanten Maßnahmen zur Verbesserung der strukturellen Kommunikationsbedingungen eher träge gegenüber stehen, da der subjektiv erlebte Zusammenhang zwischen Zugangsmöglichkeiten

und der Kom-Wirksamkeit gering ist – ungeachtet eines möglicherweise vorhandenen objektiven Grundes für strukturelle Verbesserungen.

Neben Ableitungen auf interventionsstrategische Gesichtspunkte kann an dieser Stelle ein erster Vorschlag zum messtechnischen Vorgehen gemacht werden:

Es wurde beobachtet, dass die Interaktion zwischen *Vertrauen* und *Zugang* nur auf Individuallevel, d. h. nur auf Basis teaminterner Abweichungen signifikant wurde. Im Rahmen der Cross-Level-Interaktion zwischen $Zugang_{KONS}$ und dem Interaktionsterm V^*Z_{INDIV} wurden die Abweichungen vom Gruppenmittel zusätzlich in Relation zur teaminternen Varianz gesetzt.

Da, wie der signifikante positive Effekt des Moderators $Zugang_{KONS}$ zeigte, auch diese Relation offensichtlich eine Rolle spielte, soll hier angeregt werden, die Individualkomponenten nicht als absolute Abweichungen vom jeweiligen Team-Mittel zu operationalisieren, sondern diese Abweichungen anhand der teaminternen Varianz zu standardisieren. (Dies entspräche der Verwendung der standardisierten Residuen nach Vorhersage der betreffenden Skala durch den Faktor Teamzugehörigkeit. Die beispielsweise im Rahmen des Verfahrens HLM von Bryk et al. (1996) standardmäßige Zentrierung der Teamwerte beinhaltet keine Standardisierung. Zumindest im Zusammenhang mit der hier vorliegenden Skala Zugang stellte sich ein Bezug der Abweichungswerte zur teaminternen Streuung jedoch als sinnvoll heraus.)

Es wird an dieser Stelle angeregt, bei der Erörterung vergleichbarer Fragen eine Operationalisierung der Individualkomponenten über teamspezifisch standardisierte Abweichungen in Erwägung zu ziehen.

Weitere Empfehlungen für zukünftige Forschungsfragen und dabei möglicherweise zielführende Vorgehensweisen werden in den Kapitelabschnitten 20.4 und 20.5 aufgeführt.

20 Abschließende methodische Kritik und Anregungen für die weitere Forschung

20.1 Kritische Diskussion des Qualitätsmodells

Im Zusammenhang mit Auswertung und Interpretation der Interaktion zwischen *Vertrauen* und *Zugang* muss bei nachträglicher Betrachtung der Ergebnisse festgestellt werden, dass die insgesamt hohen Interkorrelationen zwischen den Prädiktoren und die hohen Überschneidungen ihrer jeweiligen Beiträge zur Varianzaufklärung darauf schließen lassen, dass die Wirkungen der *Kom-Qualitäts-Skalen* auf *Kom-Efficacy* einander generell bis zu einem bestimmten Grad substituieren können – dass dies also nicht nur für die Skalen *Vertrauen* und *Zugang* gilt. Dafür spricht unter anderem die verhältnismäßig geringe inkrementelle Validität der Skala *Formalqualität* gegenüber der Skala *Vertrauen*.

Es stellt sich darüber hinaus die Frage, ob zwischen *Formalqualität* und *Zugang* nicht ein ähnlicher Interaktionseffekt wie zwischen *Vertrauen* und *Zugang* beobachtbar wäre. Ein solcher wurde zuvor nicht aus der Theorie abgeleitet. Aufgrund der Datenlage sollte diese Möglichkeit jedoch unbedingt in Erwägung gezogen und in weiteren Untersuchungen überprüft werden.

Vor dem Hintergrund der neuen Annahme genereller gegenseitiger Überlagerung der Qualitätsaspekte der teaminternen Kommunikation kann bereits jetzt die Schlussfolgerung gezogen werden, dass die Verwendung der Gesamtskala *Kom-Qualität* nicht nur akzeptabel, sondern empfehlenswert ist.

20.2 Kritische Diskussion des Kontextmodells

Bei einer kritischen Betrachtung des im Rahmen der Untersuchung eingesetzten Pfadmodells zur Vorhersage von Team-Potency fällt grundsätzlich die Gesamtpassung des Modells mit einem AGFI von .953 (nach Reduktion des Modells um unbestätigte Einzelverbindungen) als optimierungsbedürftig auf. Da eine Optimierung eines Pfadmodells jedoch nicht anhand der Modellgüteindices, sondern anhand inhaltlich fundierter Vorhersagen, bzw. einer Verbesserung der bisherigen grundlegenden Vorhersagen, zu erfolgen hat, erfordert der Versuch einer Optimierung der Passung eine grundlegende Analyse der bisherigen inhaltlichen und formalen Schwächen des Modells. Im Folgenden sollen einige verbesserungs- bzw. vertiefungswürdige Aspekte des Modells aufgeführt werden, auf deren Basis eine neue und optimierte Hypothesenbildung aufbauen könnte.

Das eingesetzte Instrumentarium erlaubte eine breit gefächerte Messung der teaminternen Kommunikation sowie mit ihr verbundener Phänomene. Dennoch sind weitere in diesem Kontext relevante Maße denkbar, die sich prinzipiell integrieren ließen – beispielsweise aus dem Bereich des Informationstransfers, z. B. in Form der Aufnahme weiterer inhaltlicher Kategorien von Informationsinhalten oder einer expliziten Messung der jeweiligen Transmissionskanäle.

Es kann nicht garantiert werden, dass die im Modell beobachteten Ergebnisse en detail gegenüber der Aufnahme derartiger weiterer Variablen robust wären. Dafür spricht jedoch, dass sich bereits unterschiedliche Facetten von Information und Kommunikation und weitere Maße zur teaminternen Interaktion und Führung im Modell befinden. Diese Heterogenität der Maße sollte eine gewisse Robustheit der Ergebnisse gegenüber einer Modellvergrößerung gewährleisten, dennoch kann nicht garantiert werden, dass das Kausalmodell inhaltlich abgeschlossen ist.

Empfehlenswert wäre daher eine probeweise Erweiterung des Modells um weitere Kategorien von Information sowie um die eingesetzten Medien. Letzteres ist jedoch schwierig, da bei einer Querschnittsmessung keine Messung von Einzeltransmissionen stattfinden kann und somit nicht pro eintreffender Nachricht der Kanal erfasst werden kann. Eine testpraktische Lösung wäre die Aufforderung an die Untersuchungsteilnehmer, die grundsätzlich zur Verfügung stehenden Medien bezüglich jeder Art von Informationsinhalten nach ihrer Verwendungsfrequenz in eine Rangreihe zu bringen.

Ein solches Vorgehen sollte in weiteren Untersuchungen auch in Zusammenhang mit der Quelle der Information gewählt werden. Die im hier verwandten Instrumentarium eingesetzte Frage nach der „primären" Quelle wies verschiedene Mängel auf. So erlaubte sie wegen der Vorgabe, dass in jedem Fall nur eine Quelle als ‚Primäre Quelle' auszuwählen sei, keine feinen Differenzierungen der Antworten und konnte darüber hinaus aufgrund ihres nominalen Skalenniveaus nicht direkt in das Modell integriert werden.

In der vorliegenden Untersuchung wurde die Lösung gewählt, das Item in eine 0/1-codierte Variable zu transferieren, die dazwischen differenzierte, ob der direkte Vorgesetzte die Rolle als primäre Quelle für die jeweils in Frage stehende Art von Informationen einnahm oder nicht. Mit Hilfe dieser Variablen ließen sich zwar einige inhaltliche Aufschlüsse über den Zusammenhang zwischen der Beurteilung von Führungsverhalten und Informationsversorgung gewinnen, was im Rahmen der vorliegenden Fragestellungen als hinreichend betrachtet werden kann. Um jedoch eine vergleichende Aussage über den Einfluss unterschiedlicher Quellen oder, wie oben empfohlen, verschiedener Medien auf die Informationsversorgung machen zu können, sollte eine komplexere Form der Messung ermittelt werden.

Im Kontext dieser Frage stellte sich im vorliegenden Modell auch die Verknüpfung zwischen Führungsqualität und Informationsqualität bzw. Informations-Versorgung heraus. So wurde durch das Modell auf Basis theoretischer Ableitung ein direkter Effekt der Führungsqualität auf *Info-Qualität-O* impliziert (vgl. Pfadhypothese 14). Im Falle der unternehmensbezogenen Information wurde jedoch kein entsprechender Effekt von der Führungs- auf die Informationsqualität angenommen, sondern auf die Versorgung selbst also auf *Info-Versorgung-U* (vgl. Pfadhypothese 13). Dadurch war ein systematischer Vergleich der Effekte von Führungsqualität auf den Umgang mit verschiedenen Arten von Information stark erschwert. Im Rahmen der inhaltlichen Interpretation der Ergebnisse wurde daher auf die Interpretation aller uneindeutigen Ergebnisse verzichtet und beispielsweise bei der Bewertung der Zusammenhänge von der *Info-Qualität-O/-U* mit *VG-Quelle-O/-U* auf die binären Korrelationen zurückgegriffen.

Dennoch soll die Konzeption des Modells im Nachhinein nicht in Frage gestellt werden: Das Prinzip des Modellaufbaus war nicht explorativ. Es wurde also nicht versucht, verschiedene, grundsätzlich denkbare Effekte pauschal ins Modell aufzunehmen, um nach den vielversprechendsten Effekten zu suchen. Vielmehr wurde jeder einzelne Effekt für sich genommen bereits vorab aus der Theorie abgeleitet und inhaltlich begründet, um ein maximal fundiertes Modell aufzustellen, welches dann als Ganzes einer Prüfung unterzogen wurde. Dies entspricht dem allgemein empfohlenen Vorgehen bei Aufstellung und Prüfung eines Pfadmodells (vgl. Jöreskog & Sörbom, 1993).

Die daraus erwachsende Einschränkung in der Tauglichkeit des Modells zum Vergleich bestimmter Effektstrukturen musste dafür in Kauf genommen werden. Die oben gemachten inhaltlichen Ableitungen aus den Ergebnissen können dabei aufgrund des konservativen interpretatorischen Vorgehens, d. h. unter Rückgriff auf die binären Korrelationen, akzeptiert werden.

Weiterer Forschungsbedarf kann darüber hinaus in der Suche nach alternativen Mediatoren für den Effekt der teaminternen Kommunikationsqualität auf *Team-Potency* gesehen werden. Der Gesamteffekt der Kommunikationsqualität auf *Team-Potency* blieb im Rahmen des hier vorgestellten Modells zum überwiegenden Teil als direkter Effekt erhalten. Dies ist als Beobachtung an sich bemerkenswert, erlaubt jedoch keine weiteren inhaltlichen Rückschlüsse über das Zustandekommen dieser Verbindung.

Es ist daher empfehlenswert, an dieser Stelle die Aufnahme möglicher, aus theoretischen Gesichtspunkten viel versprechender Mediatoren zu überprüfen. Aus den hier gewonnenen Erkenntnissen lassen sich jedoch keine Positiv-Vorschläge für in Frage kommende Variablen ableiten. Die im hier geprüften Modell eingesetzten Variablen erlaubten nur eine begrenzte inhaltliche Aufklärung des Wirkzusammenhanges zwischen *Kom-Qualität* und *Team-Potency*.

Abschließend sei in diesem Kontext dazu angeregt, auch in Bezug auf die Variablen dieses Modells die Thematik der zugrunde liegenden Messebenen zu berücksichtigen: Mehrere der verwendeten Konstrukte beziehen sich explizit auf Teamphänomene – dies gilt neben der teaminternen Kommunikationsqualität auch auf die Konstrukte *Kooperation* und *Team-Potency*. Darüber hinaus ist die Bewertung des Führungsverhaltens ein Beispiel für den Bezug von nach Teams gruppierten Teilgruppen der Stichprobe auf einen für diese Teilgruppe spezifischen Beobachtungsgegenstand, der von den Beobachtungsgegenständen der anderen Teilgruppen verschieden ist. Dies sollte in einem fundierten Konzept berücksichtigt und dabei eine Beobachtungsebene gewählt werden, welche dem präferierten Schwerpunkt der Fragestellung nach team- oder individuenspezifischen Effekten entspricht.

Nicht nur im Falle der gerade aufgeführten Skalen, sondern auch im Kontext der Informationsversorgung entstehen mit Blick auf die Frage nach dem relevanten Varianzlevel interessante Forschungsoptionen. Während der Beobachtungsgegenstand im Falle unternehmensbezogener Information auf Unternehmensebene anzusiedeln ist, sind operative Informationen möglicherweise team- oder individuenspezifisch.

Interessant wäre unter anderem die Frage, ob die Versorgung mit Information bzw. die Qualität der eintreffenden Information stärker team- oder stärker individuenspezifisch variiert, inwieweit die Beantwortung dieser Frage zwischen Informationen mit verschiedenen Inhalten variiert und darüber hinaus, ob sich aus dieser Herangehensweise Kennzahlen ermitteln lassen, die eine Ergänzung im Rahmen bisheriger Messungen des Informationsflusses erlauben.

20.3 Kritische Diskussion der multiperspektivischen Beobachtungen

20.3.1 Kritische Diskussion der Ermittlung der Varianzlevels der Ursprungsskalen

Die Zuordnung der Variablen auf Gruppenlevel erfolgte unter der Bedingung gegebener signifikanter Zwischenteam-Varianz (ermittelt per F-Test) und eines über alle Teams gemittelten r_{wg} oberhalb von .70.

Dieses - dem gängigen Vorgehen entsprechende - Verfahren (vgl. Klein, Bliese, Kozlowski et al., 2000) führt zu einer Polarisierung der geprüften Variablen. So werden Variable, deren mittlerer r_{wg} im hier befragten Unternehmen beispielsweise bei .69 liegt, dem Individuallevel zugerechnet und in die gleiche Kategorie eingeordnet wie Variable mit einem mittleren r_{wg} von beispielsweise .45. Die in der vorliegenden Untersuchung vorgenommene Einordnung der Skala *Konfliktfreude* auf Individuallevel kann daher als problematisch erachtet werden, zumal der mittlere r_{wg} von *Konfliktfreude* mit .68 deutlich näher am mittleren r_{wg} von *Vertrauen* (.74) lag als beispielsweise an dem der Skala *Kom-Efficacy* (.59). Auch lag der Median der r_{wg}-Werte der Skala Konfliktfreude bei .73.

Das bedeutet, dass in mehr als der Hälfte aller Teams ein r_{wg} oberhalb des kritischen Wertes von .70 vorliegt, was auf eine leicht rechtssteile Verteilung der Werte hinweist. (Siehe hierzu die zugehörigen Boxplots in Anhang VI-A-5 und VI-A-6.) Hinzu kommt, dass der Zusammenhang der Skala *Konfliktfreude* mit dem Prädiktor Teamzugehörigkeit bei $p = .076$ zumindest tendenziell signifikant ist. Die Einordnung auf Individuallevel ist also formal einwandfrei, verzerrt jedoch die Wahrnehmung des Kontinuums, auf dem sich die Variablen befinden, bzw. verschleiert die relative Nähe der entscheidungsrelevanten Werte der Skala *Konfliktfreude* zu denen der Skala *Vertrauen*. Es ist daher zu empfehlen, unter Einbeziehung neuer Stichproben die Frage nach der Level-Zugehörigkeit der Skala *Konfliktfreude* vertieft zu erforschen.

Eine weitere Entscheidung in diesem Kontext, die zusätzlicher empirischer Forschung zu ihrer Überprüfung bedarf, ist die Einordnung der Skala *Formalqualität* auf Organisationslevel. Zwar ist diese Einordnung mit Blick auf die vorliegende Organisation angemessen und die darauf aufbauende inhaltliche Interpretation als gültig anzusehen, doch kann auf Basis der vorliegenden, nur von einer Organisation stammenden Daten nicht geprüft werden, ob die Skala *Formalqualität* in der Lage ist, zwischen verschiedenen Organisationen hinreichend zu differenzieren. Sollte sich herausstellen, dass die Urteile auf der Skala *Formalqualität* auch organisationsübergreifend homogen sind, so ist ihre Tauglichkeit zur differenzierenden Messung grundsätzlich in Frage zu stellen.

Unabhängig von den bisherigen Ausführungen sollte die Validität der Interpretation mittlerer r_{wg}-Höhen noch unter einem weiteren Gesichtspunkt kritisch betrachtet werden. So hängt die absolute Höhe des r_{wg} pro Team von der vorherigen Einschätzung der richtigen Erwartungsverteilung ab, d. h. von der Einschätzung des Bias, welche die Häufigkeitsverteilung der Werte innerhalb jedes Teams prägen würde, wenn die Teammitglieder ihre Urteile ohne Berücksichtigung des jeweiligen Beobachtungsgegenstandes fällen würden und diese Urteile somit keine wahre Varianz beinhalteten.

Im vorliegenden Fall wurde in Anlehnung an die von James et al. (1984) verwendeten Beispiele eine prinzipielle leichte Rechtssteilheit, also eine leichte Verzerrung der Werte hin zu einer wohlwollenderen Beurteilung angenommen. Die Richtigkeit dieser Annahme sollte jedoch für die hier verwendeten Skalen weiter erforscht werden: Sollte sich im Falle einzelner Skalen eine Tendenz zu starker Rechtssteilheit in verschiedenen Stichproben zeigen, so müssen auf dieser Basis auch die Annahmen über die jeweilige Erwartungsverteilung revidiert werden. (Siehe zu den Verteilungen innerhalb dieser Stichprobe Anhang III-B-2.)

20.3.2 Kritische Diskussion der Zusammenhangsanalysen auf verschiedenen Levels

Auch bezüglich der Auswertung der Multi-Level-Modelle und der Interpretierbarkeit der gewonnen Ergebnisse sollen einige kritikwürdige Aspekte aufgegriffen werden.

Erstens: So muss das Ergebnis von Single-Level-Modell A, in welchem *Kom-Efficacy_{GRUPPE}* durch verschiedene Komponenten der Prädiktoren vorhergesagt wurde, aufgrund der Gefahr von kollinearitätsbedingten Verzerrungen mit großer Vorsicht betrachtet werden. Die entsprechende Multikollinearitätsdiagnose ergab Hinweise auf geringe bis mäßige Multikollinearität. Zwar wurde daher die Interpretation der Ergebnisse an keiner Stelle auf einzelne Beta-Koeffizienten basiert, jedoch sollten auch die inkrementellen Validitäten nicht ohne Vorsicht betrachtet werden.

Die Ergebnisse bezüglich der Vorhersage von Kom-Efficacy$_{GRUPPE}$ durch die drei Skalenkomponenten *Zugang*$_{GRUPPE}$, *Vertrauen*$_{GRUPPE}$ und *Vertrauen*$_{KONS}$ müssen daher als die am stärksten bedrohten Ergebnisse der insgesamt durchgeführten Regressionsanalysen angesehen werden. Diesem Umstand wurde auch durch eine inhaltlich zurückhaltende Interpretation dieser Ergebnisse Rechnung getragen, indem auf den möglichen inhaltlichen Zusammenhang zwischen dem Kriterium und den Prädiktoren nicht eingegangen wurde.

Ein weiteres Defizit mit Blick auf die Interpretierbarkeit bestand darin, dass die inkrementelle Validität von *Vertrauen*$_{KONS}$ zwar gegenüber den gemeinsam aufgenommenen Gruppenkomponenten *Vertrauen*$_{GRUPPE}$ und *Vertrauen*$_{ZUGANG}$ ermittelt wurde, jedoch kein direkter Vergleich ausschließlich zwischen Gruppen- und Konsenskomponente von Vertrauen, also nur zwischen *Vertrauen*$_{KONS}$ und *Vertrauen*$_{GRUPPE}$ stattfand.

Zweitens: Die hohe Korrelation von Konsens- und Vertrauenskomponente der Skala *Vertrauen* - *Vertrauen*$_{KONS}$ und *Vertrauen*$_{GRUPPE}$ – wurde per Hypothese vorhergesagt, bestätigt und daher inhaltlich interpretiert. Die Gültigkeit dieser inhaltlichen Interpretation kann jedoch mit Blick auf die Häufigkeitsverteilung auf der Skala *Vertrauen* (vgl. Anhang III-B-2) angezweifelt werden: Durch die rechtssteile Form der Verteilung könnte das Zustandekommen der beobachteten Korrelation alternativ so erklärt werden, dass aufgrund eines Deckeneffektes die Werte am oberen Skalenrand zwangsläufig näher zusammenliegen als Werte im unteren Skalenabschnitt.

Diese kritische Argumentation ist formal nicht anfechtbar. Andererseits können die beobachteten Verteilungseigenschaften ihrerseits auch als Folge der im Rahmen von Hypothese ML-9 angenommenen Eigenschaften des Phänomens des teaminternen Vertrauens angesehen werden. Die hier angestellten Beobachtungen zur Korrelation zwischen *Vertrauen*$_{GRUPPE}$ und *Vertrauen*$_{KONS}$ müssen daher unter den Vorbehalt weiterer Prüfung gestellt werden. Erst bei Erreichen einer deckeneffektfreien Verteilung kann die Ursache für die beobachteten Effekte daher mit größerer Sicherheit eingeschätzt werden.

Drittens: Ein weiterer, bereits mehrfach erwähnter problematischer Aspekt der hier durchgeführten Multi-Level-Analysen besteht in der geringen Zwischen-Team-Varianz seitens des Kriteriums *Kom-Efficacy*. Dies führte erstens zu schwachen Zusammenhängen mit den Gruppenkomponenten der *Kom-Qualitäts*-Skalen, stellt jedoch zweitens die Entscheidung zu einer nach Levels aufgeteilten Analyse an sich in Frage.

So empfehlen beispielsweise Hofmann et al. (2000), eine entsprechende Analyse nur unter der Voraussetzung eines signifikanten Zusammenhangs des Kriteriums mit dem Faktor Teamzugehörigkeit durchzuführen. Für das hier gewählte Vorgehen sprach jedoch der signifikante Chi²-Test im Rahmen des Random-Coefficient-Modells, welche auf einen hinreichenden Spielraum der Level-1-Konstanten pro Team für die Aufnahme von Level-2-Prädiktoren hinwies.

Ein entsprechender Chi²-Test im Rahmen des Intercept-as-Outcome-Modells, durch welchen der Spielraum für Cross-Level-Interaktionen geprüft wurde, ergab jedoch kein signifikantes Ergebnis. Die Entscheidung, dennoch den Einfluss von $Zugang_{KONS}$ auf *V*Z* ins Modell aufzunehmen, basierte auf den inhaltlichen Annahmen hinter Hypothese ML-14, die einen entsprechenden Effekt nahe legten.

Das substanzielle Ergebnis im Sinne der Hypothese wird als Bestätigung dieses Vorgehens gesehen, jedoch ist die Alpha-Fehlerwahrscheinlichkeit von $p = .038$ nicht vollständig zufriedenstellend. Die in Hypothese-ML-14 vorhergesagte Cross-Level-Interaktion sollte daher in weiteren Untersuchungen überprüft werden. Eine Alternative wäre das weiter oben skizzierte Vorgehen, stattdessen die Individualkomponenten von vornherein mit Hilfe der teamspezifisch standardisierten Abweichungen zu operationalisieren.

20.4 Diskussion allgemeiner methodischer Aspekte der vorliegenden Untersuchung

Abschließend sollen noch einige allgemeine methodische Aspekte der Arbeit diskutiert werden.

Erstens: Eine zentrale Eigenschaft der hier verwendeten Messungen ist ihre Subjektivität, da es sich bei allen Items um subjektive Einschätzungen handelte. Diesem Umstand wurde versucht, durch eine möglichst zurückhaltende Interpretation der Ergebnisse auf Übereinstimmungen oder Unterschiede zwischen subjektiven Wahrnehmungen oder subjektiven Erfahrungsmöglichkeiten Rechnung zu tragen. Darüber hinaus wurde dem bei derartigen Daten zu erwartenden Problem der Interkorreliertheit der Prädiktoren durch eine genaue Beobachtung der Multikollinearität begegnet, wobei sich nur im Falle von Single-Level-Modell A (Vorhersage von *Kom-Efficacy*$_{GRUPPE}$) Hinweise auf Bedrohungen fanden.

Dennoch muss von Beeinträchtigungen der Interpretierbarkeit der Ergebnisse ausgegangen werden. So ist unter anderem zu erwarten, dass die Höhe von Korrelationen zwischen subjektiven Maßen, die auf Wertepaaren von der jeweils gleichen Quelle basieren, aufgrund von Eigenschaften der gemeinsamen Quelle überschätzt werden, wie beispielsweise einer auf alle Items in gleichem - oder unterschiedlichem – Maße wirkende Gesamtzufriedenheit jeder Person.

Jedoch ist nicht nur bei korrelativer Verrechnung von subjektiven Maßen Vorsicht geboten, auch bei Vergleichen durchschnittlicher Ausprägungen oder teaminterner Streuungen können Unterschiede, die vermeintlich auf wahrer Varianz beruhen, zu einem beträchtlichen Grad auf Unterschiede in den subjektiven Kalibrierungen der Skalen zwischen Individuen oder Gruppen von Individuen zurückgehen (vgl. hierzu Chan, 1998; Golembiewski, Billingsley & Yeager, 1976).

Es sei daher empfohlen, bei weiterer Forschung in diesem Kontext geeignete Methoden zur Kontrolle derartiger Verzerrungen zu ergreifen. Eine mögliche Vorgehensweise kann dabei in der ipsativen Normierung der Daten bestehen. Empfehlenswert wäre die konzeptuelle Einbeziehung der Vorschläge von Borg (2003), der die Auswirkungen eines „affektiven Halo“ (S.1) auf die Ergebnisse von Mitarbeiterbefragungen beschreibt und Möglichkeiten zur angemessenen statistischen Handhabung dieser Problematik diskutiert.

Zweitens: Ein weiterer kritikwürdiger Aspekt der vorliegenden Untersuchung bestand in der Verwendung von Maßen, die über nur ein Item operationalisiert wurden. Dieser Umstand ergab sich aus der bei Mitarbeiterbefragungen notwendigen Abstimmung von Forschungsinteressen und den Anforderungen an die Ökonomie der Befragung seitens des Auftraggebers. So ist es besonders bedauerlich, dass sowohl die Skala *Kom-Efficacy* als auch die Skalen zur Informationsversorgung durch nur je ein Item repräsentiert wurden.

Zur Absicherung der Ergebnisse ist es daher dringend erforderlich, bei weiterer Erforschung auf solidere Operationalisierungen einiger Konstrukte durch eine angemessene Zahl von Messindikatoren (Items) pro Skala zu achten. Darüber hinaus ist die Tatsache, dass nur wenige der hier erhobenen Merkmale einwandfrei normal verteilt waren, ein zwar innerhalb der Organisationsdiagnostik gängiges (vgl. James et al., 1984), aber dennoch unzufriedenstellendes Faktum.

20.5 Abschließende Anregungen

Nachdem in diesem Abschnitt bereits zahlreiche Anregungen für die weitere Erforschung der hier behandelten Fragen gegeben sowie Vorschläge für Anwendungen in der Praxis von Intervention und Messung gemacht wurden, sollen nun einige abschließende Überlegungen zur Messung von Kommunikation in Unternehmen angestellt werden.

Generell offenbart der Blick in die Literatur eine starke Tendenz zur Formulierung normativer Vorgaben (vgl. Stevens & Campion, 1994, 1999; Snavely & Waters, 1983) bzgl. der Art und Weise, wie Personen in Unternehmen miteinander kommunizieren sollten, wobei diese Vorgaben in der Regel nicht aufgabenspezifisch definiert sind. In der vorliegenden Untersuchung wurden zwar einerseits ebenfalls Hypothesen dahin gehend formuliert und überprüft, in welcher Weise bestimmte Variablen bei hoher Ausprägung mit einer hohen - subjektiven – Effizienz der Kommunikation einhergehen. Dennoch sei explizit darauf hingewiesen, dass nicht unter allen Bedingungen eine hohe Ausprägung auf jeder der gemessenen Variablen notwendiger Weise ein Optimum darstellt.

Es ist beispielsweise möglich, dass die Verknüpfung zwischen den hier gefundenen Kommunikationsaspekten und Kom-Efficacy durch die Art der Arbeits- und damit Kommunikationsaufgabe moderiert wird. Andererseits ist ebenfalls nicht auszuschließen, dass die hier beobachteten Verknüpfungen zwischen Kommunikationsqualität und *Kom-Efficacy* und *Team-Potency* gegenüber verschiedenen Arbeitsaufgaben invariant sind, der Zusammenhang zwischen Kommunikationsqualität und tatsächlicher Leistung sich jedoch unterscheidet.

Fundierte Aussagen zu spezifisch optimalen Ausprägungsmustern lassen sich daher erst machen, wenn die hier beschriebene Untersuchung mehrmals und unter Erfassung genauerer Kontextvariablen - bezüglich Art der Aufgabe und der Arbeitsorganisation - durchgeführt wird.

Anstelle einer generalisierend normativen Sichtweise auf Basis der hier gewonnenen Ergebnisse wird daher empfohlen, langfristig die Datenbasis für eine kontextspezifisch normative Sichtweise zu schaffen - bzw. die hier zur Verfügung gestellten Skalen zu nutzen, um die jeweils lokalen Wirkzusammenhänge innerhalb des Kommunikationssystems von Organisationen zu identifizieren.

Um dieses Ziel zu erreichen, ist es empfehlenswert, ergänzend zu der hier gewählten Vorgehensweise der Analyse korrelativer Zusammenhänge eine Analysestrategie unter Einsatz konfiguraler Verfahren zu entwickeln. Mit diesen kann ein starker Fokus auf die – in dieser Untersuchung nur an ausgewählten Stellen geprüften – Interaktionen zwischen verschiedenen Kommunikations- und Kontextaspekten, sowie zwischen unterschiedlichen levelspezifischen Komponenten gerichtet werden.

Aufgrund der von verschiedenen Autoren wie Watzlawik et al. (1969) angenommenen interaktionalen Verknüpftheit der Wirkungen verschiedener strukturaler und kommunikativer Aspekte (vgl. Watzlawick et al., 1969; Conrad & Haynes, 2001), die auch in den hier vorliegenden Ergebnissen aufscheinen, erscheint dies ein dem komplexen Phänomen der Kommunikation in Unternehmen angemessenes Vorgehen. Die hier beobachteten, teilweise starken Effekte gegenseitiger Kompensierbarkeit der korrelativ ermittelten Wirkungen verschiedener Variablen könnten mit

Hilfe konfiguraler Verfahren deutlich präziser beschrieben und in größere Kontexte eingeordnet werden.

Schließlich soll in diesem Kontext angeregt werden, weiter und vertieft nach Kennzahlen zu suchen, die Kommunikation in einem Team in einer Weise beschreiben können, durch welche die konfigurale Entstehungsweise der jeweils für ein Team spezifischen Kommunikation aus den Interaktionen der zahlreichen Einzelelemente angemessener abgebildet werden kann als über den hier gewählten Weg der Aggregation von Wahrnehmungen.

Literaturverzeichnis

Adolph, L. (2000). *Soziale Konflikte bei verschiedenen Formen industrieller Gruppenarbeit und ihre Auswirkungen.* Frankfurt am Main: Peter Lang

Allport, F. H. (1954). The structuring of events: Outline of a general theory with applications to psychology. *Psychological Review, 61*, 281-303.

Anders, W. (1986). *Die Gestaltung der organisatorischen Kommunikation.* Unveröffentlichte Dissertation, Ludwig-Maximilians-Universität, München.

Argyle, M. & Dean, J. (1965). Eye-contact, distance and affiliation. *Sociometry, 28*, 289-304.

Bandura, A. (1971). Self-Efficacy: Toward a unifying theory of behavioral change. *Psychological Review, 84*, 191-215.

Bandura, A. (1982). Self-efficacy mechanism in human agency. *American Psychologist, 37*, 122-147.

Bandura, A. (1986). *Social foundations of thought and action.* Englewood Cliffs, NJ: Prentice Hall.

Bandura, A. (1989). Human agency in social cognitive theory. *American Psychologist, 44*, 1175-1184.

Bandura, A. (1997). Collective efficacy. In A. Bandura (Hrsg.), *Self-efficacy: The exercise of control* (S. 477-525). New York: Freeman.

Bandura, A. (2000). Exercise of human agency through collective efficacy. *Current directions in psychological science, 9*, 75-78.

Banks, S. & Riley, P. (1992). Structuration theory as an ontology for communication research. In S. A. Deetz (Hrsg.), *Communication yearbook* (Bd. 17, S. 167-196). Newbury Park, CA: Sage.

Barker, J. R. & Tompkins, P. K. (1994). Identification in the self-managing organization: Characteristics of target and tenure. *Human Communication Research, 21*, 223-240.

Barnett, G. A. (1988). Communication and organizational culture. In G. M. Goldhaber & G. A. Barnett (Hrsg.), *Handbook of Organizational Communication*, 101-130. Norwood, NJ: Ablex.

Bass, B. M. (1986). *Charisma entwickeln und zielführend einsetzen.* Landsberg/Lech: Verlag Moderne Industrie.

Bass, B. M. & Steyrer, J. (1995). Transaktionale und transformationale Führung. In A. Kieser & G. Reber & R. Wunderer (Hrsg.), *Handwörterbuch der Führung* (2. Aufl., S. 2053-2062). Stuttgart: Schäffer-Poeschel.

Berman, S. J. & Hellweg, S. A. (1989). Perceived supervisor communication competence. *Journal of Business Communication, 26*, 103-122.

Bliese, P. D. (2000). Within-Group Agreement, Non-Independence, and Reliability: Implications for Data Aggregation and Analysis. In J. K. Klein & S. W. J. Kozlowski (Hrsg.), *Multilevel Theory, Research, and Methods in Organizations* (S. 349-381). San Francisco: Jossey-Bass Inc.

Bliese, P. D. & Halverson, R. R. (1998). Group Size and Measures of Group-Level Properties: An Examination of Eta-Squared and ICC Values. *Journal of Management, 24* (2), 157-172.

Borg, I. (2003). Affektiver Halo in Mitarbeiterbefragungen. *Zeitschrift für Arbeits- und Organisationspsychologie, 47* (1), 1-11.

Bortz, J. (1999). *Statistik für Sozialwissenschaftler.* (5. Aufl.). Berlin: Springer.

Bortz, J. & Döring, N. (2002). *Forschungsmethoden und Evaluation für Human- und Sozialwissenschaftler.* (3. überarb. Auflage) Berlin: Springer.

Boudon, R. (1968). A New Look at Correlation Analysis. In H. M. Blalock & A. B. Blalock (Hrsg.), *Methodology in Social Research* (S. 199-235). New York: McGrawHill.

Boulding, K. E. (1956). General systems theory: The skeleton of science. *General Systems, 1* (1-17).

Bradley, J. I. & McClelland, J. N. (1966). *Grundlegende Statistische Begriffe. Ein Text zur Selbstinstruktion.* Bern: Huber.

Brockner, J., Siegel, P. A., Daly, J. P., Tyler, T. & Martin, C. (1997). When trust matters: The moderating effects of outcome favorability. *Administrative Science Quarterly, 42*, 558-583.

Brosius, F. (2002). *SPSS 11*. Bonn: mitp Verlag.

Bruhn, M. (1995). *Integrierte Unternehmenskommunikation: Ansatzpunkt für eine strategische und operative Umsetzung integrierter Kommunikationsarbeit.* (2., überarb. und erw. Aufl.). Stuttgart: Schäffer-Poeschel.

Bryk, A. S. & Raudenbusch, S. W. (1992). *Hierarchical Linear Models, Applications and Data Analysis Methods.* Newbury Park: Sage Publications.

Bryk, A. S., Raudenbusch, S. W. & Congdon, R. T. (1996). *HML. Hierarchical Linear and Nonlinear Modeling with the HML/2 and HML/3L Programs.* Chicago: Scientific Software International.

Bungard, W. (1997). Mitarbeiterbefragungen als Instrument modernen Innovations- und Qualitätsmanagements. In W. Bungard & I. Jöns (Hrsg.), *Mitarbeiterbefragung. Ein Instrument des Innovations- und Qualitätsmanagements* (S. 5-14). Weinheim: Psychologie Verlags Union.

Burke, K. (1991). Auscultation, creation and revision. In J. Chesebro (Hrsg.), *Extensions of the Burkeian system* (S. 42-172). Tuscaloosa: University of Alabama Press.

Campion, M. A., Medsker, G. J. & Higgs, A. C. (1993). Relations between workgroup characteristics and effectiveness: Implications of designing effective work groups. *Personnel Psychology, 46*, 823-851.

Campion, M. A., Papper, E. M. & Medsker, G. J. (1996). Relation between work team characteristics and effectiveness: A replication and extension. *Personnel Psychology, 49*, 429-452.

Carbaugh, D. (1985). Cultural communication and organizing. In W. Gudykunst, L. Stewart & S. Ting-Toomey (Hrsg.), *Communication, culture, and organization processes* (S. 30-47). Beverly Hills, CA: Sage.

Chan, D. (1998). Functional Relations Among Constructs in the Same Content Domain at Different Levels of Analysis: A Typology of

Composition Models. *Journal of Applied Psychology, 83* (2), 234-246.

Chen, G. & Bliese, P. D. (2002). The Role of Different Levels of Leadership in Predicting Self- and Collective Efficacy: Evidence for Discontinuity. *Journal of Applied Psychology, 87* (3), 549-556.

Cheney, G. & Vibbert, S. L. (1987). Corporate Discourse: Public Relations and Issue Mangement. In F. M. Jablin, L. L. Putna, K. H. Robert & L. W. Porter (Hrsg.), *Handbook of Organizational Communication: An interdisciplinary perspective* (S. 165-194). Newbury Park, CA: Sage.

Cohen, S. & Hoberman, H. M. (1983). Positive events and social supports as buffers of lige change stress. *Journal of Applied Social Psychology, 5*, 457-501.

Cohen, S. G. & Mankin, D. (1999). Collaboration in the Virtual Organization. In C. L. Cooper & D. M. Rousseau (Hrsg.), *Trends in Organizational Behavior: The Virtual Organization* (Bd. 6, S. 105-120). New York: Wiley & Sons.

Cohn, R. (1981). *Von der Psychoanalyse zur themenzentrierten Interaktion*. Stuttgart: Klett-Cotta.

Conrad, C. & Haynes, J. (2001). Development of Key Constructs. In F. M. Jablin & L. L. Putnam (Hrsg.), *The New Handbook of Organizational Communication: Advances in theory, research and methods* (S. 47-77). Thousand Oaks, London, New Delhi: Sage.

Cook, R. A. & Goff, J. L. (2002). Coming of age with self-managed teams: Dealing with a problem employee. *Journal of Business and Psychology, 16* (3), 485-496.

Costigan, R., Ilter, S. & Berman, J. (1998). A multi-dimensional study of trust in organizations. *Journal of Managerial Issues, 10*, 303-317.

Cramton, C. D. (2001). The mutual knowledge problem and its consequencies for dispersed collaboration. *Organization Science, 12* (3), 346-371.

Cranach, M. v. (1973). Die nichtverbale Kommunikation im Kontext des kommunikativen Verhaltens. In S. Moscovici (Hrsg.), *Forschungsgebiete der Sozialpsychologie* (Bd. 1, S. 307-343). Kronenberg: Athenäum.

Crisand, E. (1999). *Methodik der Konfliktlösung.* (2. Aufl. Bd. 23). In W. Bienert & E. Crisand (Hrsg.), Arbeitshefte Führungspsychologie. Heidelberg: Sauer Verlag.

Cronbach, L. J. (1987). Statistical tests for moderator variables: Flaws in analyses recently proposed. *Psychological Bulletin, 102*, 414-417.

Daft, R. L., Lengel, R. H. & Trevino, L. K. (1987). Message Equivocality, Media Selection, and Manager Performance: Implications for Information Systems. *MIS Quarterly, 11*, 355-366.

Davis, K. (1953). A method of studying communication patterns in organizations. *Personnel Psychology, 6*, 301-312.

Davis, K. & Newstrom, J. W. (1985). *Human Behavior at Work: Organizational Behavior.* (7. Aufl.). New York: McGraw-Hill.

Dawe, A. (1978). The two sociologies. *British Journal of Sociology, 21*, 207-218.

De Cremer, D. & van Knippenberg, D. (2002). How Do Leaders Promote Cooperation? The Effects of Charisma and Procedural Fairness. *Journal of Applied Psychology, 87* (5), 858-866.

Deetz, S. A. (1995). *Transforming communication, transforming business: Building responsive and responsible workplaces.* Cresskill, NJ: Hampton.

De Sanctis, G., Staudenmayer, N. & Wong, S. S. (1999). Interdependence in Virtual Organizations. In C. L. Cooper & D. M. Rousseau (Hrsg.), *Trends in Organizational Behavior: The Virtual Organization* (Bd. 6). New York: John Wiley & Sons.

Diehl, M. & Ziegler, J. (1998). *Ideenproduktion in virtuellen Gruppen.* Dresden: Lößnitz-Druck.

Dirks, K. T. & Ferrin, D. L. (2002). Trust in Leadership: Meta-Analytic Findings and Implications for Research and Practice. *Journal of Applied Psychology, 87* (4), 611-628.

Duffy, M. K. & Shaw, J. D. (2000). The Salieri syndrome: Consequences of envy in groups. *Small Group Research, 30*, 3-32.

Duncan, O. D. (1966). Path Analysis: Sociological Examples. *American Journal of Sociology, 72*, 1-16.

Durham, C. C., Locke, E. A., Edwin, A., Poon, J. M. L. & McLead, P. L. (2000). Effects of Group Goals and Time Pressure on Group Efficacy, Information-Seeking Strategy, and Performance. *Human Performance, 13* (2), 115-138.

Durst, R. & Kabel, D. (1999). Kooperation in Theorie und Praxis - Personale, organisatorische und juristische Aspekte bei Kooperationen industrieller Dienstleistungen im Mittelstand. In H. Luczak & M. Schenk (Hrsg.), *Kooperationsteams* (S. 271-286). Düsseldorf: VDI Verlag.

Dutton, W. H. (1999). The virtual organization: tele-access in business and industry. In G. De Sanctis & J. Fulk (Hrsg.), *Shaping Organization Form: Communication, Connection and Community*. Newbury Park, CA: Sage.

Eagly, A. H., Johannesen-Schmidt, M. C. & van Engen, M. L. (2003). Transformational, transactional and laissez-faire leadership styles: A meta-analysis comparing women and men. *Psychological Bulletin, 129* (4), 569-591.

Elke, G. & Zimolong, B. (2003). *Das Modulare Inventar zur Organisationsdiagnose - MIO*. Bochum: Eligo.

Ellis, B. H. (1992). The effects of uncertainty and source credibility on attitudes about organizational change. *Management Communication Quarterly, 6*, 34-57.

Esser, U. (1992). *Gruppenarbeit. Theorie und Praxis betrieblicher Problemlösegruppen.* Opladen: Leske & Budrich.

Feltz, D. L. & Lirgg, C. D. (1998). Perceived team and player efficacy in hockey. *Journal of Applied Psychology, 83*, 557-564.

Fisher, B. A. (1978). *Perspectives on human communication*. New York: Macmillan.

Fittkau, B. (1990). Kommunikation. In W. Sarges (Hrsg.), *Management-Diagnostik* (S. 298-305). Göttingen: Hogrefe.

Franke, J. (1980). *Sozialpsychologie des Betriebes. Erkenntnisse und Ansätze zur Förderung der innerbetrieblichen Zusammenarbeit.* Stuttgart: Enke.

Franz, M. & Trepmann, S. (2002). *Information und Kommunikation in Organisationen.* Unveröffentlichte Diplomarbeit, Ruhr-Universität Bochum, Fakultät für Psychologie, Lehrstuhl für Arbeits- und Organisationspsychologie, Bochum.

Frese, E. (1988). *Mitarbeiterführung*. Würzburg: Vogel.

Frey, S. (1984). *Die nonverbale Kommunikation*. Stuttgart: SEL-Stiftung für technische und wirtschaftliche Kommunikationsforschung.

Frey, S., Bente, G. & Frenz, H. G. (1995). Analyse von Interaktionen. In H. Schuler (Hrsg.), *Organisationspsychologie* (2. korr. Aufl., S. 353-376). Bern, Göttingen, Toronto, Seattle: Huber.

Friedrich, W. (1979). *Erkenntnisse und Methoden interner Public Relations: praktische Ansätze in mittelständischen Unternehmen*. Nürnberg: Verlag der Nürnberger Forschungsvereinigung.

Fuller, A. & Gunter, B. (1993). *Corporate assessment: Auditing a company's personality*. New York: Routledge.

Gebert, D. (1993). Interventionen in Organisationen. In H. Schuler (Hrsg.), *Lehrbuch Organisationspsychologie* (S. 481-491). Bern: Huber.

Gehm, T. (1994). *Kommunikation im Beruf. Hintergründe, Hilfen, Strategien*. Weinheim: Beltz.

Gehm, T. (1996). *Informationsverarbeitung in sozialen Systemen*. Weinheim: Beltz.

Gemünden, H. G. & Högl, M. (1998). Teamarbeit in innovativen Projekten: Eine kritische Bestandsaufnahme der empirischen Forschung. *Zeitschrift für Personalforschung, 12* (3), 277-301.

Gerstner, C. R. & Day, D. V. (1997). Meta-Analytic review of leader member exchange theory: Correlates and construct issues. *Journal of Applied Psychology, 82* (6), 827-844.

Giarini, O. & Liedtke, P. M. (1998). *Wie wir arbeiten werden - Der neue Bericht an den Club of Rome*. München: Heyne.

Gibson, C. B. (1999). Do They Do What They Believe They Can? Group Efficacy and Group Effectiveness Across Tasks and Cultures. *A-cademy of Management Journal, 42* (2), 138-152.

Giddens, A. (1988). Die Konstitution der Gesellschaft. Frankfurt a. M.: Campus.

Gladstein, D. (1984). A model of task group effectiveness. *Administrative Science Quarterly, 29*, 499-517.

Goldberger, A. S. (1970). On Boudon's Method of Linear Causal Analysis. *American Sociological Review, 35*, 97-101.

Golembiewski, R. T., Billingsley, K. & Yeager, S. (1976). Measuring change and persistence in human affairs: Types of change generated by OD designs. *Journal of Applied Behavioral Science, 12*, 133-157.

Gopinath, C. & Becker, T. (2000). Communication, procedural justice, and employee attitudes: Relationships under conditions of divestiture. *Journal of management, 26*, 63-83.

Gordon, G. N. (1969). *The Language of Communication: A Logical and Psychological Examination.* New York: Hastings House.

Gordon, T. (1990). *Manager-Konferenz. Effektives Führungstraining.* (4. Aufl.). München: Heyne.

Güldenberg, S. (1997). *Wissensmanagement und Wissenscontrolling in lernenden Organisationen: ein systemtheoretischer Ansatz.* Wiesbaden: Deutscher Universitätsverlag.

Gully, S. M., Devine, D. J. & Whitney, D. J. (1995). A meta-analysis of cohesion and performance: Effects of level of analysis and task interdependence. *Small Group Research, 25*, 497-520.

Gully, S. M., Incalcaterra, K. A., Joshi, A. & Beaubien, J. M. (2002). A Meta-Analysis of Team-Efficacy, Potency, and Performance: Interdependence and Level of Analysis as Moderators of Observed Relationships. *Journal of Applied Psychology, 87* (5), 819-832.

Guzzo, R. A. & Dickson, M. W. (1996). Teams in Organizations: Recent Research on Performance and Effectiveness. *Annual Review of Psychology, 47*, 307-338.

Guzzo, R. A. & Shea, G. P. (1992). Group performance and intergroup relations in organizations. In M. D. Dunnette & L. M. Hough (Hrsg.), *Handbook of Industrial and Organizational Psychology* (Bd. 3, S. 269-313). Palo Alto, CA: Consulting Psychologists Press.

Guzzo, R. A., Yost, P. R., Campbell, R. J. & Shea, G. P. (1993). Potency in groups: Articulating a construct. *British Journal of Social Psychology, 32*, 87-106.

Haas, J. W. & Arnold, C. L. (1995). An examination of the role of listening in judgments of communication competence in co-workers. *Journal of Business Communication, 32*, 123-140.

Hackman, J. R. & Oldham, G. R. (1974). *The job diagnostic survey: An instrument for the diagnosis of jobs and the evaluation of job redesign projects*. New Haven, Conn: Yale University.

Hackman, J. R. & Oldham, G. R. (1980). *Work Redesign*. Reading: Addison-Wesley.

Harris, T. E. (1993). *Applied organizational communication: Perspectives, principles and pragmatics.* Hillsdale, NJ: Lawrence Erlbaum Associates.

Hartmann, H. A. (1988). Moralität und Moral in sozialwissenschaftlicher und psychologischer Perspektive. In L. Siep (Hrsg.), *Ethik als Anspruch an die Wissenschaft oder: Ethik in der Wissenschaft* (S. 105-137). München, Zürich: Verlag Schnell und Steiner.

Health, R. G. & Sias, P. M. (1999). Communicating spirit in a collaborative alliance. *Journal of Applied Communication Research, 27*, 356-376.

Henning, H. J. & Six, B. (1977). Konstruktion einer Machiavellismus-Skala. *Zeitschrift für Sozialpsychologie, 8*, 216-229.

Hippel, E. V. (1994). Sticky Information and the Locus of Problem Solving. *Management Science, 40*, 429-439.

Hirokawa, R. Y. (1988). Group communication and decision-making performance: A test of a functional perspective. *Human Communication Research, 14*, 487-515.

Hirokawa, R. Y. & Rost, K. M. (1992). Effective group decision making in organizations: Filed test of the vigilant interaction theory. *Management Communication Quarterly, 5*, 267-288.

Hofmann, D. A., Griffin, M. A. & Gavin, M. B. (2000). The Application of Hierarchical Linear Modeling to Organizational Research. In K. J. Klein & S. W. J. Kozlowski (Hrsg.), *Multilevel Theory, Research, and Methods in Organizations* (S. 467 - 511). San Francisco: Jossey-Bass Inc.

Högl, M. (1998). *Teamarbeit in innovativen Projekten: Einflussgrößen und Wirkungen*. Wiesbaden: Deutscher Universitäts-Verlag.

Högl, M. & Gemünden, H. G. (1999). Determinanten und Wirkungen der Teamarbeit in innovativen Projekten: Eine theoretische und empirische Analyse. *Zeitschrift für Betriebswirtschaft, Ergänzungsheft 2/99.*

House, R., Rousseau, D. M. & Thomas-Hunt, M. (1995). The meso paradigm: A framework for the integration of micro and macro organizational behavior. In L. L. Cummings & B. M. Staw (Hrsg.), *Research in Organizational Behavior* (Bd. 17, S. 71-114). Greenwich, CT: JAI Press.

House, R. J. (1971). A path goal theory of leader effectiveness. *Administrative Science Quarterly, 16*, 321-338.

Hrubi, F. R. (1988). Kommunikationsmanagement. In M. Hofmann & L. v. Rosenstiel (Hrsg.), *Funktionale Managementlehre* (S. 59-94). Berlin: Springer.

Jablin, F. M. (1979). Superior-Subordinate communication: The state of the art. *Psychological Bulletin, 86*, 1201-1222.

Jablin, F. M., Cude, R. L., House.A:, Lee, J. & Roth, N. (1994). Communication competence in organizations: Conceptualization and comparison across multiple levels of analysis. In L. Thayer & G. A. Barnett (Hrsg.), *Organization - Communication: Emerging perspectives* (Bd. 4, S. 114-140). Norwood, NJ: Ablex.

Jablin, F. M. & Sias, P. M. (2001). Communication Competence. In F. M. Jablin & L. L. Putnam (Hrsg.), *The New Handbook of Organizational Communication: Advances in theory, research and methods* (S. 819-864). Thousand Oaks, London, New Delhi: Sage.

Jaccard, J., Turrisi, R. & Wan, C. K. (1990). *Interaction effects in multiple regression.* Newbury Park, CA: Sage.

James, L. R. (1982). Aggregation Bias in Estimates of Perceptual Agreement. *Journal of Applied Psychology, 67* (2), 219-229.

James, L. R. & Jones, A. P. (1974). Organizational climate: A review of theory and research. *Psychological Bulletin, 81*, 1096-1112.

James, L. R. & Jones, A. P. (1976). Organizational structure: A review of structural dimensions and their conceptual relationships with individual attitudes and behavior. *Organizational Behavior and Human Performance, 16*, 74-113.

James, R. G., Demaree, R. J. & Wolf, G. (1984). Estimating Within-Group Interrater Reliability With and Without Response Bias. *Journal of Applied Psychology, 69* (1), 85-98.

James, R. J., Demaree, R. G. & Wolf, G. (1993). Rwg: An Assessment of Within-Group Interrater Agreement. *Journal of Applied Psychology, 78* (2), 306-309.

Jöreskog, K.G. (1982). The LISREL-Approach to Causal Model Building in the Social Sciences. In K. G. Jöreskog and H. Wold (Hrsg.), *System under Indirect Observation*, Part 1 (S.81-99). Amsterdam: North-Holland Publishing.

Jöreskog, K. G. & Sörbom, D. (1993). *LISREL 8: User's reference guide.* Chicago: Scientific Software International.

Kasper-Fuehrer, E. C. & Ashkanasy, N. M. (2001). Communicating trustworthiness and building trust in interorganizational virtual organizations. *Journal of Management, 27* (3), 235-254.

Klaus, G. & Liebscher, H. (1976). *Wörterbuch der Kybernetik.* (Bd. 1 & 2). Frankfurt a. M.: Fischer.

Klein, K. J., Bliese, P. D., Kozlowski, S. W. J., Danserau, A. Y., Gavin, M. B., Griffin, M. A., Hofmann, D. A., James, L. R., Yammarino, F. J. & Bligh, M. C. (2000). Multilevel Analytical Techniques: Commonalities, Differences, and Continuing Questions. In K. J. Klein & S. W. J. Kozlowski (Hrsg.), *Multilevel theory, research, and methods in organizations: foundations, extensions, and new directions* (S. 512-556). San Francisco: Jossey-Bass.

Klein, K. J., Danserau, F. & Hall, R. J. (1994). Levels issues in theory development, data collection and analysis. *Academy of management Review, 19*, 195-229.

Klein, K. J. & Kozlowski, S. W. J. (2000). *Multilevel Theory, Research, and Methods in Organizations.* San Francisco: Jossey-Bass Inc.

Klein, S. (1997). Zur Rolle moderner Informations- und Kommunikationstechnologien. In G. Müller-Stewens (Hrsg.), *Virtualisierung von Organisationen* (S. 43-60). In Institut für Betriebswirtschaft Universität St. Gallen für Wirtschafts- Rechts- und Sozialwissenschaften (Hrsg.), Entwicklungstendenzen im Management. Stuttgart: Schäffer-Poeschel.

Kozlowski, S. W. J., Gully, S. M., Salas, E. & Cannon-Bowers, J. A. (1996). Team leadership and development: Theory, principles, and guidelines for training leaders and teams. In M. Beyerlein (Hrsg.), *Advances in interdisciplinary studies of work teams: Team leadership* (Bd. 3, S. 253-291). Greenwich, CT: JAI Press.

Kozlowski, S. W. J. & Hattrup, K. (1992). A Disagreement About Within-Group Agreement: Disentangling Issues of Consistency vs Consensus. *Journal of Applied Psychology, 77* (2), 161-167.

Kozlowski, S. W. J. & Klein, K. J. (2000). A Multilevel Approach to Theory and Research in Organizations: Contextual, Temporal, and emergent Processes. In K. J. Klein & S. W. J. Kozlowski (Hrsg.), *Multilevel Theory, Research, and Methods in Organizations* (S. 3-90). San Francisco: Jossey-Bass Inc.

Krämer, B. (2001). *Entwicklung von Skalen zur Messung impliziter Führung.* Unveröffentlichte Diplomarbeit, Universität Bielefeld, Bielefeld.

Kramer, M. W. (1993). Communication after job transfers: Social exchange processes in learning new roles. *Human Communication Research, 20*, 147-174.

Krone, K. J., Jablin, F. M. & Putnam, L. L. (1987). Communication Theory and Organizational Communication: Multiple Perspectives. In F. M. Jablin & L. L. Putnam & K. Roberts & L. W. Porter (Hrsg.), *Handbook of Organizational Communication: An interdisciplinary perspective* (S. 18-40). Newbury Park, CA: Sage.

Lantermann, E. D. (1980). *Interaktionen. Person, Situation und Handlung.* München: Urban & Schwarzenberg.

Lave, J. (1991). Situated learning in communities of practice. In L. B. Resnick & J. M. Levine & S. D. Teasley (Hrsg.), *Perspectives on Socially Shared Cognition* (S. 63-84). Washington, DC: American Psychological Association.

Lester, S. W., Meglino, B. M. & Korsgaard, M. A. (2002). The antecedents and consequencies of group potency: A longitudinal investigation of newly formed work groups. *Academy of Management Journal, 45* (2), 352-369.

Lewin, K. (1951). *Field theory in social science: selected theoretical papers*. New York, Evanston, London: Harper & Row

Lindell, M. K., Brandt, C. J. & Whitney, D. J. (1999). A revised index of interrater agreement for multi-item ratings of a single target. *Applied Psychological Measurement, 23*, 127-135.

Lindsley, D. H., Brass, D. J. & Thomas, J. B. (1995). Efficacy-performance spirals: A multilevel perspective. *Academy of Management Review, 20*, 645-678.

Lowe, K. B., Kroeck, K. G. & Sivasubramaniam, N. (1996). Effectiveness Correlates of Transformational and Transactional Leadership: A Meta-Analytic Review of the MLQ Literature. *Leadership Quarterly, 7* (3), 385-425.

Luhmann, N. (1984). *Soziale Systeme*. Frankfurt a. M.: Suhrkamp.

Maderthaner, R. (1986). Kommunikationsprozesse. In E. In Roth (Hrsg.), *Enzyklopädie der Psychologie* (Bd. 2, Themenbereich D, Serie III, Organisationspsychologie, S. 487-504). Göttingen: Hogrefe.

Martens, W. (1989). *Entwurf einer Kommunikationstheorie der Unternehmung. Akzeptanz, Geld und Macht in Wirtschaftsorganisationen.* Frankfurt a. M.: Campus.

Maturana, H. & Varela, F. (1987). *Der Baum der Erkenntnis*. Bern, München, Wien: Scherz.

Mayo, E. (1933). *Human problems of an industrial civilization*. New York: Macmillan.

Miller, D. L. (2001). Reexamining teamwork KSAs and team performance. *Small Group Research, 32* (6), 745-766.

Miller, J. G. (1978). *Living systems*. New York: McGraw-Hill.

Miller, K. (2001). Quantitative Research Methods. In F. M. Jablin & L. L. Putnam (Hrsg.), *The New Handbook of Organizational Communication: Advances in theory, research and methods* (S. 137-160). Thousand Oaks, London, New Delhi: Sage.

Mintzberg, H. (1975). The Manager's Job: Folklore and Fact. *Harvard Business Review, 53*, 49-61.

Mischel, L. J. & Northcraft, G. B. (1997). "I think we can, I think we can...": The role of efficacy beliefs in groups and team effectiveness. *Advances in group processes, 14*, 177-197.

Mohr, N. (1997). *Kommunikation und organisatorischer Wandel: Ein Ansatz für ein effizientes Kommunikationsmanagement im Veränderungsprozess*. Wiesbaden: Gabler.

Mohrman, S. A. (1999). The Contexts for Geographically Dispersed Teams and Networks. In C. L. Cooper & D. M. Rousseau (Hrsg.), *Trends in Organizational Behavior: The Virtual Organization* (Bd. 6, S. 63-80). New York: John Wiley & Sons.

Monge, P. R. (1987). Network level of analysis. In C. Berger & S. H. Chaffee (Hrsg.), *Handbook of communication science* (S. 239-270). Newbury Park, CA: Sage.

Monge, P. R. & Contractor, N. S. (2001). Emergence of Communication Networks. In F. M. Jablin & L. L. Putnam (Hrsg.), *The New Handbook of Organizational Communication: Advances in theory, research and methods* (S. 440-502). Thousand Oaks, London, New Delhi: Sage.

Monge, P. R. & Eisenberg, E. M. (1987). Emergent communication networks. In F. M. Jablin & L. L. Putnam & K. Roberts & L. W. Porter (Hrsg.), *Handbook of Organizational Communication: An interdisciplinary perspective* (S. 304-342). Newbury Park, CA: Sage.

Moritz, S. E. & Watson, C. B. (1998). Levels of Analysis Issues in Group Psychology: Using Efficacy as an Example of a Multilevel Model. *Group Dynamics: Theory, Research and Practice, 2* (4), 285-298.

Neuberger, O. (1995). *Mikropolitik: der alltägliche Aufbau und Einsatz von Macht in Organisationen*. Stuttgart: Enke.

Neuberger, O. (2002). *Führen und führen lassen: Ansätze, Ergebnisse und Kritik der Führungsforschung*. (6. völlig neu bearb. und erw. Aufl.). Stuttgart: Lucius & Lucius.

Neuburger, E. (1968). *Kommunikation der Gruppe*. Unveröffentlichte Habilitations-Schrift, Ludwig-Maximilians-Universität, München.

Newcomb, T. M. (1953). An Approach to the Study of Communicative Acts. *Psychological Review, 60*, 393-404.

Nunnally, J. C. (1978). *Psychometric theory* (2nd ed.). New York: McGraw-Hill.

Oehme, W. (1979). *Führen durch Motivation*. Essen: Girardet.

O'Hair, H. D. & Cody, M. J. (1994). Deception. In W. R. Cupach & B. H. Spitzberg (Hrsg.), *The Dark Side of Interpersonal Communication* (S. 181-213). Hillsdale, NJ: Erlbaum.

Olson, C. L. (1976). On choosing a test statistic in multivariate analysis of variance. *Psychological Bulletin, 83,* 579-586.

Pardey, R. (1985). *Konzepte für die interne Information. Das Beispiel filialisierender Einzelhandelsunternehmen.* Unveröffentlichte Dissertation, Universität des Saarlandes, Saarbrücken.

Paris, C. R., Salas, E. & Cannon-Bowers, J. A. (2000). Teamwork in multi-person systems: a review and analysis. *Ergonomics, 43,* 1052-1075.

Park, R. E. (1996). Refectionson Communication and Culture. In B. Berelson & B. Janotiz (Hrsg.), *Reader in Public Opinion and Communication* (Bd. 2.A, S. 167-177). New York: Wiley & Sons.

Parks, M. R. (1994). Communicative competence and interpersonal control. In M. L. Knapp & G. R. Miller (Hrsg.), *Handbook of Interpersonal Communication* (2. Aufl., S. 589-620). Thousand Oaks, London, New Delhi: Sage.

Pearce, C. L., Gallagher, C. A. & Ensley, M. D. (2002). Confidence at the group level of analysis: A longitudinal investigation of the relationship between potency an team effectiveness. *Journal of Occupational and Organizational Psychology, 75* (1), 115-119.

Picot, A., Reichwald, R. & Wigand, R. T. (1998). Die Überwindung von Standortgrenzen - Telekooperation und virtuelle Unternehmen. In A. Picot & R. Reichwald & R. T. Wigand (Hrsg.), *Die grenzenlose Unternehmung - Information, Organisation und Management* (S. 355-431). Wiesbaden: Gabler.

Pomerantz, A. & Fehr, B. J. (1997). Conversation analysis: An approach to the study of social action as sense making practices. In T. A. van Dijk (Hrsg.), *Discourse as social interaction* (S. 64-91). London: Sage.

Poole, M. S. & McPhee, R. D. (1995). Methodology in interpersonal communication research. In M. L. Knapp & G. R. Miller (Hrsg.), *Handbook of interpersonal communication* (2 Aufl., S. 42-100). Thousand Oaks: London, New Delhi Sage.

Propp, K. M. & Nelson, D. (1986). Problem-solving performance in naturalistic groups: The ecological validity of the functional perspective. *Communication Studies, 47*, 35-45.

Prussia, G. E. & Kinicki, A. J. (1996). A motivational investigation of group effectiveness using social-cognitive theory. *Journal of Applied Psychology, 81*, 187-198.

Putnam, L. L. & Fairhurst, G. T. (2001). Discourse Analysis in Organizations: Issues and Concerns. In F. M. Jablin & L. L. Putnam (Hrsg.), *The New Handbook of Organizational Communication: Advances in theory, research and methods* (S. 78-136). Thousand Oaks, London, New Delhi: Sage.

Putnam, L. L. & Jones, T. (1982). Reciprocity in negotiations: An analysis of bargaining interaction. *Communication Monographs, 49*, 171-191.

Reichwald, R. (1993). Kommunikation. In M. Bitz (Hrsg.), *Vahlens Kompendium der Betriebswirtschaftslehre* (3. Aufl., S. 447-494). München: Vahlen.

Reichwald, R. & Möslein, K. (1993). Telearbeit und Telekooperation. In H.-J. Bullinger (Hrsg.), *Neue Organisationsformen* (S. 691-708). Berlin: Springer.

Reichwald, R., Möslein, K., Sachenbacher, H., Englberger, H. & Oldenburg, S. (1998). *Telekooperation - Verteilte Arbeits- und Organisationsformen.* Berlin: Springer.

Reichwald, R. & Nippa, M. (1991). Informations- und Kommunikationsanalyse. In v. E. Frese (Hrsg.), *Handwörterbuch der Organisation* (3. Aufl., S. 855-872). Stuttgart: Schaeffer-Pöschel.

Reinhardt, R. (1993). *Das Modell organisationaler Lernfähigkeit und die Gestaltung lernfähiger Organisationen.* (2., veränd. Aufl.). Frankfurt a. M.: Lang.

Rheinberg, F. (2002). *Motivation.* (4. überarb. und erw. Aufl. Bd. 6). In H. Selg & D. Ulich (Hrsg.), Grundriss der Psychologie: Eine Reihe in 22 Bänden. Stuttgart: Kohlhammer.

Rice, R. (1992). Task Analysability - Use of New Media and Effectiveness: A Multiside Exploration of Media Richness. *Organization Science, 3*, 475-500.

Riggs, M. L. & Knight, P. A. (1994). The impact of perceived group success-failure on motivational beliefs and attitudes: a causal model. *Journal of Applied Psychology, 79*, 755-766.

Roehl, H. (2000). *Instrumente der Wissensorganisation. Perspektiven für eine differenzierende Interventionspraxis.* Wiesbaden: Deutscher Universitätsverlag.

Rogers, E. M. & Kincaid, D. L. (1981). *Communication networks: Toward a New Paradigm for Research.* New York: The Free Press.

Rousseau, D. M. (1985). Issues of level in organizational research: Multilevel and cross-level perspectives. In B. M. Staw & L. L. Cummings (Hrsg.), *Research in Organizational Behavior* (Bd. 7, S. 1-37). Greenwich, CT: JAI Press.

Rousseau, D. M. & House, R. J. (1994). Meso-organizational behavior: Avoiding three fundamental biases. In C. L. Cooper & D. M. Rousseau (Hrsg.), *Trends in Organizational Behavior* (Bd. 1, S. 13-30). New York: Wiley & Sons.

Ruppel, M. (2001). *Innerbetriebliche Kommunikationsprozesse eines Unternehmens der New Economy.* Unveröffentlichte Diplomarbeit, Universität Bielefeld.

Sambamurthy, V. & Poole, M. S. (1993). The effects of variations in capabilities of GDSS designs on management of cognitive conflicts in groups. *Information Systems Research, 3*, 224-251.

Satir, V. (1973). *Selbstwert und Kommunikation.* München: Pfeiffer.

Saurwein, R. G. (1993). *Gruppenarbeit im westdeutschen Maschinenbau: Diffusion und Merkmale. Ergebnisse des NIFA-Panels 1991 und 1992.* Bochum: Ruhr-Universität, Sonderforschungsbereich 187.

Schirmer, F. (1992). Arbeitsverhalten von Managern. Wiesbaden: Gabler.

Schlegloff, E. A. (1991). Conversation analysis and socially shared cognition. In L. B. Resnick & J. M. Levine & S. D. Teasley (Hrsg.), *Perspectives on Socially Shared Cognition* (S. 150-171). Washington, DC: American Psychological Association.

Schmidt, K. H. & Kleinbeck, U. (1999). Job Diagnostic Survey (JDS - deutsche Fassung). In H. Dunckel (Hrsg.), *Handbuch psychologi-*

scher Arbeitsanalyseverfahren (S. 205-230). Zürich: vdf Hochschulverlag an der ETH.

Schulz von Thun, F. (1981). *Miteinander Reden: Störungen und Klärungen*. Reinbek: Rowohlt.

Scudder, J. N. & Guinan, P. J. (1989). Communication competencies as discriminators of superiors' ratings of employee performance. *Journal of Business Communication, 26*, 217-229.

Seers, A. (1989). Team-member exchange quality: A new construct for role-making research. *Organizational Behavior and Human Decision Processes, 43*, 118-135.

Shamir, B., House, R. J. & Arthur, M. B. (1993). The motivational effects of charismatic leadership: A self-concept based theory. *Organization Science, 4*, 577-594.

Shannon, C. E. & Weaver, W. (1949). *The mathematical theory of communication*. Urbana, IL: University of Illinois Press.

Smidts, A., Pruyn, H. & van Riel, B. M. (2001). The impact of employee communication and perceived external prestige on organizational identification. *Academy of Management Journal, 49* (5), 1051-1062.

Smircich, L. & Callas, M. B. (1987). Organizational culture: a critical assessment. In F. M. Jablin & L. L. Putnam & K. H. Robert & L. W. Porter (Hrsg.), *Handbook of Organizational Communication: An interdisciplinary perspective* (S. 228-263). Newbury Park, CA: Sage.

Snavely, W. B. & Walters, E. V. (1983). Differences in the communication competence among administrator social styles. *Journal of Applied Communication Research, 11* (2), 120-135.

Snijders, T. & Bosker, R. (1999). *Multilevel Analysis - An introduction to basic and advanced multilevel modeling*. London: Sage.

Sperka, M. (1996). Psychologie der Kommunikation in Organisationen: Eine Einführung auf systemtheoretischer Grundlage (Bd. 3). In K. Bräuer & U. Kittler & H. Meth-Göckel (Hrsg.), Pädagogische Psychologie und ihre Anwendungen. Essen: Verl. Die Blaue Eule.

Sperka, M. (1997). Zur Entwicklung eines "Fragebogens zur Erfassung der Kommunikation in Organisationen" (KomminO). *Zeitschrift für Arbeits- und Organisationspsychologie, 41* (4), 182-190.

Staehle, W. R. (1994). *Management: Eine verhaltenswissenschaftliche Perspektive*. München: Vahlen.

Steiner, I. D. (1972). *Group process and productivity*. Orlando, FL: Academic Press.

Stevens, M. J. & Campion, M. A. (1994). The Knowledge, Skill, and Ability Requirements for Teamwork: Implications for Human Resource Management. *Journal of Management, 20* (2), 503-530.

Stevens, M. J. & Campion, M. A. (1999). Staffing Work Teams: Development and Validation of a Selection Test for Teamwork Settings. *Journal of Management, 25* (2), 207-228.

Stevens, S. S. (1950). A Definition of Communication. *The Journal of the Acoustical Society of America, 21*, 689-690.

Stohl, C. & Redding, W. C. (1987). Messages and message exchange processes. In F. M. Jablin, L. L. Putnam, K. Roberts & L. W. Porter (Hrsg.), *Handbook of Organizational Communication: An interdisciplinary perspective* (S. 451-502). Newbury Park, CA: Sage.

Sussman, L. (1975). Communication in organizational hierarchies: the fallacy of perceptual congruence. *Western Speech Communication, 39*, 191-199.

Szyperski, N. (1980). Informationsbedarf. In E. Grochla (Hrsg.), *Handwörterbuch der Organisation* (2. Aufl., S. 904-913). Stuttgart: Schaeffer-Pöschel.

Taber, T. D. & Taylor, E. (1990). A review and evaluation of the psychometric properties of the Job Diagnostic Survey. *Personnel Psychology, 43*, 467-500.

Taylor, B. C. & Trujillo, N. (2001). Qualitative Research Methods. In F. M. Jablin & L. L. Putnam (Hrsg.), *The New Handbook of Organizational Communication: Advances in theory, research and methods* (S. 161-196). Thousand Oaks, London, New Delhi: Sage.

Theis, A. M. (1994). *Organisationskommunikation - Theoretische Grundlagen und empirische Forschungen*. Opladen: Westdeutscher Verlag.

Thompson, B. (1995). Stepwise regression and stepwise discriminant analysis need not apply here: A guidelines editorial. *Educational and Psychological Measurement, 55*, 525-543.

Thompson, L. L., Levine, J. M. & Messick, D. M. (1999). Introduction. In L. L. Thompson, J. M. Levine & D. M. Messick (Hrsg.), *Shared Cognition in Organizations - The Management of Knowledge* (S. XV-XVIII). Mahwah, NJ: Lawrence Erlbaum Associates.

Turner, J. C. (1991). *Social Influence*. Buckingham: Open University Press.

Uebersax, J. S. (1987). Diversity of Decision- Making Models and the Measurement of Interrater Agreement. *Psychological Bulletin, 101* (1), 140-146.

Ulrich, P. (1991). Wirtschaftsethik und Unternehmensverfassung: Das Prinzip des unternehmenspolitischen Dialogs. In P. Ulrich (Hrsg.), *Management-Philosophie für die Zukunft* (S. 57-75). Bern, Stuttgart: Haupt.

Watzlawick, P., Beavin, J. H. & Jackson, D. D. (1969). *Menschliche Kommunikation - Formen, Störungen, Paradoxien.* Stuttgart: Huber-Verlag.

Webber, R. A. (1970). Perceptions of interactions between superiors and subordinates. *Human Relations, 23*, 235-248.

Wegner, D. M. (1987). Transactive Memory: A Contemporary Analysis of the Group Mind. In B. Mullen & G. Goethals (Hrsg.), *Theories of Group Behavior.* New York: Springer.

Weick, K. E. (1979). *The social psychology of organizing*. (2 Aufl.). Reading, MA: Addison-Wesley.

Weick, K. E. (1992). Agenda settings in organizational behavior: A theory-focused approach. *Journal of Management Inquiry, 1*, 171-183.

Wheeles, V. E. & Berryman-Fink, C. (1985). Perceptions of women managers and their communicator competencies. *Communication Quarterly, 33*, 137-148.

Wiemann, J. M. & Giles, H. (1997). Interpersonale Kommunikation. In W. Stroebe & M. Hewstone & G. M. Stephenson (Hrsg.), *Sozialpsy-*

chologie - Eine Einführung (3. erw. und überarbeitete Aufl., S. 321-362). Berlin: Springer.

Wiendieck, G. (1992). Teamarbeit. In E. Frese (Hrsg.), *Handwörterbuch der Organisation* (S. 2375-2384). Stuttgart: Poeschel.

Willke, H. (1998). *Systemisches Wissensmanagement.* Stuttgart: Lucius & Lucius.

Willke, H. (2000). *Systemtheorie I - Grundlagen: Eine Einführung in die Theorie sozialer Systeme.* Stuttgart: Lucius und Lucius.

Windel, A. (1995). *Vergleich des Beanspruchungserlebens von Sachbearbeitern bei arbeitsteiligen Organisationsstrukturen und teilautonomer Gruppenarbeit.* Unveröffentlichte Dissertation, Ruhr-Universität Bochum, Bochum.

Windel, A. & Zimolong, B. (1997). Gruppenarbeit und Leistung in der betrieblichen Praxis. *Gruppendynamik, 4*, 333-350

Windel, A., Kronz, E., Adolph, L. J. & Zimolong, B. (1999). *Fragebogen zu arbeitsbezogenen Konflikten in Teams (FAKT).* In W. Reulecke & B. Rosemann & B. Zimolong (Hrsg.), Bochumer Berichte zur Angewandten Psychologie Nr. 16. Bochum: Ruhr-Universität Bochum.

Winterstein, H. (1998). *Mitarbeiterinformation - Informationsmaßnahmen und erlebte Transparenz in Organisationen.* (2., überarb. Aufl.). München: Hampp.

Zaccaro, S. J., Blair, V., Peterson, C. & Zazanis, M. (1995). Collective efficacy. In J. E. Maddux (Hrsg.), *Self-efficacy, adaptation, and adjustment: Theory, research, and application* (S. 305-328). New York: Plenum.

Zimolong, B. & Saurwein, R. G. (1995). *Maschinenbau zwischen CIM und Gruppenarbeit. Arbeitspapier des Teilprojektes Z-2: "Panelstudie zur technischen, betrieblichen, wirtschaftlichen und sozialen Entwicklung beim Einsatz flexibler Arbeitssysteme in der gewerblichen Wirtschaft" und des Teilprojektes A-2: "Integrierte computergestützte Instandhaltung in teilautonomen flexiblen Fertigungsstrukturen unter Multimedia-Einsatz" des Sonderforschungsbereichs 187.* Bochum: Ruhr-Universität, Sonderforschungsbereich 187.

Zimolong, B., Uhle, T., Kolominski, S. & Wiederhake, P. (2003). Constraint-Based Teamwork Analysis in the Software Industry. In D. Harris, V. Duffy, M. Smith & C. Stephanidis (Hrsg.), *Proceedings of HCI International 2003, 22.-27.06.2003 (Bd. 3, S. 1181-1185)* (Bd. 3, S. 1181-1185). Mahwah, NJ: Lawrence Erlbaum Associates.

Zimolong, B. (Hrsg.) (1996). *Kooperationsnetze, flexible Fertigungsstrukturen und Gruppenarbeit*. Opladen: Leske + Budrich

Zittlau, D. J. (1993). *Kommunikation und Rhetorik - Theorie und Praxis einer erfolgsorientierten Gesprächs- und Menschenführung*. (4., erw. Aufl.). Düsseldorf: Zenon-Verlag.

Zmud, R. (1990). Opportunities for strategic information manipulation through new information technology. In J. Fulk & C. Steinfield (Hrsg.), *Organizations and communication technology* (S. 95-116). Newbury Park, CA: Sage.

Zohar, D. (2002). The effects of leadership dimensions, safety climate, and assigned priorities on minor injuries in work groups. *Journal of Organizational Behavior, 23*, 75-92.

Zohar, D. (2003). Safety Climate: Conceptual and Measurement Issues. In J. C. Quick & L. E. Tetrick (Hrsg.), *Handbook of Occupational Health Psychology* (S. 123-142). Washington, DC: American Psychological Association.

Anhang

Aufgrund seines Umfangs wurde auf einen Abdruck des Anhangs in dieser Ausgabe verzichtet. Die wichtigsten Tabellen und Grafiken der Arbeit wurden in den Text integriert. Zögern Sie jedoch bitte nicht, weitere Informationen zu Messinstrument, Werteverteilungen und Datenanalysen beim Autor anzufordern (E-Mail: lassertk@aol.com).

Peter Lang · Europäischer Verlag der Wissenschaften

Mark Ackermann

Systemisches Lernen

Individuelle und organisationale Lernprozesse in Kommunikationsarchitekturen

Frankfurt am Main, Berlin, Bern, Bruxelles, New York, Oxford, Wien, 2005.
199 S., zahlr. Abb. und Tab.
Bildung und Organisation. Herausgegeben von Harald Geißler und Jendrik Petersen. Bd. 14
ISBN 3-631-53329-2 · br. € 39.–*

Die Arbeit beschäftigt sich mit Lernprozessen von Individuen und Organisationen. Kommunikation und Kommunikationsmöglichkeiten (hierfür wird der Begriff „Kommunikationsarchitekturen" eingeführt) stehen dabei im Mittelpunkt. Auf der Basis des Konstruktivismus und der neueren Systemtheorie stellt sich die Frage, welche Kommunikationsmöglichkeiten vorliegen oder gegeben sein müssen, damit ein Veränderungs- und/oder Lernpotenzial entsteht. Für die Untersuchung dieser Frage wurden in einem Praxisprojekt organisationsinterne Berater beobachtet, die die Führungskräfte der Organisation im Rahmen eines Veränderungsprozesses unterstützt haben. Es wird gezeigt, mit welchen systemspezifischen Kommunikationsarchitekturen die Führungskräfte der Organisation irritiert wurden, und wie diese Irritationen schließlich zu Lernprozessen sowohl der Individuen als auch der gesamten Organisation geführt haben.

Aus dem Inhalt: Lernen · Organisationales Lernen · Systemtheorie · Konstruktivismus · Kommunikation · Organisationsdidaktik · Kommunikationsarchitekturen · Lernende Organisation · Systemisches Lernen · Temporäre Systeme · Beobachtung

Kolibri 360 GmbH
Ferdinand-Jühlke-Straße 7
99095 Erfurt, Deutschland
produktsicherheit@kolibri360.de

Druck:
CPI Druckdienstleistungen GmbH
im Auftrag der
Kolibri 360 GmbH
Ferdinand-Jühlke-Str. 7
99095 Erfurt